汽车常见故障诊断全书

燃油汽车+新能源汽车 2合1

顾惠烽 编著

化学工业出版社

·北京·

内 容 简 介

本书系统介绍了汽车（包括传统燃油汽车和新能源汽车）上的各类常见故障，涉及汽车上各大重要系统和组成机构的方方面面。对于各类故障，结合具体的现象，分析产生的原因，并给出诊断和排除的具体方法、操作步骤、操作要领。全书内容实用、图文表并茂，格式清晰，易于理解和掌握。

本书可作为汽车维修技术快速入门和提高的指导书，也可作为专业院校师生的参考书和相关企业的培训用书。

图书在版编目（CIP）数据

汽车常见故障诊断全书：燃油汽车+新能源汽车：2合1 / 顾惠烽编著. -- 北京：化学工业出版社，2024.11. -- ISBN 978-7-122-46136-0

Ⅰ. U472.42

中国国家版本馆CIP数据核字第2024YB1754号

责任编辑：黄 滢　　　　　　　　　　　装帧设计：刘丽华
责任校对：张茜越

出版发行：化学工业出版社（北京市东城区青年湖南街13号　邮政编码100011）
印　　装：河北延风印务有限公司
710mm×1000mm　1/16　印张23　字数492千字　2025年1月北京第1版第1次印刷

购书咨询：010-64518888　　　　　　　　　售后服务：010-64518899
网　　址：http://www.cip.com.cn
凡购买本书，如有缺损质量问题，本社销售中心负责调换。

定　　价：128.00元　　　　　　　　　　　　　　　　　版权所有　违者必究

前言
Preface

随着现代汽车技术、电子技术与互联网技术的不断融合,汽车的构造也越来越复杂,不仅有传统的燃油汽车,还出现了各类新能源汽车。汽车发生故障的原因、种类和表现形式也越来越多样化,不仅有机械、电气故障,还有智能网联类故障等,这就给汽车维修工作带来了诸多困难。因此,学习和掌握汽车常见故障的检测、分析、诊断、排除方法和操作要领,无疑是新一代汽车维修技术工人不可或缺的一项重要技能。对于汽车驾驶员而言,了解一些汽车常见故障的识别方法和技巧,也有利于日常开车、用车和养车。鉴于此,在化学工业出版社的组织下,特编写了本书。

本书系统介绍了280余项汽车上的各类常见故障的诊断知识。全书对汽车中的各大重要系统和组成机构,如发动机、变速器、驱动电机、动力电池、底盘、空调、高压电控、充电、模式转换和车身电气等的常见故障,逐一进行了详细阐述。对于各类故障,结合具体的故障现象,分析故障产生的原因,并给出故障诊断和排除的具体方法、操作步骤、操作要领。

本书内容实用、图文表并茂,格式清晰,易于理解和掌握。此外,为便于读者快速消化和高效吸收所学知识,对于比较复杂难懂的实操内容,配备了高清操作视频讲解,同时附有300个一线车间维修应用案例,建议使用线上资源配套图书使用,将线上资源和书中内容对照学习,更加直观易懂,学习效果事半功倍。

本书编写过程中参考了相关文献、资料及原车维修手册,在此一并致谢!

由于笔者水平有限,书中疏漏和不妥之处在所难免,敬请广大读者批评指正。

编著者

目录 Contents

上篇　汽车故障诊断基础

第1章　汽车的结构原理及核心部件

1.1　现代汽车的分类 / 002
1.2　传统燃油汽车 / 004
1.3　混合动力汽车 / 008
1.4　纯电动汽车 / 010
1.5　智能网联汽车 / 015

第2章　汽车电路与电路图

2.1　电路的基本组成 / 019
2.2　汽车电路图识读方法和步骤 / 019
2.3　典型汽车电路图分析 / 022

第3章　汽车故障诊断方法

3.1　汽车故障产生的原因 / 025
3.2　汽车故障诊断要点和原则 / 025
3.3　汽车故障诊断常用方法 / 026
3.4　汽车故障诊断流程 / 028

第 4 章

汽车故障诊断工量具和设备

030

扫码获取
☆操作视频讲解
☆车间真实案例

第 5 章

新能源汽车高压故障维修安全操作

032

下篇　汽车常见故障诊断

- 6.1　电控电路故障 / 035
- 6.2　燃油系统故障 / 099
- 6.3　冷却系统故障 / 116
- 6.4　点火系统故障 / 124
- 6.5　排气系统故障 / 127
- 6.6　润滑系统故障 / 130
- 6.7　配气机构故障 / 133
- 6.8　曲柄连杆机构故障 / 138
- 6.9　异响故障 / 140

第 6 章

汽车发动机常见故障

035

第 7 章
汽车手动变速器常见故障

148

7.1　手动变速器故障 / 148
7.2　自动变速器故障 / 153

第 8 章
动力电池常见故障

164

8.1　漏电故障 / 164
8.2　断电故障 / 170
8.3　能量回收故障 / 176
8.4　动力受限故障 / 178

第 9 章
驱动电机常见故障

185

9.1　电机过热故障 / 185
9.2　驱动异常故障 / 188

第 10 章
底盘常见故障

194

10.1　转向系统故障 / 194
10.2　行驶系统故障 / 201
10.3　悬架系统故障 / 206
10.4　制动系统故障 / 210
10.5　线控底盘悬架故障 / 224

第 11 章 空调常见故障

11.1 燃油汽车空调故障 / 227
11.2 新能源汽车空调故障 / 235

第 12 章 高压电控系统常见故障

12.1 高压控制器故障 / 254
12.2 高压系统工作异常 / 259
12.3 高压电控系统其他故障 / 264

第 13 章 充电系统常见故障

13.1 交流慢充故障 / 274
13.2 直流快充故障 / 280
13.3 充电系统其他故障 / 286

第 14 章 模式转换常见故障

14.1 EV 模式故障 / 293
14.2 混合动力模式故障 / 296

第15章 车身电气系统常见故障

- 15.1 安全气囊故障 / 300
- 15.2 防盗系统故障 / 305
- 15.3 灯光、信号系统常见故障 / 309
- 15.4 电源系统常见故障 / 313
- 15.5 启动系统故障 / 318
- 15.6 电动门窗故障 / 324
- 15.7 电动座椅故障 / 327
- 15.8 电动刮水器、洗涤器故障 / 327
- 15.9 CAN 通信系统故障 / 329
- 15.10 智能辅助系统故障 / 348

参考文献

上篇
汽车故障诊断基础

微信扫码
快来领取本书
丰富配套资源

扫码获取
☆操作视频讲解
☆车间真实案例

第 1 章　汽车的结构原理及核心部件

1.1　现代汽车的分类

1.1.1　按车辆用途分类

我国汽车按用途分类主要有以下几种。

汽车 { 乘用车：轿车、MPV、SUV、交叉型
　　　商用车 { 客车：小型客车、城市客车、长途客车等
　　　　　　　货车：普通货车、多用途货车、越野货车等 }

乘用车是指用于载运乘客及其随身行李、临时物品的汽车，包括驾驶人座位在内最多不超过 9 个座位。

（1）基本型乘用车（轿车）

① 微型轿车：发动机排量≤1.0L。

② 普通级轿车：1.0L＜发动机排量≤1.6L。

③ 中级轿车：1.6L＜发动机排量≤2.5L。

④ 中高级轿车：2.5L＜发动机排量≤4L。

⑤ 高级轿车：发动机排量＞4L。

（2）多功能车

多功能车也称多用途车，英文缩写 MPV（multi-purpose vehicle）。

（3）运动型多功能车

也称运动型多用途车，英文缩写 SUV（sports utility vehicle）。

① 紧凑型 SUV：4200mm＜车辆长度≤4500mm，2500mm＜轴距≤2700mm。

② 中型 SUV：4500mm＜车辆长度≤4800mm，2700mm＜轴距≤2900mm。

③ 中大型 SUV：4800mm＜车辆长度≤5000mm，2800mm＜轴距≤3000mm。

④ 大型 SUV：车辆长度＞5000mm，轴距＞3000mm。

（4）交叉型乘用车

也称微客，俗称面包车。

客车是指用于载运乘客及其随身行李的商用车辆，包括驾驶人座位在内座位数超过 9 座。客车包括：小型客车、城市客车、长途客车、旅游客车、铰接客车、越野客车等。

1.1.2 按使用能源分类

目前车辆根据能源类型主要分为两大类,即传统燃油汽车和新能源汽车。对于传统燃油汽车来说一般是指汽油和柴油驱动的车辆,包括油电混合动力汽车、48V或24V轻混汽车;而新能源汽车则是指采用非常规的车用燃料作为动力来源。

1.1.2.1 纯电动汽车

纯电动汽车(BEV或EV),指仅采用电池包中的电能来充当车辆的动力来源。纯电动汽车去掉了传统燃油汽车上的发动机和变速箱,取而代之的是电机和高压电池包,车辆的动力来源就是依靠电机将存储在高压电池中的电能转换为车轮转动的机械能。

1.1.2.2 混合动力汽车

混合动力汽车(hybrid vehicle)是指车辆驱动系统由两个或多个能同时运转的单个驱动系统联合组成的车辆。根据混合动力驱动的联结方式,一般把混合动力汽车分为三类:串联式、并联式和混联式。串联式混合动力汽车的发动机可以看作是一个发电机,仅用于为电池提供电力,然后由电池驱动电机带动车轮转动;并联式混合动力汽车是指发动机直接驱动车轮转动和动力电池驱动电机带动车轮转动为两个单独的动力渠道,互不干涉;混联式混合动力汽车是指综合了串联式和并联式的结构而组成的电动汽车,发动机既可以直驱车轮,又可以为电池供电,从而带动车轮转动。

混合动力汽车根据其动力电池是否可以外接电源进行充电分为插电混合动力汽车和油电混合动力汽车。

(1)油电混合动力汽车 油电混合动力汽车主要还是依靠发动机作为主要动力来源,既可以直接驱动车辆,也可以为电池供电,但是油电混合动力的电池一般较小,不能单独进行充电。油电混合动力分为串联式、并联式和混联式。比如日产的e-Power技术采用的是增程式(即串联式)的混合动力方式,本田的i-MMD混合动力系统和丰田的THS混合动力系统都属于混联式。

(2)插电混合动力汽车 插电混合动力汽车与油电混合动力汽车的区别主要是插电混合动力汽车的动力电池可以单独进行充电,也可以分为串联式、并联式和混联式。串联式混合动力系统主要用于增程式汽车,比如理想汽车、长安深蓝汽车等;混联式混合动力系统市面上车型比较多,比如比亚迪的DM-i混合动力系统、长城的柠檬DHT混合动力系统、吉利的雷神DHT混合动力系统等;并联式混合动力系统主要是长安的智电iDD混合动力系统。

(3)燃料电池汽车 燃料电池汽车(fuel cell electric vehicle,FCEV)本质上也是电动汽车,通过以氢气、甲醇等为燃料,通过化学反应产生电能驱动电机进行工作,电机产生的机械能经过变速传动装置传给驱动轮,从而驱动车辆行驶(图1-1-1)。

图1-1-1 燃料电池汽车

1.1.2.3 汽油车

汽油车是指采用汽油作为内燃机燃料的汽车。汽油车一般使用点火器将混合气体点燃。汽油是石油制品，是100多种烃的混合物，其主要化学成分是碳（C）和氢（H）。在我国国家标准中采用研究法辛烷值（RON）来划分车用汽油牌号，按辛烷值从低到高划分为92号、95号、98号等燃料。

1.1.2.4 柴油车

柴油车是指采用柴油作为内燃机燃料的汽车。柴油车一般使用压缩点火技术将柴油加热并压缩，使其自燃。柴油也是复合烃类的混合物。我国将柴油按凝点分为5号、0号、-10号、-20号、-35号、-50号等燃油。压燃式的柴油机比点燃式的汽油机具有更高的能量转换比，能量消耗仅为汽油机的45%～60%，而且柴油车的低速扭矩比汽油车大，相同排量的两种车型，驾驶者会感觉柴油车的起步或爬坡更猛，推背感更强。

1.2 传统燃油汽车

1.2.1 总体结构

（1）发动机　发动机是汽车的动力源，它通过将燃料燃烧转化为机械能来推动汽车前进。发动机通常由发动机机体、曲轴连杆机构、配气机构、润滑系统、冷却系统、燃料供给系统、点火系统（柴油机没有点火系统）和启动装置等组成。汽油发动机构造剖视图如图1-2-1所示。

（2）变速器　变速器是汽车传动系统的一部分，它负责调节发动机输出的动力，使其以适当的比例传递到车轮。自动变速器如图1-2-2所示。

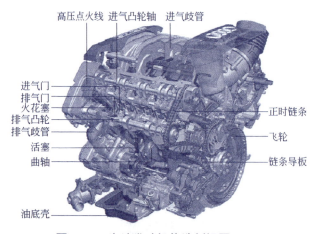

图 1-2-1　汽油发动机构造剖视图

图 1-2-2　自动变速器

（3）底盘　底盘是汽车的基础结构，由传动系统、行驶系统、转向系统和制动系统四部分组成。它负责传输发动机产生的动力，并实现汽车的行驶、转向、变速等功能，同时还要承受车身的重量和维持车身行驶稳定。

（4）车身　车身通常由车壳体、车门、车窗、车前板制件、车身内外装饰件和车身附件、座椅以及通风、暖气、冷气等设备组成。汽车车身如图 1-2-3 所示。

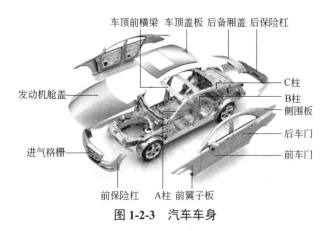

图 1-2-3　汽车车身

（5）电气设备　包括蓄电池、交流发电机、起动机、火花塞（汽油车）、照明系统、控制系统等。

1.2.2　基本原理

汽车能行驶起来主要靠发动机、变速器和传动系统。发动机负责提供动力，传动系统则负责将发动机的动力传递给车轮。

1.2.2.1　四冲程汽油发动机

现代汽车一般采用往复活塞式内燃机，它将液体或气体燃料的化学能通过燃烧转化为热能，再将热能通过机械系统转换为机械能对外输出动力。

对于往复活塞式发动机来说，都必须经过吸入空气或可燃混合气（进气），压缩进入气缸内的空气或可燃混合气，点火使可燃混合气燃烧而膨胀做功，将燃烧生成的废气排出气缸（排气）。

四冲程发动机曲轴转两圈，活塞在气缸内依次往复运动经历进气、压缩、做功和排气四个行程，完成一个工作循环。

（1）进气行程（图1-2-4）　进气门开启，排气门关闭，活塞由上止点向下止点移动，活塞上方的气缸容积增大，产生真空度，气缸内压力降到进气压力以下，在真空吸力作用下，通过汽油喷射装置雾化的汽油，与空气混合形成可燃混合气，由进气道和进气门吸入气缸内。

（2）压缩行程（图 1-2-5）　进、排气门全部关闭，压缩缸内可燃混合气，混合气温度升高，压力上升。活塞临近上止点前，可燃混合气压力上升到 0.6～1.2MPa，温度可达 330～430℃。

（3）做功行程（图 1-2-6）　在压缩行程接近上止点时，装在气缸盖上方的火花塞发出电火花，点燃所压缩的可燃混合气。可燃混合气燃烧后放出大量的热量，缸内燃气压力和温度迅速上升，最高燃烧压力可达 3～6MPa，最高燃烧温度可达

2200～2500℃。高温高压燃气推动活塞快速向下止点移动,通过曲柄连杆机构对外做功。做功行程开始时,进、排气门均关闭。

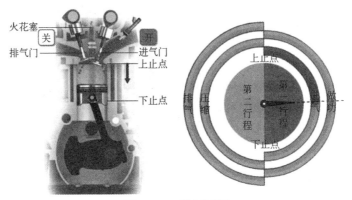

图 1-2-4　进气过程

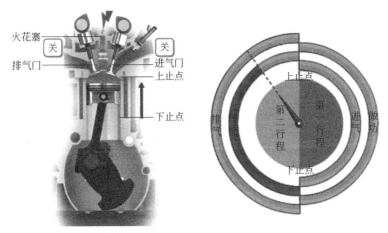

图 1-2-5　压缩行程

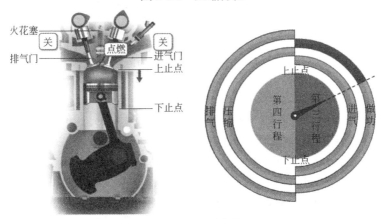

图 1-2-6　做功行程

（4）排气行程（图1-2-7）　做功行程接近终了时，排气门开启，由于这时缸内压力高于大气压力，高温废气迅速排出气缸，这一阶段属于自由排气阶段，高温废气通过排气门排出。随排气过程进行进入强制排气阶段，活塞越过下止点向上止点移动，强制将缸内废气排出，活塞到达上止点附近时，排气过程结束。排气终了时，气缸内气体压力稍高于大气压力，为0.105～0.115MPa，废气温度为600～900℃。由于燃烧室占有一定容积，因此在排气终了时，不可能将废气彻底排除干净，剩余部分废气称残余废气。

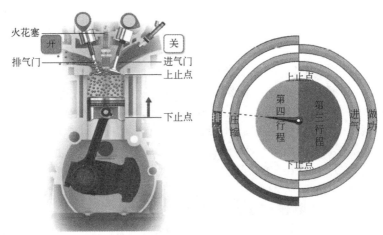

图 1-2-7　排气行程

1.2.2.2　四冲程柴油发动机

四冲程柴油发动机和四冲程汽油发动机一样，完成一个工作循环也要经历进气、压缩、做功和排气四个行程，但由于柴油发动机使用的燃料是柴油，柴油相对于汽油来说，其黏度大、蒸发性差，自燃温度低，所以柴油发动机在混合气形成和点火方式上与汽油发动机有明显的不同之处。

（1）进气行程　汽油发动机在进气行程中吸入的是可燃混合气，而柴油发动机吸入的是纯空气。

（2）压缩行程　汽油发动机在压缩行程中压缩的是可燃混合气，柴油发动机压缩的是空气。柴油发动机靠压缩自燃，其压缩比远大于汽油发动机，压缩终了时气体压力可达3～5MPa，温度可达500～700℃。

（3）做功行程　当压缩行程接近终了时，在高压油泵作用下，将柴油以10MPa左右的高压通过喷油器喷入气缸燃烧室中，在很短的时间内与空气混合后立即自行发火燃烧。气缸内气体的压力急速上升，最高达5000～9000kPa，最高温度达1800～2000℃。

（4）排气行程　排气行程和汽油发动机基本相同，排气终了压力为0.105～0.125MPa，温度为500～700℃。

1.3 混合动力汽车

1.3.1 按电机功率划分

根据所使用电机的功率可以将混合动力汽车分为微混合动力汽车、轻混合动力汽车和全混合动力汽车三种类型。

（1）微混合动力汽车 指混合度小于10%的混合动力汽车（HEV）。在该类HEV的混合动力系统中，电动机的功率很小，储能设备的容量也很小，通常采用AGM铅酸电池，主要的动能来源还是依靠发动机，电动机基本只在启动状态下工作，即作为发动机的起动机，当整车发动时协助发动机打火，或当车辆遇到红灯或长时间蠕行时作为发动机自动启停装置工作。在车辆制动状态下，实现少量的能量回收（因其动力电池容量小），故这类混合动力系统也被称为启停混合动力系统。理论上能达到对燃油经济性8%左右的提升。像东风日产2015年款楼兰2.5S/CHEV就属于典型的微混合动力汽车。

（2）轻混合动力汽车 指混合度在10%～35%的HEV。相对于微混合动力系统，轻混合动力系统中的电动机功率与储能设备容量都有所增大，通常采用镍氢电池等高效能电池，从而降低了车辆总动力对发动机独立工作的需要程度，其混合动力系统不仅工作于整车启动状态，也能在车辆需要再加速与提高极速时帮助发动机协同工作。当然也能够实现更大限度的制动能量回收。其对整车燃油经济性帮助的理论数值为14%左右。像本田公司的混动版思域就属于这个类型的轻混合动力汽车。

（3）全混合动力汽车 指混合度在35%以上的HEV。相对于微混系统与轻混系统而言，全混合动力系统最显著的差别就是：搭载全混合动力系统的汽车能够达到电动机独立驱动车辆行驶的目的。从而在一些堵车、倒车、怠速、蠕行、低速、车辆启动等低功耗需求情况下整车可采用纯电动模式进行工作，当然也对全混合动力汽车的电动机功率与储能设备容量提出了高于前两种混合动力系统的要求。通常采用镍氢电池或锂离子电池，当然它除了拥有前两种混合动力系统的功能外，对制动能量回收的能力也大大加强了。这类混合动力汽车基本上能够达到对燃油经济性30%以上的提升效果。

丰田集团的大多数混合动力汽车，像普锐斯、凯美瑞混动版及卡罗拉雷凌双擎等车型，基本上都属于全混合动力汽车。

1.3.2 按动力总成布置划分

根据传动装置的布置方案可以将混合动力汽车分为串联式混合动力汽车、并联式混合动力汽车、功率分支式混合动力汽车、插入式混合动力汽车四种类型。

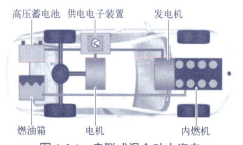

图 1-3-1 串联式混合动力汽车

（1）串联式混合动力汽车（图1-3-1）使用串联混合动力驱动方案的混合动力汽车包括一个电机和一个内燃机，其特点是仅由电机直接对驱动轮产生影响。因为所有组件须依次安装，所以这种结构被称为串联。由内燃机驱动一个可以为电动行驶传动装置和电存储器提供能量的发电机。通过供电电子装置控制电能量流。根据蓄电池和充电策略、作用范围以及动力性确定发电机与电存储器的大小。与并联式混合动力车辆相比，在内燃机效率相同的情况下会产生更多的排放量并造成耗油量增大。

纯电动传动装置在特定情况下同样也是一种串联传动装置。但是，发电机不安装在车辆中而是车辆外部。车辆驻车期间通过供电系统为蓄电池充电。纯电动传动装置的组件如图1-3-2所示。

（2）并联式混合动力汽车（图1-3-3） 与串联式混合动力不同，在并联式混合动力系统中内燃机和电机都要与驱动轮进行机械连接，驱动车辆时不仅可以单独而且可以同时使用两种动力传动系统。因为可以同时将作用力输送至传动系统，所以该系统称为并联式混合动力系统。由于可以将两个发动机的功率进行叠加，所以这两个发动机可以采用更小和更轻的设计。这样可以在例如重量、耗油量和CO_2排放量方面更加节约。设计时可以通过其他方法获得最大的行驶动力性，当内燃机功率相同时通过电机提高功率。电机也可以作为发电机使用，因此可以将其统称为"电动机"。在滑行阶段或制动时电机会产生电能，通过供电电子装置的控制将其存储在高压蓄电池内，同时还能降低耗油量。并联式混合动力车辆与部分混合动力车辆相比成本更加低廉。

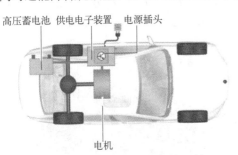

图1-3-2 纯电动传动装置的组件

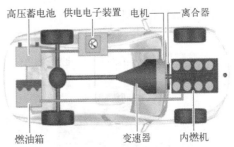

图1-3-3 并联式混合动力汽车

（3）功率分支式混合动力汽车（图1-3-4） 因为在这种混合动力传动装置中可以用串联和并联的方式传递作用力，所以该系统也被称为串并联或功率分支式混合动力系统。针对不同行驶状态提供以下运行模式：由内燃机驱动发电机（电机1）以便为高压蓄电池充电；由内燃机驱动发电机（电机1），使用其所产生的电能驱动电机2（串联式混合动力）；与电机一样，内燃机以机械方式与驱动轴相连，由两个传动装置同时驱动车辆（并联式混合动力）。在这种组合式混合动力传动装置中只需使用一个离合器就可以完成两种运行模式的切换。使用功率连接混合动力传动装置的车辆可以在某一特定速度下以纯电动方式行驶。此外，通过两种传动装置良好的组合可以使内燃机始终在其最佳运行范围内工作。

（4）插入式混合动力汽车（图1-3-5） 混合动力技术的一种扩展被称为插入式混合动力。使用插入式混合动力可以进一步降低耗油量，为电蓄能器充电时不再使用内燃机，可以通过附加的供电系统为其进行充电。电蓄能器有足够电量时可以在短距离内实现无排放且安静的电动驱动，当行驶距离较长或电蓄能器没有电量时将再次启用内燃机。为了能够存储更多来自供电系统的电能，在插入式混合动力系统中使用了尺寸较大的电蓄能器，以便可以增加电动驱动的续航。

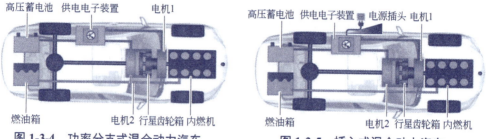

图 1-3-4　功率分支式混合动力汽车　　　图 1-3-5　插入式混合动力汽车

1.4　纯电动汽车

1.4.1　基本结构原理

（1）纯电动汽车的结构　纯电动汽车主要由底盘、车身、动力电池、驱动电机、控制器和辅助设施、蓄电池六大部分组成。其中高压部件包括驱动电机、驱动电机控制器、高压电控PDU、高压线缆（橙色线）、动力电池、电动压缩机、充电系统、电加热器PTC等。某纯电动汽车的结构组成如图1-4-1所示。

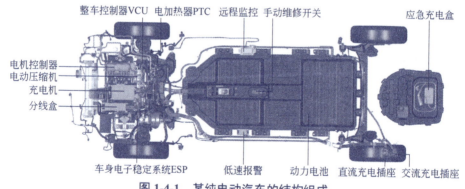

图 1-4-1　某纯电动汽车的结构组成

（2）纯电动汽车的工作原理　纯电动汽车是由动力电池的能量使得驱动电机驱动车轮前进的。能量流动路线：动力电池→动力总成控制→电动机/发电机→变速器→减速器。其中，动力电池提供电流，经过驱动电机控制器后输出至电机，然后由电机提供扭矩，经传动装置后驱动车轮实现车辆的行驶（图1-4-2）。

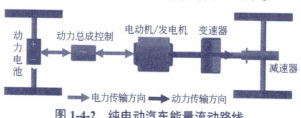

图 1-4-2　纯电动汽车能量流动路线

1.4.2 电源系统

电源系统包括动力电池、电池管理系统和充电机等。

动力电池的功用是为驱动电机提供电能，纯电动汽车常用的动力电池包括铅酸电池、镍镉电池、镍氢电池、锂离子电池等（图1-4-3）。

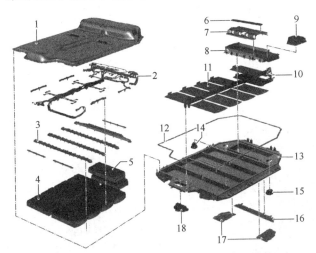

图 1-4-3　宝马 iX3 动力电池的组成及结构

1—壳体盖；2—电接线；3—夹紧条；4,5—电池单元模块；6—电池监控电子设备；7—电池监控电子设备支架；8—中间层；9—存储器电子管理系统；10—带有冷却液管的调温系统；11—电池单元模块热交换器；12—外壳密封件；13—外壳下部件；14,15—高压接口；16—嵌条；17—高压接口饰盖；18—高压连接区

电池管理系统（图1-4-4）的主要功用是对动力电池及其单体进行实时监控，监测电池使用情况，以及控制充电机向电池充电。

充电机（图1-4-5）的功用是接受并执行电池管理系统的指令，将电网的交流电转换为直流电，为动力电池补充电能。

图 1-4-4　电池管理系统

图 1-4-5　充电机

1.4.3 驱动电机系统

1.4.3.1 电机

电机是将电能转换成机械能或将机械能转换成电能的装置，它具有能做相对运动

的部件，是一种依靠电磁感应而运行的电气装置。将电能转换成机械能的电机称为电动机；将机械能转换成电能的电机称为发电机；为纯电动汽车行驶提供驱动力的电机称为驱动电机，驱动电机兼具电动机和发电机的功能。

典型电机的固定部件被称为定子，由定子绕组和定子铁芯组成。定子绕组由绝缘铜线绕制而成，每组的铜线线圈组成定子绕组的一个相。定子绕组三个相的线圈都联结汇聚于同一点，称作中性点。因为这种类型的接法看上去与字母 Y 相似，此连接方式被称作星形联结或 Y 形联结。每一相位的活动端口被称为相端，三相绕组的每一相端通常都会固定在绝缘的接线板上，并且通过电机电缆与汽车的变频器相连，这便是三相电缆。接线板负责支撑相端和电机电缆的连接。定子铁芯由薄钢板组装而成，用于支撑定子绕组。定子铁芯还能加强定子绕组和转子之间的磁场。线圈能穿过定子铁芯中的相应插槽，这部分用于定子绕组中线圈的插槽被称为定子齿。电机的另一个主要部分称为转子，是电机中转动的部分。它由轴承支撑着，在定子中转动，与定子之间只有很小的气隙。定子齿与电机转子的距离比定子中任何其他部分与转子的距离都近。磁场通过定子齿形成，并穿过定子和转子（图1-4-6）。

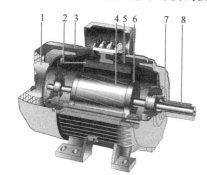

图 1-4-6 电机的结构

1—风扇；2—支架叠板；3—端子板（电源接口）；4—带有转子棒的转子叠板；5—支架绕组；6—短路环；7—滚柱轴承；8—轴

1.4.3.2 电机控制器

（1）电机控制器的作用　电机控制器是控制动力电池与驱动电机之间能量传输的装置，是控制电机驱动整车行驶的控制单元，属于纯电动汽车的核心零部件。

如图1-4-7所示，电机控制器在纯电动汽车控制系统中的主要作用是连接动力电池与驱动电机。它根据整车的需求，从动力电池获得直流电，经过逆变器的调制，获得驱动电机需要的交流电，提供给驱动电机，使得驱动电机的转速和转矩满足整车的加速、减速、制动、停车等需求。

（2）电机控制器的组成　电机控制器主要由电子控制模块、驱动模块、功率变换模块和传感器组成。

① 电子控制模块。电子控制模块包括硬件电路和相应的控制软件。硬件电路主要包括微处理器及其最小系统，对驱动电机电流、电压、转速、温度等状态的监测电路，各种硬件保护电路，以及与整车控制器、电池管理系统等外部控制单元进行数据交互的通信电路。控制软件根据不同类型驱动电机的特点实现相应的控制算法。

② 驱动模块。驱动模块将微处理器对驱动电机的控制信号转换为驱动功率变换器的驱动信号，并实现功率信号和控制信号的隔离。

③ 功率变换模块。功率变换模块对驱动电机电流进行控制。纯电动汽车经常使用的功率器件有大功率晶体管、门极可关断晶闸管、功率场效应管、绝缘栅双极型晶体

管（IGBT）以及智能功率模块等。

④ 传感器。传感器主要包括电流传感器、电压传感器、温度传感器。电流传感器用以检测供给驱动电机工作的实际电流（包括母线直流电流、三相交流电流）；电压传感器用以检测供给电机控制器工作的实际电压（包括动力电池电压、低压蓄电池电压）；温度传感器用以检测驱动电机控制系统的工作温度（包括模块温度、电机控制器温度）。

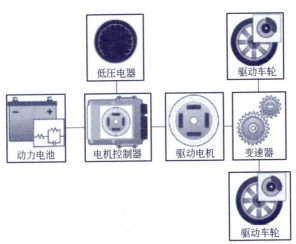

图 1-4-7 驱动电机控制系统的连接

电机控制器中的关键零部件主要有微处理器、IGBT 功率器件、电容器、传感器等。

（3）驱动电机控制系统的工作原理　电机控制器是驱动电机的控制中心，它以 IGBT（绝缘栅双极型晶体管）模块为核心，辅以驱动集成电路和主控集成电路构成，通常也称为智能功率模块。

由图 1-4-8 可知，在驱动电机时，左侧通常输入的是直流电，C 端（集电极）接直流电正极，E 端（发射极）接直流电负极，G 端（栅极）接控制端用于控制 IGBT 的通断；U、V、W 三根线作为输出连接到驱动电机相应的输入端口上。电机控制器的驱动集成电路给栅极（G 端）加载一定的电压，就可以实现 IGBT 的导通，释放这个电压就可以实现 IGBT 的断通。同时，由于二极管的作用，C 端和 E 端没有直接相连，阻止了电流直接构成回路。

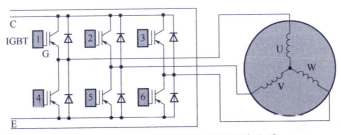

图 1-4-8　IGBT 与驱动电机的连接关系

① 若 1、6 号 IGBT 导通，其他关断，则电流经过 1 号 IGBT 从 U 相输入，经过 6 号 IGBT 从 W 相输出。

② 若 1、5、6 号 IGBT 导通，其他关断，则电流经过 1 号 IGBT 从 U 相输入，经过 5、6 号 IGBT 从 V、W 相输出。

③ 若 3、4 号 IGBT 导通，其他关断，则电流经过 3 号 IGBT 从 W 相输入，经过 4 号 IGBT 从 U 相输出。

④ 若 2、3、4 号 IGBT 导通，其他关断，则电流经过 2、3 号 IGBT 从 V、W 相输入，经过 4 号 IGBT 从 U 相输出。

由以上 4 个工作状态可以看出，只要控制相应的 IGBT 按照一定的规律通断，就可以实现有规律的三相交流电输出，从而控制驱动电机按照一定的规律旋转。

在再生制动的过程中，驱动电机作为发电机，将汽车行驶过程中产生的机械能转化为电能并输出。由于驱动电机是三相的，它发出的也是三相交流电，不能直接充入动力电池中，因此需要将三相交流电转换为直流电。

由于二极管的存在，驱动电机发出的三相交流电会自动转换为直流电。例如，若产生的交流电从 U 相输出，从 V 相回流，则产生的电流会经 1 号二极管从 C 端口流出，经 E 端口从 6 号二极管流回；若产生的交流电从 V、W 相输出，从 U 相回流，则产生的电流会经 2、3 号二极管从 C 端口流出，经 E 端口从 4 号二极管流回。由此可以看出，二极管的单向导通性确保了电流无论从驱动电机的哪相流出和流入，在逆变器的作用下，从左侧流出的电流都将从 C 端口流出逆变器，从 E 端口流回逆变器，从而保证了逆变器左端始终为直流电。在此过程中，整车控制器根据驾驶员意图发出各种指令，电机控制器响应并反馈，实时调整驱动电机输出，以实现整车的怠速、前行、倒车、停车、能量回收以及驻坡等功能。电机控制器的另一个重要功能是通信和保护，实时进行状态和故障监测，保护驱动电机系统和整车安全可靠运行（图 1-4-9）。

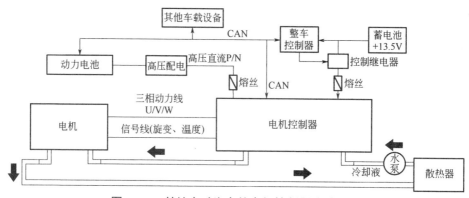

图 1-4-9 某纯电动汽车的电机控制器连接示意

1.4.4 整车控制器

整车控制器是电动汽车正常行驶的控制中枢，是整车控制系统的核心部件，是纯电动汽车的正常行驶、再生制动能量回收、故障诊断处理和车辆状态监视等功能的主要控制部件（图 1-4-10）。

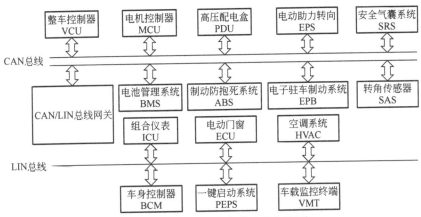

图 1-4-10　纯电动汽车整车控制系统

1.4.5　辅助系统

辅助系统包括车载信息显示系统、动力转向系统、导航系统、空调系统、照明及除霜装置、刮水器和收音机等，借助这些辅助设备来提高汽车的操纵性和乘员的舒适性。

1.5　智能网联汽车

智能网联汽车是集感知、决策和控制等功能于一体的自主交通工具，主要由感知层、决策层和执行层组成，其智能决策系统如图 1-5-1 所示。

1.5.1　环境感知系统

（1）环境感知系统的定义　环境感知就是利用车载超声波传感器、毫米波雷达、激光雷达视觉传感器以及 V2X 通信技术等获取道路、车辆位置与障碍物的信息，并将这些信息传输给车载控制中心，为自动驾驶汽车决策系统提供支撑（图 1-5-2）。

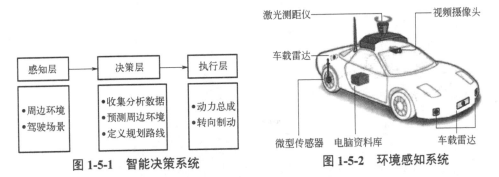

图 1-5-1　智能决策系统　　　　图 1-5-2　环境感知系统

（2）环境感知的对象　智能网联汽车环境感知对象主要包括行驶路径识别、周边物体识别、驾驶状态检测、驾驶环境检测等。

① 行驶路径识别，包括道路交通标线、行车道边缘线、路口导向线、导向车道线、人行横道线、道路出入口标线、道路隔离物识别等。

② 周边物体识别，包括车辆、行人、地面上可能影响汽车通过和安全行驶的其他各种移动或静止物体的识别。

③ 驾驶状态识别，包括驾驶人自身状态、车辆自身行驶状态和周边车辆行驶状态等。

④ 驾驶环境识别，包括路面状况、道路交通拥堵情况、天气状况等。

（3）环境感知系统的组成　智能网联汽车环境感知系统由信息采集单元、信息处理单元和信息传输单元组成（图 1-5-3）。

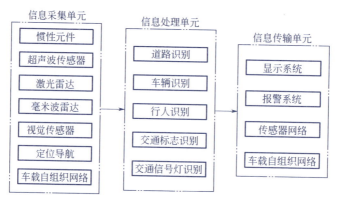

图 1-5-3　环境感知系统的组成

（4）环境感知传感器　智能网联汽车环境感知传感器主要包括超声波传感器、毫米波雷达、激光雷达、视觉传感器等。某智能网联汽车的环境感知传感器配置如图 1-5-4 所示。

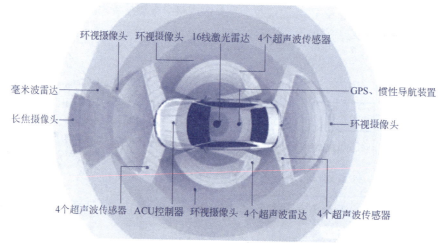

图 1-5-4　环境感知传感器配置

1.5.2 智能决策系统

智能网联汽车智能决策系统依据感知信息来进行决策判断，确定适当工作模型，制定相应控制策略，替代驾驶人做出驾驶决策。

自动驾驶系统的决策控制软件系统包含环境预测、行为决策、动作规划、路径规划等功能模块。

① 环境预测模块。环境预测模块作为决策规划控制模块的直接数据上游之一，其主要作用是对感知层所识别到的物体进行行为预测，并且将预测的结果转化为时间和空间维度的轨迹传递给后续模块。通常感知层所输出的物体信息包括位置、速度、方向等物理属性，利用这些输出的物理属性，可以对物体做出"瞬时预测"。

② 行为决策模块。行为决策模块在整个自动驾驶决策规划控制软件系统中扮演着"副驾驶"的角色。这个层面汇集了所有重要的车辆周边信息，不仅包括自动驾驶汽车本身的实时位置、速度、方向，而且包括车辆周边一定距离以内所有的相关障碍物信息以及预测的轨迹。行为决策层需要解决的问题，就是在知晓这些信息的基础上，决定自动驾驶汽车的行驶策略，需要结合环境预测模块的结果输出宏观的决策指令供后续的规划模块去更具体地执行。

③ 动作规划模块。动作规划模块主要是对短期甚至是瞬时的动作进行规划，例如转弯、避障、超车等动作。

④ 路径规划模块。路径规划模块是对较长时间内车辆行驶路径的规划，例如从出发地到目的地之间的路线设计或选择。

1.5.3 控制和执行系统

控制执行是整个自动驾驶系统的最后一环，是将环境感知、行为决策、路径规划的结论付诸实践的执行者。控制执行系统将来自决策系统的路径规划落实到汽车机构的动作上。控制过程的目标就是使车辆的位置、姿态、速度和加速度等重要参数，符合最新决策结果。

智能网联汽车的控制执行是"人-车-路"组成的智能系统最终完成自动驾驶和协同驾驶的落地部分，主要包括车辆的纵向运动控制和横向运动控制。纵向运动控制，即车辆的制动和驱动控制（图1-5-5）。横向运动控制，即通过轮胎力的控制以及方向盘角度的调整，实现自动驾驶汽车的规划路径跟踪（图1-5-6）。

图 1-5-5 纵向运动控制

图 1-5-6 横向运动控制

控制执行需要借助复杂的汽车动力学完成，主控系统由软件部分的智能车载操作系统与硬件部分的高性能车载集成计算平台联合组成。智能车载操作系统融合了内容服务商和运营服务商的数据，以及车内人机交互服务，能够为乘客提供周到的个性化服务，目前的主流操作系统包括 Windows、Linux、Android、ONX、YunOS（阿里云系统）等。

高性能车载集成计算平台融合高精度地图、传感器、V2X 的感知信息进行认知和最终的决策计算。目前主流硬件处理器包括 FPGA、ASI、CGPU 等型号。最终，决策的计算信息汇入车辆总线控制系统，完成执行动作。

（1）纵向运动控制　纵向运动控制是指通过对加速和制动的协调，实现对期望车速的精准跟随。采用加速和制动综合控制方法实现对预定速度的跟踪（图 1-5-7）。

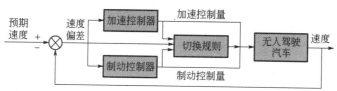

图 1-5-7　纵向运动控制系统控制框图

纵向运动控制的基本原理是根据预定速度和无人驾驶汽车实测速度的偏差，通过节气门控制器和制动控制器，根据各自的算法分别得到节气门控制量和制动控制量。切换规则，即根据节气门控制量、速度控制量和速度偏差选择节气门控制还是制动控制，未选择的控制系统回到零初始位置，如按照切换规则选择了节气门控制，则制动控制执行机构将回到零初始位置。

（2）横向运动控制　横向运动控制指智能车辆通过车载传感器感知周围环境，结合全球定位系统 GPS 提取车辆相对于期望行驶路径的位置信息，并按照设定的控制逻辑控制车辆方向盘转角使其沿期望路径自主行驶（图 1-5-8）。

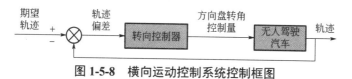

图 1-5-8　横向运动控制系统控制框图

横向运动控制基本原理是根据期望轨迹和无人驾驶汽车实测轨迹的偏差，转向控制器根据算法得到方向盘转角控制量，最终实现车辆沿期望轨迹行驶。

第2章 汽车电路与电路图

2.1 电路的基本组成

2.1.1 常用电子元器件

电子元器件包括电阻、电容、电感、电位器、电子管、散热器、机电元件、连接器、半导体分立器件、电声器件、激光器件、电子显示器件、光电器件、传感器、电源、开关、微特电机、电子变压器、继电器、印制电路板、集成电路、各类电路、压电、晶体、石英、陶瓷磁性材料、印制电路用基材基板、电子功能工艺专用材料、电子胶（带）制品、电子化学材料及部品等。

2.1.2 常用电气元件

工厂在加工时没改变原材料分子成分的产品称为元件。元件属于不需要能源的器件，它包括电阻、电容、电感。元件分为以下两类。

① 电路类元件：二极管、电阻器等。
② 连接类元件：连接器、插座、连接电缆、印制电路板（PCB）等。

2.2 汽车电路图识读方法和步骤

2.2.1 汽车电路图识读技巧

（1）分清汽车电路的三类信号 想要读懂汽车电路图，就必须把电的通路理清楚，即某条线是什么信号，该信号是输入信号、输出信号还是控制信号以及信号起什么作用，在什么条件下有信号，从哪里来，到哪里去。

① 电源。要弄清楚蓄电池或经过中央控制盒后的电源都供给了哪些元件。与电源正极连接的导线在到达用电器之前是电源电路；与接地点连接的导线在到达用电器之前为接地电路。汽车电路的电源一般来说有常电源、条件电源两种。

② 信号。汽车电路中常见的是各种开关输入信号和传感器输入信号。传感器经常共用电源线、接地线，但绝不会共用信号线。在分析传感器电路时，可用排除法来判断电路，即排除其不可能的功能来确定其实际功能，如分析某一具有三根导线的传感器电路时，如果已经分析出其电源电路、接地电路，则剩余的电路必然为信号电路。

③控制。控制信号主要由控制单元送出,它分布在各个执行器电路中,如点火电路中的点火信号、燃油喷射控制电路中的喷油信号、空调控制电路中控制压缩机运转的控制信号等。在汽车电路中,可以看到执行器共用电源线、接地线和控制线的情况。

(2)将电路化繁为简 根据上面提到的三类信号,再根据电气系统工作的基本原则,可以将电路区分为电源电路(正极供电)、接地电路(回到负极构成回路)、信号电路、控制电路。

(3)正确判断电路的串并联关系 识读汽车电路图时注意各元器件的串、并联关系,特别是不同器件的公用电源线、公用接地线和公用控制线的情况。

(4)导线功能的区分 直接连接在一起的导线(也可由熔丝、接点连接)必具有一个共同的功能,如都为电源线、接地线、信号线、控制线等。凡不经用电器而连接的一组导线若有一根接电源或接地,则该组导线都是电源线或接地线。

(5)判断导线是否共用 在汽车电路图中部分导线会被公用,如部分接地和供电。有些传感器会经常公用电源线、接地线,但绝不会公用信号线。部分执行器会公用电源线、接地线,有些还会公用控制线。

2.2.2 汽车电路图识读方法

在汽车电路方框图(丰田车系技术资料中称为系统图)中,每个方框中所标注的内容一般是整车或系统的一个独立部件。每个方框之间的关系由方框之间的线条沟通,所用箭头表示信息或电量的流向。在分析电路工作原理之前,先阅读该电路的方框图有助于加深了解电路的工作原理(图 2-2-1)。

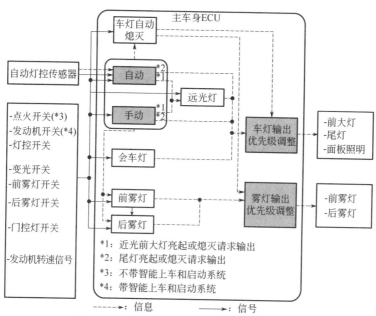

图 2-2-1 车外灯控制系统(带自动灯控)

在分析方框图了解信号或电流传输过程时,应认真查看图中的箭头方向,箭头方向表示信号的传输方向。如果没有箭头方向,则可根据方框图的图形符号来判断。箭头如果是双向的,表示信号既能输入也能输出。对方框图有整体的了解后,应进一步弄清系统(整车或系统)共有几个框(多少部件),框与框之间存在何种关系,再对照电路原理图,就可以对电路理解得更为深刻。

2.2.3 汽车线束图识读要点

汽车线束是电路的主干,通过插接器、交接点与车内电器或车体连接,可从线束图中了解线束的走向及线束各部插接器的位置。一般线束图是按照系统或在车辆上的安装位置分类的,如2016年款丰田卡罗拉线束图分为发动机室、仪表、车身、座椅和天线几部分,图2-2-2为发动机线束。

图 2-2-2　发动机线束

(1)线束图的识读要领

① 认清整车共有几组线束、各线束名称以及各线束在汽车上的实际安装位置。

② 认清每一线束上的分支通向车上哪个电气设备、每一分支有几根导线、它们的颜色与标号以及它们各连接到电气设备的哪个接线柱上。

③ 认清有哪些插接件,它们应该与哪个电气设备上的插接器相连接。

(2)线束图的识读方法

① 读懂电气原理图。汽车电气原理图是汽车电气线束图的基础。先看懂电气原理可以比较容易地了解整车电路的工作原理及特点,有助于快速读懂电气线束图。利用线束图,则可以了解线束各部分所连接的电气设备。

② 找出主要元器件的位置。在汽车线束图上,其主要元器件标注都比较明显,一般都不难找到。例如,电源系统的发电机、蓄电池;启动系统的起动机;灯光系统的前照灯、灯光开关;点火系统的点火线圈、分电器;喇叭系统的电喇叭等。当找到所需要检查的单元电路的主要元器件后,再将其与汽车上的实物对上号,就可根据电气线路图上各导线的颜色和去向,找到所要找的导线或其他元器件。

③ 了解电路图提供的信息。在电路图中,每根导线中都标注有数字代号(或数字与字母组合代号),这些代号代表了该线的颜色、直径。在识读导线的颜色、线径代号时,会出现33、33A、33B、33C、33E这样的标注方法,它表示这是同一通路的电线。其中33是基本的主线,33A是33线的一个分支,用字母A加以区别,33B是33线的另一个分支,用字母B加以区别,以此类推。

(3)汽车元器件布置图的识读要点　汽车元器件布置图与汽车线束图类似,标注了电控系统传感器和执行器在汽车上的安装位置,布置图和线束图、电路图配合使用可以在实际维修中快速定位传感器、执行器、继电器、熔丝等的详细位置,再配合插脚图能更加准确快捷地定位故障元件。如图2 2 3所示为大灯清洗控制系统元器件位置以及熔丝位置。

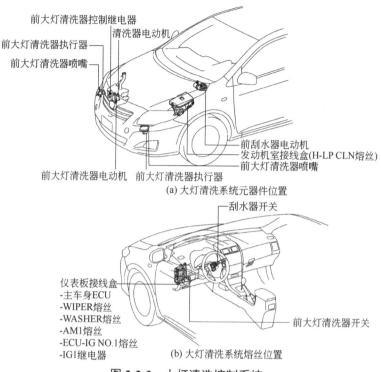

图 2-2-3 大灯清洗控制系统

2.3 典型汽车电路图分析

2.3.1 分析单一的电路图

（1）熟悉汽车电路绘制的规则　在汽车的全车电路图中，各电器采用从左到右（供电电源在左，用电设备在右，在局部电路的原理图中，信号输入端在左，信号输出端在右）、从上到下（火线在上，搭铁线在下）的顺序进行布置，且各电气系统的电路尽可能绘制在一起。

（2）熟悉汽车电路元件符号及含义　熟悉汽车电路图的名称，明确电气符号、文字标注、代码及缩略语的含义，建立元器件和图形符号间一一对应的关系。

① 电气符号。汽车上所有的电器在电路图中都是用电气符号来表示的。电气符号是简单的图形符号，只大概地表示出电器外形，在图形符号上或旁边用文字加以说明电器名称。各汽车生产厂家绘制的电气符号各有不同，有的是简单的，有的是复杂的。

② 电器端子标注。为了方便查找和维修汽车电路，在电路图中用一定数字、字母对电器的接线端子进行标注，了解这些端子的标注，可准确地找到导线和相应的接线端子。

③ 汽车电路中的缩略语。由于电路图幅面有限，对各元器件的注释大量采用缩略语。对于缩略语，有的是系统英文名称的缩写，如 ABS（anti-lock braking system）表示防抱死制动系统，AT（automatic transmission）表示自动变速器；有的用端子所连接

电器的英文缩写来作为端子的缩写，如 BAT（battery 蓄电池）表示该端子连接的是蓄电池，INJ（lnjector 喷油器）表示该端子连接的是喷油器。只有正确理解电路图中的缩略语，才能正确阅读电路图。电路图中的缩略语可以通过查阅英汉汽车缩略语词典来了解其含义，也可以通过参考电路图中的说明来了解。

（3）运用回路的原则　任何一个完整的电路都是由电源、熔丝、开关、控制装置、用电设备、导线等组成的。电流流向必须从电源正极出发，经过熔丝、开关、控制装置、导线等到达用电设备，再经过导线（或搭铁）回到电源负极，构成回路。

如图 2-3-1 所示，沿着电路电流的流向，由电源正极出发，到熔丝、开关、控制装置、用电设备等，回到电源负极。

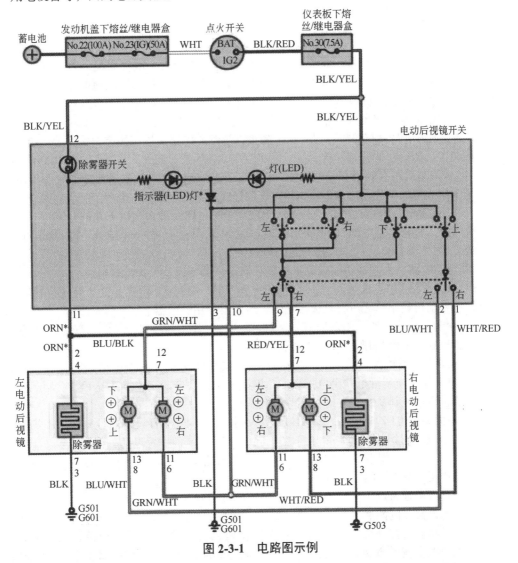

图 2-3-1　电路图示例

2.3.2 不同车系电路图的特点

（1）汽车电路是低压电源　汽车电系的额定电压有 6V、12V、24V 三种。桑塔纳汽车采用 12V 电源。部分大功率柴油机车型采用 24V。

（2）汽车电路是直流电　现代汽车发动机是靠电力起动机启动的，起动机由蓄电池供电，蓄电池充电又必须用直流电源，所以汽车电系为直流系统。

（3）汽车电路为单线制　单线连接是汽车线路的特殊性，它是指汽车上所有电气设备的正极均采用导线相互连接；所有的负极则直接或间接通过导线与车架或车身金属部分连接，即搭铁。任何一个电路中的电流都是从电源的正极出发经导线流入用电设备后，再由电气设备自身或负极导线搭铁，通过车架或车身流回电源负极而形成回路。

由于单线制导线用量少，线路清晰，接线方便，因此广泛为现代汽车所采用。

（4）汽车电路为并联连接　各用电设备均采用并联方式，汽车上的两个电源（蓄电池和发电机）之间以及所有用电设备之间，都是正极接正极，负极接负极，并联连接。

（5）汽车电路是负极搭铁　采用单限制时蓄电池的一个电极需接至车架或车身上，俗称"搭铁"。蓄电池的负极接车架或车身称为负极搭铁。蓄电池的正极接车架或车身称为正极搭铁。负极搭铁对车架或车身金属的化学腐蚀较轻，对无线电干扰小。我国标准规定汽车线路统一采用负极搭铁。

（6）汽车电路设有保险装置　为了防止因短路或搭铁而烧坏线束，电路中一般设有保护装置，如熔断器、熔丝等。

（7）汽车线路有颜色和编号特征　为了区别各线路的连接，汽车所有低压导线必须选用不同颜色的单色线或双色线，并在每根导线上编号。编号由生产厂家统一编定。

（8）汽车电路由相对独立的分系统组成　全车电路一般包括以下几部分。

① 电源电路。由蓄电池、发电机、调节器及工作状况指示装置（电流表、充电指示灯）等组成。

② 启动电路。由起动机、启动继电器、启动开关及启动保护装置组成。

③ 点火电路。由点火线圈、分电器、电子点火器、火花塞、点火开关等组成的电路。此外，有发动机控制单元进行点火控制时，可以不使用分电器。

④ 照明与信号电路。由前照灯、雾灯、示宽灯、转向灯、制动灯、倒车灯、电喇叭等及其控制继电器和开关组成的电路。

⑤ 仪表与报警电路。由仪表、传感器、各种报警指示灯及控制器组成的电路。

⑥ 电子控制。装置电路由电控燃油喷射系统 MPI、自动变速器系统 ECT、制动防抱死系统、恒速控制及悬架平衡控制等组成。

⑦ 辅助装置电路。辅助装置电路是指由为提高车辆安全性、舒适性、经济性等各种功能的电气装置组成的电路。因车型不同而有所差异，一般包括风窗刮水器/清洗装置、风窗除霜/防雾装置、启动预热装置、音响装置、车窗电动升降装置、电动座椅调节装置及中央电控门锁装置等装置的电路。

大电流开关通常加中间继电器。汽车中大电流的用电器（如起动机、电喇叭等），工作时电流很大（例如通过起动机的电流一般为 100～200A），如果直接用开关控制它们的工作状态，往往会使控制开关过早损坏。因此，控制大电流用电设备的开关常采用加中间继电器的方法，即采用控制继电器线圈的小电流，由继电器闭合后的触点为用电设备提供大电流。

第3章 汽车故障诊断方法

3.1 汽车故障产生的原因

3.1.1 汽车故障的定义及分类

汽车故障是指汽车部分或完全丧失工作能力的现象,其实质是汽车零件本身或零件之间的配合状态发生了异常变化。汽车故障的分类方法如下。

(1) 按丧失工作能力的程度分

① 局部故障,是指汽车部分丧失了工作能力,降低了使用性能的故障。

② 完全故障,是指汽车完全丧失工作能力,不能行驶的故障。

(2) 按发生的后果分

① 一般故障,是指汽车运行中能及时排除的故障或不能排除的局部故障。

② 严重故障,是指汽车运行中无法排除的完全故障。

③ 致命故障,是指导致汽车造成重大损坏的故障。

3.1.2 汽车故障的成因、症状

汽车故障的成因主要有自然因素和人为因素。

① 自然故障,是指在正常使用和维护条件下,由于不可抗拒的原因而形成的故障。

② 人为故障,是指由于人的行为不慎而造成的故障。

a. 汽车设计和制造上的因素。

b. 维修配件质量的因素。

c. 燃料、润滑油选用因素。

d. 管理方面的问题。

汽车故障的症状,也称故障现象,是故障的具体表现。汽车故障的症状主要有工况突变、过热、声响异常、排烟颜色不正常、失控或振抖、渗漏、燃料及润滑油消耗异常、有特殊气味、汽车外观异常。

3.2 汽车故障诊断要点和原则

(1) 汽车故障诊断要点

① 准确找出故障的症状。进行故障诊断时,准确找出用户所指出的故障症状是非

常重要的。

② 确定推测的故障原因以便找出真正的故障原因。为了准确快速地进行故障诊断，必须进行系统性的操作。

（2）汽车故障诊断原则

汽车故障诊断要从故障症状出发，通过问诊试车、分析研究、推理假设、流程设计、测试确认、修复验证，最后达到发现故障原因的目的。

一般应遵循由表及里、由简到繁、由浅入深、先易后难、先小（工程）后大（工程）的顺序，按系统、部位分段检查，逐步缩小范围的原则进行。

3.3 汽车故障诊断常用方法

汽车故障诊断常用的方法主要有人工经验诊断法、现代仪器设备诊断法、汽车故障自诊断法和模拟故障诊断法。

3.3.1 人工经验诊断法

人工经验诊断法是指诊断人员凭丰富的实践经验和一定的理论知识，在汽车不解体的情况下，靠直接观察、感觉或采用简单工具，通过静态或动态检测，进而对汽车的故障部位和产生的原因做出判断的一种方法。这种方法不需要专用仪器、设备，其准确性取决于诊断人员的技术水平，较适合于诊断比较常见和明显的机械性故障的"定性诊断"。具体诊断方法包括问、看、听、嗅、摸、试。

① 问。调查，问驾驶员，车辆行驶里程，经常运行的条件，维护情况，车辆技术状况，故障产生的时间和具体症状，在什么地方维修过（防止产生人为的故障）。这对准确诊断分析故障有很重要的参考价值。

② 看。查看发动机工作状况，如排气颜色、机油颜色及液面、消耗量是否正常、排气管颜色，各部件是否漏油，然后综合进行判断。

③ 听。仔细倾听发动机各部件的工作响声，并和正常响声比较，分析和判断出哪些部位响声异常，异响是发生故障和产生事故的前兆。

④ 嗅。汽车发动机正常工作时应无异味产生，若嗅到有较浓汽油或柴油味而且有辣眼睛的感觉、橡胶烤焦味、烧摩擦片味等，表示有故障，必须仔细检查产生故障的部位。

⑤ 摸。用手触摸有关部位的温度和振动情况，轻拉电控系统的接口连接线路是否松动、锈蚀等，从而可以判断相应部件工作是否正常。

⑥ 试。通过试车，对汽车的发动机、底盘的技术状况（如各缸工作是否均匀，高速工作是否间断和振动，急加速减速过渡是否平滑稳定，是否有爆燃敲缸现象等）进行检测。

3.3.2 现代仪器设备诊断法

汽车故障的现代仪器设备诊断法是指在汽车不解体情况下，利用诊断仪器设备检测整车、总成和机构的参数、曲线、波形，为分析、判断技术状况提供定量依据，最终确定汽车故障的原因和部位的诊断方法。

现代仪器可以对汽车故障做出精确判断和定量分析。利用仪器设备对汽车进行的多参数动态分析，可以迅速准确地诊断出汽车复杂的综合性故障，为汽车故障诊断技术从传统的经验体系向现代的科学体系发展奠定了坚实的基础。

现代仪器设备能自动分析、判断、存储并打印出汽车各项性能参数，具有检测速度快、准确性高、能定量分析、可实现快速诊断等优点；但同时也具有投资大、占用厂房、操作人员需要培训、检测成本高等缺点。

3.3.3 汽车故障自诊断法

随着汽车技术的不断进步，现代汽车的电子控制系统一般都具有自诊断功能，这个系统称为随车故障诊断系统（OBD Ⅱ），能记录出现的故障，并以故障代码的形式存储起来。

维修人员通过随车故障诊断装置读取故障码和动态数据流，确定故障的部位，减少维修的盲目性，迅速地诊断和排除故障。

3.3.4 模拟故障诊断法

模拟故障试验法适用于振动、高温和渗水（受潮）等引起的难以再现的间歇性故障的诊断。具体有振动法、加热法、加湿法、电气全接通法和道路试验法。

（1）振动法　针对某些怀疑有故障的元器件、导线束、插接件、传感器、执行器等进行敲打（用锥柄敲击、用手拍打）和摇摆（对导线及插接件进行垂直、水平方向摇摆和前后拉动），以检查是否存在虚焊、松动、接触不良、导线断裂等故障。

操作时注意不可用力过大，以免损坏电子器件。尤其在拍打继电器部件时，千万不可用力过度，否则会引起继电器开路。利用振动法进行模拟检测时，应随时注意被检装置的工作反应，以确定故障部位（图3-3-1）。

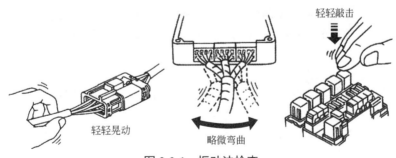

图 3-3-1　振动法检查

（2）加热法　针对某些怀疑有故障的元器件、导线束、插接件、传感器、执行器等进行局部加热，检查故障是否出现。

加热器具宜选用电热风机或类似的加热器，加热时不可直接加热 ECU 中的电子元器件，加热温度不得高于 80℃。

在汽车电控系统出现软性故障（发动机启动后或电子设备开机后，经过一段时间故障才出现）时，说明有电子元器件出现软击穿（达到一定热度后异常，冷却后又恢复正常）故障（图3-3-2）。

（3）加湿法　当故障发生在雨天或洗车之后时，可使用加湿法（用水喷淋汽车外部）进行高湿度环境模拟。喷淋前应对电子设备予以保护，以免积水锈蚀电子设备。喷水角度应尽量喷到空中，让水滴自由落下（图3-3-3）。

图3-3-2　加热法检查　　　　　图3-3-3　加湿法检查

（4）电气全接通法　用电负荷过大引起的故障，可通过接通全部电气法试验。

（5）道路试验法　用于诊断只在特定的行驶状态下出现的故障，如车速达到较高时故障才出现。还可以采取换件法和信号模拟法判断电气元件是否有故障。

3.4　汽车故障诊断流程

故障诊断流程主要由5个步骤构成。如果维修人员检查车辆时不按照必要的程序进行操作，则故障很可能变得更复杂，最后很可能由于错误的推测而采取不相干的维修程序。为了避免发生这种情况，在故障诊断时应正确领会下面介绍的这5个步骤。

步骤1：验证和重现故障症状。

故障诊断中最重要的一个因素是正确地观察用户所指出的实际故障（症状）并以此做出不带任何偏见的、正确的判断。排除故障时，第一步是重现用户指出的症状并验证。

步骤2：判定这种症状是不是故障。

当用户对汽车的故障提出抱怨时，这种抱怨可能是由很多原因造成的。然而并不是用户所说的所有症状都是故障，但这些症状很可能与车辆特性有关。如果维修人员花大量的时间去修理一辆实际上并无故障的车辆，他不仅浪费了宝贵的时间，而且会失去用户的信任。如果症状不属于故障范畴就不能作为维修来处理，而是需要从其他视角来处理用户投诉的问题。

步骤3：推测故障发生的原因。

推测故障发生的原因应当是在维修人员所确定的故障症状基础上系统地进行的。

① 如果故障反复出现，在这些事件中是否有共同特性？

② 是否是用户的一些使用习惯影响了车辆的运行？

③ 在这之前类似的故障维修的原因是什么？

④ 在过去的维修历史中是否有故障的前兆?

因此,推测故障的原因必须从大处着手。

步骤4:检查可疑部位,找出故障产生的原因。

故障诊断是在通过验证(检查)所获取数据的基础上,逐渐寻找故障真正原因的一个反复过程。检查要点:

① 基于车辆的功能、结构和运行系统的各项检查;

② 从检查系统功能开始,逐渐缩小到检查单个零部件;

③ 充分利用手持式测试仪(所测数据有利于诊断分析)。

步骤5:避免类似故障再次发生。

只有当故障顺利排除,并消除了用户担心类似故障再次发生的心理,才意味着此次修理大功告成。故障预防要点如下。

① 此故障是一个单独的故障还是一个由于其他部件引起的连锁故障?

② 此故障是由于零部件的使用寿命造成的吗?

③ 此故障是否由于不适当的维修保养造成的?

④ 此故障是否由于不恰当地处理和操作造成的?

⑤ 此故障是否由于不适当的使用造成的?

第 4 章 汽车故障诊断工量具和设备

（1）汽车故障诊断工量具（表 4-0-1）

表 4-0-1 汽车故障诊断工量具

名称和图片	名称和图片
钢直尺	磁性表座及百分表
游标卡尺	
外径千分尺	力矩扳手

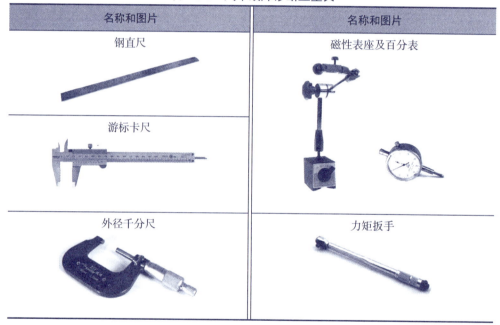

（2）汽车故障诊断设备（表 4-0-2）

表 4-0-2 汽车故障诊断设备

名称和图片	名称和图片
内窥镜	发动机气缸压力表

续表

名称和图片	名称和图片
手持真空检测表	蓄电池检测仪
发动机机油压力表	空调压力检测表
发动机燃油压力表	汽车故障诊断仪
发动机异响测听器	示波器
万用表	跨接线
测试灯	微信扫码 获取本书丰富配套资源

第5章 新能源汽车高压故障维修安全操作

新能源汽车（纯电动汽车、混合动力汽车、插电式混合动力汽车、增程式电动汽车适用）低压故障维修操作与传统燃油汽车没什么区别，本章重点介绍其高压故障维修操作规范。

新能源汽车配备了在380～650V电压下工作的动力系统，而动力系统使用动力电池，电池电解液为含氢氧化钾的强碱溶液。因此，维修人员务必正确操作，否则可能导致严重的伤害或电击。

① 维修人员必须经过专业训练或在导师的指导下才能维修和检查高压系统。

② 所有高压线束和连接器均为橙色（图5-0-1）。动力电池和其他高压零部件（图5-0-2）上均带有"高压"警告标签。切勿随意触碰。

高压电路的线束（电缆）或连接器有故障时，不要尝试维修或随意改动，应及时更换。

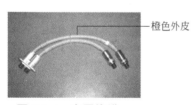

图5-0-1　高压线缆

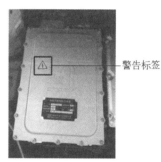

图5-0-2　驱动电机控制器

③ 在检查或维修高压系统之前，务必遵守所有安全措施，例如戴好绝缘手套并拆下维修开关以防止电击。拆下的维修开关应放置在别人拿不到的地方，以防止其他维修人员在你本人维修车辆时将其意外重新连接（图5-0-3）。

图5-0-3　普锐斯维修开关

④ 拆下维修开关后，除非维修手册规定，否则切勿将电源开关置于 ON（REWDY/OK）位置，否则可能导致故障。

⑤ 拆卸维修开关后，在接触任何高压连接器和端子前，至少需要等待 10min，使逆变器内部的高压电容放电完毕。

⑥ 使用绝缘手套之前，必须检查绝缘手套是否有破裂、磨损或其他类型的损坏。

⑦ 维修车辆时，不要携带金属物品，避免意外掉落导致短路。

⑧ 在接触裸露的高压端子之前，要戴好绝缘手套（图 5-0-4），并用检测仪确定该端子的电压为 0V。

⑨ 断开或暴露高压连接器之后，要立即使用绝缘胶带将其绝缘。

图 5-0-4　绝缘裸露的端子

⑩ 应将高压端子的螺栓和螺母紧固至规定的扭矩，扭矩过大或不足均可能导致故障。

⑪ 使用"警告：高压请勿触碰"的标牌告知其他维修人员，本人正在检查或维修高压系统（图 5-0-5）。

图 5-0-5　警告标牌

下篇
汽车常见故障诊断

📖 微信扫码
快来领取本书
丰富配套资源

📖 扫码获取
☆操作视频讲解
☆车间真实案例

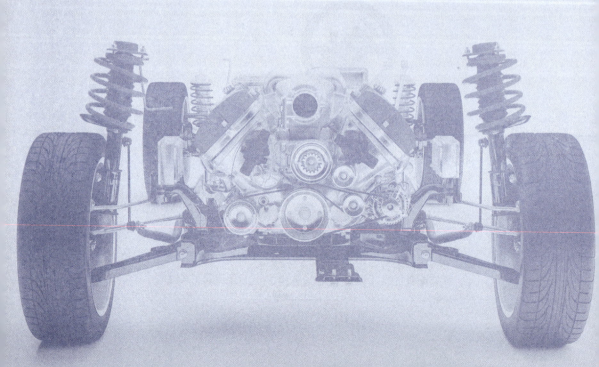

第 6 章　汽车发动机常见故障

6.1 电控电路故障

6.1.1 电子节气门故障

电子节气门故障分析见表 6-1-1。

表 6-1-1　电子节气门故障分析

故障现象	❶发动机故障灯点亮 ❷发动机怠速抖动和怠速不稳 ❸低速熄火 ❹油门操控状态差，发动机加速不良、车辆无力 ❺自动变速器的车辆会出现换挡延迟、换挡冲击大的现象
故障原因	❶节气门位置传感器损坏 ❷节气门位置传感器线路接触不良、断路或短路 ❸初始化位置不正确 ❹节气门积碳过多 ❺节气门伺服电动机损坏 ❻节气门伺服电动机线路接触不良、断路或短路 ❼发动机控制单元故障
故障诊断	使用电脑诊断仪读取定格数据。存储 DTC（故障码）时，ECM（发动机控制模块）将车辆和驾驶条件信息记录为定格数据。进行故障排除时，定格数据有助于确定故障出现时车辆是运行还是停止、发动机是暖机还是冷机、空燃比是稀还是浓，以及其他数据 ❶使用电脑诊断仪对发动机模块进行检查，在无永久故障码时一般无需更换；读取节气门的数据流，检查节气门上的 2 个位置传感器、节气门开度，开度较大时先对节气门进行积碳清除，再做节气门初始化 ❷节气门位置传感器和电动机出现线路接触不良、断路或短路，接触不良则检查节气门线束插接器是否有生锈、进水等情况，插接器铁片是否变宽；断路或短路则检查节气门相关的线路，可通过测量电压、线路的通断来判定 ❸节气门积碳过多，检查空气滤清器是否太脏，清除节气门积碳后，必须对节气门进行初始化

电子节气门电路分析见图 6-1-1 和表 6-1-2。

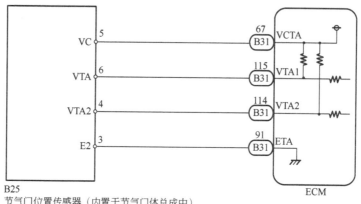

图 6-1-1　电子节气门电路

表 6-1-2　使用电脑诊断仪读取数据流　　　　　　　　单位：V

节气门位置（VTA1）松开油门踏板时	2号节气门位置（VTA2）松开油门踏板时	节气门位置（VTA1）踩下油门踏板时	2号节气门位置（VTA2）踩下油门踏板时	故障部位
0～0.2	0～0.2	0～0.2	0～0.2	VC 电路断路
4.5～5.0	4.5～5.0	4.5～5.0	4.5～5.0	E2 电路断路
0～0.2 或 4.5～5.0	2.4～3.4（失效保护）	0～0.2 或 4.5～5.0	2.4～3.4（失效保护）	VTA1 电路断路或对搭铁短路
0.7～1.3（失效保护）	0～0.2 或 4.5～5.0	0.7～1.3（失效保护）	0～0.2 或 4.5～5.0	VTA2 电路断路或对搭铁短路
0.5～1.1	2.1～3.1	3.3～4.9（非失效保护）	4.6～5.0（非失效保护）	节气门位置传感器电路正常

电子节气门维修检查操作步骤如下。

第 1 步，检查节气门位置传感器至 ECM 线路：断开节气门体总成连接器；断开 ECM 连接器；根据图 6-1-2 和表 6-1-3、表 6-1-4 中的值测量电阻。

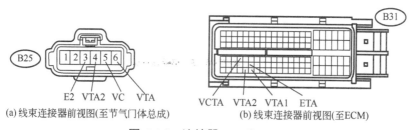

图 6-1-2　连接器 B25 和 B31

表 6-1-3 B25 和 B31 的标准电阻（断路检查）

检测仪连接	条件	规定状态/Ω
B25-5(VC)—B31-67(VCTA)	始终	小于 1
B25-6(VTA)—B31-115(VTA1)	始终	小于 1
B25-4(VTA2)—B31-114(VTA2)	始终	小于 1
B25-3(E2)—B31-91(ETA)	始终	小于 1

表 6-1-4 B25 和 B31 的标准电阻（短路检查）

检测仪连接	条件	规定状态/kΩ
B25-5(VC) 或 B31-67(VCTA)—车身搭铁	始终	10 或更大
B25-6(VTA) 或 B31-115(VTA1)—车身搭铁	始终	10 或更大
B25-4(VTA2) 或 B31-114(VTA2)—车身搭铁	始终	10 或更大

重新连接节气门体总成连接器；重新连接 ECM 连接器。

此步骤如果异常，则维修或更换线束或连接器；如果正常，则进行下一步检查。

第 2 步，检查 ECM（VC 电压）：断开节气门体总成连接器；将点火开关置于 ON（IG）位置。根据图 6-1-3 和表 6-1-5 的值测量电压。

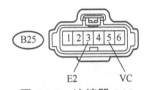

图 6-1-3 连接器 B25

表 6-1-5 B25 的标准电压

检测仪连接	开关状态	规定状态/V
B25-5（VC）—B25-3（E2）	点火开关置于 ON（IG）位置	4.5～5.5

重新连接节气门体总成连接器。

此步骤如果异常，则更换 ECM；如果正常，则更换节气门体总成。

6.1.2 前氧传感器故障

前氧传感器故障分析见表 6-1-6。

表 6-1-6 前氧传感器故障分析

故障现象	❶发动机故障灯点亮 ❷发动机怠速抖动 ❸汽油油耗增加 ❹尾气排放不合格 ❺排气管冒黑烟
故障原因	❶前氧传感器老化 ❷前氧传感器中毒（铅中毒、硅中毒、磷中毒） ❸前氧传感器损坏 ❹前氧传感器线路断路或短路 ❺发动机控制单元故障

故障诊断	使用电脑诊断仪读取发动机故障码，观察是否存在前氧传感器报故障，并确认是临时故障还是永久故障 ❶读取前氧传感器的数据流。电压在 0.1～1V 不断变化，变化次数 10s 超过 8 次。如果电压在 0.1～0.5V 变化，说明混合气过稀；如果电压在 0.5～1V 变化，说明混合气过浓；如果电压在 0.4～0.5V 不动，说明氧传感器损坏 ❷检查氧传感器电阻。当发动机温度达到正常后，拔下氧传感器的导线连接器，用电阻表检测压力传感器的端子之间的电阻值，电阻值应符合具体车型标准值的要求（一般为 440Ω），如电阻值不符合要求，则应更换氧传感器 ❸氧传感器电压输出信号的检测，是指在装好氧传感器的导线连接器后，从信号端子引出一根导线，启动发动机，使发动机达到正常工作温度，并维持发动机怠速运转。此时，用电压表检测氧传感器信号端子的输出电压。当拔掉某个气缸的高压线（断火）时，排气中的含氧量将下降，如果电压表指示的电压有所升高，说明传感器性能良好（氧传感器输出电压一般在 0.2～0.9V，其变化范围在 0.5V 左右） 注意：不能短路传感器接线柱；正、负接头不能弄错，电压表负极表笔接蓄电池负极，正极表笔接传感器信号线 ❹在对氧传感器进行检查时，有时通过观察氧传感器顶尖的颜色也可知道故障原因。氧传感器顶尖的正常颜色为淡灰色 a. 黑色顶尖的氧传感器是由碳污染造成的，拆下后，应清除其上的积碳沉积 b. 如果发现氧传感器具有白色的顶尖，说明是硅污染造成的，这是由于发动机在维修时，使用了不符合要求的硅密封胶，此时必须更换氧传感器 c. 当发现氧传感器顶尖为红棕色时，则说明氧传感器受铅污染，这是由于汽车使用了含铅汽油所致

前氧传感器电路分析见图 6-1-4。

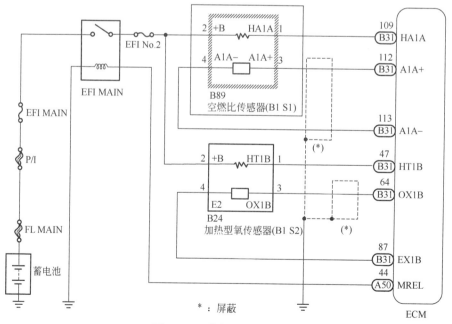

图 6-1-4　前氧传感器电路

前氧传感器维修检查操作步骤如下。

第 1 步，使用电脑诊断仪读取定格数据。ECM 将车辆和驾驶条件信息记录为定格数据。进行故障排除时，定格数据有助于确定故障出现时车辆是运行还是停止、发动机是暖机还是冷机、空燃比是稀还是浓，以及其他数据。

第 2 步，检查前氧传感器加热器电阻：断开前氧传感器连接器。根据图 6-1-5 和表 6-1-7 中的值测量电阻。

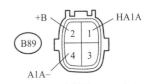

图 6-1-5　连接器 B89（1）

表 6-1-7　B89 的标准电阻

检测仪连接	条件	规定状态
B89-1（HA1A）—B89-2（+B）	20℃（68℉）	1.8～3.4Ω
B89-1（HA1A）—B89-4（A1A-）	20℃（68℉）	10kΩ 或更大

图 6-1-6　连接器 B89（2）

重新连接前氧传感器连接器。

此步骤如果异常，则更换前氧传感器；如果正常，则进行下一步检查。

第 3 步，检查端子电压（电源）：断开前氧传感器连接器，将点火开关置于 ON(IG) 位置。根据图 6-1-6 和表 6-1-8 中的值测量电压。

表 6-1-8　B89 的标准电压

检测仪连接	开关状态	规定状态 /V
B89-2(+B)—车身搭铁	点火开关置于 ON(IG) 位置	9～14

重新连接前氧传感器连接器。

a. 通过以上检查，如发现异常，则检查熔丝 EFI No.2：从发动机室继电器盒上拆下 EFI No.2 熔丝。根据图 6-1-7 和表 6-1-9 中的值测量电阻。

表 6-1-9　标准电阻

检测仪连接	条件	规定状态 /Ω
EFI No.2 熔丝	始终	小于 1

图 6-1-7　发动机室继电器盒（1）

重新安装 EFI No.2 熔丝。此步骤如果异常，则更换熔丝；如果正常，则维修或更换线束或连接器。

b. 如果前氧传感器电源正常，则检查线束和连接器（前氧传感器 -ECM）：断开前氧传感器连接器；断开 ECM 连接器；根据图 6-1-8 和表 6-1-10、表 6-1-11 中的值测量电阻。

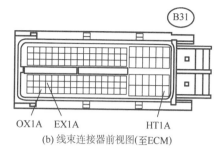

(a) 线束连接器前视图[加热型氧传感器(S1)]　　(b) 线束连接器前视图(至ECM)

图 6-1-8　连接器 B15 和 B31

表 6-1-10　B15 和 B31 的标准电阻（断路检查）

检测仪连接	条件	规定状态/Ω
B15-1（HT1A）—B31-109（HT1A） B15-3（OX1A）—B31-112（OX1A） B15-4（E2）—B31-90（EX1A）	始终	小于 1

表 6-1-11　B15 和 B31 的标准电阻（短路检查）

检测仪连接	条件	规定状态/kΩ
B15-1（HT1A）或 B31-109（HT1A）—车身搭铁 B15-3（OX1A）或 B31-112（OX1A）—车身搭铁 B15-4（E2）或 B31-90（EX1A）—车身搭铁	始终	10 或更大

重新连接前氧传感器连接器；重新连接 ECM 连接器。

此步骤如果异常，则维修或更换线束或连接器（前氧传感器-ECM）；如果正常，则更换 ECM。

6.1.3　进气压力传感器故障

进气压力传感器故障分析见表 6-1-12。

表 6-1-12　进气压力传感器故障分析

故障现象	❶发动机怠速不稳 ❷发动机加速不良 ❸发动机运转中进气管回火 ❹排气管冒黑烟
故障原因	❶传感器内部故障 ❷传感器检测部位有污物 ❸传感器线路接触不良、断路或短路 ❹发动机控制单元故障

续表

| 故障诊断 | ❶进气歧管压力传感器是集信号感应和信号放大于一体的部件，安装在进气歧管上（有的与空气流量计集成为一体，安装在空气滤清器壳体上）。它是由压力转换元件和把压力转换元件输出信号进行放大的集成电路组成的
❷进气压力传感器发生故障，像真空泄漏一样，发动机不能得到正常操作所需的燃油量
❸发动机 ECU 使用进气歧管绝对压力传感器来确定大气压力。发动机 ECU 在燃油控制中使用大气压力来补偿海拔差异
❹进气压力传感器响应歧管内的真空变化。发动机 ECU 以信号电压的方式接收此变化信息，该信号电压将从怠速情况下节气门关闭时的 1～1.5V 变化至节气门全开时的 4.5～5V
❺使用电脑诊断仪读取发动机模块的故障码，判断故障码为偶发故障还是持续故障，如果是进气压力传感器持续性故障，则更换进气压力传感器
❻使用电脑诊断仪读取进气压力传感器数据流，启动发动机观察进气压力的数据
❼拆下进气压力传感器，检查是否有损坏和堵塞
❽检查传感器线路，先目测检查进气歧管压力传感器的线路是否有断路、连接是否可靠。若无异常，可将插接器拔下，检查各端子是否存在锈蚀、氧化而导致的接触不良，如有，应清洁后将其连接好试车。实践表明，由接线端子接触不良而导致的传感器信号异常是故障检测的重点之一。因此必须在各接线端子连接可靠的情况下，进行下一步故障检测
❾电源电压的检测
a. 拔下传感器上的插接器，接通点火开关，但不启动发动机，此时 ECU 将加给传感器电源端子 5V 左右的电压
b. 用万用表的一根表笔接电源端子，另一表笔接接地端子
c. 电压值若为 4.5～5.5V，说明电压值正常，应当将插接器插回传感器
d. 电压值若为 0，则将接地的表笔与车架搭铁，或通过导线与蓄电池负极接触
e. 若电压值正常，应当检查接地端子通往 ECU 的导线
f. 若电压值仍为 0，则测量 ECU 线束中的电源端子与接地端子的电压值
g. 电压值正常，说明 ECU 至传感器的电源线路断路，应予以修复或更换
h. ECU 的电源端子与接地端子的电压值若为 0，则说明故障在 ECU 或 ECU 搭铁不良
❿输出电压的检测
a. 接通点火开关，拆下连接进气歧管压力传感器与进气歧管的真空软管的一端
b. 在大气压力下，测量 PIM（信号）端子与 E2 端子的电压值，应当在 3.3～3.9V |

进气压力传感器电路分析见图 6-1-9。

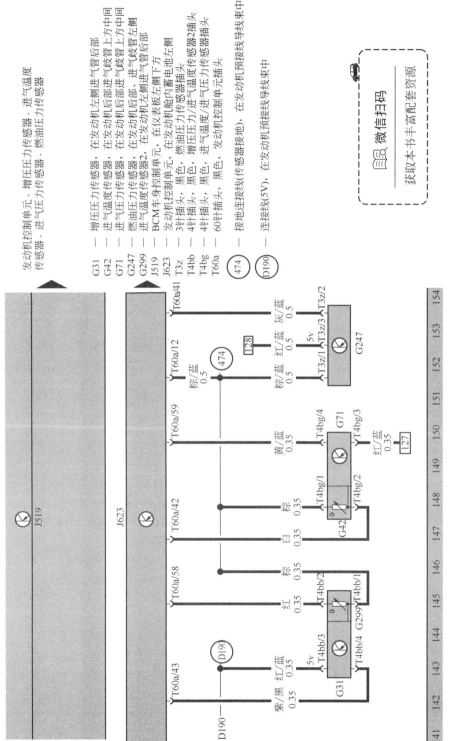

图 6-1-9 进气压力传感器电路（1）

进气压力传感器维修检查操作步骤如下。

第1步，根据图6-1-10检查进气压力传感器：断开进气压力传感器插接器；测量进气温度传感器G42的电阻（正常范围为1.5～2.0Ω）。

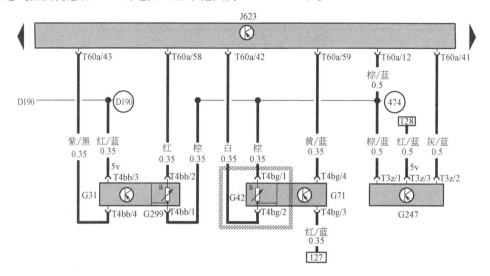

图 6-1-10　进气压力传感器电路（2）

连接进气压力传感器插接器。

此步骤如果异常，则更换进气压力传感器；如果正常，则进行下一步检查。

第2步，根据图6-1-11检查进气压力传感器的信号电压。

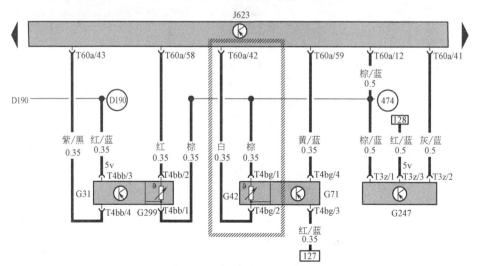

图 6-1-11　进气压力传感器电路（3）

断开进气压力传感器插接器；测量进气压力传感器2号脚的电压（正常范围为

1.5～2.0V）。

根据图6-1-12测量进气压力传感器4号脚的电压（正常范围0.5～1.0V）。

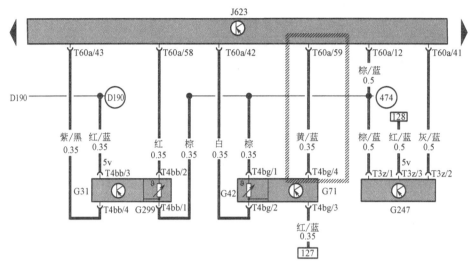

图6-1-12　进气压力传感器电路（4）

连接进气压力传感器插接器。

此步骤如果异常，则更换J623；如果正常，则进行下一步检查。

第3步，根据图6-1-13和图6-1-14检查进气压力传感器的线路。

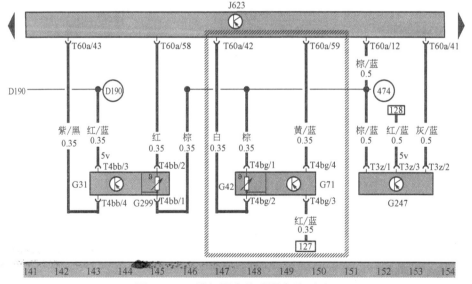

图6-1-13　进气压力传感器电路（5）

检查T60a/42—T4bg/2、T60a/59—T4bg/4、T60a/8—T4bg/3、T4bg/1—车身搭铁的电阻：正常应小于1Ω；如果短路，测量值则为无限大。

第 6 章 汽车发动机常见故障　　045

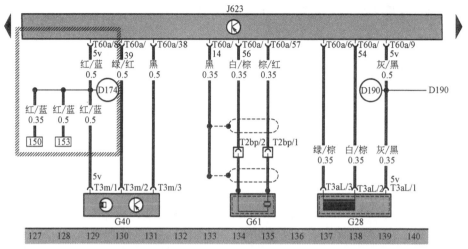

图 6-1-14　进气压力传感器电路（6）

此步骤如果异常，则维修或更换线束；如果正常，则更换 J623。

6.1.4　冷却液温度传感器故障

冷却液温度传感器故障分析见表 6-1-13。

表 6-1-13　冷却液温度传感器故障分析

故障现象	❶冷却液温度报警灯点亮 ❷冷却风扇高速常转 ❸水温表指针直接指向最高位置 ❹冷车启动困难 ❺发动机怠速抖动 ❻发动机加速不良 ❼发动机加速无力 ❽汽油消耗增加 ❾排气管冒黑烟
故障原因	❶冷却液温度传感器损坏 ❷冷却液温度传感器检测头有污物 ❸冷却液温度传感器线路接触不良、断路或短路
故障诊断	❶使用电脑诊断仪读取发动机模块的故障码，判断是偶发故障还是持续故障，如果是冷却液温度传感器持续故障则更换冷却液温度传感器 ❷使用电脑诊断仪读取进气压力传感器数据流，读取冷车时的冷却液温度和热车后的冷却液温度，并观察几分钟，看水温是否正常、是否稳定，显示 -40℃ 为断路，显示 140℃ 或更高为短路 ❸拆卸水温传感器，检查是否有损坏和污物 ❹测量冷却液温度传感器，阻值会随温度升高而变小，水温在 95℃ 时水温传感器的阻值是 120Ω；水温在 108℃ 时水温传感器的阻值是 100Ω

冷却液温度传感器分析电路见图 6-1-15。

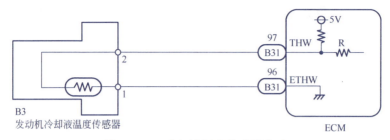

图 6-1-15　冷却液温度传感器电路

冷却液温度传感器维修检查操作步骤如下。

检查冷却液温度传感器线路：断开发动机冷却液温度传感器连接器；断开 ECM 连接器；根据图 6-1-16 和表 6-1-14 中的值测量电阻。

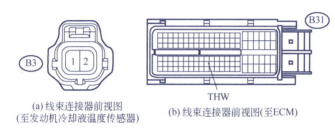

(a) 线束连接器前视图
(至发动机冷却液温度传感器)
(b) 线束连接器前视图（至ECM）

图 6-1-16　连接器 B3 和 B31

表 6-1-14　B3 和 B31 的标准电阻

检测仪连接	条件	规定状态 /Ω
B3-2—B31-97（THW）	始终	小于 1
B3-1—B31-96（ETHW）	始终	小于 1

重新连接发动机冷却液温度传感器连接器；重新连接 ECM 连接器。

通过上述检查，如发现异常，则维修或更换线束或连接器（发动机冷却液温度传感器 -ECM）；如果正常，则更换 ECM。

6.1.5　质量型空气流量计故障

质量型空气流量计故障分析见表 6-1-15。

表 6-1-15　质量型空气流量计故障分析

故障现象	❶发动机故障灯点亮 ❷发动机怠速抖动和怠速不稳 ❸发动机加速不良、车辆无力
故障原因	❶质量型空气流量计本身故障 ❷质量型空气流量计线路接触不良、断路或短路 ❸发动机控制单元故障

故障诊断	❶质量型空气流量计电压低于 0.2V 达 3s，故障部位：质量型空气流量计电路断路或短路、质量空气流量计 ECM 故障 ❷质量型空气流量计电压高于 4.9V 达 3s，故障部位：质量型空气流量计电路断路或短路、质量型空气流量计 ECM 故障 ❸使用电脑诊断仪读取定格数据。ECM 将车辆和驾驶条件信息记录为定格数据。进行故障排除时，定格数据有助于确定故障出现时车辆是运行还是停止、发动机是暖机还是冷机、空燃比是稀还是浓，以及其他数据

质量型空气流量计分析电路见图 6-1-17。

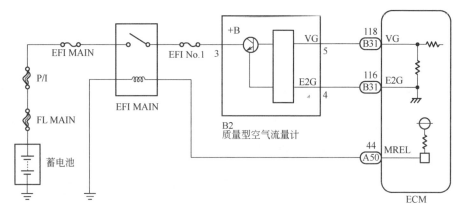

图 6-1-17　质量型空气流量计电路

质量型空气流量计维修检查操作步骤如下。

第 1 步，检测质量空气流率为 0.0，检查质量型空气流量计电源电压。

① 断开质量型空气流量计连接器；将点火开关置于 ON 位置；根据图 6-1-18 和表 6-1-16 中的值测量电压。

表 6-1-16　B2 的标准电压

检测仪连接	开关状态	规定状态 /V
B2-3（+B）—车身搭铁	点火开关置于 ON 位置	9～14

重新连接质量型空气流量计连接器。

此步骤如果异常，则检查 EFI No.1 熔丝［检查结果不正常，则更换熔丝；检查结果正常，则维修或更换线束或连接器（质量型空气流量计 - 集成继电器）］；如果正常，则检查质量型空气流量计（VG 电压）。

② 检查质量型空气流量计（VG 电压）。检查输出电压；断开质量型空气流量计连接器；向端子 +B 和 E2G 之间施加蓄电池电压；将检测仪正极（+）探针连接至端子 VG、检测仪负极（-）探针连接至端子 E2G；根据图 6-1-19 和表 6-1-17 中的值测量电压。

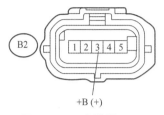

图 6-1-18 连接器 B2

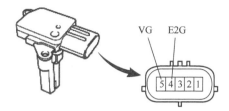

图 6-1-19 质量型空气流量计

表 6-1-17 VG 标准电压

检测仪连接	条件	规定状态 /V
5（VG）—4（E2G）	向端子 +B 和 E2G 之间施加蓄电池电压	0.2～4.9

重新连接质量型空气流量计连接器。

此步骤如果异常，则更换质量型空气流量计；如果正常，则检查线束和连接器（质量型空气流量计 -ECM）。

③ 检查线束和连接器（质量型空气流量计 -ECM）。断开质量型空气流量计连接器；断开 ECM 连接器；根据图 6-1-20 和表 6-1-18、表 6-1-19 中的值测量电阻。

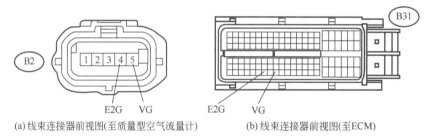

(a) 线束连接器前视图(至质量型空气流量计)　　(b) 线束连接器前视图(至ECM)

图 6-1-20 连接器 B2 和 B31（1）

表 6-1-18 B2 和 B31 的标准电阻（断路检查 1）

检测仪连接	条件	规定状态 /Ω
B2-5（VG）—B31-118（VG）	始终	小于 1
B2-4（E2G）—B31-116（E2G）	始终	小于 1

表 6-1-19 B2 和 B31 的标准电阻（短路检查 1）

检测仪连接	条件	规定状态 /kΩ
B2-5（VG）或 B31-118（VG）—车身搭铁	始终	10 或更大

重新连接质量型空气流量计连接器；重新连接 ECM 连接器。

此步骤如果异常，则维修或更换线束或连接器（质量型空气流量计 -ECM）；如果正常，则更换 ECM。

第 2 步，检测质量空气流率为 271.0 或更高，检查线束和连接器（传感器搭铁）。

① 断开质量型空气流量计连接器，根据表 6-1-20 中的值测量电阻。

表 6-1-20 B2 的标准电阻

检测仪连接	条件	规定状态 /Ω
B2-4（E2G）—车身搭铁	始终	小于 1

重新连接质量型空气流量计连接器。

此步骤如果正常，则更换质量型空气流量计；如果异常，则检查线束和连接器（质量型空气流量计 -ECM）。

② 检查线束和连接器（质量型空气流量计 -ECM）。断开质量型空气流量计连接器；断开 ECM 连接器；根据图 6-1-21 和表 6-1-21、表 6-1-22 中的值测量电阻。

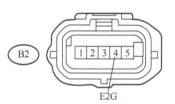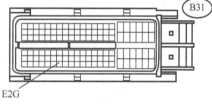

(a) 线束连接器前视图(至质量型空气流量计)　　(b) 线束连接器前视图(至ECM)

图 6-1-21 连接器 B2 和 B31（2）

表 6-1-21 B2 和 B31 的标准电阻（断路检查 2）

检测仪连接	条件	规定状态 /Ω
B2-4（E2G）—B31-116（E2G）	始终	小于 1

表 6-1-22 B2 和 B31 的标准电阻（短路检查 2）

检测仪连接	条件	规定状态 /kΩ
B2-4（E2G）或 B31-116（E2G）—车身搭铁	始终	10 或更大

此步骤如果异常，则维修或更换线束或连接器（质量型空气流量计 -ECM）；如果正常，则更换 ECM。

6.1.6　凸轮轴机油控制阀（VVT）故障

凸轮轴机油控制阀故障分析见表 6-1-23。

表 6-1-23　凸轮轴机油控制阀故障分析

故障现象	❶发动机怠速抖动 ❷发动机转速偏高 ❸发动机启动困难 ❹发动机加速不良 ❺发动机故障灯点亮

故障原因	❶进气凸轮轴正时机油控制阀线路断路或短路 ❷进气凸轮轴正时机油控制阀失效 ❸ECM 损坏
故障诊断	当发动机机油中的异物卡在系统的某些零件中时，可能会设定 DTC P0011 或 P0012。即使在短时间后系统恢复正常，DTC 也将保持设定。异物被机油滤清器滤除。 发动机怠速运转时，ECM 检查 VVT 学习值以监视进气凸轮位置和曲轴位置的相关性。根据凸轮位置和曲轴位置校正 VVT 的学习值。发动机怠速运转时，进气门正时设定在最大延迟角位置。如果在连续行驶周期中 VVT 学习值超出规定范围，ECM 将亮起 MIL 并设置 DTC P0016 发动机怠速运转时，ECM 检查 VVT 学习值以监视排气凸轮位置和曲轴位置的相关性。根据凸轮位置和曲轴位置校正 VVT 的学习值。发动机怠速运转时，排气门正时设定在最大提前角度。如果在连续行驶周期中 VVT 学习值超出规定范围，ECM 将亮起 MIL 并设置 DTC P0017

凸轮轴机油控制阀（VVT）电路分析见图 6-1-22。

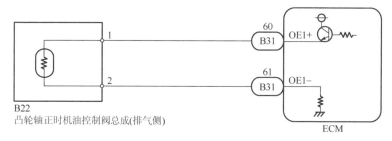

图 6-1-22 VVT 阀电路

凸轮轴机油控制阀维修检查操作步骤如下。

第 1 步，主动测试。当操作机油控制阀且发动机冷却液温度为 50℃或更低时，使用电脑诊断仪检查发动机转速。

提示：进行主动测试时，应打开空调。发动机启动时，发动机冷却液温度应为 30℃或者更低。

测量结果：正常发动机转速，机油控制阀关闭；发动机怠速不稳或失速，机油控制阀打开。

第 2 步，检查凸轮轴正时机油控制阀总成。

① 拆下凸轮轴正时机油控制阀总成，根据图 6-1-23 和表 6-1-24 中的值测量电阻。

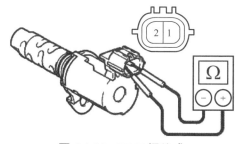

图 6-1-23 VVT 阀总成

表 6-1-24　VVT 阀总成标准电阻

检测仪连接	条件	规定状态 /Ω
1—2	20℃（68 ℉）	6.9～7.9

② 根据图 6-1-24 将蓄电池正电压施加到端子 1，负电压施加到端子 2；检查阀的工作情况（正常情况：阀迅速移动）。

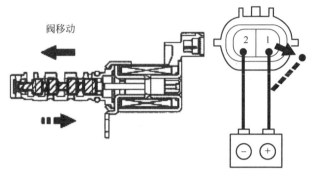

图 6-1-24　检查 VVT 阀工作情况

重新安装凸轮轴正时机油控制阀总成。

此步骤如果异常，则更换凸轮轴正时机油控制阀总成；如果正常，则检查机油控制阀滤清器。

③ 根据图 6-1-25 拆下机油控制阀滤清器。检查并确认滤清器没有阻塞。

重新安装机油控制阀滤清器。如果异常，则更换机油控制阀滤清器；如果正常，检查凸轮轴正时齿轮总成。

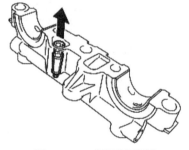

图 6-1-25　拆下滤清器

④ 检查凸轮轴正时齿轮总成。如果异常，则更换凸轮轴正时齿轮总成；如果正常，调整气门正时。

⑤ 调整气门正时。如果异常，则更换 ECM；如果正常，则系统正常。

6.1.7　爆震传感器故障

爆震传感器故障分析见表 6-1-25。

表 6-1-25　爆震传感器故障分析

故障现象	❶发动机怠速抖动 ❷发动机产生噪声 ❸发动机故障灯亮起 ❹发动机无力 ❺严重可能会导致紧固件严重损坏

续表

故障原因	❶爆震传感器损坏 ❷爆震传感器线路接触不良、断路或短路 ❸发动机控制单元故障
故障诊断	平面型爆震传感器（非谐振型）的结构可以检测较宽频带内的振动，频率范围为 6～15kHz 爆震传感器安装在发动机缸体上，用于检测发动机爆震 爆震传感器包含一个压电元件，它在变形时产生电压 在发动机缸体因爆震而振动时，就会产生电压。任何发动机爆震的发生都可以通过延迟点火时间加以抑止 使用电脑诊断仪读取定格数据。存储 DTC 时，ECM 将车辆和驾驶条件信息记录为定格数据。进行故障排除时，定格数据有助于确定故障出现时车辆是运行还是停止、发动机是暖机还是冷机、空燃比是稀还是浓，以及其他数据

爆震传感器电路分析见图 6-1-26。

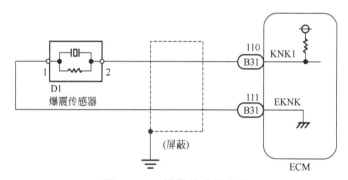

图 6-1-26　爆震传感器电路

爆震传感器维修检查操作步骤如下。

第 1 步，使用电脑诊断仪读取数值（爆震反馈值）。驾驶车辆时，读取检测仪上显示的值（正常：数值变化）。

通过发动机重载运转可以确定爆震反馈值变化，例如，通过激活空调系统和发动机高速空转。

第 2 步，检查 ECM（KNK1 电压）。

① 断开爆震传感器连接器；将点火开关置于 ON 位置；根据图 6-1-27 和表 6-1-26 中的值测量电压。

表 6-1-26　D1 的标准电压

检测仪连接	开关状态	规定状态 /V
D1-2—D1-1	点火开关置于 ON 位置	4.5～5.5

重新连接爆震传感器连接器。如果电压异常，则检查爆震传感器。

② 拆下爆震传感器；根据图 6-1-28 和表 6-1-27 中的值测量电阻。如果电阻异常，则更换爆震传感器；如果正常，则更换 ECM。

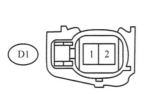

图 6-1-27 连接器 D1

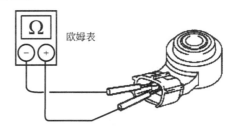

图 6-1-28 没有线束连接的零部件（爆震传感器）

表 6-1-27 D1 的标准电阻

检测仪连接	条件	规定状态 /kΩ
2—1	20℃（68 ℉）	120～280

第 3 步，检查线束和连接器（ECM- 爆震传感器）。

断开爆震传感器连接器；断开 ECM 连接器；根据图 6-1-29 和表 6-1-28、表 6-1-29 中的值测量电阻。

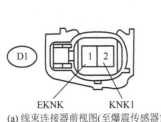

(a) 线束连接器前视图(至爆震传感器)

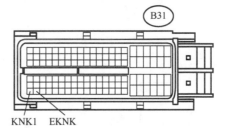

(b) 线束连接器前视图(至ECM)

图 6-1-29 连接器 D1 和 B31

表 6-1-28 D1 和 B31 的标准电阻（断路检查）

检测仪连接	条件	规定状态 /Ω
D1-2—B31-110（KNK1）	始终	小于 1
D1-1—B31-111（EKNK）	始终	小于 1

表 6-1-29 D1 和 B31 的标准电阻（短路检查）

检测仪连接	条件	规定状态 /kΩ
D1-2 或 B31-110（KNK1）—车身搭铁	始终	10 或更大
D1-1 或 B31-111（EKNK）—车身搭铁	始终	10 或更大

重新连接爆震传感器连接器；重新连接 ECM 连接器。如果异常，则维修或更换线束或连接器（ECM- 爆震传感器）；如果正常，则更换 ECM。

6.1.8 曲轴位置传感器故障

曲轴位置传感器故障分析见表 6-1-30。

表 6-1-30 曲轴位置传感器故障分析

故障现象	发动机不能启动，没有喷油，也没有高压电
故障原因	❶曲轴位置传感器损坏 ❷曲轴位置传感器线路插接器接触不良、断路或短路 ❸曲轴位置传感器安装不正确 ❹发动机控制单元故障
故障诊断	曲轴位置传感器包括一个曲轴位置信号盘和一个耦合线圈。信号盘有 34 个齿，并安装在曲轴上。耦合线圈由缠绕的铜线、铁芯和磁铁组成 信号盘旋转时，随着每个齿经过耦合线圈，便产生一个脉冲信号。发动机每转一圈，耦合线圈产生 34 个信号。ECM 根据这些信号计算出曲轴位置和发动机转速。使用这些计算结果，可以控制燃油喷射时间和点火正时

曲轴位置传感器电路分析见图 6-1-30。

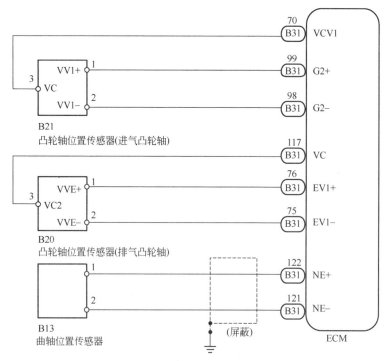

图 6-1-30 曲轴位置传感器电路

曲轴位置传感器维修检查操作步骤如下。

第 1 步，使用诊断仪读取发动机转速。

提示：显示检测仪上的图形以检查发动机转速变化。如果发动机未启动，则启动时检查发动机转速；如果检测仪上显示的发动机转速仍为零，则曲轴位置传感器电路可能存在断路或短路现象。

图 6-1-31　曲轴位置传感器连接器

第 2 步，检查曲轴位置传感器（电阻）。

① 断开曲轴位置传感器连接器，根据图 6-1-31 和表 6-1-31 中的值测量电阻。

表 6-1-31　曲轴位置传感器连接器标准电阻

检测仪连接	条件	规定状态/Ω
1—2	20℃	1850～2450

重新连接曲轴位置传感器连接器。如果电阻异常，则更换曲轴位置传感器；如果正常，则检查线束和连接器（曲轴位置传感器-ECM）。

② 断开曲轴位置传感器连接器；断开 ECM 连接器；根据图 6-1-32 和表 6-1-32、表 6-1-33 中的值测量电阻。

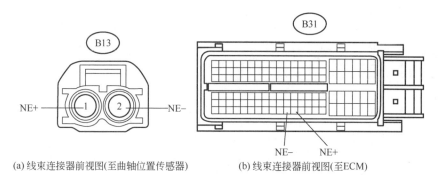

(a) 线束连接器前视图(至曲轴位置传感器)　　(b) 线束连接器前视图(至ECM)

图 6-1-32　连接器 B13 和 B31

表 6-1-32　B13 和 B31 的标准电阻（断路检查）

检测仪连接	条件	规定状态/Ω
B13-1—B31-122（NE+）	始终	小于 1
B13-2—B31-121（NE-）	始终	小于 1

表 6-1-33　B13 和 B31 的标准电阻（短路检查）

检测仪连接	条件	规定状态/kΩ
B13-1 或 B31-122（NE+）—车身搭铁	始终	10 或更大
B13-2 或 B31-121（NE-）—车身搭铁	始终	10 或更大

重新连接 ECM 连接器；重新连接曲轴位置传感器连接器。如果异常，则维修或更换线束或连接器（曲轴位置传感器 -ECM）；如果正常，则检查传感器的安装情况（曲轴位置传感器）。

③ 根据图 6-1-33 检查曲轴位置传感器的安装情况。如果安装异常，则重新牢固地安装曲轴位置传感器；如果正常，则检查曲轴位置信号盘（信号盘齿）。

④ 检查信号盘齿有无任何裂纹或变形。如果异常，则更换曲轴位置信号盘；如果正常，则更换 ECM。

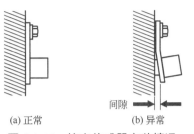

图 6-1-33　检查传感器安装情况

6.1.9 凸轮轴位置传感器故障

凸轮轴位置传感器故障分析见表 6-1-34。

表 6-1-34　凸轮轴位置传感器故障分析

故障现象	❶发动机启动时间明显变长，可以启动 ❷发动机怠速不稳、抖动严重 ❸发动机加速无力 ❹油耗高、尾气排放超标、排气管冒出难闻的黑烟 ❺发动机故障灯点亮
故障原因	❶凸轮轴位置传感器损坏 ❷凸轮轴位置传感器线束插接器接触不良、断路或短路 ❸发动机控制单元故障
故障诊断	进气凸轮轴的可变气门正时（VVT）传感器（G 信号）由磁铁和 MRE 元件组成。VVT 凸轮轴主动齿轮有一个信号盘，信号盘的外圆周上有 3 个齿。齿轮旋转时，信号盘和耦合线圈间的气隙会发生改变，从而影响磁铁。结果，MRE 材料的电阻就会发生波动。凸轮轴位置传感器将齿轮旋转数据转换为脉冲信号，并将这些脉冲信号发送到 ECM 来确定凸轮轴角度。ECM 利用此数据来控制燃油喷射时间和喷油正时。曲轴位置信号盘有 34 个齿。发动机每转 1 圈，耦合线圈产生 34 个信号。ECM 根据 G 信号和实际曲轴转角，来检测正常的曲轴转角。ECM 还根据 NE 信号来检测发动机转速

凸轮轴位置传感器维修检查操作步骤如下。

第 1 步，读取故障码及数据流。使用电脑诊断仪读取定格数据。存储 DTC 时，ECM 将车辆和驾驶条件信息记录为定格数据。进行故障排除时，定格数据有助于确定故障出现时车辆是运行还是停止、发动机是暖机还是冷机、空燃比是稀还是浓，以及其他数据。见表 6-1-35。

第 2 步，检查进气凸轮轴位置传感器（传感器电源）。断开凸轮轴位置传感器连接器；将点火开关置于 ON 位置；根据图 6-1-34 和表 6-1-36 中的值测量电压。

表 6-1-35 故障码及故障位置

DTC 号	DTC 检测条件	故障部位
P0340	❶将发动机开关置于 ON（IG）位置 2s 后，ECM 的输入电压为 0.3V 或更低，或者 4.7V 或更高，持续 5s 以上（单程检测逻辑） ❷启动时，无凸轮位置传感器信号传送至 ECM（双程检测逻辑）	❶进气凸轮轴位置传感器电路断路或短路 ❷进气凸轮轴位置传感器 ❸进气凸轮轴正时齿轮 ❹正时链条跳齿 ❺ECM
P0342	凸轮轴位置传感器的输出电压为 0.3V 或更低并持续 5s（单程检测逻辑）	
P0343	凸轮轴位置传感器的输出电压为 4.7V 或更高并持续 5s（单程检测逻辑）	

表 6-1-36 标准电压

检测仪连接	开关状态	规定状态 /V
B21-3（VC）—车身搭铁	点火开关置于 ON 位置	4.5～5.0

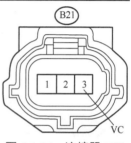

图 6-1-34 连接器 B21

如果电压异常，根据图 6-1-35 和表 6-1-37、表 6-1-38 中的值测量电阻。

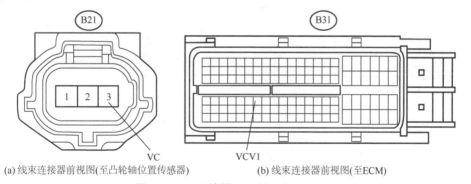

(a) 线束连接器前视图(至凸轮轴位置传感器)　　(b) 线束连接器前视图(至ECM)

图 6-1-35 连接器 B21 和 B31（1）

表 6-1-37 B21 和 B31 的标准电阻（断路检查 1）

检测仪连接	规定状态 /Ω
B21-3（VC）—B31-70（VCV1）	小于 1

表 6-1-38 B21 和 B31 的标准电阻（短路检查 1）

检测仪连接	规定状态 /kΩ
B21-3（VC）或 B31-70（VCV1）—车身搭铁	10 或更大

如果电阻异常，则维修或更换线束或连接器（进气凸轮轴位置传感器 -ECM）；如果正常，则更换 ECM。

如果电压正常，则进行下一步检查。

第 3 步，检查线束和连接器（进气凸轮轴位置传感器 -ECM）。断开凸轮轴位置传感器连接器；断开 ECM 连接器；根据图 6-1-36 和表 6-1-39、表 6-1-40 中的值测量电阻。

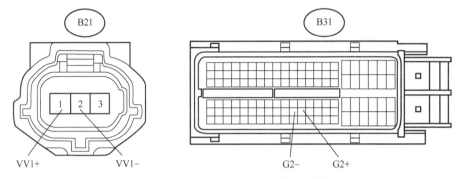

(a) 线束连接器前视图(至凸轮轴位置传感器)　　(b) 线束连接器前视图(至ECM)

图 6-1-36　连接器 B21 和 B31（2）

表 6-1-39　B21 和 B31 的标准电阻（断路检查 2）

检测仪连接	条件	规定状态 /Ω
B21-1（VV1+）—B31-99（G2+）	始终	小于 1
B21-2（VV1-）—B31-98（G2-）	始终	小于 1

表 6-1-40　B21 和 B31 的标准电阻（短路检查 2）

检测仪连接	条件	规定状态 /kΩ
B21-1（VV1+）或 B31-99（G2+）—车身搭铁	始终	10 或更大
B21-2（VV1-）或 B31-98（G2-）—车身搭铁	始终	10 或更大

重新连接凸轮轴位置传感器连接器；重新连接 ECM 连接器。如果异常，则维修或更换线束或连接器（进气凸轮轴位置传感器 -ECM）；如果正常，则检查传感器的安装情况（进气凸轮轴位置传感器）。

第 4 步，检查传感器的安装情况（进气凸轮轴位置传感器）。参考图 6-1-33，检查凸轮轴位置传感器的安装情况。如果安装异常，则重新牢固地安装进气凸轮轴位置传感器；如果正常，则检查进气凸轮轴。

第 5 步，检查进气凸轮轴。检查进气凸轮轴齿有无任何裂纹或变形。如果异常，则更换进气凸轮轴；如果正常，则更换进气凸轮轴位置传感器。

第 6 步，更换进气凸轮轴位置传感器。再次检查是否有故障码。如果异常，则更换 ECM；如果正常，则调整气门正时。

6.1.10　点火线圈故障

点火线圈故障分析见表 6-1-41。

表 6-1-41　点火线圈故障分析

故障现象	❶发动机故障灯点亮 ❷发动机怠速抖动 ❸发动机加速无力 ❹燃油消耗比正常时多 ❺急加速时发动机无力并抖动
故障原因	❶点火线圈损坏 ❷点火线圈绝缘套损坏 ❸点火线圈线束插接器接触不良、断路或短路 ❹发动机控制单元故障
故障诊断	❶描述：此处介绍的是直接点火系统（DIS） 　　DIS 是单缸点火系统，其中每个气缸由一个点火线圈点火，火花塞连接在各个次级绕组的末端。次级绕组中产生的高电压直接作用到各个火花塞上。火花塞产生的火花通过中央电极到达搭铁电极 　　ECM 确定点火正时并向每个气缸发送点火信号（IGT）。ECM 根据 IGT 信号接通或关闭点火器内的功率晶体管的电源。功率晶体管进而接通或断开流向初级线圈的电流。当初级线圈中的电流被切断时，次级线圈中产生高压。此高压被施加到火花塞上并使其在气缸内部产生火花。一旦 ECM 切断初级线圈电流，点火器会将点火确认（IGF）信号发送回 ECM，用于各气缸点火 ❷提示：下面的 DTC 表示与初级电路有关的故障 　　如果设置了 DTC P0351，则检查 1 号点火线圈电路 　　如果设置了 DTC P0352，则检查 2 号点火线圈电路 　　如果设置了 DTC P0353，则检查 3 号点火线圈电路 　　如果设置了 DTC P0354，则检查 4 号点火线圈电路 　　使用电脑诊断仪读取定格数据。存储 DTC 时，ECM 将车辆和驾驶条件信息记录为定格数据。进行故障排除时，定格数据有助于确定故障出现时车辆是运行还是停止、发动机是暖机还是冷机、空燃比是稀还是浓，以及其他数据

点火线圈电路分析见图 6-1-37、图 6-1-38。

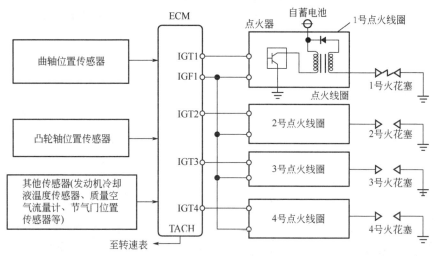

图 6-1-37　点火线圈电路（1）

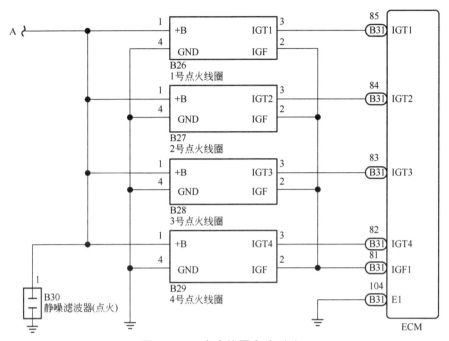

图 6-1-38 点火线圈电路（2）

点火线圈维修检查操作步骤如下。

第 1 步，当故障码为 P0351、P0352、P0353 或 / 和 P0354 时，检查线束和连接器（点火线圈总成 - 车身搭铁）。

① 断开点火线圈总成连接器。

② 根据图 6-1-39 和表 6-1-42 中的值测量电阻。

表 6-1-42　B26～B29 的标准电阻（断路检查）

检测仪连接	条件	规定状态 /Ω
B26-4（GND）—车身搭铁	始终	小于 1
B27-4（GND）—车身搭铁	始终	小于 1
B28-4（GND）—车身搭铁	始终	小于 1
B29-4（GND）—车身搭铁	始终	小于 1

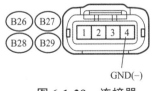

图 6-1-39　连接器 B26～B29（1）

重新连接点火线圈总成连接器。如果异常，则维修或更换线束或连接器（点火线圈总成 - 车身搭铁）；如果正常，则检查线束和连接器［点火线圈总成 - 集成继电器（IG2 继电器）］。

③ 检查线束和连接器［点火线圈总成 - 集成继电器（IG2 继电器）］：断开点火线圈总成连接器；拆下集成继电器和发动机室继电器盒；断开集成继电器

连接器；根据图 6-1-40 和表 6-1-43、表 6-1-44 中的值测量电阻。

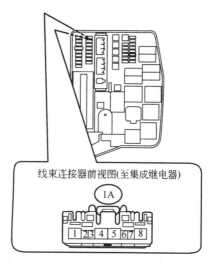

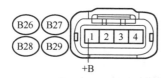

(a) 线束连接器前视图(至点火线圈总成)　　(b) 发动机室继电器盒

图 6-1-40　连接器 B26～B29 和 1A

表 6-1-43　B26～B29 和 1A 的标准电阻（断路检查）

检测仪连接	条件	规定状态/Ω
B26-1（+B）—1A-4	始终	小于 1
B27-1（+B）—1A-4	始终	小于 1
B28-1（+B）—1A-4	始终	小于 1
B29-1（+B）—1A-4	始终	小于 1

表 6-1-44　B26～B29 和 1A 的标准电阻（短路检查）

检测仪连接	条件	规定状态/kΩ
B26-1（+B）或 1A-4—车身搭铁	始终	10 或更大
B27-1（+B）或 1A-4—车身搭铁	始终	10 或更大
B28-1（+B）或 1A-4—车身搭铁	始终	10 或更大
B29-1（+B）或 1A-4—车身搭铁	始终	10 或更大

重新连接集成继电器连接器；重新安装集成继电器；重新连接点火线圈总成连接器。如果异常，则维修或更换线束或连接器［点火线圈集成继电器（IG2 继电器）］；如果正常，则检查 ECM 电源电路。

第 2 步，当输出 DTC 为 P0351、P0352、P0353 或 P0354 时，需要进行以下检查。

① 检查点火线圈总成（电源）。断开点火线圈总成连接器；将点火开关置于 ON（IG）位置；根据图 6-1-41

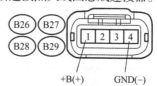

图 6-1-41　连接器 B26～B29（2）

和表 6-1-45 中的值测量电压。

表 6-1-45　B26 ～ B29 的标准电压

检测仪连接	开关状态	规定状态 /V
B26-1（+B）—B26-4（GND）	点火开关置于 ON（IG）位置	9 ～ 14
B27-1（+B）—B27-4（GND）	点火开关置于 ON（IG）位置	9 ～ 14
B28-1（+B）—B28-4（GND）	点火开关置于 ON（IG）位置	9 ～ 14
B29-1（+B）—B29-4（GND）	点火开关置于 ON（IG）位置	9 ～ 14

若检查结果异常，则更换点火线圈总成；若正常，则检查线束和连接器（点火线圈总成 -ECM）。

② 检查线束和连接器（点火线圈总成 -ECM）。断开点火线圈总成连接器；断开 ECM 连接器；根据图 6-1-42 和表 6-1-46、表 6-1-47 中的值测量电阻。

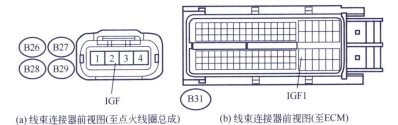

图 6-1-42　连接器 B26 ～ B29 和 B31（1）

表 6-1-46　B26 ～ B29 和 B31 的标准电阻（断路检查 1）

检测仪连接	条件	规定状态 /Ω
B26-2（IGF）—B31-81（IGF1）	始终	小于 1
B27-2（IGF）—B31-81（IGF1）	始终	小于 1
B28-2（IGF）—B31-81（IGF1）	始终	小于 1
B29-2（IGF）—B31-81（IGF1）	始终	小于 1

表 6-1-47　B26 ～ B29 和 B31 的标准电阻（短路检查 1）

检测仪连接	条件	规定状态 /kΩ
B26-2（IGF）或 B31-81（IGF1）—车身搭铁	始终	10 或更大
B27-2（IGF）或 B31-81（IGF1）—车身搭铁	始终	10 或更大
B28-2（IGF）或 B31-81（IGF1）—车身搭铁	始终	10 或更大
B29-2（IGF）或 B31-81（IGF1）—车身搭铁	始终	10 或更大

重新连接 ECM 连接器；重新连接点火线圈总成连接器。如果异常，则维修或更换线束或连接器（点火线圈总成 -ECM）；如果正常，则检查线束和连接器（点火线

圈总成 -ECM）。

③ 检查线束和连接器（点火线圈总成 -ECM）。断开点火线圈总成连接器；断开 ECM 连接器；根据图 6-1-43 和表 6-1-48、表 6-1-49 中的值测量电阻。

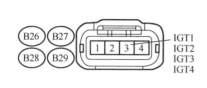
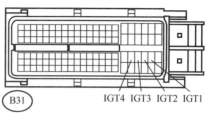

(a) 线束连接器前视图(至点火线圈总成)　　(b) 线束连接器前视图(至ECM)

图 6-1-43　连接器 B26～B29 和 B31（2）

表 6-1-48　B26～B29 和 B31 的标准电阻（断路检查 2）

检测仪连接	条件	规定状态/Ω
B26-3（IGT1）—B31-85（IGT1）	始终	小于 1
B27-3（IGT2）—B31-84（IGT2）	始终	小于 1
B28-3（IGT3）—B31-83（IGT3）	始终	小于 1
B29-3（IGT4）—B31-82（IGT4）	始终	小于 1

表 6-1-49　B26～B29 和 B31 的标准电阻（短路检查 2）

检测仪连接	条件	规定状态/kΩ
B26-3（IGT1）或 B31-85（IGT1）—车身搭铁	始终	10 或更大
B27-3（IGT2）或 B31-84（IGT2）—车身搭铁	始终	10 或更大
B28-3（IGT3）或 B31-83（IGT3）—车身搭铁	始终	10 或更大
B29-3（IGT4）或 B31-82（IGT4）—车身搭铁	始终	10 或更大

重新连接 ECM 连接器；重新连接点火线圈总成连接器。如果异常，则维修或更换线束或连接器（点火线圈总成 -ECM）；如果正常，则更换 ECM。

6.1.11　活性炭罐电磁阀故障

活性炭罐电磁阀故障分析见表 6-1-50。

表 6-1-50　活性炭罐电磁阀故障分析

故障现象	❶发动机故障灯点亮 ❷发动机怠速抖动和怠速不稳 ❸发动机加速不良、车辆无力

故障原因	❶活性炭罐电磁阀损坏 ❷活性炭罐电磁阀堵塞 ❸活性炭罐电磁阀故障，线束插接器接触不良、断路或短路 ❹发动机控制单元故障
故障诊断	❶为了减少烃类化合物排放，从燃油箱蒸发的燃油经过活性炭罐进入进气歧管，然后在气缸内燃烧。发动机暖机后，ECM 改变向清污 VSV 发送的占空比信号，以使烃类化合物排放的进气量与行驶状态（发动机负载、发动机转速、车速等）相适应 ❷使用电脑诊断仪读取定格数据。存储 DTC 时，ECM 将车辆和驾驶条件信息记录为定格数据。进行故障排除时，定格数据有助于确定故障出现时车辆是运行还是停止、发动机是暖机还是冷机、空燃比是稀还是浓，以及其他数据 ❸使用电脑诊断仪对活性炭罐电磁阀进行动作测试，正常状态下，活性炭罐电磁阀打开有吸力，关闭则无吸力

活性炭罐电磁阀电路分析见图 6-1-44。

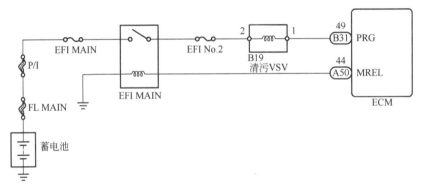

图 6-1-44 活性炭罐电磁阀电路

活性炭罐电磁阀维修检查操作步骤如下。

第 1 步，检查活性炭罐电磁阀。断开活性炭罐电磁阀连接器，根据图 6-1-45 和表 6-1-50 中的值测量电阻。

表 6-1-51 B19 的标准电阻

检测仪连接	条件	规定状态 /Ω
B19-1—B19-2	20℃	23～26

重新连接活性炭罐电磁阀连接器。如果电阻异常，则更换活性炭罐电磁阀；如果正常，则检查活性炭罐电磁阀电源。

第 2 步，检查活性炭罐电磁阀电源。断开活性炭罐电磁阀连接器；将点火开关置于 ON 位置；根据图 6-1-46 和表 6-1-52 中的值测量电压。

 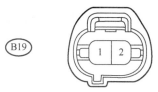

图 6-1-45　连接器 B19（1）　　　图 6-1-46　连接器 B19（2）

表 6-1-52　B19 的标准电压

检测仪连接	开关状态	规定状态 /V
B19-2—车身搭铁	点火开关置于 ON 位置	9～14

重新连接活性炭罐电磁阀连接器。如果电压异常，则检查熔丝；如果正常，则检查线束和连接器（活性炭罐电磁阀 -ECM）。

第 3 步，检查线束和连接器（活性炭罐电磁阀 -ECM）。断开活性炭罐电磁阀连接器；断开 ECM 连接器；根据图 6-1-47 和表 6-1-53、表 6-1-54 中的值测量电阻。

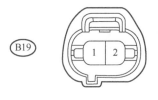 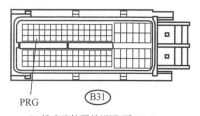

(a) 线束连接器前视图(至清污VSV)　　(b) 线束连接器前视图(至ECM)

图 6-1-47　连接器 B19 和 B31

表 6-1-53　B19 和 B31 的标准电阻（断路检查）

检测仪连接	条件	规定状态 /Ω
B19-2—B31-49（PRG）	始终	小于 1

表 6-1-54　B19 和 B31 的标准电阻（短路检查）

检测仪连接	条件	规定状态 /kΩ
B19-2 或 B31-49（PRG）—车身搭铁	始终	10 或更大

重新连接清污 VSV 连接器；重新连接 ECM 连接器。如果电阻异常，则维修或更换线束或连接器（活性炭罐电磁阀 -ECM）；如果正常，则更换 ECM。

6.1.12　发动机控制单元故障

发动机控制单元故障分析见表 6-1-55。

表 6-1-55　发动机控制单元故障分析

故障现象	发动机不能启动
故障原因	❶发动机控制单元故障 ❷发动机控制单元线束插接器接触不良、断路或短路
故障诊断	❶ECM 持续监控其内部存储器的状态、内部电路和发送至节气门执行器的输出信号。这种自检可以确保 ECM 正常工作。如果检测出任何故障，ECM 会设置相应的 DTC 并亮起 MIL。ECM 存储器状态由主 CPU 和副 CPU 的内部"镜像"功能进行诊断，以检测随机存取存储器（RAM）故障。这两个 CPU 也持续地进行相互监控 如果发生以下情况： a. 两个 CPU 的输出不同或与标准有偏差 b. 发送至节气门执行器的信号与标准有偏差 c. 节气门执行器供电电压出现故障 d. 发现其他 ECM 故障 则 ECM 使 MIL 亮起并设置一个 DTC ❷使用电脑诊断仪读取定格数据。存储 DTC 时，ECM 将车辆和驾驶条件信息记录为定格数据。进行故障排除时，定格数据有助于确定故障出现时车辆是运行还是停止、发动机是暖机还是冷机、空燃比是稀还是浓，以及其他数据

　　发动机控制单元电路分析见图 6-1-48。当点火开关置于 ON 位置时，蓄电池电压被施加到 ECM 的端子 IGSW 上。ECM 的 MREL 端子的输出信号使电流流向线圈，闭合集成继电器（EFI MAIN 继电器）触点并向 ECM 的端子 +B 或 +B2 供电。

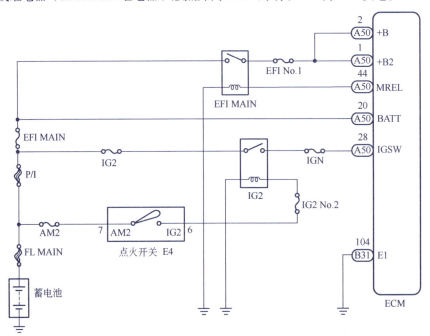

图 6-1-48　发动机控制单元电路

发动机控制单元维修检查操作步骤如下。

第1步，检查线束和连接器（ECM-车身搭铁）。断开ECM连接器，根据图6-1-49和表6-1-56中的值测量电阻。

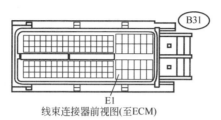

图 6-1-49　连接器 B31（1）

表 6-1-56　B31 的标准电阻

检测仪连接	条件	规定状态 /Ω
B31-104（E1）—车身搭铁	始终	小于 1

重新连接 ECM 连接器。如果电阻异常，则维修或更换线束或连接器（ECM-车身搭铁）；如果正常，则检查 ECM（IGSΩ 电压）。

第2步，检查 ECM（IGSΩ 电压）。断开 ECM 连接器，将点火开关置于 ON 位置，根据图 6-1-50 和表 6-1-57 中的值测量电压。

表 6-1-57　A50 的标准电压

检测仪连接	开关状态	规定状态 /V
A50-28（IGSW）—车身搭铁	点火开关置于 ON 位置	11～14

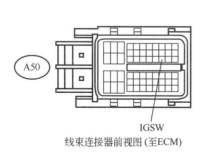

图 6-1-50　连接器 A50

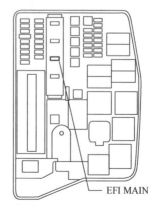

图 6-1-51　发动机室继电器盒（2）

重新连接 ECM 连接器。如果此步骤电压异常，则检查熔丝（IGN 熔丝）；如果正常，则检查熔丝（EFI MAIN 熔丝）。

第3步，检查熔丝（EFI MAIN 熔丝）。从发动机室继电器盒上拆下 EFI MAIN 熔丝，根据图 6-1-51 和表 6-1-58 中的值测量电阻。

表 6-1-58　熔丝标准电阻（1）

检测仪连接	条件	规定状态 /Ω
EFI MAIN 熔丝	始终	小于 1

重新安装 EFI MAIN 熔丝。如果此步骤电阻异常，则更换熔丝（EFI MAIN 熔丝）；如果正常，则检查熔丝（EFI No.1 熔丝）。

第4步，检查熔丝（EFI No.1 熔丝）。从发动机室继电器盒上拆下 EFI No.1 熔丝，根据图 6-1-52 和表 6-1-59 中的值测量电阻。

表 6-1-59　熔丝标准电阻（2）

检测仪连接	条件	规定状态 /Ω
EFI No.1 熔丝	始终	小于 1

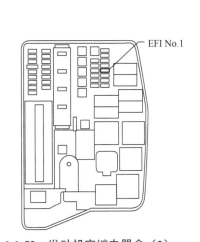

图 6-1-52　发动机室继电器盒（3）

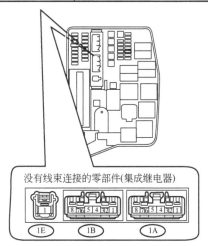

图 6-1-53　发动机室继电器盒（4）

重新安装 EFI No.1 熔丝。如果此步骤电阻异常，则更换熔丝（EFI No.1 熔丝）；如果正常，则检查集成继电器（EFI MAIN 继电器）。

第5步，检查集成继电器（EFI MAIN 继电器）。从发动机室继电器盒上拆下集成继电器；断开集成继电器连接器；根据图 6-1-53 和表 6-1-60 中的值测量电阻。

表 6-1-60　继电器标准电阻

检测仪连接	条件	规定状态
1E-1—1B-4	始终	10kΩ 或更大
	始终	小于 1Ω（向端子 1B-2 和 1B-3 施加蓄电池电压）

重新连接集成继电器连接器；重新安装集成继电器。如果此步骤电阻异常，则更换集成继电器；如果正常，则检查线束和连接器［集成继电器（EFI MAIN 继电器）-EFI No.1 熔丝］。

第 6 步，检查线束和连接器［集成继电器（EFI MAIN 继电器）-EFI No.1 熔丝］。从发动机室继电器盒上拆下集成继电器；断开集成继电器连接器；从发动机室继电器盒上拆下 EFI No.1 熔丝；根据图 6-1-54 和表 6-1-61、表 6-1-62 中的值测量电阻。

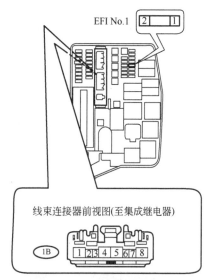

图 6-1-54 发动机室继电器盒（5）

表 6-1-61 1B 的标准电阻（断路检查）

检测仪连接	条件	规定状态 /Ω
1B-4-1（EFI No.1 熔丝）	始终	小于 1

表 6-1-62 1B 的标准电阻（短路检查）

检测仪连接	条件	规定状态 /kΩ
1B-4 或 1（EFI No.1 熔丝）—车身搭铁	始终	10 或更大

重新安装 EFI No.1 熔丝；重新连接集成继电器连接器；重新安装集成继电器。此步骤如果异常，则维修或更换线束或连接器［集成继电器（EFIMAIN 继电器）-EFI No.1 熔丝］；如果正常，则检查线束和连接器（EFI No.1 熔丝 -ECM）。

第 7 步，检查线束和连接器（EFI No.1 熔丝 -ECM）。断开 ECM 连接器；从发动机室继电器盒上拆下 EFI No.1 熔丝；根据图 6-1-55 和表 6-1-63、表 6-1-64 中的值测量电阻。

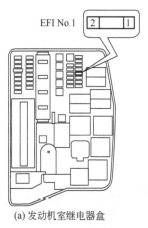

(a) 发动机室继电器盒

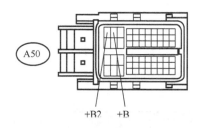

(b) 线束连接器前视图(至ECM)

图 6-1-55 继电器 EFI 和连接器 A50

表 6-1-63　EFI 和 A50 的标准电阻（断路检查）

检测仪连接	条件	规定状态/Ω
2（EFI No.1 熔丝）—A50-1（+B2）	始终	小于 1
2（EFI No.1 熔丝）—A50-2（+B）	始终	小于 1

表 6-1-64　EFI 和 A50 的标准电阻（短路检查）

检测仪连接	条件	规定状态/kΩ
2（EFI No.1 熔丝）或 A50-1（+B2）—车身搭铁	始终	10 或更大
2（EFI No.1 熔丝）或 A50-2（+B）—车身搭铁	始终	10 或更大

重新安装 EFI No.1 熔丝；重新连接 ECM 连接器。此步骤如果异常，则维修或更换线束或连接器（EFI No.1 熔丝 -ECM）；如果正常，则检查线束和连接器（EFI MAIN 继电器 - 蓄电池）。

第 8 步，检查线束和连接器（EFI MAIN 继电器 - 蓄电池）。从发动机室继电器盒上拆下集成继电器；断开集成继电器连接器；断开蓄电池负极端子；断开蓄电池正极端子；根据图 6-1-56 和表 6-1-65、表 6-1-66 中的值测量电阻。

表 6-1-65　1E 的标准电阻（断路检查）

检测仪连接	条件	规定状态/Ω
1E-1—蓄电池正极端子	始终	小于 1

表 6-1-66　1E 的标准电阻（短路检查）

检测仪连接	条件	规定状态/kΩ
1E-1 或蓄电池正极端子—车身搭铁	始终	10 或更大

重新连接集成继电器连接器；重新安装集成继电器；重新连接蓄电池正极端子；重新连接蓄电池负极端子。此步骤如果异常，则维修或更换线束或连接器（EFI MAIN 继电器 - 蓄电池）；如果正常，则检查线束和连接器［集成继电器（EFI MAIN 继电器）- 车身搭铁］。

第 9 步，检查线束和连接器［集成继电器（EFI MAIN 继电器）- 车身搭铁］。从发动机室继电器盒上拆下集成继电器；断开集成继电器连接器；根据图 6-1-57 和表 6-1-67 中的值测量电阻。

表 6-1-67　1B 的标准电阻

检测仪连接	条件	规定状态/Ω
1B-3—车身搭铁	始终	小于 1

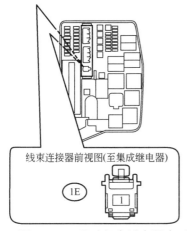

图 6-1-56 发动机室继电器盒（6）

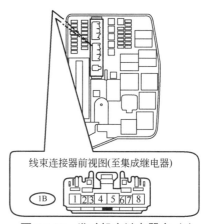

图 6-1-57 发动机室继电器盒（7）

重新连接集成继电器连接器；重新安装集成继电器。此步骤如果异常，则维修或更换线束或连接器［集成继电器（EFI MAIN 继电器）- 车身搭铁］；如果正常，则检查线束和连接器［集成继电器（EFI MAIN 继电器）-ECM］。

第 10 步，检查线束和连接器［集成继电器（EFI MAIN 继电器）-ECM］。断开 ECM 连接器；从发动机室继电器盒上拆下集成继电器；断开集成继电器连接器；根据图 6-1-58 和表 6-1-68、表 6-1-69 中的值测量电阻。

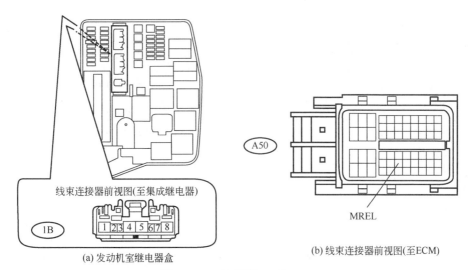

图 6-1-58 连接器 1B 和 A50

表 6-1-68 1B 和 A50 的标准电阻（断路检查）

检测仪许接	条件	规定状态/Ω
1B-2—A50-44（MREL）	始终	小于 1

表 6-1-69 1B 和 A50 的标准电阻（短路检查）

检测仪连接	条件	规定状态 /kΩ
1B-2 或 A50-44（MREL）—车身搭铁	始终	10 或更大

重新连接 ECM 连接器；重新连接集成继电器连接器；重新安装集成继电器。此步骤如果异常，则维修或更换线束或连接器［集成继电器（EFI MAIN 继电器）-ECM］；如果正常，则更换 ECM。

6.1.13 喷油器故障

喷油器故障分析见表 6-1-70。

表 6-1-70 喷油器故障分析

故障现象	单个或多个喷油器故障都会引起以下故障 ❶发动机故障灯报警 ❷发动机怠速抖动 ❸发动机加速不良、无力 ❹排气管冒黑烟 ❺燃油油耗增加
故障原因	❶喷油器不喷油、喷油雾化不良、漏油 ❷喷油器线束插接器接触不良、断路或短路 ❸发动机控制单元故障
故障诊断	❶喷油器的就车检查 a.喷油器工作情况的检查：可通过检查喷油器工作声音和发动机转速变化来判断。发动机运转时用手指接触喷油器，应有脉冲振动感觉；用螺钉旋具（俗称螺丝刀）或听诊器与喷油器接触，应能听到其有节奏的工作声。否则，表明喷油器工作不正常，应对喷油器或电控单元输出的喷油信号做进一步检查 b.断（油）缸检测：在采用断油检查方法时，若拔下某缸喷油器线束插头，停止喷油，发动机转速立即下降，这表明该喷油器工作正常；否则表明不工作或工作不良，应做进一步检查 若拔下某缸喷油器线束插头，排气管停止冒烟，则表明该缸喷油器发卡不能关闭 ❷喷油器的检验 a.喷油器泄漏情况的检查：其漏油量在 1min 内应少于 1 滴，否则应予以更换 b.喷油器的喷油量的检验：相互间的喷油量差值应小于其喷油量的 10%，否则应加以清洗或更换 使用电脑诊断仪读取定格数据。存储 DTC 时，ECM 将车辆和驾驶条件信息记录为定格数据。进行故障排除时，定格数据有助于确定故障出现时车辆是运行还是停止、发动机是暖机还是冷机、空燃比是稀还是浓，以及其他数据

喷油器电路分析见图 6-1-59。

喷油器维修检查操作步骤如下。

第1步，检查喷油器总成（电源）。断开喷油器总成连接器；将点火开关置于 ON(IG) 位置；根据图 6-1-60 和表 6-1-71 中的值测量电压。

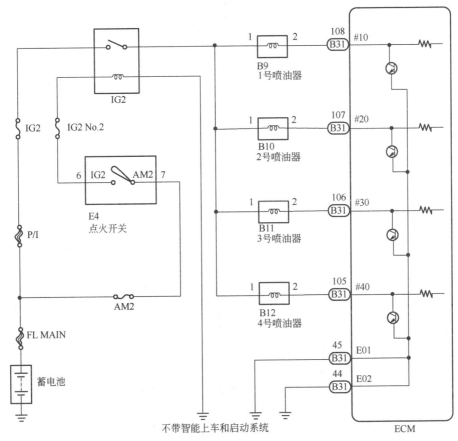

图 6-1-59　喷油器电路

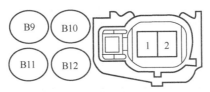

图 6-1-60　连接器 B9～B12

表 6-1-71　B9～B12 的标准电压

检测仪连接	开关状态	规定状态 /V
B9-1—车身搭铁	点火开关置于 ON（IG）位置	9～14
B10-1—车身搭铁	点火开关置于 ON（IG）位置	9～14
B11-1—车身搭铁	点火开关置于 ON（IG）位置	9～14
B12-1—车身搭铁	点火开关置于 ON（IG）位置	9～14

将点火开关置于 OFF 位置；重新连接喷油器总成连接器。此步骤如果异常，则根据以下流程检查线束和连接器［集成继电器（IG2 继电器）- 喷油器总成］。

检查线束和连接器[集成继电器(IG2继电器)-喷油器总成]。断开喷油器总成连接器；从发动机室继电器盒上拆下集成继电器；断开集成继电器连接器；根据图6-1-61和表6-1-72、表6-1-73中的值测量电阻。

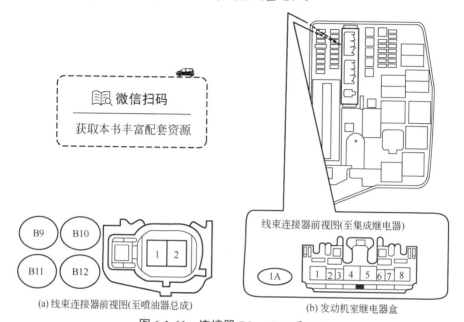

图6-1-61　连接器B9～B12和1A

表6-1-72　B9～B12和1A的标准电阻（断路检查）

检测仪连接	条件	规定状态/Ω
B9-1—1A-4	始终	小于1
B10-1—1A-4	始终	小于1
B11-1—1A-4	始终	小于1
B12-1—1A-4	始终	小于1

表6-1-73　B9～B12和1A的标准电阻（短路检查）

检测仪连接	条件	规定状态/kΩ
B9-1或1A-4—车身搭铁	始终	10或更大
B10-1或1A-4—车身搭铁	始终	10或更大
B11-1或1A-4—车身搭铁	始终	10或更大
B12-1或1A-4—车身搭铁	始终	10或更大

如果异常，则维修或更换线束或连接器[集成继电器(IG2继电器)-喷油器总成]；如果正常，则更换ECM。

如果正常，则检查喷油器总成。

第 2 步，检查喷油器总成。如果异常，则更换喷油器总成；如果正常，则检查线束和连接器（喷油器总成 -ECM）。

第 3 步，检查线束和连接器（喷油器总成 -ECM）。断开喷油器总成连接器；断开 ECM 连接器；根据图 6-1-62 和表 6-1-74、表 6-1-75 中的值测量电阻。

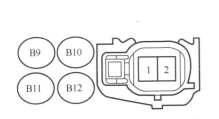
(a) 线束连接器前视图（至喷油器总成）

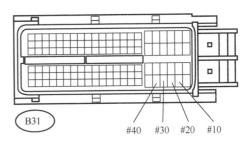
(b) 线束连接器前视图（至ECM）

图 6-1-62　连接器 B9～B12 和 B31

表 6-1-74　B9～B12 和 B31 的标准电阻（断路检查）

检测仪连接	条件	规定状态 /Ω
B9-2—B31-108（#10）	始终	小于 1
B10-2—B31-107（#20）	始终	小于 1
B11-2—B31-106（#30）	始终	小于 1
B12-2—B31-105（#40）	始终	小于 1

表 6-1-75　B9～B12 和 B31 的标准电阻（短路检查）

检测仪连接	条件	规定状态 /kΩ
B9-2 或 B31-108（#10）—车身搭铁	始终	10 或更大
B10-2 或 B31-107（#20）—车身搭铁	始终	10 或更大
B11-2 或 B31-106（#30）—车身搭铁	始终	10 或更大
B12-2 或 B31-105（#40）—车身搭铁	始终	10 或更大

重新连接喷油器总成连接器；重新连接 ECM 连接器。此步骤如果异常，则维修或更换线束或连接器（喷油器总成 -ECM）；如果正常，则更换 ECM。

6.1.14　涡轮增压传感器故障

涡轮增压传感器故障分析见表 6-1-76。

表 6-1-76 涡轮增压传感器故障分析

故障现象	❶发动机怠速不稳 ❷发动机加速无力 ❸发动机故障灯点亮 ❹汽油油耗增加
故障原因	❶涡轮增压传感器损坏 ❷涡轮增压传感器线束插接器接触不良、断路或短路 ❸发动机控制单元故障
故障诊断	❶分析 增压传感器可测量涡轮增压器和节气门体之间的压力范围。此发动机使用的传感器是三级大气传感器。该部分进气系统的压力受发动机转速、节气门开度、涡轮增压器增压、进气温度（IAT）、大气压力（BARO）和增压空气冷却器效率影响。传感器向发动机控制模块（ECM）提供一个与压力变化相关的信号电压。在正常操作条件下，点火开关处于"ON（打开）"位置且发动机关闭时，该部分进气系统的最大压力等于大气压力。当发动机在节气门全开（WOT）的情况下操作时，涡轮增压器可将此压力增加到约 240kPa。发动机怠速运行或减速时，此压力等于大气压力 ❷诊断 a.增压空气冷却器由需要使用专用高扭矩固定卡箍的柔性管道系统连接至涡轮增压器和节气门体上。这些卡箍不可替代。在进行管道维修作业时，为了防止任何类型的空气泄漏，必须严格遵守紧固规格和正确的卡箍位置，这至关重要 b.使用烟雾发生装置或喷雾瓶中的洗洁精水查明进气系统和增压空气冷却器总成中的所有可疑空气泄漏 c.使用电脑诊断仪读取定格数据。存储 DTC 时，ECM 将车辆和驾驶条件信息记录为定格数据。进行故障排除时，定格数据有助于确定故障出现时车辆是运行还是停止、发动机是暖机还是冷机、空燃比是稀还是浓，以及其他数据

涡轮增压传感器电路分析见图 6-1-63。

涡轮增压传感器维修检查操作步骤如下。

第 1 步，检查增压压力传感器的电源电压。拆下增压压力传感器插接器，根据图 6-1-64 和表 6-1-77 中的值测量信号电压。

表 6-1-77 测量电源电压

检测仪连接	条件	规定状态 /V
G31/T4bb/3 端子—J623/T60a/9 端子	始终	1.5～5

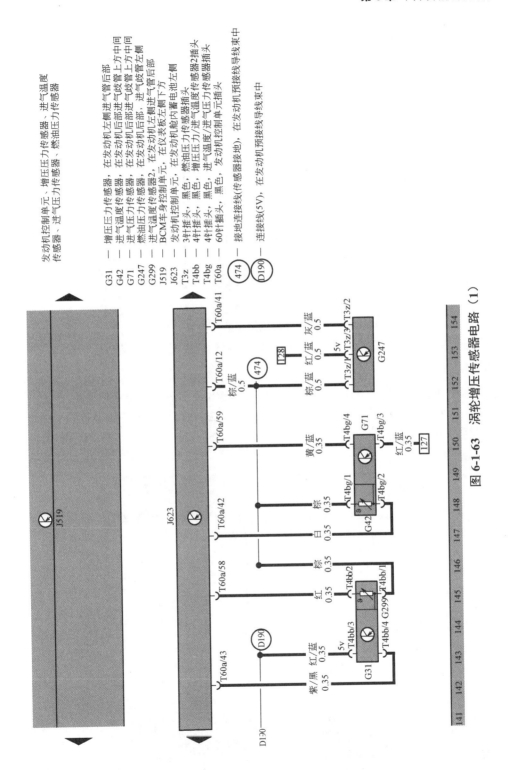

图 6-1-63 涡轮增压传感器电路（1）

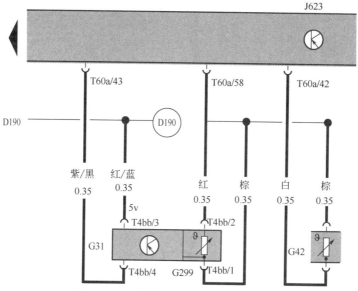

图 6-1-64 涡轮增压传感器电路（2）

安装插接器。如果电压异常,则根据以下流程检查线束和插接器 G31/T4bb/3 端子—J623/T60a/9 端子。

根据图 6-1-65 检查 J623/T60a/9 端子—G31/T4bb/3 端子；正常电阻应小于 1Ω。如果异常,则维修或更换线束 G31/T4bb/3 端子—J623/T60a/9 端子；如果正常,则更换 J623。

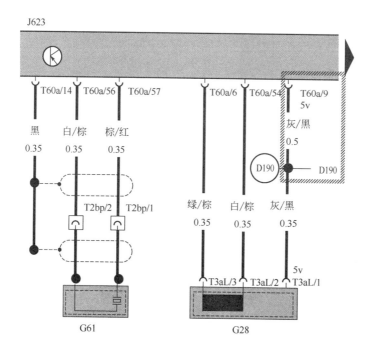

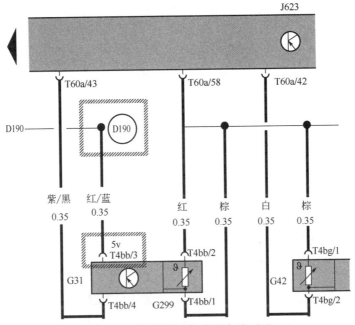

图 6-1-65 涡轮增压传感器电路（3）

如果正常，则检查增压压力传感器。

第 2 步，检查增压压力传感器。拆下增压压力传感器插接器，根据图 6-1-66 测量增压压力传感器。将测量引线连接至增压压力传感器 1、2 号脚；将万用表旋至电阻挡；红、黑表笔分别连接两根引线。测量值为 1.7kΩ；正常范围为 $1.0 \sim 2.0$ kΩ。

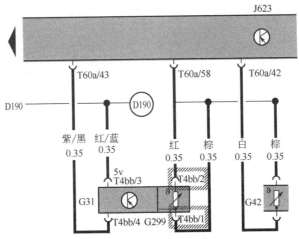

图 6-1-66 涡轮增压传感器电路（4）

拆卸测量引线；连接增压压力传感器线束插接器。此步骤如果异常，则更换增压压力传感器；如果正常，检查线束和连接器（增压压力传感器 - 发动机控制单元）。

第 3 步，检查线束和连接器（增压压力传感器 - 发动机控制单元）。

① 断路检查：检查增压压力传感器 T4bb/1 端子与搭铁线；检查增压压力传感器 T4bb/2 端子与发动机控制单元 J623/T60a/58 端子；检查增压压力传感器 T4bb/3 端子与发动机控制单元 J623/T60a/9 端子；检查增压压力传感器 T4bb/4 端子与发动机控制单元 J623/T60a/43 端子。正常电阻应小于 1Ω。

② 短路检查：检查增压压力传感器 T4bb/1 端子与搭铁线；检查增压压力传感器 T4bb/2 端子或发动机控制单元 J623/T60a/58 端子与车身搭铁；检查增压压力传感器 T4bb/3 端子或发动机控制单元 J623/T60a/9 端子与车身搭铁；检查增压压力传感器 T4bb/4 端子或发动机控制单元 J623/T60a/43 端子与车身搭铁。正常电阻应为 10kΩ 或更大。

如有断路或短路，则维修或更换线束和连接器（增压压力传感器 - 发动机控制单元）；如果正常，则更换发动机控制单元 J623。

6.1.15 涡轮增压压力限制电磁阀故障

涡轮增压压力限制电磁阀故障分析见表 6-1-78。

表 6-1-78 涡轮增压压力限制电磁阀故障分析

故障现象	❶发动机怠速不稳 ❷发动机加速无力 ❸发动机故障灯点亮 ❹汽油油耗增加
故障原因	❶增压压力限制电磁阀损坏 ❷增压压力限制电磁阀线束插接器接触不良、断路或短路 ❸发动机控制单元故障
故障诊断	❶增压压力限制电磁阀的作用：当发动机高速时增压压力增大，达到设定值时压力推动阀体向下移动，将增压器蜗壳上的放气阀打开，将排气压力卸掉一部分。采用该阀体主要是为了改善低速工况，使低速可以得到较高的增压压力 发动机控制单元根据需要以占空比方式给增压压力限制电磁阀通电，改变加在增压压力调节单元膜片阀上的气压以调节增压压力。在中低速小负荷时，增压压力限制电磁阀的 A 端与 B 端连通，允许增压压力调节单元自动调节增压压力 在加速或高速大负荷时，该电磁阀由发动机控制单元以占空比的方式供电，低压通气端与另两端连通，使加在增压压力调节单元膜片阀上的压力下降，废气旁通阀开度减小，增压压力提高，占空比越大，增压压力越高 ❷使用电脑诊断仪读取定格数据：存储 DTC 时，ECM 将车辆和驾驶条件信息记录为定格数据。进行故障排除时，定格数据有助于确定故障出现时车辆是运行还是停止、发动机是暖机还是冷机、空燃比是稀还是浓，以及其他数据

涡轮增压压力限制电磁阀电路分析见图 6-1-67。

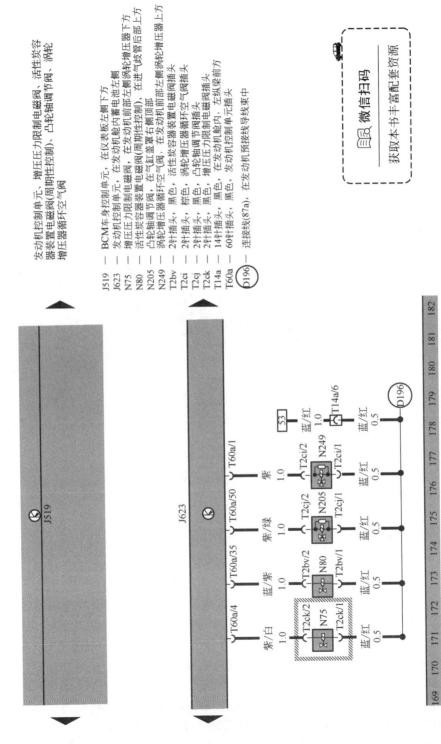

图 6-1-67 涡轮增压压力限制电磁阀电路（1）

涡轮增压压力限制电磁阀维修检查操作步骤如下。

第1步，检查增压压力限制电磁阀电源电压。用手拔下增压压力限制电磁阀线束插接器，根据图 6-1-68 检查电源电压。检查增压压力限制电磁阀插接器 T2ck/1 端子至车身搭铁，正常值应在 9～14V。

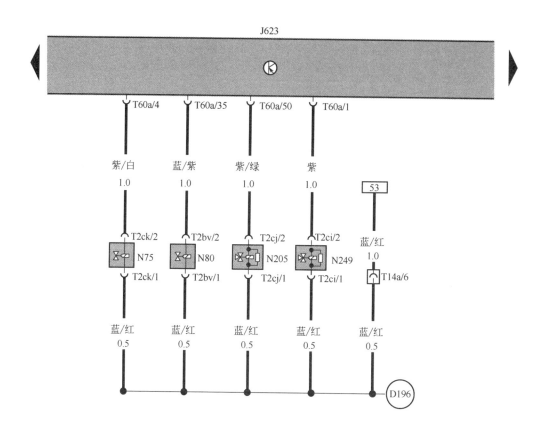

图 6-1-68　涡轮增压压力限制电磁阀电路（2）

安装插接器。如果异常，则检查 SB9/15A 熔丝；如果正常，则检查增压压力限制电磁阀。

第2步，检查增压压力限制电磁阀。用手拔下增压压力限制电磁阀线束插接器，根据图 6-1-69 检查电压。检查增压压力限制电磁阀 T2ck/2 端子至 T2ck/1 端子，正常范围为 20～25Ω。

安装插接器。如果电压异常，则更换增压压力限制电磁阀；如果正常，则检查线束和连接器（增压压力限制电磁阀 - 发动机控制单元或熔丝）。

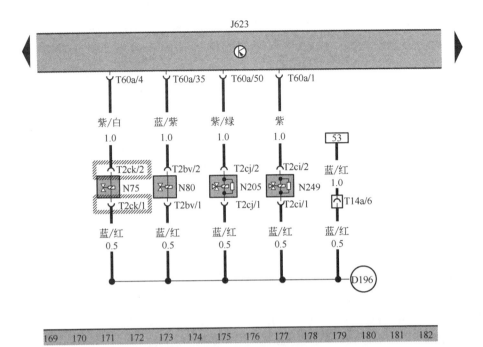

图 6-1-69　涡轮增压压力限制电磁阀电路（3）

第 3 步，检查增压压力限制电磁阀 - 发动机控制单元。根据图 6-1-70 检查。

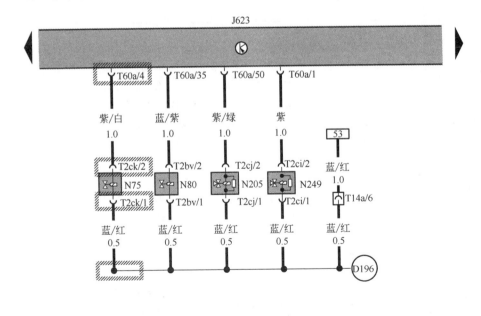

图 6-1-70　涡轮增压压力限制电磁阀电路（4）

① 断路检查：检查增压压力限制电磁阀 T2ck/1 至 SB9/15A 熔丝端子；检查增压压力限制电磁阀 T2ck/2 至发动机控制单元 T60a/4 端子。正常电阻应小于 1Ω。

② 短路检查：检查增压压力限制电磁阀 T2ck/1 或 SB9/15A 熔丝端子与车身搭铁；检查增压压力限制电磁阀 T2ck/2 或发动机控制单元 T60a/4 端子与车身搭铁。正常电阻应为 10kΩ 或更大。

如果有断路或短路，则维修或更换线束和连接器（增压压力限制电磁阀 - 发动机控制单元或熔丝）；如果正常，则更换发动机控制单元。

6.1.16 涡轮增压器循环空气阀故障

涡轮增压器循环空气阀故障分析见表 6-1-79。

表 6-1-79 涡轮增压器循环空气阀故障分析

故障现象	❶发动机怠速不稳 ❷发动机加速无力 ❸发动机故障灯点亮 ❹汽油油耗增加
故障原因	❶涡轮增压器循环空气阀损坏 ❷涡轮增压器循环空气阀线束插接器接触不良、断路或短路 ❸发动机控制单元故障
故障诊断	❶涡轮增压器循环空气阀的作用：受发动机控制单元控制，不通电时进气歧管与机械式空气再循环阀的膜片室相通，通电时真空罐与机械式空气再循环阀的膜片室相通 在发动机怠速或小负荷工况时，进气歧管的真空度较大，发动机进气不需要增压，此时增压器空气再循环电磁阀不通电，进气歧管的真空度作用于机械式空气再循环阀使阀开启，增压器压气机出口的高压空气流回低压端，此时增压器不起作用；在车辆高速行驶急减速时，节气门突然关闭，瞬间增压器需要卸荷。因此时进气歧管内的真空度不足以开启机械式空气再循环阀，故发动机控制单元将立即给增压器空气再循环电磁阀 N249 通电，使真空罐与机械式空气再循环阀接通，在真空罐强大的真空吸力作用下阀开启，增压器被卸荷。增压器卸荷的目的是使增压器压气机室至节气门前存在的高压压力瞬间被卸掉，使压气机叶轮旋转的阻力不致过大，这样一是减轻高压气体对压气机叶轮的冲击，二是能使涡轮增压器保持在较高的转速，使增压器在需要时能更迅速地向发动机提供所需的增压压力，减小涡轮增压器的"迟滞"现象 ❷使用电脑诊断仪读取定格数据：存储 DTC 时，ECM 将车辆和驾驶条件信息记录为定格数据。进行故障排除时，定格数据有助于确定故障出现时车辆是运行还是停止、发动机是暖机还是冷机、空燃比是稀还是浓，以及其他数据

涡轮增压器循环空气阀电路分析见图 6-1-71。

第6章 汽车发动机常见故障

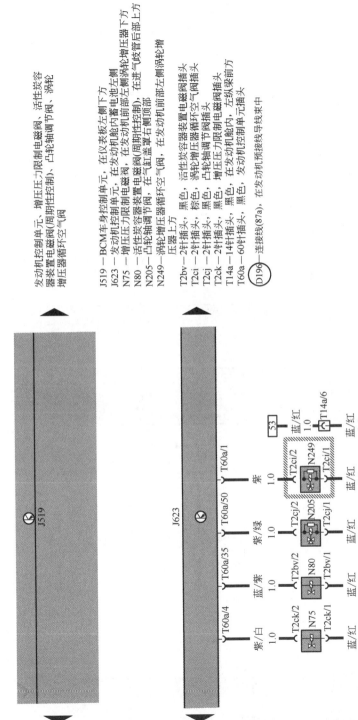

图 6-1-71 涡轮增压器循环空气阀电路（1）

J519—发动机控制单元，增压压力限制电磁阀、活性炭容器装置电磁阀（周期性控制）、凸轮轴调节阀、涡轮增压器循环空气阀

J519—BCM车身控制单元，在仪表板左侧下方
J623—发动机控制单元，在发动机舱内蓄电池左侧
N75—增压压力限制电磁阀，在发动机前部左侧涡轮增压器下方
N80—活性炭容器装置电磁阀（周期性控制），在进气歧管涡轮增压器后部上方
N205—凸轮轴调节阀，在气缸盖罩台侧顶部
N249—涡轮增压器循环空气阀，在发动机前部左侧涡轮增压器上方

T2bv—2针插头，黑色，活性炭容器装置电磁阀插头
T2ci—2针插头，棕色，涡轮增压器循环空气阀插头
T2cj—2针插头，黑色，凸轮轴调节阀插头
T2ck—2针插头，黑色，增压压力限制电磁阀插头
T14a—14针插头，黑色，在发动机舱内，左纵梁前方
T60a—60针插头，发动机控制单元线束中

(D196)—连接线(87a)，在发动机预接线导线束中

涡轮增压器循环空气阀维修检查操作步骤如下。

第1步，检查涡轮增压器循环空气阀电源电压。用手拔下涡轮增压器循环空气阀线束插接器，根据图 6-1-72 检查电源电压。检查涡轮增压器循环空气阀插接器 T2ci/1 端子至车身搭铁，正常值应在 9～14V。

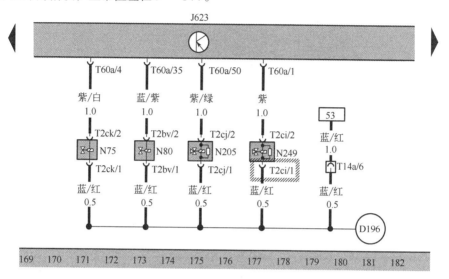

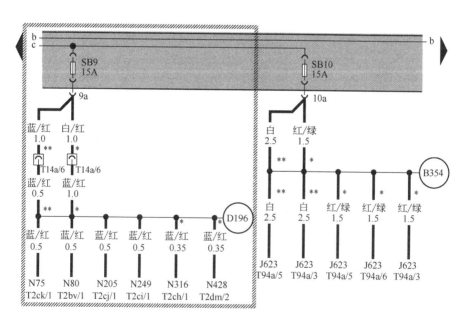

图 6-1-72　涡轮增压器循环空气阀电路（2）

安装插接器。如果电压异常，则检查 SB9/15A 熔丝；如果正常，则检查涡轮增压器循环空气阀。

第 2 步，检查涡轮增压器循环空气阀。用手拔下涡轮增压器循环空气阀线束插接器；根据图 6-1-73 检查；检测仪连接涡轮增压器循环空气阀插接器 T2ci/1 端子和 T2ci/2 端子。正常范围：20～25Ω。

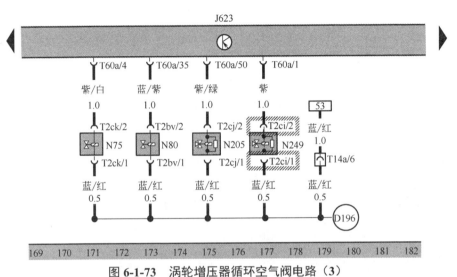

图 6-1-73　涡轮增压器循环空气阀电路（3）

安装插接器。如果电阻异常，则更换增压压力限制电磁阀；如果正常，则检查线束和连接器（涡轮增压器循环空气阀 - 发动机控制单元或熔丝）。

第 3 步，检查线束和连接器（涡轮增压器循环空气阀 - 发动机控制单元或熔丝）。用手拔下涡轮增压器循环空气阀线束插接器，根据图 6-1-74 检查。

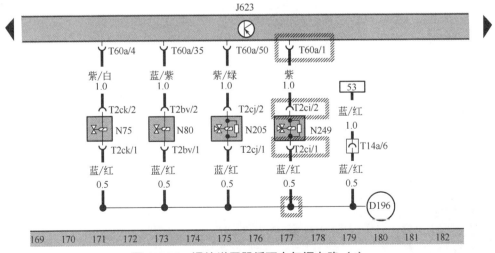

图 6-1-74　涡轮增压器循环空气阀电路（4）

① 断路检查：检查增压压力限制电磁阀 T2ci/1 至 SB9/15A 熔丝端子；检查增压压力限制电磁阀 T2ci/2 至发动机控制单元 T60a/1 端子。正常电阻应小于 1Ω。

② 短路检查：检查增压压力限制电磁阀 T2ci/1 或 SB9/15A 熔丝端子与车身搭铁；检查增压压力限制电磁阀 T2ci/2 或发动机控制单元 T60a/1 端子与车身搭铁。正常电阻应为 10kΩ 或更大。

如果有断路或短路，则维修或更换线束和连接器（增压压力限制电磁阀 - 发动机控制单元或熔丝）；如果正常，则更换发动机控制单元。

6.1.17 发动机混合气过稀或过浓故障

发动机混合气过稀或过浓故障分析见表 6-1-80、表 6-1-81。

表 6-1-80　发动机混合气过稀或过浓故障分析

故障现象	（1）混合气过稀 ❶车辆动力不好 ❷发动机转速不易提高 ❸排气管出现"砰砰"的放炮声 ❹自动变速器换挡时有明显的顿挫感 ❺严重时会导致发动机加速无力、怠速不稳、起步容易熄火 （2）混合气过浓 ❶发动机动力不足，不易加速 ❷排气管冒黑烟，并发出"扑扑"的声音 ❸火花塞积碳过多 ❹严重时自动熄火，不能启动
故障原因	（1）混合气过稀的原因 ❶进气系统故障 ❷燃油压力不正常 ❸喷油器堵塞 ❹质量空气流量计故障 ❺发动机冷却液温度传感器故障 ❻排气系统废气泄漏 ❼前氧传感器电路断路或短路 ❽前氧传感器故障 ❾前氧传感器加热器故障 ❿前氧传感器加热器电路断路或短路 ⓫通风软管连接器故障 ⓬通风阀和软管故障 ⓭ECM 故障 （2）混合气过浓的原因 ❶喷油器泄漏或堵塞 ❷燃油压力不正常 ❸质量空气流量计故障 ❹发动机冷却液温度传感器故障 ❺点火系统故障 ❻排气系统废气泄漏 ❼前氧传感器电路断路或短路 ❽前氧传感器故障

续表

故障原因	❾前氧传感器加热器故障 ❿空燃比传感器加热器电路断路或短路 ⓫点火系统故障 ⓬ECM故障
故障诊断	（1）分析 　　燃油修正值与反馈补偿值有关，而与基本喷油时间无关。燃油修正包括短期和长期两种模式 　　短期燃油修正值是指用于将空燃比持续保持在理论值的燃油补偿值。空燃比传感器（S1）的信号指示空燃比与理论空燃比相比是偏稀还是偏浓。这使得燃油喷射量在空燃比偏浓时减少，在空燃比偏稀时增加 　　各发动机之间的差别、长期磨损和使用环境的改变等因素都会使短期燃油修正与中心值有所偏差。长期燃油修正控制全面燃油补偿，用来补偿短期燃油修正造成的与中间值的长期偏离 　　如果短期燃油修正值和长期燃油修正值都比预定值偏稀或偏浓，这会被判定为一个故障，ECM将亮起MIL并设置DTC 　　使用电脑诊断仪读取定格数据。存储DTC时，ECM将车辆和驾驶条件信息记录为定格数据。进行故障排除时，定格数据有助于确定故障出现时车辆是运行还是停止、发动机是暖机还是冷机、空燃比是稀还是浓，以及其他数据 　　空气燃油混合气过浓可能会导致空燃比传感器电压低。检查是否存在导致发动机在混合气浓的情况下运行的条件 　　空气燃油混合气过稀可能会导致空燃比传感器电压高。检查是否存在导致发动机在混合气稀的情况下运行的条件 　　使用智能检测仪进行主动测试（空燃比控制）：监视显示在检测仪上的前氧传感器和后氧传感器的输出电压 （2）结果 　　前氧传感器根据燃油喷射量的增加和减少做出响应 　　+25%—浓输出：高于3.35V 　　-12.5%—稀输出：低于3.0V （3）提示 　　前氧传感器存在数秒钟的输出延迟，后氧传感器的输出延迟最长可达约20s

表6-1-81　故障部位分析

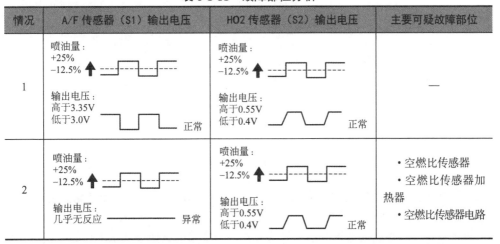

续表

情况	A/F 传感器（S1）输出电压	HO2 传感器（S2）输出电压	主要可疑故障部位
3	喷油量： +25% −12.5% 输出电压： 几乎无反应 ———— 异常	喷油量： +25% −12.5% 输出电压： 几乎无反应 ———— 异常	・燃油压力 ・排气系统废气泄漏（空燃比极稀或极浓）

发动机混合气过稀或过浓维修检查操作步骤如下。

第1步，确认车辆是否曾耗尽燃油。如果耗尽燃油，则执行确认行驶模式。

第2步，执行确认行驶模式。

提示：该确认行驶模式应用于下列诊断故障排除程序的"执行确认行驶模式"。

① 将智能检测仪连接到DLC3。
② 将点火开关置于ON（IG）位置。
③ 打开检测仪。
④ 清除DTC。
⑤ 将ECM从正常模式切换至检测模式。
⑥ 启动发动机。
⑦ 使发动机怠速运转直至发动机冷却液温度达到40℃（104 ℉）。
⑧ 以超过40km/h（25mile/h）的车速行驶35s或更长时间。
⑨ 使发动机怠速运转40s或更长时间。
⑩ 重复上述程序"G"和"H"至少3次（图6-1-75）。
⑪ 使发动机怠速运转40s或更长时间。

提示：如果故障仍然存在，则MIL会在程序"K"中亮起。

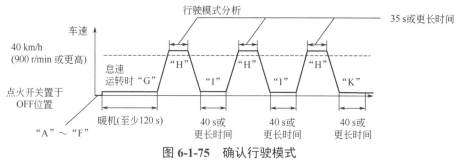

图6-1-75　确认行驶模式

A，F，G，H，I，K—程序

第3步，检查DTC是否再次输出。如果DTC没有输出，则系统正常；如果DTC再次输出，则检查废气是否泄漏。

第4步，检查废气是否泄漏。如果异常，则维修或更换排气系统；如果正常，则检查燃油压力。

第 5 步，检查燃油压力。如果异常，则检查燃油管路（燃油管路正常情况下，更换燃油泵）；如果正常，则检查喷油器总成（喷油量）。

第 6 步，检查喷油器总成。如果喷油量异常，则更换喷油器总成；如果正常，则使用检测仪读取数值（质量空气流量计）。

第 7 步，检查质量型空气流量计。如果异常，则更换质量型空气流量计；如果正常，则使用检测仪读取数值（冷却液温度）。

第 8 步，使用检测仪读取数值（冷却液温度）。在发动机冷机和暖机两种情况下，两次读取冷却液温度。标准如下。

① 冷机时：与环境空气温度相同。

② 暖机时：在 75～100℃（167～212 ℉）。

如果数值异常，则更换发动机冷却液温度传感器；如果正常，则检查 PCV 软管连接。

第 9 步，检查 PCV 软管连接是否正确且无损坏。如果异常，则维修或更换 PCV 软管；如果正常，则检查进气系统。

第 10 步，检查进气系统是否存在真空泄漏。如果异常，则维修或更换进气系统；如果正常，则检查点火系统。

第 11 步，检查点火系统。如果异常，则维修或更换点火系统；如果正常，则检查前氧传感器（加热器电阻）。

第 12 步，检查前氧传感器（加热器电阻）。断开空燃比传感器连接器，根据图 6-1-76 和表 6-1-82 中的值测量电阻。

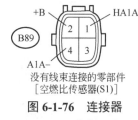

图 6-1-76 连接器 B89（1）

表 6-1-82 B89 的标准电阻

检测仪连接	条件	规定状态
B89-1（HA1A）—B89-2（+B）	20℃（68 ℉）	1.8～3.4Ω
B89-1（HA1A）—B89-4（A1A-）	始终	10kΩ 或更大

重新连接空燃比传感器。如果电阻异常，则更换空燃比传感器；如果正常，则检查空燃比传感器（电源）。

第 13 步，检查空燃比传感器（电源）。断开空燃比传感器连接器，根据图 6-1-77 和表 6-1-83 中的值测量电压。

重新连接空燃比传感器连接器。如果电压异常，则检查熔丝（EFI No.2 熔丝）；如果正常，则检查线束和连接器（空燃比传感器 -ECM）。

图 6-1-77 连接器 B89（2）

表 6-1-83 B89 的标准电压

检测仪连接	开关状态	规定状态 /V
B89-2（+B）—车身搭铁	点火开关置于 ON（IG）位置	9～14

第14步，检查线束和连接器（空燃比传感器-ECM）。断开空燃比传感器连接器；断开ECM连接器；根据图6-1-78和表6-1-84、表6-1-85中的值测量电阻。

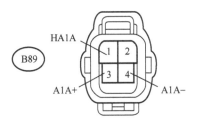 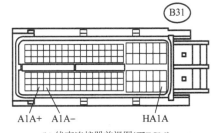

(a) 线束连接器前视图[至空燃比传感器(S1)]　　(b) 线束连接器前视图(至ECM)

图 6-1-78　连接器 B89 和 B31

表 6-1-84　B89 和 B31 的标准电阻（断路检查）

检测仪连接	条件	规定状态 /Ω
B89-3（A1A+）—B31-112（A1A+）	始终	小于 1
B89-1（HA1A）—B31-109（HA1A）	始终	小于 1
B89-4（A1A-）—B31-113（A1A-）	始终	小于 1

表 6-1-85　B89 和 B31 的标准电阻（短路检查）

检测仪连接	条件	规定状态 /kΩ
B89-3（A1A+）或 B31-112（A1A+）—车身搭铁	始终	10 或更大
B89-1（HA1A）或 B31-109（HA1A）—车身搭铁	始终	10 或更大
B89-4（A1A-）或 B31-113（A1A-）—车身搭铁	始终	10 或更大

重新连接空燃比传感器连接器；重新连接ECM连接器。如果电阻异常，则维修或更换线束或连接器（空燃比传感器-ECM）；如果正常，则更换空燃比传感器。

6.1.18　发动机多缸或单缸缺火故障

发动机多缸或单缸缺火故障分析见表6-1-86。

表 6-1-86　发动机多缸或单缸缺火故障分析

故障现象	❶发动机怠速抖动 ❷发动机加速无力，加速时发动机明显有抖动 ❸发动机故障灯点亮
故障原因	❶发动机线束断路或短路 ❷连接器的连接 ❸真空软管连接 ❹点火系统

续表

故障原因	❺喷油器 ❻燃油压力 ❼质量空气流量计 ❽发动机冷却液温度传感器 ❾压缩压力 ❿气门正时 ⓫PCV 阀和软管 ⓬PCV 软管连接 ⓭进气系统 ⓮ECM
故障诊断	（1）分析 当发动机缺火时，高浓度烃类化合物进入废气中。极高浓度的烃类化合物会使废气排放量增加。高浓度的烃类化合物也可能使三元催化净化器的温度升高，从而导致其损坏。为了避免排放量的增加以及高温造成的损坏，ECM 会监测发动机缺火率。当三元催化净化器的温度达到热衰退点时，ECM 会使 MIL 闪烁 ECM 使用凸轮轴位置传感器和曲轴位置传感器监测缺火情况。凸轮轴位置传感器用于识别缺火的气缸，而曲轴位置传感器则用于测量曲轴转速的变化。当曲轴转速变化超出预定阈值时，将统计缺火数。如果发动机缺火率超过阈值并有可能导致排放超标，ECM 将亮起 MIL 并设置一个 DTC 使用电脑诊断仪读取定格数据。存储 DTC 时，ECM 将车辆和驾驶条件信息记录为定格数据。进行故障排除时，定格数据有助于确定故障出现时车辆是运行还是停止、发动机是暖机还是冷机、空燃比是稀还是浓，以及其他数据 （2）提示 ❶如果除缺火 DTC 以外，输出了其他 DTC，应先对其他 DTC 进行故障排除 ❷如果车辆送修时未再次出现缺火，则再现定格数据存储的状况 ❸如果即使再现定格数据存储的条件后仍无法再现缺火，则故障原因可能是下列因素之一 　a.燃油油位过低 　b.使用的燃油不当 　c.火花塞脏污 　d.故障复杂，涉及多种因素 ❹完成修理后检查并确认每一个气缸（1号、2号、3号和4号气缸）没有发生缺火 ❺完成维修后务必执行确认行驶模式，以确定没有再设置缺火气缸 DTC ❻如果定格数据中的任一个超出了中心值的 20%，空燃比可能偏浓（-20% 或更低）或偏稀（+20% 或更高） ❼如果定格数据中的冷却液温度低于 75℃时，则仅在发动机暖机过程中发生过缺火

发动机多缸或单缸缺火电路分析见图 6-1-79。

发动机多缸或单缸缺火维修检查操作步骤如下。

第 1 步，检查故障码。

第 2 步，读取智能检测仪的值（缺火转速和缺火负荷）。

第 3 步，检查 PCV 软管连接。如果异常，则维修或更换 PCV 软管；如果正常，则读取检测仪的值。

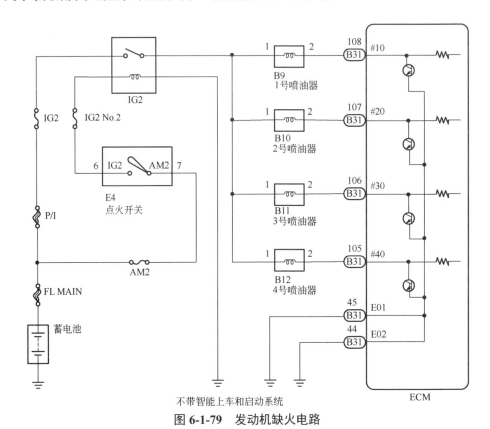

图 6-1-79 发动机缺火电路

第4步，读取检测仪的值。读取检测仪上显示的1~4号气缸值。如果所有气缸中都未出现缺火计数，则按下列程序进行。

① 启动发动机并使其怠速运转。
② 将换挡杆移至D位置。
③ 检查1~4号气缸。
④ 如果缺火数仍未显示，则重新进入系统。

在上述使用检测仪读取数值（缺火转速和缺火负荷）步骤中记录的缺火转速和缺火负荷状态下驾驶车辆。表 6-1-87 为缺火数值结果。

表 6-1-87 缺火数值结果

缺火数
多数缺火仅发生在1个或2个气缸中
3个或更多气缸有相同的缺火数

第5步，检查火花塞。拆下缺火气缸的点火线圈和火花塞，根据图 6-1-80 测量火花塞电极间隙（最大间隙：1.0~1.1mm）。检查电极是否积碳。

小心：如果电极间隙大于标准间隙，则更换火花塞。不要调整电极间隙。

重新安装点火线圈和火花塞。如果异常，则更换火花塞；如果正常，则检查火花和点火情况。

第6步，检查火花和点火情况。

注意：在测试过程中，断开所有喷油器连接器。

小心：不要使发动机启动超过2s。

① 从气缸盖上拆下点火线圈。
② 将火花塞安装到点火线圈上。
③ 断开4个喷油器连接器。
④ 根据图6-1-81将火花塞总成与气缸盖接触。
⑤ 启动发动机但持续时间不超过2s，并检查火花。正常：电极间隙间跳火。
⑥ 重新连接4个喷油器连接器。
⑦ 安装点火线圈。

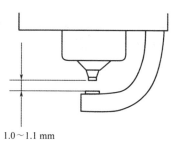

1.0～1.1 mm

图 6-1-80　电极间隙

如果点火异常，则换上正常火花塞并检查缺火气缸的火花；如果正常，则检查缺火气缸的压缩压力。

第7步，检查缺火气缸的压缩压力。如果异常，则检查发动机以确定低压缩压力的原因；如果正常，则检查喷油器总成（电源）。

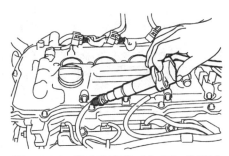

图 6-1-81　将火花塞总成与气缸盖接触

第8步，检查喷油器总成（电源）。断开喷油器总成连接器；将点火开关置于ON（IG）位置；根据图6-1-82和表6-1-88中的值测量电压。

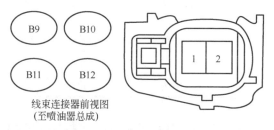

线束连接器前视图
（至喷油器总成）

图 6-1-82　连接器 B9～B12

表 6-1-88 B9～B12 的标准电压

检测仪连接	开关状态	规定状态 /V
B9-1—车身搭铁	点火开关置于 ON（IG）位置	9～14
B10-1—车身搭铁	点火开关置于 ON（IG）位置	9～14
B11-1—车身搭铁	点火开关置于 ON（IG）位置	9～14
B12-1—车身搭铁	点火开关置于 ON（IG）位置	9～14

重新连接喷油器总成连接器。如果电压异常，则检查喷油器电路；如果正常，则检查线束和连接器（喷油器总成 -ECM）。

第 9 步，检查线束和连接器（喷油器总成 -ECM）。断开喷油器总成连接器；断开 ECM 连接器；根据图 6-1-83 和表 6-1-89、表 6-1-90 中的值测量电阻。

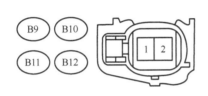 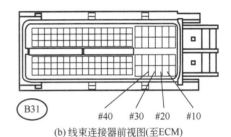

(a) 线束连接器前视图(至喷油器总成)　　　(b) 线束连接器前视图(至ECM)

图 6-1-83　连接器 B9～B12 和 B31

表 6-1-89　B9～B12 和 B31 的标准电阻（断路检查）

检测仪连接	条件	规定状态 /Ω
B9-2—B31-108（#10）	始终	小于 1
B10-2—B31-107（#20）	始终	小于 1
B11-2—B31-106（#30）	始终	小于 1
B12-2—B31-105（#40）	始终	小于 1

表 6-1-90　B9～B12 和 B31 的标准电阻（短路检查）

检测仪连接	条件	规定状态 /kΩ
B9-2 或 B31-108（#10）—车身搭铁	始终	10 或更大
B10-2 或 B31-107（#20）—车身搭铁	始终	10 或更大
B11-2 或 B31-106（#30）—车身搭铁	始终	10 或更大
B12-2 或 B31-105（#40）—车身搭铁	始终	10 或更大

重新连接喷油器总成连接器；重新连接 ECM 连接器。如果电阻异常，则维修或更换线束或连接器（喷油器总成 -ECM）；如果正常，则检查缺火气缸 ECM 端子（10号、

20号、30号和/或40号电压）。

第10步，检查缺火气缸ECM端子（10号、20号、30号和/或40号电压）。断开ECM连接器；将点火开关置于ON（IG）位置；根据图6-1-84和表6-1-91中的值测量电压。

表6-1-91　B31的标准电压

检测仪连接	开关状态	规定状态/V
B31-108（#10）—B31-45（E01）	点火开关置于ON（IG）位置	9～14
B31-107（#20）—B31-45（E01）	点火开关置于ON（IG）位置	9～14
B31-106（#30）—B31-45（E01）	点火开关置于ON（IG）位置	9～14
B31-105（#40）—B31-45（E01）	点火开关置于ON（IG）位置	9～14

重新连接ECM连接器。如果电压异常，则检查线束和连接器（ECM-车身搭铁）；如果正常，则检查缺火气缸的喷油器。

第11步，检查缺火气缸的喷油器。检查喷油器的喷油情况（喷油量是高还是低，喷油方式是否不良）。如果异常，则更换喷油器总成；如果正常，则检查进气系统。

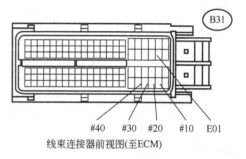

图6-1-84　连接器B31（2）

第12步，检查进气系统。检查进气系统是否存在真空泄漏。如果异常，则维修或更换进气系统；如果正常，则检查燃油压力。

第13步，检查燃油压力。如果异常，则检查燃油管路（异常则维修或更换燃油管路，正常则更换燃油泵总成）；如果正常，则读取检测仪的值（冷却液温度）。

第14步，读取检测仪的值（冷却液温度）。在发动机冷机和暖机两种情况下，两次读取冷却液温度。

标准： 发动机冷机时与环境空气温度相同；发动机暖机时在75～95℃。

如果冷却液温度异常，则更换发动机冷却液温度传感器；如果正常，则读取检测仪的值（质量空气流量计）。

第15步，读取检测仪的值（质量空气流量计）。使发动机怠速直到冷却液温度达到75℃或更高；在发动机怠速运转且转速为2500r/min时，读取MAF值。

标准： 发动机怠速时的MAF值在0.54～4.33g/s（换挡杆位置N，空调关闭）；发动机转速为2500r/min时的MAF值在3.33～9.17g/s（换挡杆位置N，空调关闭）。

如果转速异常，则更换质量空气流量计；如果正常，则调整气门正时。

第16步，调整气门正时。

第17步，检查DTC是否再次输出。如果没有故障码，则系统正常；如果有故障码，则更换发动机控制单元。

6.1.19 怠速控制系统故障

怠速控制系统故障分析见表 6-1-92。

表 6-1-92 怠速控制系统故障分析

故障现象	发动机怠速不稳，转速忽高忽低
故障原因	❶节气门电控系统 ❷进气系统 ❸通风软管连接 ❹ECM
故障诊断	（1）描述 怠速转速由节气门电控系统控制。节气门电控系统由以下部件构成：一个单阀节气门体；节气门执行器，用以操控节气门；节气门位置传感器，用以检测节气门的开度；油门踏板位置传感器，用以检测油门踏板位置；ECM，用以控制节气门电控系统。ECM 根据目标怠速转速，控制节气门执行器，以提供正确的节气门开度 （2）检查程序 提示：下列情况可能会导致设置 DTC P0505 节气门未完全关闭（例如油门踏板被略微压下或被地毯勾住） 使用智能检测仪读取定格数据。存储 DTC 时，ECM 将车辆和驾驶条件信息记录为定格数据。进行故障排除时，定格数据有助于确定故障出现时车辆是运行还是停止、发动机是暖机还是冷机、空燃比是稀还是浓，以及其他数据 ❶检查 PCV 软管连接是否正确且无损坏。如果异常，则维修或更换 PCV 软管；如果正常，则检查进气系统 ❷检查进气系统是否存在真空泄漏。如果异常，则维修或更换进气系统；如果正常，则检查节气门 ❸检查节气门是否未被异物弄脏，并且可以平稳转动。如果异常，则更换节气门体总成；如果正常，则更换 ECM

6.1.20 发动机启动但不运行故障

发动机启动但不运行故障分析见表 6-1-93。

表 6-1-93 发动机启动但不运行故障分析

故障现象	发动机启动但不运行
故障原因	❶曲轴位置传感器故障 ❷燃油不足 ❸燃油喷射器的喷嘴部分堵塞或阻塞，或电磁阀有故障 ❹发动机电气搭铁松动不可靠 ❺燃油中有水或异物，可能导致不能启动或发动机不能持续运行 ❻点火系统受到湿气影响

续表

故障诊断	使用智能检测仪读取定格数据。存储 DTC 时，ECM 将车辆和驾驶条件信息记录为定格数据。进行故障排除时，定格数据有助于确定故障出现时车辆是运行还是停止、发动机是暖机还是冷机、空燃比是稀还是浓，以及其他数据 诊断：检查是否存在下列任何情形 ❶如果装备了钥匙型点火系统，点火钥匙是否部分缩进或折叠。当尝试启动发动机时，车辆钥匙的机械部分必须锁止在完全延长部分，遥控门锁发射器与钥匙平行。当启动时将钥匙部分缩回或折叠可能中断无线电频率收发器验证，并导致间歇性不启动故障。在这种情况下，还可能设置 DTCB3055。如果收到间歇性不启动的报修，有必要与客户讨论他们的启动习惯，并确认在启动前钥匙锁上到完全延伸位置，遥控门锁发射器与钥匙平行 ❷曲轴位置传感器故障。用故障诊断仪检查曲轴位置传感器发动机参考信号。在启动发动机的同时，观察"Engine Speed（发动机转速）"参数。在发动机启动期间，故障诊断仪应指示转速稳定在 200～300r/min。如果转速值异常，例如显示发动机转速突然上升，发动机参考信号不够稳定，从而不能使发动机正确启动并运行 ❸燃油不足。彻底检查燃油输送系统是否向燃油喷射器提供足够的燃油量。检查燃油供油部件是否存在部分堵塞或阻塞现象 ❹燃油喷射器的喷嘴部分堵塞或阻塞，或电磁阀有故障 ❺燃油喷射器通电时间不够。当出现此类故障时，即使燃油喷射器能喷油且指示的燃油压力正确，也可能没有足够的燃油来启动发动机。如果发动机控制模块（ECM）从各种信息传感器上接收到的输入不正确，则燃油喷射器提供的燃油量可能不足以使发动机启动。用故障诊断仪检查所有发动机数据参数，并与期望值或已知良好车辆的值相比较 ❻发动机电气搭铁松动不可靠。检查发动机是否有良好、可靠的电气搭铁 ❼燃油中有水或异物，可能导致不能启动或发动机不能持续运行。在寒冷的天气条件下，水可能在燃油系统内结冰。在带暖气的修理车间放置 30min 后，发动机或许就能启动。只要不让车辆整夜停放在结冰温度下，这种故障也许就不再复发。被污染的燃油在极端天气条件可能导致车辆不能启动 ❽点火系统易受到湿气影响。如果将发动机在温暖干燥的修理厂启动和运行，点火系统可能易受到湿气影响。启动发动机时，向点火系统部件和导线上喷水，检查发动机的启动情况或不能持续运行情况 ❾如果发动机即将启动时发生失速，则检查曲轴位置传感器、进气凸轮轴位置传感器或排气凸轮轴位置传感器的搭铁电路是否开路

6.2 燃油系统故障

6.2.1 燃油泵故障

燃油泵故障分析见表 6-2-1。

表 6-2-1　燃油泵故障分析

故障现象	❶发动机转速过低（怠速不良） ❷发生间歇性不完全燃烧（不能启动） ❸发动机转动正常但启动困难 ❹无初始燃烧（不能启动） ❺怠速不稳 ❻喘抖/加速不良（操纵性能差）

续表

故障原因	❶燃油泵损坏 ❷燃油泵线束插接器接触不良、断路或短路
故障诊断	❶使用智能检测仪读取定格数据。存储 DTC 时，ECM 将车辆和驾驶条件信息记录为定格数据。进行故障排除时，定格数据有助于确定故障出现时车辆是运行还是停止、发动机是暖机还是冷机、空燃比是稀还是浓，以及其他数据 ❷检查燃油泵工作情况。从燃油管路中检查燃油进油管中的压力。检查并确认能听到燃油在燃油箱中流动的声音。如果听不到声音，则检查集成继电器、燃油泵、ECM 和配线连接器 ❸检查燃油是否泄漏。进行保养后检查并确认燃油系统任何部位均无燃油泄漏。如果燃油泄漏，必要时维修或更换零件 ❹检查燃油压力。应为 304~343kPa。如果燃油压力大于标准值，更换燃油压力调节器；如果燃油压力小于标准值，检查燃油软管和连接情况、燃油泵、燃油滤清器和燃油压力调节器 ❺测量怠速时的燃油压力。燃油压力应为 304~343kPa，关闭发动机，检查并确认燃油压力在发动机停止后能按规定持续 5min，燃油压力为 147kPa 或更高，如果燃油压力不符合规定，则检查燃油泵或喷油器

燃油泵电路分析见图 6-2-1、图 6-2-2。当发动机启动时，电流从点火开关（电源控制 ECU）的端子 ST1（STR）流向起动机继电器线圈并流向 ECM 的端子 STA（STA 信号）。当 STA 信号和 NE 信号输入 ECM 时，Tr 接通，电流将流向电路断路继电器线圈，

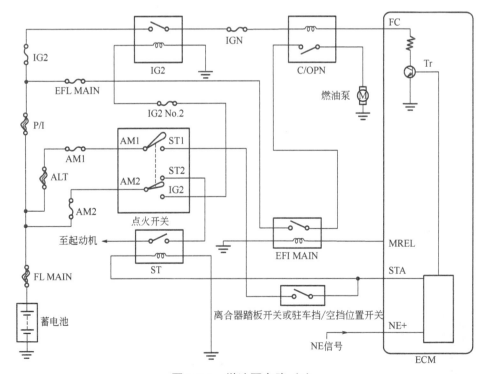

图 6-2-1 燃油泵电路（1）

继电器接通，给燃油泵提供电源，从而使燃油泵工作。产生 NE 信号（发动机运转）时，ECM 将保持 Tr 接通（电路断路继电器接通），从而燃油泵也保持运转。

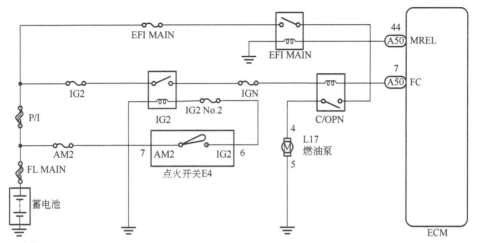

图 6-2-2　燃油泵电路（2）

燃油泵维修检查操作步骤如下。

第 1 步，使用检测仪执行主动测试（操作 C/OPN 继电器）。在检测仪上执行主动测试时，检查是否出现燃油泵工作声音。如果正常，则进行其他检测；如果异常，则检查熔丝（IGN 熔丝）。

第 2 步，检查熔丝（IGN 熔丝）。从仪表板接线盒上拆下 IGN 熔丝，根据图 6-2-3 和表 6-2-2 中的值测量电阻。

表 6-2-2　熔丝标准电阻（3）

检测仪连接	条件	规定状态 /Ω
IGN 熔丝	始终	小于 1

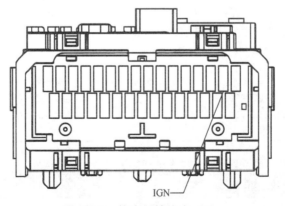

图 6-2-3　仪表板接线盒（1）

重新安装 IGN 熔丝。如果电阻异常，则更换熔丝（IGN 熔丝）；如果正常，则检查仪表板接线盒（C/OPN 继电器）。

第 3 步，检查仪表板接线盒（C/OPN 继电器）。断开仪表板接线盒连接器，根据图 6-2-4 和表 6-2-3 中的值测量电阻。

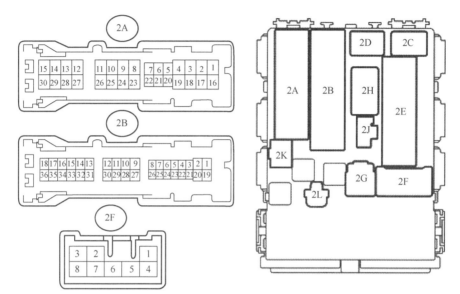

图 6-2-4　连接器 2A、2B、2F 和仪表板接线盒

表 6-2-3　2A 和 2B 的标准电阻

检测仪连接	条件	规定状态
2A-8—2B-11	始终	10kΩ 或更大
	在端子 2B-10 和 2F-4 上施加蓄电池电压	小于 1Ω

重新连接仪表板接线盒连接器。如果电阻异常，则更换仪表板接线盒（C/OPN 继电器）；如果正常，则检查线束和连接器（C/OPN 继电器 -ECM）。

第 4 步，检查线束和连接器（C/OPN 继电器 -ECM）。断开 ECM 连接器；断开仪表板接线盒连接器；根据图 6-2-5 和表 6-2-4、表 6-2-5 中的值测量电阻。

表 6-2-4　2B 和 A50 的标准电阻（断路检查）

检测仪连接	条件	规定状态 /Ω
2B-10—A50-7（FC）	始终	小于 1

表 6-2-5　2B 和 A50 的标准电阻（短路检查）

检测仪连接	条件	规定状态 /kΩ
2B-10 或 A50-7（FC）—车身搭铁	始终	10 或更大

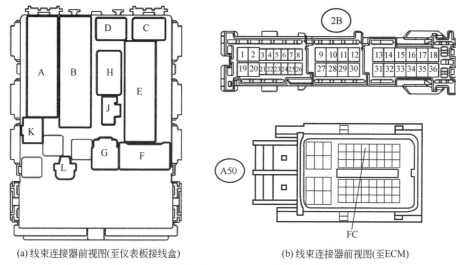

(a) 线束连接器前视图(至仪表板接线盒)　　(b) 线束连接器前视图(至ECM)

图 6-2-5　连接器 2B、A50 和仪表板接线盒

重新连接 ECM 连接器；重新连接仪表板接线盒连接器。如果电阻异常，则维修或更换线束或连接器（C/OPN 继电器 -ECM）；如果正常，则检查线束和连接器［C/OPN 继电器 - 集成继电器（EFI MAIN 继电器）］。

第 5 步，检查线束和连接器［C/OPN 继电器 - 集成继电器（EFI MAIN 继电器）］。从发动机室接线盒上拆下集成继电器；断开集成继电器连接器；断开仪表板接线盒连接器；根据图 6-2-6 和表 6-2-6、表 6-2-7 中的值测量电阻。

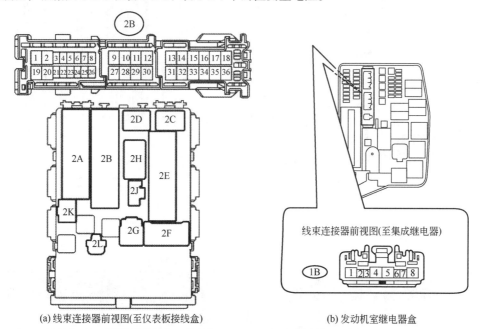

(a) 线束连接器前视图(至仪表板接线盒)　　(b) 发动机室继电器盒

图 6-2-6　连接器 1B、2B 和仪表板接线盒

表 6-2-6　2B 和 1B 的标准电阻（断路检查）

检测仪连接	条件	规定状态/Ω
2B-11—1B-4	始终	小于 1

表 6-2-7　2B 和 1B 的标准电阻（短路检查）

检测仪连接	条件	规定状态/kΩ
2B-11 或 1B-4—车身搭铁	始终	10 或更大

重新连接仪表板接线盒连接器；重新连接集成继电器连接器；重新安装集成继电器。如果电阻异常，则维修或更换线束或连接器［C/OPN 继电器 - 集成继电器（EFI MAIN 继电器）］；如果正常，则检查线束和连接器（C/OPN 继电器 - 燃油泵）。

第 6 步，检查线束和连接器（C/OPN 继电器 - 燃油泵）。断开燃油泵连接器；断开仪表板接线盒连接器；根据图 6-2-7 和表 6-2-8、表 6-2-9 中的值测量电阻。如果电阻异常，则维修或更换线束或连接器（C/OPN 继电器 - 燃油泵）；如果正常，则检查线束和连接器（燃油泵 - 车身搭铁）。

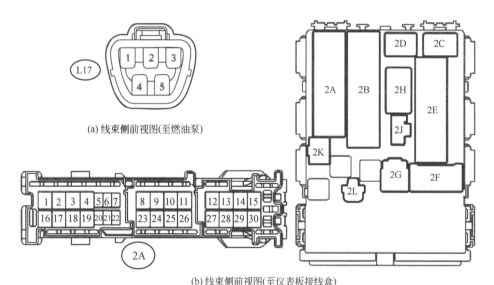

图 6-2-7　连接器 2A、L17 和仪表板接线盒

表 6-2-8　2A 和 L17 的标准电阻（断路检查）

检测仪连接	条件	规定状态/Ω
2A-8—L17-4	始终	小于 1

表 6-2-9　2A 和 L17 的标准电阻（短路检查）

检测仪连接	条件	规定状态 /kΩ
2A-8 或 L17-4—车身搭铁	始终	10 或更大

第 7 步，检查线束和连接器（燃油泵 - 车身搭铁）。断开燃油泵连接器，根据图 6-2-8 和表 6-2-10 中的值测量电阻。

表 6-2-10　L17 的标准电阻

检测仪连接	条件	规定状态 /Ω
L17-5—车身搭铁	始终	小于 1

如果电阻异常，则维修或更换线束或连接器（燃油泵 - 车身搭铁）；如果正常，则检查燃油泵总成。

第 8 步，检查燃油泵总成。如果异常，则更换燃油泵总成；如果正常，则检查 ECM 电源电路。

第 9 步，检查 ECM 电源电路。如果异常，则维修或更换 ECM 电源电路；如果正常，则更换 ECM。

图 6-2-8　连接器 L17

6.2.2　燃油压力传感器故障

燃油压力传感器故障分析见表 6-2-11。

表 6-2-11　燃油压力传感器故障分析

故障现象	❶发动机动力不足 ❷燃油消耗明显增大 ❸冷车启动困难 ❹发动机故障灯点亮
故障原因	❶燃油压力传感器损坏 ❷燃油压力传感器线束插接器接触不良、断路或短路
故障诊断	❶使用智能检测仪读取定格数据：存储 DTC 时，ECM 将车辆和驾驶条件信息记录为定格数据。进行故障排除时，定格数据有助于确定故障出现时车辆是运行还是停止、发动机是暖机还是冷机、空燃比是稀还是浓，以及其他数据 ❷作用：主要是实时监控高压共轨内燃油压力值，将压力值提供给发动机控制单元，发动机控制单元根据工况来控制燃油压力调节阀工作 　　油轨内的压力保持恒定对减少排放、降低噪声和提高功率有重要影响。燃油压力在一个调节回路中进行调节，传感器的测量误差小于 2%。传感器的核心就是一个钢膜，在钢膜上镀有应变电阻，要测的压力经压力接口作用到钢膜的一侧时，由于钢膜弯曲，就引起应变电阻的阻值发生变化。传感器内有一套电子分析机构

燃油压力传感器电路分析见图 6-2-9。

106 汽车常见故障诊断全书（燃油汽车＋新能源汽车：2合1）

G31 — 增压压力传感器，在发动机左侧进气管后部
G42 — 进气温度传感器，在发动机后部进气歧管上方中间
G71 — 进气压力传感器，在发动机后部进气歧管上方中间
G247 — 燃油压力传感器，在发动机后部、进气歧管左侧
G299 — 进气温度传感器2，在发动机左侧进气管后部
G519 — BCM车身控制单元，在仪表板左侧下方
J623 — 发动机控制单元，在发动机舱内蓄电池左侧
T3z — 3针插头，燃油压力传感器插头
T4bb — 4针插头，增压压力/进气温度传感器2插头
T4bg — 4针插头，进气温度/进气压力传感器插头
T60a — 60针插头，发动机控制单元插头
(474) — 接地连接线(传感器接地)，在发动机预接线导线束中
D190 — 连接线(5V)，在发动机预接线导线束中

扫码
获取本书丰富配套资源

图 6-2-9 燃油压力传感器电路（1）

燃油压力传感器维修检查操作步骤如下。

第 1 步，使用检测仪读取故障码，见图 6-2-10。

01 - 发动机电控系统 (KWP2000 / TP20 / M06IA0BK4??? / IA

事件代码	SAE 代码	事件文字
00400 000	P0190	燃油压力传感器电路电气故障, tbd
08852 000	P2294	燃油压力调节阀断路, tbd
类型/名称		数值

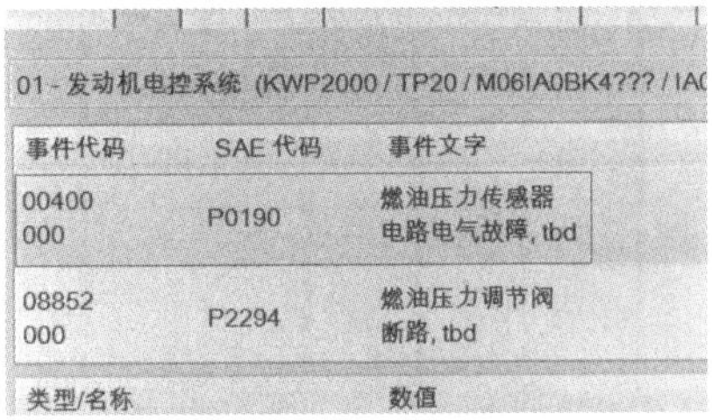

图 6-2-10　读取故障码（1）

第 2 步，使用检测仪读取数据流，见图 6-2-11。

第 3 步，检测燃油压力传感器信号电压。断开燃油压力传感器插接器，根据图 6-2-12 检测电压。检查燃油压力传感器插接器 T3z/2 端子至车身搭铁间的电压。正常范围：1.8 ～ 2.5V。

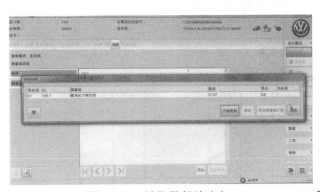

图 6-2-11　读取数据流（1）

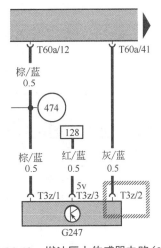

图 6-2-12　燃油压力传感器电路（2）

连接燃油压力传感器插接器。如果电压正常，则检查燃油压力传感器；如果异常，则检查线束和连接器（燃油压力传感器 - 发动机控制单元线路）。

第 4 步，检查线束和连接器（燃油压力传感器 - 发动机控制单元线路）。断开燃油压力传感器插接器，根据图 6-2-13 和图 6-2-14 检查。

① 断路检查：检查燃油压力传感器 T3z/1 端子至发动机控制单元 T60a/12；检查燃油压力传感器 T3z/2 端子至发动机控制单元 T60a/41；检查燃油压力传感器 T3z/3 端子至发动机控制单元 T60a/8。正常电阻应小于 1Ω。

② 短路检查：检查燃油压力传感器 T3z/1 端子或发动机控制单元 T60a/12 与车身搭铁；检查燃油压力传感器 T3z/2 端子或发动机控制单元 T60a/41 与车身搭铁；检查燃油压力传感器 T3z/3 端子或发动机控制单元 T60a/8 与车身搭铁。正常电阻应为 10kΩ 或更大。

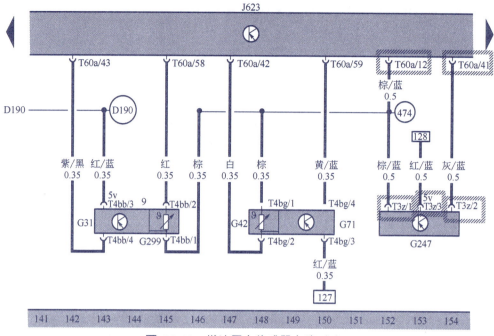

图 6-2-13　燃油压力传感器电路（3）

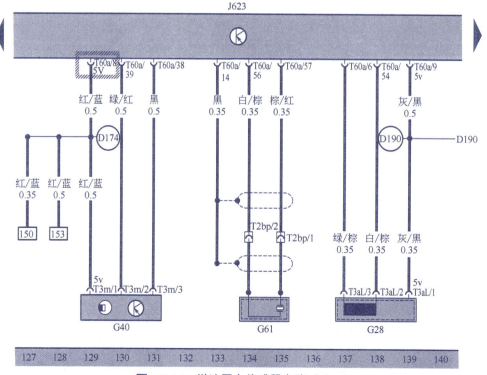

图 6-2-14　燃油压力传感器电路（4）

如果有断路或短路,则维修或更换线束和连接器(燃油压力传感器-发动机控制单元线路);如果正常,则检查发动机控制单元(如果异常,则更换发动机控制单元)。

6.2.3 燃油压力调节阀故障

燃油压力调节阀故障分析见表 6-2-12。

表 6-2-12 燃油压力调节阀故障分析

故障现象	❶发动机动力不足 ❷燃油消耗明显增大 ❸发动机故障灯点亮 ❹发动机怠速抖动,并伴有缺缸
故障原因	❶燃油压力调节阀损坏 ❷燃油压力调节阀线束插接器接触不良、断路或短路
故障诊断	❶使用智能检测仪读取定格数据:存储 DTC 时,ECM 将车辆和驾驶条件信息记录为定格数据。进行故障排除时,定格数据有助于确定故障出现时车辆是运行还是停止、发动机是暖机还是冷机、空燃比是稀还是浓,以及其他数据 ❷工作原理:燃油压力调节阀 N276 装在燃油高压泵上,属高频电磁阀。发动机控制单元根据装在高压油轨上的高压燃油压力传感器 G247 所监测到的信号,控制 N276 精确调整占空比,从而得到所需的燃油压力。低压燃油系统的压力是由燃油箱中的电动燃油泵提供的,装在燃油箱上部的燃油泵控制单元 J538 根据脉宽调制信号,控制电动燃油泵工作,使低压燃油系统压力维持在 50～500kPa。在发动机启动时,低压燃油系统的压力能达到 600kPa 以上,用以保证发动机的正常启动及工作 ❸作用:为了能让燃油快速与空气混合,需要在极短的时间内喷射足够量的燃油,此时就需要燃油压力调节阀提高燃油喷射压力,才能喷射足够量的燃油与空气快速混合燃烧。而且活塞在气缸内运动时已经让气缸出现高压状态了,喷射压力不够大的话,燃油喷出后反被压制无法与空气混合,因此活塞顶部还会加工出一些形状,方便产生涡流,对燃油及空气起到引导作用。这种发动机的燃油喷射压力是传统发动机喷射压力的几倍甚至几十倍

燃油压力调节阀电路分析见图 6-2-15 和图 6-2-16。

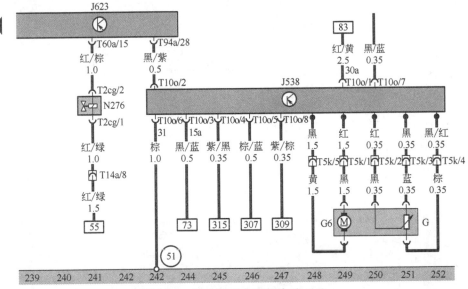

图 6-2-15 燃油压力调节阀电路(1)

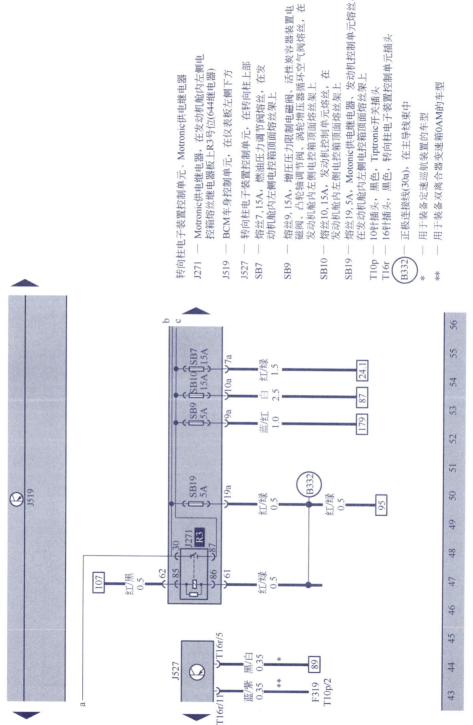

图 6-2-16 燃油压力调节阀电路（2）

燃油压力调节阀维修检查操作步骤如下。

第1步，使用检测仪读取故障码，见图6-2-17。

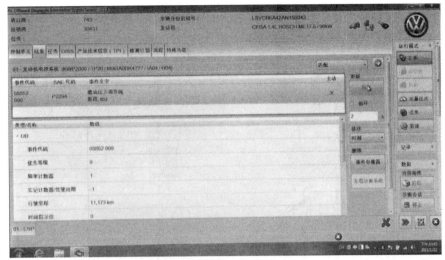

图 6-2-17　读取故障码（2）

第2步，使用检测仪读取数据流，见图6-2-18。

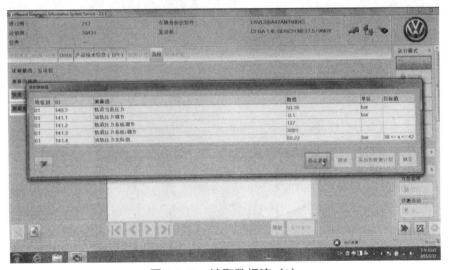

图 6-2-18　读取数据流（2）

第3步，检查燃油压力调节阀电源电压。断开燃油压力调节阀插接器，根据图6-2-19检测电压；检查燃油压力调节阀插接器T2cg/1端子至车身搭铁间的电压。正常范围：11～14V。

连接燃油压力调节阀插接器。如果电压异常，则检查F7（SB7 15A）熔丝（如果异常，则更换熔丝）；如果正常，则检查线束和连接器（燃油压力调节阀-发动机控制单元线路或熔丝 F7 线路）。

第 4 步，检查线束和连接器（燃油压力调节阀 - 发动机控制单元线路或熔丝 F7 线路）。断开燃油压力调节阀插接器，根据图 6-2-20 和图 6-2-21 检查。

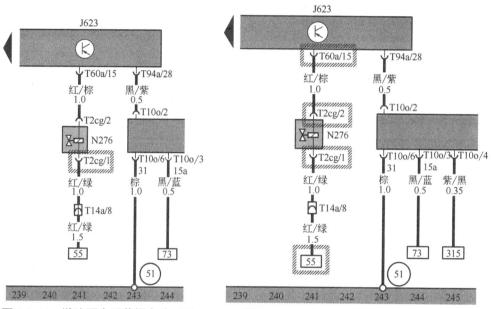

图 6-2-19　燃油压力调节阀电路（3）　　　图 6-2-20　燃油压力调节阀电路（4）

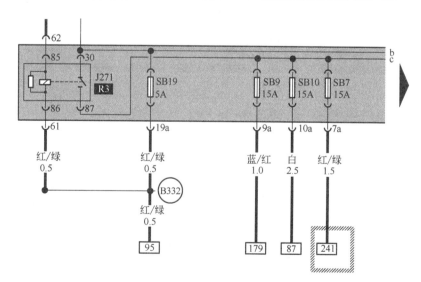

图 6-2-21　燃油压力调节阀电路（5）

① 断路检查：检查燃油压力调节阀 T2cg/1 端子至熔丝 F7（SB7 15A）；检查燃油压力传感器 T2cg/2 端子至发动机控制单元 T60a/15。正常电阻应小于 1Ω。

② 短路检查：检查燃油压力调节阀 T2cg/1 端子或熔丝 F7（SB7 15A）与车身搭铁；检查燃油压力传感器 T2cg/2 端子或发动机控制单元 T60a/15 与车身搭铁。正常电阻应为 10kΩ 或更大。

如果有断路或短路，则维修或更换线束和连接器（燃油压力调节阀 - 发动机控制单元线路或熔丝 F7 线路）；如果正常，则检查发动机控制单元（如果异常，则更换发动机控制单元）。

6.2.4 进气管回火故障

进气管回火故障分析见表 6-2-13。

表 6-2-13 进气管回火故障分析

故障现象	❶进气管回火 ❷发动机无力 ❸启动困难 ❹耗油量增加
故障原因	如果空燃混合气在进气门打开时进入进气歧管，然后点燃空燃混合气，则会出现回火现象。当点火正时由于空燃比非常稀薄而延迟时，由于空燃混合气燃烧速度非常慢，会导致出现回火。回火是由下列条件引起的 ❶混合气过稀 ❷发动机在寒冷环境中启动 ❸在发动机暖机过程中迅速加速 ❹进气门上有积碳 ❺空气滤清器堵塞
故障诊断	❶发动机在寒冷环境中启动或在发动机暖机过程中迅速加速时进气管回火属正常现象，无须修理 ❷检查空气滤清器滤芯是否脏污 ❸调整混合气浓度，在电控发动机中混合气浓度受传感器的影响，因此检查有关传感器的参数是故障诊断的关键 ❹清理发动机积碳

6.2.5 排气管放炮故障

排气管放炮故障分析见表 6-2-14。

表 6-2-14 排气管放炮故障分析

故障现象	排气管有爆炸声，下坡或空挡瞬间响声较严重

续表

故障原因	当未燃烧空燃混合气进入排气歧管而且在排气管内燃烧时,会出现排气管放炮现象。未燃烧可燃混合气由于混合气浓或点火正时不当而导致气缸内缺少空气,而排入排气歧管,在排气管遇到空气而燃烧或者由于空燃比过浓而导致后燃。因为后燃导致的高温燃烧可能损坏催化转换器,所以排气管放炮现象应尽快排除。后燃是由下列条件引起的 ❶燃油内有水分 ❷减速过程中没有切断燃油 ❸火花塞故障 ❹混合气过浓或过稀
故障诊断	❶从燃油滤清器中检查燃油中是否有水分,如有水分应清洗燃油箱 ❷检查空燃比,在电控发动机中混合气浓度受传感器影响,因此检查有关传感器的参数是故障诊断的关键 ❸下坡减速没有切断燃油供给,是由于电控系统故障,应检查电控部分工作是否正常 ❹若点火不正常,则主要检查火花塞是否正常

6.2.6 燃油系统故障

燃油系统故障分析见表 6-2-15。

表 6-2-15 燃油系统故障分析

故障现象	❶发动机动力不足 ❷燃油消耗明显增大 ❸冷车启动困难 ❹发动机故障灯点亮 ❺发动机不能启动 ❻发动机怠速抖动,并伴有缺缸 ❼加不起油,加速操控性差
故障原因	❶燃油泵故障 ❷燃油泵相关线路故障 ❸燃油压力传感器故障 ❹燃油压力传感器相关线路故障 ❺燃油压力调节阀故障 ❻燃油压力调节阀相关线路故障 ❼汽油滤清器堵塞
故障诊断	(1)工作过程 当发动机控制模块(ECM)检测到点火开关打开时,向燃油泵驱动器控制模块提供电压。除非发动机在启动或运转,否则发动机控制模块向燃油泵驱动器控制模块提供2s电压信号。收到该电压时,燃油泵驱动器控制模块使燃油泵的搭铁开关闭合,同时向燃油箱燃油泵模块提供变化的电压,以维持需要的燃油导轨压力。燃油系统采用电

	续表
故障诊断	子无回路请求式设计。无回路燃油系统不使热燃油从发动机返回至油箱，以降低油箱的内部温度。油箱内部温度降低导致蒸发排放减少。燃油箱可储存燃油。涡轮式电动燃油泵连接至燃油箱内的燃油箱燃油泵模块。燃油泵通过燃油滤清器和燃油供油管路向高压燃油泵供油。燃油泵也向位于燃油箱燃油泵模块底部的文丘里泵提供燃油。文丘里泵的功能是向燃油箱燃油泵模块储油罐加注燃油。燃油箱燃油泵模块包括一个逆流单向阀。单向阀保持燃油供油管中的燃油压力，以防止启动时间过长 （2）电路/系统检验 在执行该诊断以前，检修所有燃油系统相关 DTC 操作前，检查燃油系统是否损坏或存在外部泄漏 在继续进行前，确认燃油箱中有足够的燃油 可能需要指令"燃油泵启用"打开数次，以尽量获得最高的燃油压力 如果发动机冷却液温度高于 60℃，则切勿执行"燃油系统诊断"。高温燃油沸腾可能导致高燃油压力读数。发动机关闭时，燃油压力可能会增加到限压调节阀的设定值之上，即 690kPa±5% ❶将点火开关置于"ON（打开）"位置，关闭发动机，用故障诊断仪指令"燃油泵启用"开启几次 ❷确认故障诊断仪上的燃油压力传感器，参数在 345～650kPa 如果低于 345kPa，则燃油压力过低 如果高于 650kPa，则更换燃油泵 如果在 345～650kPa，则进行下一步 ❸关闭燃油泵后，确认故障诊断仪上的燃油压力传感器，参数降低至 600kPa 以下 如果高于 600kPa，则更换燃油泵 如果低于 600kPa，则进行下一步 ❹确认故障诊断仪上的燃油压力传感器，参数在 1min 内下降不超过 34kPa 如果超过 34kPa，则燃油压力因泄漏下降 如果低于 34kPa，则进行下一步 ❺发动机怠速运行 ❻确认故障诊断仪上的燃油压力传感器，参数在 300～400kPa 如果低于 300kPa，则燃油压力过低 如果高于 400kPa，则更换 G12 燃油泵 如果在 300～400kPa，则进行下一步 ❼确认故障诊断仪上的短期燃油泵调整和长期燃油泵调整相乘时小于 1.5 如果大于 1.5，则燃油压力过低 如果小于 1.5，则进行下一步 ❽车辆在不同负载下运行时，确认故障诊断仪上的燃油压力传感器和期望的燃油压力之间的差值，在 300kPa 请求时是否在 45kPa 以内，或在 400kPa 请求时是否在 60kPa 以内 如果大于 45kPa/60kPa，则燃油压力下降 如果小于 45kPa/60kPa，则进行下一步 （3）电路/系统测试 ❶燃油压力过低 确认未出现下列故障：燃油滤清器堵塞；燃油供油管堵塞；燃油泵的线束连接器和搭铁电路接触不良 如果存在任意一种情况，则进行修理 如果不存在任何状况，更换燃油泵

故障诊断	❷燃油压力因泄漏下降 点火开关置于"OFF（关闭）"位置，卸去燃油压力 在底盘燃油供油软管和发动机舱燃油供油管之间安装连接管 打开连接管上的阀门 将点火开关置于"ON（打开）"位置，使用故障诊断仪指令"燃油泵启用"开启，然后关闭 关闭 EN 37287 上的阀门 确认故障诊断仪上的燃油压力传感器参数在 1min 内下降不超过 34kPa 如果低于 34kPa，则找到并更换泄漏的燃油喷射器 ❸燃油无泄漏但压力下降 确认未出现下列故障：燃油滤清器堵塞；燃油供油管堵塞；燃油泵的线束连接器和搭铁电路接触不良 如果存在任意一种情况，则进行修理 如果不存在任何状况，则更换燃油泵

6.3 冷却系统故障

6.3.1 冷却风扇故障

冷却风扇故障分析见表 6-3-1。

表 6-3-1 冷却风扇故障分析

故障现象	冷却风扇不转，水温过高报警
故障原因	❶冷却风扇电动机故障 ❷冷却风扇电动机相关的线束插接器接触不良、断路或短路 ❸发动机控制单元故障
故障诊断	ECM 根据发动机冷却液温度、空调开关情况、制冷剂压力、发动机转速和车速计算出适当的冷却风扇转速，并将信号传送至冷却风扇 ECU，以调整冷却风扇。冷却风扇 ECU 根据 ECM 发送的占空比信号控制冷却风扇转速。根据对运行情况的控制，ECM 使用冷却风扇 ECU 来优化控制风扇转速，以同时达到高制冷性能和低噪声。冷却风扇转速根据发动机冷却液温度、空调运行情况、发动机转速和车速来确定 使用电脑诊断仪读取定格数据。存储 DTC 时，ECM 将车辆和驾驶条件信息记录为定格数据。进行故障排除时，定格数据有助于确定故障出现时车辆是运行还是停止、发动机是暖机还是冷机、空燃比是稀还是浓，以及其他数据

冷却风扇电路分析见图 6-3-1。

冷却风扇维修检查操作步骤如下。

第1步，使用检测仪执行主动测试（控制冷却风扇）。操作冷却风扇时，使用检测仪检查其工作情况。如果正常，则更换发动机控制单元；如果异常，则检查冷却风扇 ECU。

第 2 步，检查冷却风扇 ECU。断开 ECM 连接器；将点火开关置于 ON(IG) 位置；检查冷却风扇的工作情况。如果正常，则更换发动机控制单元；如果异常，则检查线束和连接器（ECM- 冷却风扇 ECU）。

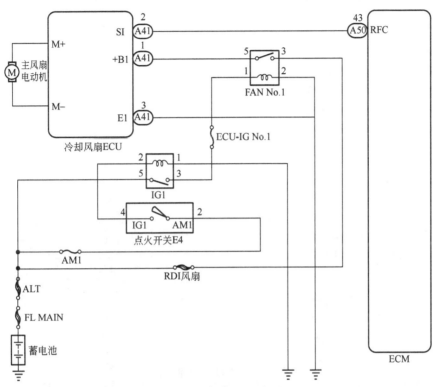

图 6-3-1　冷却风扇电路

第 3 步，检查线束和连接器（ECM- 冷却风扇 ECU）。断开冷却风扇 ECU 连接器；断开 ECM 连接器；根据图 6-3-2 和表 6-3-2 中的值测量电阻。如果电阻异常，则维修或更换线束或连接器（ECM- 冷却风扇 ECU）；如果正常，则检查冷却风扇电动机。

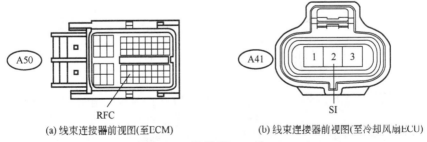

图 6-3-2　连接器 A50 和 A41

表 6-3-2　A50 和 A41 的标准电阻

检测仪连接	条件	规定状态 /Ω
A50-43（RFC）—A41-2（SI）	始终	小于 1

第 4 步，检查冷却风扇电动机。断开冷却风扇连接器；将蓄电池正极端子连接至冷却风扇连接器端子 2，并且将蓄电池负极端子连接至冷却风扇连接器端子 1，如图 6-3-3 所示；连接冷却风扇电动机连接器。此步骤如果异常，则更换冷却风扇电动机；如果正常，则检查冷却风扇 ECU（电源）。

第 5 步，检查冷却风扇 ECU（电源）。断开冷却风扇 ECU 连接器；将点火开关置于 ON(IG) 位置；根据图 6-3-4 和表 6-3-3 中的值测量电压。如果电压异常，则更换冷却风扇 ECU；如果正常，则检查线束和连接器（冷却风扇 ECU- 车身搭铁）。

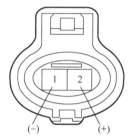

图 6-3-3　线束连接器前视图
（至冷却风扇电动机）

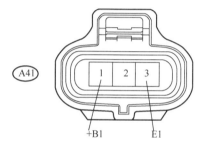

图 6-3-4　连接器 A41（1）

表 6-3-3　A41 的标准电压

检测仪连接	开关状态	规定状态 /V
A41-1（+B1）—A41-3（E1）	点火开关置于 ON（IG）位置	9～14

第 6 步，检查线束和连接器（冷却风扇 ECU- 车身搭铁）。根据图 6-3-5 和表 6-3-4 中的值测量电阻。如果电阻异常，则维修或更换线束或连接器（冷却风扇 ECU- 车身搭铁）；如果正常，则检查 FAN No.1 继电器。

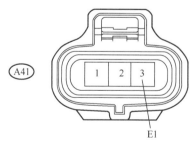

图 6-3-5　连接器 A41（2）

表 6-3-4　A41 的标准电阻

检测仪连接	条件	规定状态 /Ω
A41-3（E1）—车身搭铁	始终	小于 1

第 7 步，检查 FAN No.1 继电器。将 FAN No.1 继电器从发动机室继电器盒上拆下，根据图 6-3-6 和表 6-3-5 中的值测量电阻。如果电阻异常，则更换 FAN No.1 继电器；如果正常，则检查熔断器（RAD FAN 熔丝）。

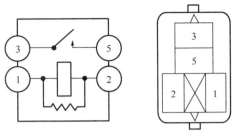

图 6-3-6 FAN No.1 继电器

表 6-3-5 继电器标准电阻（1）

检测仪连接	条件	规定状态
3—5	正常	10kΩ 或更大
3—5	在端子 1 和 2 之间施加蓄电池电压	小于 1Ω

第 8 步，检查熔断器（RAD FAN 熔丝）。如果异常，则更换熔断器；如果正常，则检查熔丝 (ECU-IG No.1)。

第 9 步，检查熔丝 (ECU-IG No.1)。将 ECU-IG No.1 熔丝从仪表板接线盒上拆下，根据图 6-3-7 和表 6-3-6 中的值测量电阻。如果电阻异常，则更换熔丝（ECU-IG No.1 熔丝）；如果正常，则检查线束和连接器（冷却风扇 ECU-FAN No.1 继电器）。

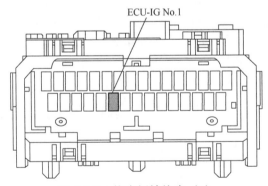

图 6-3-7 仪表板接线盒（2）

表 6-3-6 熔丝标准电阻（4）

检测仪连接	条件	规定状态 /Ω
ECU-IG No.1 熔丝	始终	小于 1

第 10 步，检查线束和连接器（冷却风扇 ECU-FAN No.1 继电器）。断开冷却风扇 ECU 连接器；将 FAN No.1 继电器从发动机室继电器盒上拆下；根据图 6-3-8 和表 6-3-7

中的值测量电阻。如果电阻异常，则维修或更换线束或连接器（冷却风扇 ECU-FAN No.1 继电器）；如果正常，则检查线束和连接器（FAN No.1 继电器 - 车身搭铁）。

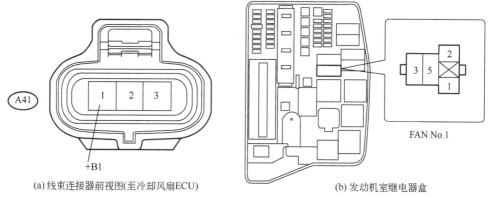

图 6-3-8　连接器 A41 和发动机室继电器盒

表 6-3-7　A41 和继电器的标准电阻

检测仪连接	条件	规定状态 /Ω
A41-1（+B1）—5（FAN No.1 继电器）	始终	小于 1

第 11 步，检查线束和连接器（FAN No.1 继电器 - 车身搭铁）。将 FAN No.1 继电器从发动机室继电器盒上拆下，根据图 6-3-9 和表 6-3-8 中的值测量电阻。如果电阻异常，则维修或更换线束或连接器（FAN No.1 继电器 - 车身搭铁）；如果正常，则检查线束和连接器（FAN No.1 继电器 -ECU-IG No.1 熔丝）。

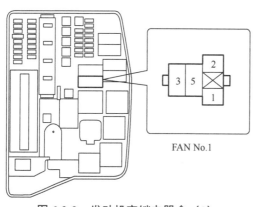

图 6-3-9　发动机室继电器盒（8）

表 6-3-8　继电器标准电阻（2）

检测仪连接	条件	规定状态 /Ω
2（FAN No.1 继电器）—车身搭铁	始终	小于 1

第 12 步，检查线束和连接器（FAN No.1 继电器 -ECU-IG No.1 熔丝）。将 ECU-IG No.1 熔丝从仪表板接线盒上拆下；将 FAN No.1 继电器从发动机室继电器盒上拆下；根据图 6-3-10 和表 6-3-9 中的值测量电阻。如果电阻异常，则维修或更换线束或连接器（FAN No.1 继电器 -ECU-IG No.1 熔丝）；如果正常，则检查线束和连接器（FAN No.1 继电器 -RDI FAN 熔丝）。

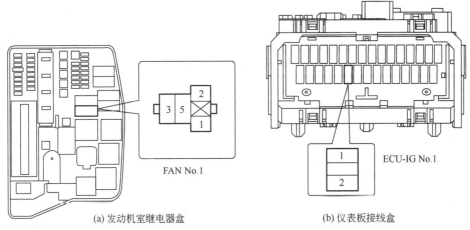

图 6-3-10　FAN No.1 继电器和仪表板接线盒

表 6-3-9　熔丝和继电器的标准电阻

检测仪连接	条件	规定状态/Ω
2（ECU-IG No.1 熔丝）—1（FAN No.1 继电器）	始终	小于 1

第 13 步，检查线束和连接器（FAN No.1 继电器 -RDI FAN 熔丝）。拆下熔丝盒总成；断开连接器；根据图 6-3-11 和表 6-3-10 中的值测量电阻。如果电阻异常，则维修或更换线束或连接器（FAN No.1 继电器 -RDI FAN 熔丝）；如果正常，则维修或更换线束或连接器（蓄电池 -RDI FAN 熔丝）。

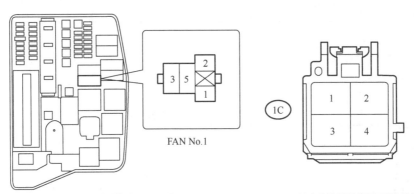

图 6-3-11　FAN No.1 继电器和连接器 1C

表 6-3-10　继电器和熔丝盒的标准电阻

检测仪连接	条件	规定状态/Ω
3（FAN No.1 继电器）—1C-2（熔丝盒）	始终	小于 1

6.3.2 节温器故障

节温器故障分析见表 6-3-11。

表 6-3-11 节温器故障分析

故障现象	❶冷却液温度过高 ❷水箱沸腾而温度不高 ❸发动机温度过高而散热器温度并不高,冷却液循环不好 ❹发动机有爆震响声
故障原因	节温器损坏
故障诊断	当听到发动机有爆震响声时首先查看水温,如果水温过高就应检查风扇是否转动正常,再检查冷却液量是否正常,对比发动机与水箱的温度差距,如果差距大可拆检节温器 随车检查节温器的方法如下 ❶发动机刚启动时的检查:打开水箱盖,如果水箱内冷却水是静止的,则表明节温器工作正常。这是因为,在水温低于70℃时,节温器处于收缩状态,主阀门关闭;当水温高于80℃时,膨胀筒膨胀,主阀门渐渐打开,水箱内的冷却水开始循环工作(大循环开始)。若水温表指示在70℃以下,水箱进水管处有水流动,而且水温微热,则表明节温器主阀门关闭不严,使冷却水过早进入大循环 ❷水温升高后的检查:发动机工作初期,水温上升很快,当水温上升到80℃后,升温速度减慢,则表明节温器工作正常,反之,水温一直升高很快,且内压达到一定程度时,沸水突然溢出,则表明主阀门长时间处于关闭状态后突然被打开。水温表指示在 70～80℃时,打开水箱盖及放水开关,用手感觉水温,若烫手,说明节温器正常,若加水口处水温低,且水箱上水室进水管处无水流出或流水力甚微,说明节温器主阀门卡滞,无法打开进行大循环

6.3.3 风扇转速慢故障

风扇转速慢故障分析见表 6-3-12。

表 6-3-12 风扇转速慢故障分析

故障现象	发动机过热
故障原因	风扇驱动电动机线圈匝间短路故障(电动机老化)、控制电路产生附加电阻
故障诊断	❶首先测量电动机端电压与主线路电压差不大于 0.2V,否则检修电路各连接端子是否松动或氧化、电线电阻是否过大等 ❷在电路正常的情况下,通常是电动机线圈的绝缘漆老化、受潮使绝缘性能下降而造成匝间短路 排除方法:检测电路,更换电动机

6.3.4 发动机温度过高故障

发动机温度过高故障分析见表 6-3-13。

表 6-3-13　发动机温度过高故障分析

故障现象	❶发动机大负荷低速行驶时冷却器沸腾 ❷发动机大负荷工作时出现爆震异响 ❸汽车行驶无力
故障原因	❶节温器泄漏或装反，冷却水只进行小循环 ❷风扇转速上不去 ❸电控风扇作用时间过短 ❹风扇传动带过松 ❺缸体水套内水垢过多 ❻冷却水循环量过小 ❼冷却液不足 ❽混合气过稀或过浓：混合气过稀时燃烧速度慢，在做功行程中燃烧放出的热量增加，也会导致发动机过热 ❾气缸盖垫破损或气缸盖破裂，大量的高温气体进入冷却器，也会导致发动机过热
故障诊断	❶检查冷却系统，冷却液是否充足、风扇传动带是否过松、电子风扇应检查转速是否达标 ❷检查节温器是否正常 节温器检查方法：准备一个电热杯和一支温度计，将节温器放入电热杯，加水至浸没节温器，同时放入温度计，然后加热至80℃，再测量节温器的开度，是否符合标准，若不合格只能更换 ❸冷却水循环量是否足够 ❹如果水温不高水箱就沸腾，说明气缸垫破损或气缸盖破裂

6.3.5 发动机温度过低故障

发动机温度过低故障分析见表 6-3-14。

表 6-3-14　发动机温度过低故障分析

故障现象	发动机升温缓慢或工作温度过低
故障原因	节温器损坏或温度显示系统故障
故障诊断	❶发动机启动运转 10min 后工作温度应达到 85～90℃，否则应检查水温表和水温感应器、节温器是否有故障 ❷检查水温表水温感应塞是否损坏，指示系统损坏对发动机工作影响不大。可以在发动机工作 10min 后测量发动机温度，也可凭经验判断发动机实际温度来确定指示系统是否有故障 ❸节温器调压阀损坏后与发动机的工作温度有关，工作时间长，水温才能升高，工作时间短，水温升到 45℃时变化不大 ❹检查机械方面：主要是节温器黏结卡滞在开启位置，不能闭合，使冷却液始终进行大循环 ❺检查电气方面：发动机冷却液温度传感器是否工作不良，信号不准确，而造成无快怠速、散热风扇长时间高速工作等 ❻在盛夏季节，发动机工作温度较高，有的驾驶员拆除节温器以降温，这不是理想的办法，因为在城市短途运输中，它将延长发动机的加热时间，而长时间使用时影响发动机寿命并可增加单位油耗 根据实际情况：节温器损坏，更换节温器；温度传感器损坏，更换温度传感器

6.4 点火系统故障

6.4.1 火花塞故障

火花塞故障分析见表 6-4-1。

表 6-4-1 火花塞故障分析

故障现象	❶发动机无力 ❷单缸或少数缸不工作 ❸发动机温度高 ❹排气管有明显的"突突"声 ❺发动机启动困难甚至无法启动
故障原因	❶火花塞间隙过大。对于普通的火花塞，每行驶 10000km，中心电极的磨损和撕裂会扩大 0.1～0.15mm ❷火花塞撕裂短路 ❸火花塞间隙过小 ❹火花塞积碳短路 ❺火花塞油污短路 ❻外部绝缘体破裂
故障诊断	❶用断缸方法检测哪缸不工作或工作不良，即可拆卸该缸火花塞检查 ❷根据火花塞现象，分析故障原因，对症排除故障后，再更换火花塞 ❸如果火花塞油污可排除发动机故障后，烘干火花塞继续使用 ❹如果电极熔化应更换更冷型火花塞 ❺如果火花塞积垢可更换更热型火花塞

6.4.2 火花塞间隙过大或过小故障

火花塞间隙过大或过小故障分析见表 6-4-2。

表 6-4-2 火花塞间隙过大或过小故障分析

故障现象	❶火花塞间隙过大 a. 发动机缺火 b. 高速点火不良，动力下降 c. 排气管放炮 d. 点火线圈被击穿 ❷火花塞间隙过小 a. 发动机怠速不稳 b. 发动机加速不良 c. 尾气排放超标 d. 火花塞电极过早被烧蚀

故障原因	❶火花塞间隙过大： 长时间使用未更换火花塞，普通火花塞应3万千米更换 ❷火花塞间隙过小： 火花塞本身的问题，不符合规格 安装火花塞时不注意，导致火花塞电极变形
故障诊断	拆卸火花塞目视或用间隙规测量间隙 如不符合要求则更换火花塞

6.4.3 点火线圈故障

点火线圈故障分析见表6-4-3。

表6-4-3 点火线圈故障分析

故障现象	❶发动机点火失火 ❷发动机怠速不稳 ❸发动机加速不良 ❹排气管放炮现象 ❺尾气排放超标 ❻全部损坏的情况下，发动机不启动
故障原因	❶点火线圈常见的故障：初级绕组、次级绕组断路，匝间短路或绕组搭铁，绝缘老化、漏电，内部导线连接点接触不良 ❷点火线圈的这些故障会造成：无次级电压产生，或次级电压太低而不能点火；虽能跳火，但由于次级电压降低，点火能量不足而出现高速断火、缺火，使发动机不易启动、怠速不稳、功率下降、排气污染及油耗增加等
故障诊断	❶手摸点火线圈外壳感应温度，感觉到热为正常，如果烫手，则为点火线圈有匝间短路故障 ❷用万用表测量初级线圈和次级线圈电阻值，电阻挡分别测初、次级绕组的电阻，判断是否有绕组短路和断路的故障。测得电阻无穷大，则为绕组有断路故障；若电阻过大或过小，则说明绕组有接触不良或有匝间短路（在20℃的环境下，初级绕组的阻值，电子点火系统应为 $0.5\sim1.0\Omega$，传统点火系统应为 $0.5\sim3.0\Omega$；次级绕组的阻值，电子点火系统应为 $2.5\sim4.0\Omega$，传统点火系统应为 $6\sim8\Omega$）。绕组是否搭铁，则用万用表测点火线圈接线柱与点火线圈外壳之间的电阻来鉴别。电阻为零，说明绕组搭铁；电阻小于 $50M\Omega$，说明绝缘性能差 ❸点火线圈的有些故障仅用万用表测量电阻的方法并不一定能反映出来。例如，点火线圈内部绝缘老化或有小的裂纹，这些只是在高压下产生漏电而造成次级电压下降；点火能量不足而使发动机工作不正常或不工作，这些故障需通过专用仪器才能准确判别 ❹替换法，用对比跳火的方法检验。此方法在试验台上或车上均可进行，将被检验的点火线圈与好的点火线圈分别接上进行对比，看其火花强度是否一样 ❺点火线圈经过检验，如内部有短路、断路、搭铁等故障，或发火强度不符合要求时，一般均应更换新件

6.4.4 电子点火系统故障

电子点火系统故障分析见表6-4-4。

表6-4-4 电子点火系统故障分析

故障现象	发动机怠速不稳、加速不良、燃油消耗增加、严重时会出现启动困难
故障原因	❶火花塞故障 ❷点火线圈及相关的线路故障 ❸发动机控制单元故障
故障诊断	（1）说明 此点火系统为每个气缸使用单独的线圈。发动机控制模块（ECM）按照点火顺序将点火控制（IC）电路上的正时脉冲发送到各点火线圈，从而控制点火事件 低电平参考电压电路至点火线圈上的开路或电阻过大可能导致缺火 火花不稳定或弱火花均被视为无火花 （2）电路/系统测试 ❶将点火开关置于"OFF（关闭）"位置，并关闭所有车辆系统，断开相应的T8点火线圈处的线束连接器。所有车辆系统断电可能需要2min时间 ❷测试搭铁电路端子1或A和搭铁之间的电阻是否小于5Ω 如果等于或大于5Ω，则进行下一步 将点火开关置于"OFF（关闭）"位置 测试搭铁电路端对端的电阻是否小于2Ω。 如果大于或等于2Ω，则修理电路中的开路/电阻过大故障 如果小于2Ω，则修理搭铁连接中的开路/电阻过大故障 如果小于5Ω，则进行下一步 ❸测试低电平参考电压电路端子2或B和搭铁之间的电阻是否小于5Ω 如果等于或大于5Ω，则进行下一步 将点火开关置于"OFF（关闭）"位置，断开发动机控制模块处的线束连接器 测试低电平参考电压电路端对端的电阻是否小于2Ω 如果大于或等于2Ω，则修理电路中的开路/电阻过大故障 如果小于2Ω，则更换发动机控制模块 如果小于5Ω，则进行下一步 ❹将点火开关置于"ON（打开）"位置 ❺确认点火电路端子4或D和搭铁之间的测试灯点亮 如果测试灯未点亮，则进行下一步 将点火开关置于"OFF（关闭）"位置，拆下测试灯 测试点火电路端对端的电阻是否小于2Ω 如果大于或等于2Ω，则修理电路中的开路/电阻过大故障 如果小于2Ω，则确认熔丝未熔断且熔丝处有电压 如果测试灯点亮，则进行下一步 ❻将点火开关置于"OFF（关闭）"位置，使用已知有效气缸的点火线圈更换可疑的点火线圈 ❼发动机运行 ❽确认在被拆下可疑点火线圈的相同气缸上，故障诊断仪的气缸1～4当前缺火计数器参数未增加

续表

故障诊断	如果参数增加，更换发动机控制模块 如果参数未增加，则进行下一步 ❾测试或更换点火线圈 （3）部件测试 注意：在进行"部件测试"前，必须执行"电路/系统测试" ❶将点火开关置于"OFF（关闭）"位置，将火花测试仪连接至相应的点火线圈 ❷发动机运行 ❸确认 T8 点火线圈的火花输出 如果没有输出或输出过小，则更换点火线圈 如果输出情况良好，一切正常

6.5 排气系统故障

6.5.1 三元催化转换器故障

三元催化转换器故障分析见表 6-5-1。

表 6-5-1　三元催化转换器故障分析

故障现象	三元催化转换器堵塞： 发动机加速不良，高速无力 空挡急加速，发动机转速不超过 3000r/min 完全堵塞时，发动机有油有火，但无法启动
故障原因	❶有的汽车低速行驶时耸车，减速后再加速耸车更加明显，更换点火线圈高压线、火花塞、电控单元都不见好转，这就要考虑排气背压是否过高了。这种情况与加速不畅、车速提不起来、急加速时回火甚至熄火相比较，只是三元催化转换器堵塞的程度不同而已。总之，若三元催化转换器堵塞后排气背压过高，会造成发动机启动困难、怠速不良、加速无力、转速不稳定、点火调节失控等故障现象 ❷一般行驶了 12 万千米以上的汽车，其三元催化转换器都会有不同程度的堵塞。引起三元催化转换器堵塞的原因是多方面的，其中一个重要原因是燃油和润滑油的质量不高。无铅汽油不仅辛烷值高、抗爆性好，而且含硫和含磷量极低，还有行车途中没有出现长时间堵车，对氧传感器和三元催化转换器造成的污染较低 ❸催化剂载体的破碎剥落和油污的堆积也都会阻塞三元催化转换器中的气道，使排气阻力增大，造成较大的压力损失
故障诊断	❶利用真空测量法检查是否堵塞： 三元催化转换器堵塞时，真空表读数应为如下情况（排气通道其他部分堵塞时相同）。发动机怠速运转时，真空表读数开始为某一个值（有的可能是正常值），然后很快下降到 10kPa 或很小的值；发动机转速快速提高到 2000r/min 后突然关闭节气门时，若真空表读数上升到 80kPa 左右并迅速下降到 7kPa 以下，然后再回升到发动机怠速运转时的值，则表明三元催化转换器堵塞 三元催化转换器严重堵塞时，真空表读数应为如下情况（排气通道其他部分严重堵塞时相同）：当发动机怠速运转时，真空表读数很小；当发动机转速从怠速转速逐渐提高到 2500r/min 后保持为 2500r/min 时，真空表读数继续快速下降

续表

故障诊断	❷利用排气背压测量法检查是否堵塞： 对于发动机排气系统，由于线路比较长，而且系统中还有三元催化转换器和消声器等部件，运行时本来就存在一定的压力（排气背压），但是很小。若排气系统堵塞后，由于发动机排气压力大，排气系统压力也会增大，影响发动机运行，所以可以通过测量排气背压的方法来判断排气系统是否堵塞 在三元催化转换器前端排气管上接出一个压力表，有下述几种方法：有二次空气泵的可以从二次空气喷射管路上脱开空气泵止回阀的接头，再在二次空气喷射管路的排气管端接上压力表；也可以把前氧传感器拆下，在它的接口上接压力表。有的车在三元催化转换器前端排气管上预留有接口，把闷头拆下即可。压力表的量程为 0～50kPa。启动发动机，并使发动机温度达到 85℃以上，在发动机转速为 2500r/min 时读取压力表读数，此读数即为排气管的背压，其值应小于 13.8kPa。如果排气背压不超过发动机所规定的限值，则表明三元催化转换器没有堵塞

6.5.2 废气再循环系统故障

废气再循环系统故障分析见表 6-5-2。

表 6-5-2 废气再循环系统故障分析

故障现象	发动机怠速不稳 发动机怠速时会熄火 发动机低速时会抖动 尾气排放超标，氮氧化物含量高
故障原因	发动机怠速不稳定甚至熄火故障原因是 EGR 阀卡滞在开的位置 排放超标、氮氧化物含量过高故障原因是 EGR 阀卡滞在关的位置或者管道堵塞
故障诊断	目前轿车发动机上应用较多的是由废气再循环阀（EGR）、三通电磁阀等组成废气再循环系统 （1）诊断废气再循环系统故障的具体步骤 ❶从节气门体上拆下真空软管并将真空接到真空软管上 ❷在发动机分别处于冷（发动机冷却液温度为 50℃或更低）、热（发动机冷却液温度为 80～95℃或更高）状态下，检查 EGR 系统的工作状况，发动机冷态，怠速运转时施加真空应该消失，发动机热态时，真空应能保持住 （2）检查 EGR 阀的控制真空度的方法 在发动机冷却液温度为 80～95℃时，从节气门体的 EGR 真空接头上拆下真空软管，接上真空泵。 启动发动机，轰大油门使发动机转速增高后，检查 EGR 阀的控制真空度是否随发动机转速的升高而正比例增加，如果真空度变化不合理，则说明节气门的通风孔可能堵塞，需要清理 （3）检修 EGR 阀的具体步骤 ❶拆下 EGR 阀，检查有无卡滞、积碳现象，如有则需要清洗 ❷将真空泵接到 EGR 阀上 ❸向 EGR 阀通道吹气，检查 EGR 阀的工作情况，当真空度不大于 7kPa 时，空气应吹不过去，当真空度不小于 23kPa 时，空气可以吹过去。注意，在安装 EGR 阀时，要用新的密封垫并将紧固螺栓拧紧至 15～22N·m 的规定力矩

续表

故障诊断	（4）检查 EGR-TVV(废气再循环温控真空阀)的具体步骤 ❶从 EGR-TVV 上拆下真空软管,并将真空泵接到 EGR-TVV 上 ❷抽真空,检查通过 EGR-TVV 真空的情况,正常情况下当发动机冷却液温度不高于 50℃时,真空度下降,当发动机冷却液温度不低于 80℃时保持真空 ❸将发动机冷却液从散热器中排入合适的容器内,从旁通出水口上拆下 TVV 阀,并将 TVV 阀放入水中 ❹当水温低于 35℃时,TVV 阀应该关闭,将空气吹入管口中,空气应不能流过 TVV 阀;当水温高于 54℃时,TVV 阀应该开启,将空气吹入管口中,空气应能自由地流过 TVV 阀 ❺在检修过程中,拆卸和安装 EGR-TVV 时,对塑料部位均不得使用扳手,安装 EGR-TVV 时,在螺纹部分要涂一层密封剂并将紧固螺栓拧紧至 20~40N·m 的规定力矩,并重新加注发动机冷却液,检查有无泄漏

6.5.3 曲轴箱强制通风系统故障

曲轴箱强制通风系统故障诊断分析见表 6-5-3。

表 6-5-3 曲轴箱强制通风系统故障诊断分析

故障现象	❶发动机故障灯点亮 ❷发动机怠速不稳 ❸发动机怠速时会熄火 ❹烧机油
故障原因	❶曲轴箱压力异常 调节曲轴箱压力是曲轴箱强制通风系统的重要功能,通常曲轴箱压力处于设计范围内。异常情况下,曲轴箱压力会超出设计范围,这将导致油气分离效率变差,同时还会导致发动机曲轴后油封、凸轮轴油封失效,发动机漏油 ❷油气分离系统分离效率异常 油气分离效率变差会导致过量机油通过油气分离系统进入进气系统参与燃烧,车辆出现"烧机油"现象,车辆烧机油会导致燃烧室积碳增加、怠速不稳、油耗上升、尾气排放超标等不良后果,严重的会导致润滑不良,使发动机报废 ❸呼吸管结冰 呼吸管结冰是另一个值得一提的故障模式,经售后调查,近几年在我国呼伦贝尔、黑河等北方地区,气温经常达到 -40℃,甚至更低,车辆在长时间高速运行后,会出现机油标尺弹出,密封件漏油。检查呼吸管,发现其出口已被冰块堵塞
故障诊断	❶曲轴箱强制通风系统中的通风腔和呼吸管堵塞、呼吸管上的单向阀工作不良,使窜气无法及时排出,曲轴箱正压变大,则窜入燃烧室的机油增多,导致"烧机油",需要疏通通风腔及呼吸管,更换单向阀 ❷油气分离器回油孔的单向阀膜片破裂,发动机曲轴箱与油气分离器分离后的腔体连通,油雾未经油气分离单元直接进入进气系统,造成"烧机油",需要更换单向阀膜片 ❸单向阀弹簧弹力过硬使单向阀未正常开启,过量气体从曲轴箱内吸出,导致很低的曲轴箱负压;未按方向安装单向阀使气体反向流动,异常气体进入曲轴箱,导致很高的曲轴箱正压 ❹极寒条件,冷热空气将在呼吸管出口处汇合,热空气遇到冷空气会有水凝结,进而不断汇聚形成冰块,长时间运行后冰不断增多,最终堵塞呼吸管,导致很高的曲轴箱正压

6.6 润滑系统故障

6.6.1 机油压力过低故障

机油压力过低故障分析见表 6-6-1。

表 6-6-1　机油压力过低故障分析

故障现象	❶发动机机油灯点亮 ❷机油压力过低
故障原因	发动机润滑系统出现机油量少、机油泵工作不正常、油道堵塞等，均会造成机油压力过低。机油压力过低，会加速曲轴、凸轮轴磨损，甚至因为润滑不良而使发动机抱轴，严重的会造成发动机的报废。所以，在汽车组合仪表上，都设有压力指示系统，显示发动机润滑系统的压力。发动机润滑系统异常，首先应判断是否为机油压力过低 ❶机油量不足 ❷机油黏度降低 ❸机油泵性能不良 ❹机油滤清器堵塞 ❺泄漏量大
故障诊断	（1）诊断 ❶机油量不足： 发动机机油量不足，油底壳内机油液面较低，机油泵吸入机油少，就会导致润滑系统机油压力下降，甚至不产生压力 ❷机油黏度降低： 机油黏度实际反映了机油流动时的内摩擦阻力的大小。机油流动时的内摩擦阻力小时，其流动性好；反之，机油流动时的内摩擦阻力大时，其流动性差。因此黏度是机油品质最重要的衡量指标之一。若机油黏度降低，则机油压力也下降。机油过稀或因发动机温度高造成机油变稀，机油就会从发动机的摩擦间隙中泄漏，造成机油压力降低 ❸机油泵性能不良： 机油泵是润滑系统的动力源，机油泵内部齿轮磨损、间隙过大或卡死，都会导致机油泵油量减小或不泵油，直接导致机油压力过低 ❹机油滤清器堵塞： 机油滤清器的作用是进一步过滤很小的机械杂质。当使用过久后，被过滤出的机械杂质集存在滤芯上，随着时间的延长，滤芯外表面积存的机械杂质质量增大，堵塞润滑油流动通道，导致机油压力减小 ❺泄漏量大： 油量能够产生压力的原因是机油在油道内流动有阻力。如润滑系统的油道泄漏、限压阀调定压力过低或关闭不严，曲轴或凸轮轴颈等处因磨损配合间隙过大，都会造成润滑系统的泄漏量增大，系统内的机油压力会随着泄漏量的增大而相应降低 （2）机油压力低的判断方法 机油压力过低是发动机润滑系统最常见的故障之一，判断机油压力过低的常见方法有观察组合仪表机油压力警告灯、用机油压力表测试机油压力和观察气门室是否有机油 ❶组合仪表机油压力警告灯报警： 汽车组合仪表上设有机油压力警告灯或机油压力表，机油压力警告灯（表）报警（点亮），首先必须确定是机油压力警告灯（表）的电路故障，还是发动机机油压力低。排除了机油压力警告灯电路故障，才能判断发动机机油压力低的故障

续表

故障诊断	机油压力警告灯电路故障的常见判断方法是将机油压力传感器插头断开,直接对发动机搭铁,若断开时机油压力报警灯熄灭,搭铁时机油压力报警灯亮,表示机油压力警告灯系统正常。否则,表明机油压力警告灯存在故障 ❷机油压力表测试: 机油警告灯报警,警告发动机机油压力异常,为确定发动机机油压力的具体情况,需要连接机油压力表,检测发动机机油压力值是否正常。机油压力表连接口为机油压力传感器的安装口 ❸气门室观察法: 机油压力表测量的是缸体的主油压,并不能代表气缸盖上的机油压力。如由于油道堵塞等原因,气缸盖上润滑不充分,会导致气门异响、凸轮轴磨损、抱死等故障。故有必要确定气门室是否上机油 观察气门室是否上机油,需要启动发动机,运转到发动机正常温度,打开机油加注口盖,观察气门室是否有机油飞溅,并且凸轮轴组件上有机油润滑

6.6.2 机油压力过高故障

机油压力过高故障分析见表 6-6-2。

表 6-6-2 机油压力过高故障分析

故障现象	❶机油压力过高 ❷发动机机油灯点亮
故障原因	润滑系统内的机油压力过高,主要是机油在系统内流动阻力过大所引起的。其表现为:发动机在怠速以上运转时,发动机温度正常而机油压力高于规定值;或在低速运转时机油压力指示器的浮已升到最上方 ❶机油黏度过大 ❷润滑部位配合间隙过小 ❸机油滤清器堵塞 ❹限压阀调整不当
故障诊断	❶机油黏度过大: 机油黏度的大小表明了机油流动时的内摩擦阻力大小。其大小与发动机温度有关,发动机温度低时,机油黏度大;反之,发动机温度高时,机油黏度小。机油黏度大时流动性差但密封性好,泄漏量少。如果机油黏度超过规定值,则机油在润滑系统内流动阻力会增大,同时压力升高。因此,发动机温度低或机油本身黏度大时,机油压力会升高 ❷润滑部位配合间隙过小: 润滑部位的凸轮轴轴颈、连杆轴颈、曲轴轴颈、摇臂轴等,这些润滑部位如果配合间隙过小,会使润滑系统油路的流动阻力增大,造成机油压力过高 ❸机油滤清器堵塞: 滤清器的滤芯过脏使机油回路堵塞,造成机油压力过高 ❹限压阀调整不当: 限压阀调整的弹簧弹力过大,会导致润滑系统内的机油压力过高

6.6.3 机油消耗异常故障

机油消耗异常故障分析见表6-6-3。

表6-6-3 机油消耗异常故障分析

故障现象	❶发动机功率下降 ❷排气管冒蓝烟 ❸机油严重消耗，大车消耗量大于0.3L/100km；小车消耗量大于0.05L/100km
故障原因	❶烧机油 ❷发动机温度过高 ❸机油过多 ❹发动机工作不正常
故障诊断	❶烧机油： 活塞或气门间隙过大、活塞环开口对齐、气门油封老化、涡轮增压器泄漏等，会导致发动机烧机油，将大大损耗机油 ❷发动机温度过高： 发动机温度过高，引起机油的温度过高与压力过高，机油黏度变低，使窜入燃烧室的机油增加，增加了机油的消耗量 ❸机油过多： 发动机油底壳机油添加过多，使曲轴运转时飞溅到缸壁的机油过多，机油被吸入气缸燃烧，引起机油消耗 ❹发动机工作不正常： 汽车严重超载、发动机长时间大负荷工作等，也会造成机油消耗量过大

6.6.4 机油变质故障

机油变质故障分析见表6-6-4。

表6-6-4 机油变质故障分析

故障现象	发动机机油变黑 含水分的机油呈乳浊状且有泡沫
故障原因	发动机在运行过程中，受各种因素的影响，会造成机油的氧化和变质。机油变质破坏了油膜的特性，使润滑性变差甚至润滑功能丧失，造成尾气冒蓝烟（烧机油）、油耗增加、缩短发动机使用寿命等后果，最终导致发动机提前大修
故障诊断	（1）机油变质的判断 机油是否变质的准确判断方法要通过专门的仪器来测定，但明显的变质可以通过检查和观察确定 ❶观察机油的颜色： 优质的机油呈半透明的黄棕色或浅蓝色，当机油中有水时则呈褐色，发动机运转一段时间后，会呈乳白色，并伴有泡沫。机油呈黑色通常是油泥和铁屑过多，或机油中炭粒过多。抽出机油标尺对着光亮处观察刻度线是否清晰，当透过机油尺上的机油看不清刻线时，则说明机油过脏，需要更换机油

续表

故障诊断	❷观察油流： 将装有机油的量杯慢慢倒向另一个空杯，观察其流动情况。质量好的机油的油流应该是细长、均匀、连绵不断的，变质的机油会呈油滴状态 ❸嗅觉法： 凡是对嗅觉刺激大且有异味的机油均为变质或劣质机油，好的机油应无特别的气味，只略带有芳香 （2）机油变质的原因 ❶机油中渗进了水分： 气缸穿孔漏水、气缸垫损坏或其他原因会导致缸体或曲轴箱进水，当含水量超过0.1%时，机油中添加的抗氧化剂、清净分散剂等就会失效，因而加速机油的氧化过程。机油中含水较多时，机油润滑性能变差，黏度下降。含水的机油呈雾状，油色浑浊，乳化、泡沫状 ❷活塞环漏气： 由于活塞环或气缸磨损，一部分可燃混合气和废气经活塞周围间隙窜到曲轴箱内。窜到曲轴箱内的混合气和废气含有水蒸气及二氧化碳：水蒸气凝结后在机油中形成泡沫；二氧化碳溶于水中形成酸，这些酸性物质带进润滑系统内，使机油变质 ❸曲轴箱通风装置失效： 曲轴箱通气性差，机油散热不良，同时一些燃烧气体窜入曲轴箱内，曲轴箱内的气压将升高。若压力高于外界大气压力，则会给活塞运行带来一定阻力，导致机油从油底壳与气缸体结合处向外渗漏。另外，泄漏到曲轴箱内的气体中含有二氧化硫，会促进机油很快变质 ❹空滤过脏： 空气滤芯太脏，进气杂质较多，燃烧产生过多积碳和杂质，会造成机油变质 ❺燃油进入润滑系统： 由于泄漏，燃油混入发动机润滑系统油道，特别是汽油混入机油，就会引起机油变质

6.7 配气机构故障

6.7.1 凸轮轴异响故障

凸轮轴异响故障分析见表6-7-1。

表6-7-1 凸轮轴异响故障分析

故障现象	❶在发动机上部发出有节奏较钝重的"嗒、嗒"声 ❷中速时明显，高速时响声杂乱或消失
故障原因	❶凸轮轴轴向间隙过大，产生轴向窜动 ❷凸轮轴有弯、扭变形 ❸凸轮工作表面磨损 ❹凸轮轴轴颈磨损，径向间隙过大
故障诊断	❶检查凸轮轴轴向间隙。如其轴向间隙过大，则应更换止推板；严重时，应更换凸轮轴 ❷如凸轮轴轴向间隙正常，则表明有凸轮轴弯扭变形、此轮磨损或凸轮轴轴颈磨损等不良现象。此时，应分解配气机构，查明具体原因，视情况更换凸轮轴

6.7.2 气门脚异响故障

气门脚异响故障分析见表 6-7-2。

表 6-7-2　气门脚异响故障分析

故障现象	❶发动机怠速时，气缸盖罩内发出有节奏的"嗒、嗒"响声 ❷发动机转速升高，响声增大 ❸发动机温度变化或做断火试验，响声不变
故障原因	❶气门间隙调整不当 ❷气门杆尾端与气门间隙调整螺钉磨损 ❸气门间隙调整螺钉的锁紧螺母松动 ❹凸轮磨损或摇臂圆弧工作面磨损
故障诊断	❶拆下气缸盖罩，检查气门间隙调整螺钉的锁紧螺母是否松动；检查气门间隙值，并视情况重新调整 ❷检查气门杆尾部端面和调整螺钉的磨损情况，必要时更换气门或调整螺钉 ❸检查凸轮与摇臂圆弧工作面的磨损情况，视情况更换凸轮轴或摇臂

6.7.3 气门弹簧异响故障

气门弹簧异响故障分析见表 6-7-3。

表 6-7-3　气门弹簧异响故障分析

故障现象	❶发动机怠速时有明显的"嚓、嚓"的响声 ❷各转速下均有清脆的响声，多根气门弹簧不良，机体有振动和抖动现象
故障原因	气门弹簧过软或折断
故障诊断	❶拆下气缸盖罩，用旋具撬住气门弹簧，若弹簧折断可明显地看出。弹簧折断，应予以更换 ❷仍用旋具撬住气门弹簧，怠速运转发动机，若响声消失，即为该弹簧过软。弹簧如过软，必须更换

6.7.4 气门座圈异响故障

气门座圈异响故障分析见表 6-7-4。

表 6-7-4　气门座圈异响故障分析

故障现象	❶有节奏的类似气门脚响，但比气门脚异响的声音大很多 ❷发动机转速一定时，响声时大时小，并伴有破碎声 ❸发动机中低速运转时，响声较清脆，高速时响声增大且变得杂乱
故障原因	❶气门座圈和气缸盖气门座孔配合过盈量不足 ❷气门座圈镶入气缸盖气门座孔后，滚边时没有将座圈压牢 ❸气门座圈粉末冶金质量不佳，受热变形以致松动

续表

故障诊断	拆下气缸盖罩，经检查不是气门脚异响和气门弹簧响，即可断定为气门座圈响。分解配气机构后进一步检查，必要时，铰削气门座孔，更换松动的气门座圈，并保证其压入后有足够的过盈量

6.7.5 排气门烧蚀故障

排气门烧蚀故障分析见表6-7-5。

表6-7-5 排气门烧蚀故障分析

故障现象	❶汽车行驶无力 ❷发动机抖动严重 ❸排气管有"突、突"的排气声 ❹消声器处冒白色或灰色的烟雾
故障原因	❶气门间隙太小，气门受热膨胀后关闭不严 ❷气门杆与气门导管的间隙过大而摇晃 ❸气门杆弯曲或气门头变形后而倾斜 ❹气门杆积碳过多，使气门在气门导管内运动受阻滞。气门杆与气门导管的间隙过小，气门运动不灵活 ❺发动机负荷重、温度高，气门又传热不良 ❻气门座附近的冷却水套内因水垢等原因使冷却效果不良 ❼气门材料和制造质量欠佳
故障诊断	根据故障现象，对发动机进行逐缸断缸试验，当某缸断缸后，转速无变化或变化不大，排气管"突、突"的响声同时消失，即为该缸故障。为进一步确诊排气门是否烧蚀，可对该缸再进行压力测试 查明故障原因并排除后，更换气门

6.7.6 气门间隙过小故障

气门间隙过小故障分析见表6-7-6。

表6-7-6 气门间隙过小故障分析

故障现象	❶发动机怠速运行平稳，也无杂声 ❷启动性能变差 ❸汽车行驶无力 ❹温度高时会出现不规则的进气回火、排气放炮 ❺甚至会出现活塞撞击气门的响声
故障原因	间隙过小，会造成气缸密封不好，使功率下降，可根据故障现象进行判断，必要时可在发动机温度高时测量气缸压力，这时的气缸压力明显低于正常值
故障诊断	检查或调整气门间隙，一般发动机都不允许气门间隙过小

6.7.7 进气门积碳和结胶故障

进气门积碳和结胶故障分析见表6-7-7。

表6-7-7 进气门积碳和结胶故障分析

故障现象	❶发动机运转不稳，抖动大 ❷启动性能变差 ❸汽车行驶无力 ❹发动机达到一定温度后进气管发出尖锐的"喋、喋"声响 ❺排气声不均匀 ❻进气歧管有过热烫手现象 ❼严重时进气管有回火现象
故障原因	❶气门油封失效，机油进入气缸内燃烧产生大量胶、碳 ❷活塞与气缸的配合间隙过大 ❸活塞环对口、弹性下降、开口间隙过大或方向装错 ❹使其密封性降低，使机油窜入气缸内燃烧 ❺气门杆与气门导管磨损过量、间隙过大，以及气门关闭不严，使机油被吸入气缸 ❻发动机低温运转时间过长 ❼机油的质量欠佳或黏度过小，油底壳内机油液面过高，促使机油窜入燃烧室 ❽使用含有多胶质的柴油，或柴油喷射时雾化不良，造成燃烧不完全
故障诊断	（1）说明 ❶气门积碳和结胶是气门头、气门座圈、气门导管处聚集有不完全燃烧形成的碳渣、胶性物质。积碳会造成气门与气门座圈的密封锥面贴合不好，引起气门漏气和传热不良、气门烧蚀等不良现象。结胶严重时会使气门运动迟滞甚至卡在气门导管内而无法运动 ❷根据故障现象，特别是进气歧管过热烫手现象是故障的特征，再对发动机进行逐缸断缸试验，当某缸断缸后，转速无变化或变化不大，进气管"喋、喋"的声响消失，即为该缸故障。为进一步确诊故障，也可对该缸再进行压力测试 （2）诊断与排除 ❶根据上述故障，查明故障原因并排除 ❷拆卸气门检查，如果气门没有损坏则可清除积碳，装复使用 ❸如果故障较轻可不解体清除积碳，在油箱中按比例加入气缸清洗剂，汽车可正常运行，如果故障症状减轻，可再继续清洗一次，如果无效则解体气缸盖，手工清除积碳 ❹如果气门损坏或烧蚀应更换气门

6.7.8 发动机正时错误故障

发动机正时错误故障分析见表6-7-8。

表6-7-8 发动机正时错误故障分析

故障现象	❶发动机怠速抖动大，无异响 ❷启动困难 ❸汽车行驶无力 ❹有不规则的进气回火和排气放炮

续表

故障原因	❶正时涨紧器损坏，导致正时皮带或正时链条跳齿 ❷正时链条变长、跳齿 ❸正时皮带长时间使用，出现磨损严重，使正时皮带跳齿
故障诊断	拆卸正时链条或正时皮带外盖，目测正时链条或正时皮带是否有严重的磨损，按厂家维修手册的要求，对发动机进行正时校对，如正时不对，需要将正时重新调整至维修手册要求；在调整发动机正时前，需要拆下正时涨紧器检查是否有损坏

6.7.9 进气管漏气故障

进气管漏气故障分析见表 6-7-9。

表 6-7-9 进气管漏气故障分析

故障现象	❶发动机动力不足 ❷启动困难 ❸发动机抖动 ❹急加速时有回火或放炮现象 ❺严重时在进气管附近可听到"嘘、嘘"的响声
故障原因	❶进气管漏气损坏 ❷密封垫老化
故障诊断	❶在进气管附近听诊是否有漏气"嘘、嘘"的响声 ❷漏气部位在空气流量计前方，发动机通常没有故障现象，只增加发动机的磨损 ❸漏气部位在空气流量计后方、节气阀前方，则发动机表现为动力不足、运行不平稳 ❹漏气部位在节气阀后方，则发动机表现为启动困难、回火放炮等

6.7.10 排气管漏气故障

排气管漏气故障分析见表 6-7-10。

表 6-7-10 排气管漏气故障分析

故障现象	❶排气噪声大 ❷有时会放炮 ❸废气检测，氧含量增加
故障原因	❶排气管漏气损坏 ❷密封垫变形
故障诊断	❶目测法：排气管漏气部位通常有烟冒出，周围有黑色的炭烟痕迹 ❷手感法：用手在距排气管 100mm 处巡查，漏气部位有窜气的感觉（小心烫伤） ❸听诊法：漏气部位有"叭、叭"的响声 ❹排气管漏气故障通常都用以上几种方法结合来诊断

6.7.11 进气管回火故障

进气管回火故障分析见表 6-7-11。

表 6-7-11 进气管回火故障分析

故障现象	❶发动机高温时进气管出现"嗒、嗒"的响声,拆除空气滤清器时可看到明显回火 ❷启动性能变差 ❸汽车行驶无力
故障原因	❶进气门间隙过小,发动机高温时由于气门杆膨胀伸长而使气门关闭不严 ❷进气门烧蚀或气门座烧蚀,引起进气门关闭不严 ❸在缸内燃烧进行做功冲程时,火焰漏入进气管,使进气管中的混合气产生燃烧而造成回火
故障诊断	❶进气门间隙过小,发动机高温时由于气门杆膨胀伸长而使气门关闭不严。拆卸气门室盖,使用量规测量进气门间隙,如果间隙过小,则调整至正常范围 ❷进气门烧蚀或气门座烧蚀,引起进气门关闭不严。拆卸进气歧管,检查进气门是否出现烧蚀,如果出现,则更换进气门。如果出现气门座烧蚀,则更换进气门 ❸在缸内燃烧进行做功冲程时,火焰漏入进气管,使进气管中的混合气产生燃烧而造成回火。检查是否为进气门关闭不严导致的

6.7.12 排气管放炮故障

排气管放炮故障分析见表 6-7-12。

表 6-7-12 排气管放炮故障分析

故障现象	❶发动机高温时排气管出现"叭、叭"的响声 ❷启动性能变差 ❸汽车行驶无力
故障原因	❶排气门间隙过小,发动机高温时由于气门杆膨胀伸长而使气门关闭不严 ❷排气门烧蚀或气门座烧蚀,引起排气门关闭不严 ❸在缸内进行压缩冲程时可燃混合气体漏入排气管,在排气管中遇其他缸排出的火焰混合气产生燃烧而造成放炮
故障诊断	❶检查和调整排气门间隙 ❷更换排气门或气门座

6.8 曲柄连杆机构故障

6.8.1 气缸压力过高故障

气缸压力过高故障分析见表 6-8-1。

表 6-8-1　气缸压力过高故障分析

故障现象	❶发动机大负荷或急加速时出现爆震响声 ❷发动机工作粗暴 ❸活塞烧顶和火花塞烧蚀
故障原因	❶燃烧室内积碳过多 ❷气缸衬垫过薄 ❸气缸体或气缸盖接合平面磨削过度 ❹活塞不合格
故障诊断	❶在油箱中按比例加入发动机积碳清除剂，正常运行 1～2 天，对气缸进行清洗或拆开气缸盖清除积碳 ❷测量气缸垫厚度，不合格的进行更换 ❸咨询车主是否光磨过气缸盖或测量气缸盖厚度，不合格的进行更换或增加气缸垫厚度 ❹检测活塞顶部至活塞销的尺寸是否合格，否则更换活塞

6.8.2　气缸压力过低故障

气缸压力过低故障分析见表 6-8-2。

表 6-8-2　气缸压力过低故障分析

故障现象	❶发动机动力不足 ❷怠速不稳 ❸发动机启动困难 ❹发动机油耗超标
故障原因	❶气缸与活塞环和活塞磨损过大 ❷活塞环对口、卡死、折断 ❸气缸壁拉伤 ❹进、排气门与气门座密封不良 ❺气缸垫烧蚀、松动、漏气
故障诊断	❶各气缸压力均低，各气缸压力基本一致，但普遍低于该地区原车规定标准的 80%，这主要是因为活塞环与气缸壁磨损过甚造成的 ❷个别气缸压力低，个别气缸压力低于标准，其主要原因有气缸壁拉伤、气门密封不严、气缸垫损坏等 ❸相邻两缸压力低于规定，而且两缸压力相等或相近，其原因是两缸之间的衬垫损坏或气缸盖螺栓没有按规定的力矩拧紧 ❹用气缸压力表测量气缸压力并记录，然后向该缸火花塞孔内注入 20～30mL 浓机油，旋转曲轴数圈后，重测气缸压力并记录 　a. 如果重测的气缸压力比第一次高，接近于标准压力，则表明是气缸、活塞环、活塞磨损过大或活塞环对口、卡死、断裂及气缸壁拉伤等原因造成气缸不密封 　b. 如果重新测量的气缸压力与第一次基本相同，即仍比标准压力低，表明是进、排气门或气缸衬垫不密封

故障诊断	c. 如两次检测某相邻两缸压力都相近，说明是两缸相邻处的气缸衬垫烧损窜气 采用测量气缸压力的方法可粗略地对气缸活塞组不密封部位的故障进行分析与推断，不能精确地确定具体部位故障。要精确地确定漏气部位，还需要根据发动机的运行状况分析 注意： 若进气管有回火或"冲、冲"的响声，通常是进气门漏气 若排气管有放炮或"叭、叭"的响声，通常是排气门漏气 若加机油口有强烈的窜气，通常是气缸和活塞环磨损 若加机油口有脉冲状窜气，通常是活塞环折断或对口 若水箱剧烈地沸腾冒泡，通常是气缸垫烧蚀

6.8.3 气缸垫损坏故障

气缸垫损坏故障分析见表 6-8-3。

表 6-8-3　气缸垫损坏故障分析

故障现象	❶发动机怠速不稳 ❷水温高 ❸机油中有冷却液或者冷却液中有机油 ❹漏冷却液 ❺漏发动机机油
故障原因	❶发动机经常超负荷工作，长时间产生爆燃，由于气缸内的局部压力和温度过高，容易冲坏气缸垫 ❷紧定气缸盖螺栓时没有按规定要求进行操作，各个螺栓的拧紧力矩不均匀，致使气缸垫没有平整地贴在气缸体与气缸盖的接合面上 ❸气缸垫质量差 ❹气缸盖翘曲变形
故障诊断	❶检查发动机机油是否有冷却液 ❷检查冷却液是否有机油 ❸检查气缸垫处是否有漏机油或冷却液 ❹拆下气缸垫检查是否有变形

6.9　异响故障

6.9.1　发动机本体异响故障

发动机本体异响故障分析见表 6-9-1。

表 6-9-1　发动机本体异响故障分析

确定发动机本体异响的性质	说明： 发动机运转时的声音不是纯声，而是一组复杂的噪声。依照噪声的来源可分为机械噪声、燃烧噪声、空气动力噪声。发动机种类、转速和负荷不同时，占主导地位的噪声也不同。无负荷时，汽油机的主要噪声是机械噪声。所以发动机本体异响的性质也就是弄清楚发动机异响是哪种类型的

续表

确定发动机本体异响的性质	❶机械噪声：配合体间隙增大，冲击振动 ❷燃烧噪声：做功时快速燃烧 ❸空气动力噪声：气流振动 ❹电磁噪声：磁场变化引起振动 ❺摩擦噪声：摩擦而引起振动
分析发动机本体异响的特点	说明： 发动机本体异响常与发动机的转速、负荷、温度和工作循环有关，通过对异响进行特性分析，可找出其变化规律 ❶与发动机转速相关异响 ❷与发动机负荷相关异响 发动机上不少异响与其负荷有明显的关系，诊断时可采取逐缸解除负荷的方法进行试验，通常采用单缸或双缸断火法解除一或两缸的负荷，以鉴别异响与负荷的关系 ❸与发动机温度相关异响 ❹与发动机工作循环相关异响
故障诊断	（1）与发动机转速相关异响 发动机的大多数常见异响的存在取决于发动机的转速状态 ❶异响仅在急速或低速运转时存在 发响的原因：活塞与气缸壁间隙过大；活塞销装配过紧或连杆轴承装配过紧；挺杆与其导孔间隙过大；配气凸轮轮廓磨损；有时，启动爪松动而使皮带轮发响（在转速改变时明显） ❷维持在某转速时声响紊乱，急减速时相继发出短暂声响 发响的原因：凸轮轴正时齿轮破裂或其固定螺母松动；曲轴折断；活塞销衬套松旷；凸轮轴轴向间隙过大或其衬套松旷 ❸异响在发动机急加速时出现，维持高速运转时声响仍存在 发响的原因：连杆轴承松旷、轴瓦烧熔或尺寸不符而转动；曲轴轴承松旷或轴瓦烧熔；活塞销折断；曲轴折断 （2）与发动机负荷相关异响 ❶某缸断火，异响顿无或减轻 发响的原因：活塞敲缸；连杆轴承松旷；活塞环漏气；活塞销折断 ❷某缸断火，则声响加重，或原来无响，此时反而出现声响 发响的原因：活塞销铜套松旷；活塞裙锥度过大；活塞销窜出；连杆轴承盖固定螺栓松动过甚或连杆轴瓦合金烧熔脱落；飞轮固定螺栓松动过甚 ❸相邻两缸断火异响减轻或消失 发响的原因：曲轴轴承松旷 （3）与发动机温度相关异响 ❶低温发响，温度升高后声响减轻，甚至消失 发响的原因：活塞与缸壁间隙过大；活塞因主轴承油槽深度和宽度失准；机油压力低而润滑不良 ❷温度升高后有声响，温度降低后声响减轻或消失 发响的原因：过热引起的早燃；活塞裙部椭圆的长、短轴方向相反；活塞椭圆度小、活塞与缸壁的间隙过小；活塞变形；活塞环各间隙过小 （4）与发动机工作循环相关异响 发动机的异响故障往往与发动机的工作循环有明显的关系，尤其是曲柄连杆机构和配气机构的异响都与工作循环有关。就四行程发动机而言，凡曲柄连杆机构引起的声响均为发动机做功一次发响两次；凡由配机构引起的声响均为发动机做功一次发响一次 ❶由曲柄连杆机构引起的异响

故障诊断	发响的原因：活塞敲击缸壁；活塞销发出的敲击声；活塞顶缸盖；连杆轴承松旷过其；活塞环漏气 ❷由配气机构引起的异响 发响的原因：气门间隙过大；挺杆与其导孔间隙过大；凸轮轮廓磨损；气门杆与其导管间隙过大；气门弹簧折断；凸轮轴正时齿轮径向破裂；气门座圈松脱；气门卡滞不能关闭 ❸若异响与工作循环无关，则应注意其发响区域。通常，由与工作循环无关的间隙引起的发响多为发动机附件有故障；若是与工作循环无关的机件发出的连续金属摩擦声，则可考虑是某些旋转件有故障

6.9.2 发动机活塞销异响故障

发动机活塞销异响故障分析见表6-9-2。

表6-9-2 发动机活塞销异响故障分析

故障现象（异响特征）	❶发动机怠速时有尖锐清脆而有节奏的"嗒、嗒"金属敲击声 ❷发动机转速变化时，声响也呈周期性变化，加速时声响更大 ❸发动机温度升高，声响不减弱，反而更明显
故障原因	❶活塞销与连杆小端衬套磨损，间隙过大 ❷活塞销与活塞销座孔配合间隙大 ❸机油压力过低，机油飞溅不足，润滑效果差 ❹活塞销锁环脱落，使活塞销自由窜动 ❺活塞销折断
故障诊断	❶逐缸进行断油试验 ❷进行发动机抖动油门试验 　a. 将发动机转速控制在最明显的范围内，然后逐缸断火试验，若声响较明显，可确定为活塞销异响 　b. 若声响非常严重，并且发动机转速越高，声响越大，可在声响较大的转速下进行断火试验，若声响不但不消失，反而杂乱，可确定活塞销与衬套间隙磨损增大 　c. 将加速踏板置于怠速位置，然后踩到中速位置抖动加速踏板，声响能随着变化，并每抖动一下加速踏板，能听到突出的尖脆而连贯的"嗒、嗒"声，可确定为活塞销异响 　d. 当发动机怠速运转时，出现有节奏而较沉重的"吭、吭"金属声，提高转速，声响不消失，同时出现机体抖动现象，若利用断火试验，反而使声响加重，可确定该缸的活塞销自由窜动 　e. 当发动机快速加速时，声响猛烈而尖锐，若利用火法试验，声响减轻或消失，可确定为活塞销折断 　如果活塞销异响严重，会损坏活塞销衬套，加大连杆轴瓦和曲轴连杆轴颈的磨损，磨损到最严重时会拉断活塞销或连杆顶部打坏气缸体，千万不能忽视

6.9.3 发动机活塞敲缸响故障

发动机活塞敲缸响故障分析见表6-9-3。

表 6-9-3　发动机活塞敲缸响故障分析

故障现象（异响特征）	❶活塞敲缸响是指活塞在运动中敲击缸壁或缸盖发出的响声，它是发动机启动后发出的一种有节奏的、清脆"咚、咚"的金属敲击声 ❷在稍高于怠速时，响声最为清晰，转速提高后响声减弱或消失 ❸敲缸严重时，在中速偏下轻抖油门时也将出现连续敲击声 ❹活塞敲缸响，随发动机温度变化而变化，发动机温度低时，响声明显，随着发动机温度升高，响声减弱或消失
故障原因	活塞与气缸壁的配合间隙过大，活塞上下运动时发生摆动，敲击缸壁而造成异响；连杆弯扭、活塞反椭圆或气缸中心线纵向偏斜，从而破坏了活塞与气缸的正常配合造成异响；小修保养时，个别连杆轴承或连杆衬套过紧，引起运动不协调造成敲缸响
故障诊断	❶诊断方法： 将发动机转速固定在敲击声最响的位置上，逐气缸进行断油实验，若某气缸响声减弱或消失，则为这个缸的活塞敲缸响；用螺丝刀抵在缸壁一侧，将耳朵贴在螺丝刀把上，如听到有较强的振动敲击声，则为这个缸的活塞敲缸响；由于敲缸响与活塞销响相似，为了进一步区别和判断，将发动机停止运转后，可拆下喷油器，从其孔内用长嘴油壶向活塞顶上加入少量润滑油，摇转曲轴数圈后，装回喷油器，再启动发动机，启动后若瞬间响声减弱或消失，而过不久响声又重新出现，则为这个缸的活塞敲缸响；若活塞顶碰击缸垫响，断油试验时响声应无变化，则用螺丝刀抵在某气缸缸盖侧面上，如感到该气缸处有振动，则为这个缸的活塞敲缸响 ❷故障处理： 当发动机温度较低时（一般指45℃以下）出现活塞敲缸响，而温度升高后（一般指70℃以上）响声消失，可继续使用，不用排除；若温度升高后仍有敲缸响，有可能引发事故性损伤，应对发动机进行检修，查明原因，应及时排除故障

6.9.4　发动机连杆轴承响故障

发动机连杆轴承响故障分析见表6-9-4。

表 6-9-4　发动机连杆轴承响故障分析

故障现象（异响特征）	连杆轴承响是指连杆轴承与连杆轴径之间的敲击响声，它是一种较重而短促的金属敲击声，在中速范围内响声明显，异响会随发动机负荷的增加而加剧
故障原因	连杆轴颈与轴承磨损过甚，使径向间隙过大；连杆轴承过长或过短，造成轴承断裂或转动，油道和油孔堵塞使轴承烧蚀或合金脱落；连杆轴承盖螺栓松动
故障诊断	❶诊断方法： 在中速时响声明显，在突然加速或减速时有短促而连续的敲击声，响声随转速的升高而变大，严重时在车周围就可听到；汽车重载爬坡时响声加剧，加速、换挡加大油门时，响声变大；"断油"后响声会明显减弱或消失，恢复供油后响声重现 ❷故障处理： 行车途中若发生此故障，应立即停车，把车辆拖到就近维修点或厂家，对发动机进行检修，及时排除故障；切不可盲目行车，否则，将造成烧瓦、抱轴或捣缸等严重事故

6.9.5 发动机曲轴轴承响故障

发动机曲轴轴承响故障分析见表 6-9-5。

表 6-9-5 发动机曲轴轴承响故障分析

故障现象（异响特征）	曲轴轴承响是指曲轴轴承与曲轴轴颈之间的敲击响声，它是一种沉重发闷的金属敲击声，随转速、负荷加大而变大，常伴随有润滑油压力降低、机体抖动的现象
故障原因	曲轴轴颈与轴承磨损过甚，使径向间隙过大；曲轴轴承过长或过短，造成轴承断裂或转动，油道和油孔堵塞使轴承烧蚀或合金脱落；曲轴轴承盖螺栓松动
故障诊断	❶诊断方法： 响声较敲缸、活塞销和连杆轴承响有沉重发闷的感觉；发动机转速或负荷急剧变化时，响声明显；轴承合金烧熔、脱落时，发动机有抖动的现象；若轴承与轴颈间隙过大，机油压力会明显降低，驾驶室有振动感；单缸"断油"（除最前和最后一道轴承外）响声无明显变化，而对轴颈的相邻两气缸同时"断油"时，响声减弱或消失 ❷故障处理： 行车途中若发生此故障，应立即停车，把车辆拖到就近维修点或厂家，对发动机进行检修，及时排除故障；切不可盲目行车，否则，将发生抱轴或断轴等恶性事故

6.9.6 发动机气缸窜气响故障

发动机气缸窜气响故障分析见表 6-9-6。

表 6-9-6 发动机气缸窜气响故障分析

故障现象（异响特征）	气缸窜气响是指气缸在做功行程，气体从缸壁窜入曲轴箱而发出的响声，在怠速稍高时会发出轻微的"嚓、嚓"响声，严重时会发出一种短促、有节奏的敲击声，声调特征类似敲缸响，同时在加机油口有脉冲冒烟的现象
故障原因	活塞环"三隙"过大，活塞环开口重合，活塞环弹力过弱；气缸壁磨损过甚或拉出沟槽，活塞环卡死在环槽内；活塞失圆或气缸失圆
故障诊断	❶诊断方法： 怠速稍高时响声有节奏感，加机油口处随响声出现有脉动的气体冲击；采取断油法检查，若"断油"或从喷油器孔往气缸加入少量机油，响声会减弱或消失，加机油口冒气明显减少，说明是该缸漏气 ❷故障处理： 轻微窜气允许继续行驶；但如有严重的漏气声，应检修发动机，查明原因予以排除，以免长期影响发动机的动力性和经济性；如果是因拉缸造成的漏气声，则必须及时排除

6.9.7 发动机正时齿轮响故障

发动机正时齿轮响故障分析见表 6-9-7。

表 6-9-7　发动机正时齿轮响故障分析

故障现象（异响特征）	正时齿轮响是一种连续而均匀的"咔、咔"声或咆哮声，急速或急速稍高时响声明显，常伴随有正时齿轮盖的振动；若是个别齿牙损坏，则发出"嘤、嘤"的有节奏的撞击声，转速越高响声越大
故障原因	正时齿轮啮合间隙过大，会产生一种无节奏的碾压声；正时齿轮啮合间隙过小或凸轮轴与曲轴中心线不平行，会发出连续不断的呼啸声，而且发动机转速越高，响声越大；正时齿轮齿损坏，齿轮齿毂松动或破裂，齿损坏将引起周期性发响，响声随转速升高而加重；正时齿轮固定螺钉松动或凸轮轴轴向限位装置失效，将引起正时凸轮轴轴向窜动响
故障诊断	❶诊断方法： 在发动机齿轮箱一侧听响声明显，不受温度和"断油"的影响；因啮合间隙过大造成的响声，是齿轮传动时齿碰击的噪声，加速时响声较明显；啮合失常所引起的响声，类似"呼啸"声，其音调随转速变化而变化；个别齿损坏，会随发动机的运转而产生有规律的撞击声，急速稍高时响声明显，用金属棒抵在正时齿轮箱盖上听得最清楚 ❷故障处理： 若正时齿轮响声不严重则可以继续使用；若正时齿轮响声比较严重，应拆下正时齿轮侧盖，检查正时齿轮的磨损情况，若齿轮严重磨损或损坏则应更换新件，必要时应清洗油底壳，以防止碎块堵塞润滑油道

6.9.8　发动机气门挺杆响故障

发动机气门挺杆响故障分析见表 6-9-8。

表 6-9-8　发动机气门挺杆响故障分析

故障现象（异响特征）	气门挺杆响是指挺杆与导孔之间的撞击声响，急速时，气门挺杆发出一种清脆而有节奏的"嘎、嘎"金属敲击声；转速提高，响声频率加快，类似活塞敲缸响，但声音较杂乱些
故障原因	挺杆与导孔（或衬套）配合间隙过大；挺杆球面出现沟槽或凹面；挺杆在导孔（或衬套）内卡滞，转动不灵活，凸轮有磨损，顶动挺杆时有跳动现象
故障诊断	❶诊断方法： 急速或急速稍高时响声明显，响声随发动机转速升高而频率加快，"断油"试验，响声无变化；在挺杆一侧听响声明显；挺杆球面与凸轮接触不良时，是一种无节奏的响声 ❷故障处理： 挺杆有轻微的响声时，可允许继续使用；如响声严重时，应检修发动机，更换挺杆，及时排除故障

6.9.9　发动机气门响故障

发动机气门响故障分析见表 6-9-9。

表 6-9-9　发动机气门响故障分析

故障现象（异响特征）	气门响是指发动机在工作中，由气缸内部上方发出一种有节奏的金属敲击声；中转速以下声响明显，高速时杂乱，停机拆开发动机气门室盖后，可以看到气门与活塞顶相撞的痕迹
故障原因	气门弹簧材质不符合规定或气门弹簧折断；气门脚间隙失调；气门座圈烧蚀或松动；气门锁销脱落、气门头断落或气门卡滞
故障诊断	❶诊断方法： 在气门一侧听响声较清晰，并确定大致位置，必要时应拆下气门室盖，先查看气门弹簧是否断裂，然后检查气门脚间隙是否符合要求并进行必要的调整；在气门调整螺钉不松的情况下，如有个别气门脚间隙大致相当于气门座圈的厚度时，即为该缸气门座圈响；拆下无压力的气缸喷油器，用铁丝插入气缸，触及气门顶部，摇车试验，如气门不能随之上下，表明该气门卡滞；拆开发动机检查气门和气门座圈是否严重烧蚀，检查气门与导管的配合情况 ❷故障处理： 检修发动机，如气门和气门座圈有轻微烧蚀则需研磨，严重烧蚀时应换新件；若气门座圈松动应按要求更换新件；如气门与导管配合不符合要求，或气门锁销脱落等，应重新选配；若气门弹簧过软或折断，应更换新件

6.9.10　发动机水泵异响故障

发动机水泵异响故障分析见表 6-9-10。

表 6-9-10　发动机水泵异响故障分析

故障现象（异响特征）	发动机水泵的部位发出"吱、吱"的异响
故障原因	❶轴承磨损松旷 ❷水泵轴弯曲 ❸水泵密封垫过薄
故障诊断	❶诊断方法： 响声与温度无关，断缸试验没有反应，转速升高异响增大 拆卸水泵传动皮带，响声消失，可判定为水泵异响 ❷故障处理： 更换水泵总成

6.9.11　发动机正时链条异响故障

发动机正时链条异响故障分析见表 6-9-11。

表 6-9-11　发动机正时链条异响故障分析

故障现象（异响特征）	❶发动机怠速时，在正时链轮室盖处发出"叽、叽"的异响，中速时响声明显，高速时响声变得杂乱 ❷响声较大时，正时链轮盖处有振动感
故障原因	❶正时链条磨损松旷 ❷正时链轮齿磨损变形 ❸张紧轮缺油或松旷 ❹链条碰擦链轮室盖
故障诊断	❶首先确定响声位置在发动机前端 ❷用听诊器听链轮盖处时异响明显增大，并伴有振动 ❸响声不受温度影响

6.9.12　发动机外部附件异响故障

发动机外部附件异响故障分析见表 6-9-12。

表 6-9-12　发动机外部附件异响故障分析

故障现象（异响特征）	❶传动皮带打滑响 ❷发动机轴承、转子、定子碰擦和碳刷响 ❸风扇和其他附件碰擦、破裂、松动、滑摩响 ❹附件连接螺栓松动碰撞响 ❺进、排气支管、消声器漏气响
故障原因	❶传动带打滑，是一种"吱、吱"的响声 ❷附件响，在发动机外部 ❸出现的异响方向、部位感较明显 ❹利用触觉及观察，便于判断 ❺必要时切断动力源，停止运转怀疑的部件，即可辨明是否为该部件异响
故障诊断	发动机附件都是安装在发动机体外部的，不管是哪个部位出现异响，与发动机内部出现的异响相比，其方向、部位感都明显便于听查。加上触感和观察，只要稍加注意，不难判断。传动带打滑响更容易判断，只要用手按压传动带即可判断。况且这些附件都是由发动机驱动的，必要时只要切断动力源(取下传动带)，停止其运转，响声便消失。值得注意的是，诊断发动机异响故障时，不可忽略或混淆外部附件响，而且要尽可能先排除外部附件响，避免外部附件响对发动机异响诊断的干扰

第 7 章 汽车手动变速器常见故障

7.1 手动变速器故障

7.1.1 手动变速器跳挡故障

手动变速器跳挡故障分析见表 7-1-1。

表 7-1-1 手动变速器跳挡故障分析

故障现象 （异响特征）	汽车在加速、减速、爬坡或剧烈振动时，变速杆自动跳回空挡位置
故障 原因	❶自锁装置的钢球未进入凹槽内或挂挡后齿轮未达到全齿长啮合 ❷自锁装置的钢球或凹槽磨损严重，自锁弹簧疲劳或折断 ❸齿轮沿齿长方向磨损成锥形 ❹一、二轴轴承过于松旷，使一、二轴和曲轴三者轴线不同心或变速器壳与离合器壳接合平面相对曲轴轴线的位置变动 ❺二轴上的常啮合齿轮轴向或径向间隙过大 ❻各轴轴向或径向间隙过大
故障 诊断	先确知跳挡挡位：走热全车后，采用连续加、减速的方法逐挡进行路试便可确定。 将变速杆挂入跳挡挡位，发动机熄火，小心拆下变速器盖，观察跳挡齿轮的啮合情况 ❶未达到全长啮合，则故障由此引起 ❷达到全长啮合，应继续检查 ❸检查啮合部位磨损情况：磨损成锥形，则故障可能由此引起 ❹检查二轴上该挡齿轮和各轴的轴向与径向间隙，间隙过大，则故障可能由此引起 ❺检查自锁装置，把变速器盖夹在台虎钳上，用手摇动换挡杆，若自锁装置的止动阻力很小，则故障为自锁效能不良；否则，故障为离合器壳与变速器接合平面和曲轴轴线位置变动等引起

7.1.2 手动变速器乱挡故障

手动变速器乱挡故障分析见表 7-1-2。

表 7-1-2 手动变速器乱挡故障分析

故障现象 （异响特征）	在离合器状况正常的情况下，变速器同时挂上两个挡或挂需要挡位时，结果挂入别的挡位

续表

故障原因	❶互锁装置失效，如拨叉轴、互锁销或互锁钢球磨损过甚等 ❷变速杆下端弧形工作面磨损过大或拨叉轴上拨块的凹槽磨损过大 ❸变速杆球头定位销折断或球孔、球头磨损过于松旷 总之，乱挡的主要原因是变速器操纵机构失效
故障诊断	❶挂需要挡位时，结果挂入了别的挡位：摇动变速杆，检查其摆转角度，若超出正常范围，则故障由变速杆下端球头定位销与定位槽配合松旷或球头、球孔磨损过大引起；变速杆摆转360°，则为定位销折断 ❷如摆转角度正常，仍挂不上或摘不下挡，则故障由变速杆下端从凹槽中脱出引起（脱出的原因是下端弧形工作面磨损或导槽磨损） ❸同时挂入两个挡，则故障由互锁装置失效引起

7.1.3 手动变速器挂挡困难故障

手动变速器挂挡困难故障分析见表 7-1-3。

表 7-1-3 手动变速器挂挡困难故障分析

故障现象 （异响特征）	离合器状况良好，但挂挡时不能顺利挂入挡位，常发出齿轮撞击声
故障原因	❶同步器故障 ❷拨叉轴弯曲、锁紧弹簧过硬、钢球损伤等 ❸一轴花键损伤或一轴弯曲 ❹齿轮油不足或过量、齿轮油不符合规格
故障诊断	❶检查同步器是否散架、锥环内锥面螺旋槽是否磨损、滑块是否磨损、弹簧是否过软等 ❷如果同步器正常，检查一轴是否弯曲、花键是否磨损严重 ❸检查拨叉轴是否移动正常

7.1.4 手动变速器异响故障

手动变速器异响故障分析见表 7-1-4。

表 7-1-4 手动变速器异响故障分析

故障现象 （异响特征）	变速器工作时发出不正常响声
故障原因	❶齿轮异响：齿轮磨损过甚变薄，间隙过大，运转中有冲击；齿面啮合不良，如修理时没有成对更换齿轮，新、旧齿轮搭配，齿轮不能正确啮合；齿面金属疲劳剥落或个别齿损坏折断；齿轮与轴上的花键配合松旷，或齿轮的轴向间隙过大；轴弯曲或轴承松旷引起齿轮啮合间隙改变 ❷轴承响：轴承磨损严重；轴承内（外）座圈与轴颈（孔）配合松动；轴承滚珠碎裂或有烧蚀麻点 ❸其他原因发响：如变速器内缺油，润滑油过稀、过稠或质量变差；变速器内掉入异物；某些紧固螺栓松动等

	续表
故障诊断	❶变速器发出金属干摩擦声，即为缺油和油的质量不好，应加油和检查油的质量，必要时更换 ❷行驶时换入某挡若响声明显，即为该挡齿轮轮齿磨损；若发生周期性的响声，则为个别齿损坏 ❸空挡时响，而踏下离合器踏板后响声消失，一般为一轴前、后轴承或常啮合齿轮响；如换入任何挡都响，多为二轴后轴承响 ❹变速器工作时发生突然撞击声，多为轮齿断裂，应及时拆下变速器盖检查，以防机件损坏 ❺行驶时，变速器只有在换入某挡时齿轮发响，在上述检查没有问题的前提下，应检查啮合齿轮是否搭配不当，必要时应重新装配一对新齿轮。此外，也可能是同步器齿轮磨损或损坏，应视情修复或更换 ❻换挡时齿轮相撞击而发响，则可能是离合器不能分离或离合器踏板行程不正确、同步器损坏、怠速过大、变速杆调整不当或导向衬套紧等。遇到这种情况，先检查离合器能否分离，再分别调整怠速或变速杆位置，检查导向衬套与分离轴承配合的松紧度 如经上述检修后，变速器仍发响，应检查各轴轴承与轴承孔配合情况、轴承本身的技术状态等

7.1.5 手动变速器漏油故障

手动变速器漏油故障分析见表 7-1-5。

表 7-1-5 手动变速器漏油故障分析

故障现象 （异响特征）	变速器周围出现齿轮润滑油，变速器齿轮箱的油量减少，则可判断为润滑油泄漏
故障原因	❶传动轴油封漏油 ❷换挡杆油封漏油 ❸变速器漏油
故障诊断	❶润滑油选用不当，产生过多泡沫，或润滑油量太多，此时需更换润滑油或调节润滑油油量 ❷侧盖太松，密封垫和油封损坏，应更换新件 ❸放油塞和变速器箱体及盖的固定螺栓松动，应按规定力矩拧紧 ❹变速器壳体破裂或延伸壳体封磨损而引起漏油，必须更换新件 ❺变速杆油封漏油，应更换油封

7.1.6 离合器打滑故障

离合器打滑故障分析见表 7-1-6。

表 7-1-6 离合器打滑故障分析

故障现象 （异响特征）	汽车用低速挡起步时，放松离合器踏板后，汽车不能起步或起步困难；汽车加速行驶时，车速不能随发动机转速的提高而提高，感到行驶无力，严重时产生焦煳味或冒烟等现象

续表

故障原因	❶离合器踏板没有自由行程，使分离轴承压在分离杠杆上 ❷从动盘摩擦片、压盘或飞轮工作面磨损严重，离合器盖与飞轮的连接松动，使压紧力减弱 ❸从动盘摩擦片油污、烧蚀、表面硬化、铆钉外露、表面不平，使摩擦系数下降 ❹压力弹簧疲劳或折断，膜片弹簧疲劳或开裂，使压紧力下降 ❺离合器操纵杆卡滞，分离轴承套筒与导管间油污、尘腻严重，甚至造成卡滞，使分离轴承不能回位 ❻分离杠杆弯曲变形，出现运动干涉，不能回位
故障诊断	❶检查离合器踏板自由行程，如不符合规定应予以调整 ❷如果自由行程正常，应拆下变速器壳，检查离合器与飞轮连接螺栓是否松动，如松动则予以拧紧 ❸如果离合器仍然打滑，应拆下离合器检查从动盘摩擦片的状况。如果有油污，一般可用汽油清洗并烘干，然后找出油污来源并设法排除。如果摩擦片磨损严重或有铆钉外露，应更换从动盘 ❹如果从动盘完好，则应分解离合器，检查压紧弹簧，如果弹力过软则应更换 总结：离合器打滑主要可以从从动盘压不紧、从动盘摩擦系数下降等方面加以考虑

7.1.7 离合器分离不彻底故障

离合器分离不彻底故障分析见表 7-1-7。

表 7-1-7 离合器分离不彻底故障分析

故障现象（异响特征）	发动机怠速运转时，踩下离合器踏板，挂挡有齿轮撞击声，且难以挂入；如果勉强挂上挡，则在离合器踏板尚未完全放松时，发动机熄火
故障原因	❶离合器踏板自由行程过大 ❷分离杠杆弯曲变形、支座松动、支座轴销脱出，使分离杠杆内端高度难以调整 ❸分离杠杆调整不当，其内端不在同一平面内或内端高度太低 ❹双片离合器中间压盘限位螺钉调整不当，个别分离弹簧疲劳、高度不足或折断，中间压盘在传动销上或在离合器驱动窗口内轴向移动不灵活 ❺从动盘钢片翘曲、摩擦片破裂或铆钉松动 ❻新换的摩擦片太厚或从动盘正反装错 ❼从动盘花键孔与变速器第一轴花键轴卡滞 ❽离合器液压操纵机构漏油、有空气或油量不足 ❾膜片弹簧弹力减弱 ❿发动机支承磨损或损坏，发动机与变速器不同心
故障诊断	❶检查离合器踏板自由行程，如果自由行程过大则进行调整。否则对于液压操纵机构，检查是否储液罐油量不足或管路中有空气，并进行必要的排除。如果不是上述问题应继续检查 ❷检查分离杠杆内端高度，如果分离杠杆高度太低或不在同一平面，则进行调整。否则检查从动盘是否装反，如果都没问题则继续检查 ❸检查从动盘是否翘曲变形、铆钉脱落，从动盘是否轴向运动卡滞等，如果是则进行更换或修理 总结：离合器分离不彻底主要可以从离合器踏板自由行程、分离杠杆高度、从动盘等几个方面考虑

7.1.8 起步发抖故障

起步发抖故障分析见表 7-1-8。

表 7-1-8 起步发抖故障分析

故障现象 （异响特征）	汽车用低速挡起步时，按操作规程逐渐放松离合器踏板并徐徐踩下加速踏板，离合器不能平稳接合且产生抖振，严重时甚至整车产生抖振现象
故障原因	❶分离杠杆内端高度不处在同一平面内 ❷从动盘或压盘翘曲变形，飞轮工作端面的端面圆跳动严重 ❸从动盘摩擦片厚度不均匀、油污、烧焦、表面不平整、表面硬化、铆钉头露出、铆钉松动或切断、波形弹簧片损坏 ❹压紧弹簧的弹力不均、疲劳或个别折断，膜片弹簧疲劳或开裂 ❺从动盘上的缓冲片破裂或减振弹簧疲劳、折断 ❻发动机支架、变速器、飞轮、飞轮壳等的固定螺栓松动 ❼分离轴承套筒与导管油污、尘腻严重，使分离轴承不能回位
故障诊断	❶检查离合器踏板、分离轴承等回位是否正常，如果正常则继续检查 ❷检查发动机支架、变速器、飞轮、飞轮壳等的固定螺栓是否松动，如果是则紧固螺栓，否则继续检查 ❸检查分离杠杆的内端是否在同一平面，如果是则继续检查 ❹检查压盘、从动盘是否变形，铆钉是否松动、外露，压紧弹簧的弹力是否不在允许范围内，如果是则更换或修理 总结：起步发抖主要可以从起步时离合器在接合过程中不平稳来考虑，即发动机在匀速转动，而由于离合器接合不平稳使其从动部分转动不平稳，从而反映为离合器乃至整车的抖振

7.1.9 离合器异响故障

离合器异响故障分析见表 7-1-9。

表 7-1-9 离合器异响故障分析

故障现象 （异响特征）	离合器分离或接合时发出不正常的响声
故障原因	❶分离轴承缺少润滑剂，造成干磨或轴承损坏 ❷分离轴承与分离杠杆内端之间无间隙 ❸分离轴承套筒与导管之间油污、尘腻严重或分离轴承回位弹簧与踏板回位弹簧疲劳、折断、脱落，使分离轴承回位不佳 ❹从动盘花键孔与其花键轴配合松旷 ❺从动盘减振弹簧退火、疲劳或折断 ❻从动盘摩擦片铆钉松动或铆钉头外露 ❼双片离合器传动销与中间压盘和压盘的销孔磨损松旷

续表

故障诊断	❶稍稍踩下离合器踏板，使分离轴承与分离杠杆接触，如果有"沙、沙"的响声则为分离轴承响；如果加油后仍响，说明轴承磨损过度、松旷或损坏，应更换 ❷踩下、抬起离合器踏板，如果出现间断的碰撞声，说明分离轴承前后窜动，应更换分离轴承回位弹簧 ❸连踩踏板，如果离合器刚接合或刚分开时有响声，说明从动盘铆钉松动或外露，应更换从动盘 总结：离合器异响主要可以从磨损过度、松旷、过紧、运动中刮碰等方面加以考虑

7.2 自动变速器故障

7.2.1 汽车不能行驶故障

汽车不能行驶故障分析见表 7-2-1。

表 7-2-1 汽车不能行驶故障分析

故障现象	❶在汽车行驶中，升挡车速明显高于标准值，升挡前发动机转速偏高 ❷必须采用松油门提前升挡的操作方法，才能使自动变速器升入高挡或超速挡
故障原因	❶无 ATF 油 ❷选挡杆与手动阀之间的连接松动，手动阀保持在空挡位置 ❸油泵进油滤网堵塞 ❹主油路严重堵塞 ❺油泵损坏
故障诊断	❶检查自动变速器内有无液压油。其方法是拔出自动变速器的油尺，观察油尺上有无液压油。若油尺上没有液压油，说明自动变速器内的液压油已漏光。对此，应检查油底壳、液压油散热器、油管等处有无破损而导致漏油。如有严重漏油处，应修复后重新加油 ❷检查自动变速器操纵手柄与手动阀摇臂之间的连杆或拉索有无松脱。如果有松脱，应予以装复，并重新调整好操纵手柄的位置 ❸拆下主油路测压孔上的螺塞，启动发动机，将操纵手柄拨至前进挡或倒挡位置，检查测压孔内有无液压油流出 ❹若主油路测压孔内没有液压油流出，应打开油底壳，检查手动阀摇臂轴与摇臂间有无松脱，手动阀阀芯有无折断或脱钩。若手动阀工作正常，则说明油泵损坏。对此，应拆卸分解自动变速器，更换油泵 ❺若主油路测压孔内只有少量液压油流出、油压很低或基本上没有油压，应打开油底壳，检查油泵进油滤网有无堵塞。如无堵塞，说明油泵损坏或主油路严重泄漏，对此，应拆卸分解自动变速器，予以修理 ❻若冷车启动时主油路有一定的油压，但热车后油压即明显下降，说明油泵磨损过甚。对此，应更换油泵 ❼若测压孔内有大量液压油喷出，说明主油路油压正常，故障出在自动变速器中的输入轴、行星排或输出轴。对此，应拆检自动变速器

7.2.2 自动变速器打滑故障

自动变速器打滑故障分析见表 7-2-2。

表 7-2-2 自动变速器打滑故障分析

故障现象	❶起步时踩下加速踏板，发动机转速升高很快但车速升高很慢 ❷行驶时踩下加速踏板，发动机转速升高但车速没有很快提高 ❸平路行驶正常，但上坡无力，且发动机转速很高
故障原因	❶液压油油面太低 ❷液压油油面太高，运转中被行星排剧烈搅动后产生大量气泡 ❸离合器或制动器摩擦片、制动带磨损过甚或烧焦 ❹油泵磨损过甚或主油路泄漏，造成油路油压过低 ❺单向超越离合器打滑 ❻离合器或制动器活塞密封圈损坏，导致漏油 ❼减振器活塞密封圈损坏，导致漏油
故障诊断	❶对于出现打滑现象的自动变速器，应先检查其液压油的油面高度和品质。若油面过低或过高，应先调整至正常后再做检查。若油面调整正常后自动变速器不再打滑，可不必拆修自动变速器 ❷检查液压油的品质。若液压油呈棕黑色或有烧焦味，说明离合器或制动器的摩擦片或制动带有烧焦，应拆修自动变速器 ❸做路试，以确定自动变速器是否打滑，并检查出现打滑的挡位和打滑的程度。将操纵手柄拨入不同的位置，让汽车行驶。若自动变速器升至某一挡位时发动机转速突然升高，但车速没有相应地提高，即说明该挡位有打滑。打滑时发动机的转速越容易升高，说明打滑越严重

7.2.3 自动变速器升挡过迟故障

自动变速器升挡过迟故障分析见表 7-2-3。

表 7-2-3 自动变速器升挡过迟故障分析

故障现象	❶在汽车行驶时，升挡车速明显高于标准值，升挡前发动机转速偏高 ❷须采用松油门提前升挡的方法才能使自动变速器升入高挡或超速挡
故障原因	❶节气门拉线或节气门位置传感器调整不当 ❷调速器存在故障 ❸输出轴上调速器进出油孔的密封圈损坏 ❹真空式节气门阀推杆调整不当 ❺真空式节气门阀的真空软管或真空膜片漏气 ❻主油路油压或节气门油压太高 ❼强制降挡开关短路 ❽传感器故障

续表

故障诊断	❶应对电控自动变速器进行故障诊断。检查、调整节气门拉线或节气门位置传感器，测量节气门位置传感器电阻，如不符合标准应更换 ❷采用真空式节气门阀的自动变速器，应检查真空软管是否漏气。检查强制降挡开关是否短路 ❸测量怠速主油路油压，若油压太高，应通过节气门拉线或节气门位置传感器予以调整 ❹采用真空式节气门阀的自动变速器，应用减少节气门阀推杆长度的方法进行调整。若以上调整无效，应拆检油压阀或节气门阀 ❺测量调速器油压，调速器油压应随车速的升高而增大。将不同转速下测得的调速器油压与规定值比较，若油压太低，说明调速器存在故障或调速器油路存在泄漏 ❻此时应拆检自动变速器，检查调速器固定螺钉是否松动，调速器油路密封环是否损坏，阀芯是否卡滞或磨损过度。如果调速器油压正常，升挡缓慢的原因可能是换挡阀工作不良。应拆卸阀体检查，必要时更换

7.2.4 自动变速器换挡冲击过大故障

自动变速器换挡冲击过大故障分析见表 7-2-4。

表 7-2-4 自动变速器换挡冲击过大故障分析

故障现象	❶起步中由停车挡或空挡挂入倒挡或前进挡时，汽车振动较严重 ❷行驶中，在自动变速器某个挡位或全部挡位升挡的瞬间，汽车有较明显的冲击
故障原因	❶发动机怠速过高 ❷节气门拉索或节气门位置传感器调整不当 ❸升挡过迟 ❹主调压阀故障 ❺换挡执行元件打滑 ❻油压电磁阀不工作 ❼电脑故障
故障诊断	❶检查发动机怠速。采用自动变速器的汽车，发动机怠速一般为 750r/min 左右。若怠速过高，应按标准予以调整 ❷检查节气门拉索或节气门位置传感器的调整情况。如不符合标准，应重新予以调整 ❸检查真空式节气门阀的真空软管。如有破裂，应更换；如有松脱，应重新连接 ❹做道路试验。如果有升挡过迟的现象，则说明换挡冲击大的故障是升挡过迟所致。如果在升挡之前发动机转速异常升高，导致在升挡的瞬间有较大的换挡冲击，则说明离合器或制动器打滑，应分解自动变速器，予以修理 ❺检测主油路油压。如果怠速时的主油路油压高，则说明主油路调压阀或节气门阀有故障，可能是调压弹簧的预紧力过大或阀芯卡滞所致；如果怠速时主油路油压正常，但起步挂挡时有较大的冲击，则说明前进离合器或倒挡及高挡离合器的进油单向阀阀球损坏或漏装。对此，应拆卸阀板，予以修理 ❻检测换挡时的主油路油压。在正常情况下，换挡时的主油路油压会有瞬时的下降。如果换挡时主油路油压没有下降，则说明减振器活塞卡滞。对此，应拆检阀板和减振器 ❼电子控制自动变速器如果出现换挡冲击过大的故障，应检查油压电磁阀的线路以及油压电磁阀工作是否正常、电脑是否在换挡的瞬间向油压电磁阀发出控制信号。如果线路有故障，应予以修复；如果电磁阀损坏，应更换电磁阀；如果电脑在换挡的瞬间没有向油压电磁阀发出控制信号，说明电脑有故障，对此，应更换电脑

7.2.5 自动变速器不能升挡故障

自动变速器不能升挡故障分析见表 7-2-5。

表 7-2-5　自动变速器不能升挡故障分析

故障现象	❶行驶途中自动变速器只能升 1 挡，不能升 2 挡及高速挡 ❷或可以升 2 挡，但不能升 3 挡或超速挡
故障原因	❶节气门拉线或节气门位置传感器调整不当 ❷调速器存在故障，调速器油路漏油 ❸车速传感器故障 ❹2 挡制动器或高挡离合器存在故障 ❺换挡阀卡滞或挡位开关故障
故障诊断	❶应先对电控自动变速器进行故障诊断。检查调整节气门拉线和节气门位置传感器；检查车速传感器；检查挡位开关信号 ❷测量调速器油压，如果车速升高后调速器油压为 0 或很低，说明调速器有故障或漏油 ❸如果控制系统无故障，应拆检自动变速器，检查换挡执行组件是否打滑 ❹用压缩空气检查各离合器、制动器油缸或活塞有无泄漏

7.2.6 自动变速器无前进挡故障

自动变速器无前进挡故障分析见表 7-2-6。

表 7-2-6　自动变速器无前进挡故障分析

故障现象	❶倒挡正常，但在 D 位时不能行驶 ❷在 D 位时汽车不能起步，在 S、L 位（或 2、1 位）时可以起步
故障原因	❶前进离合器打滑 ❷前进单向超越离合器打滑 ❸前进离合器油路泄漏 ❹选挡手柄调整不当
故障诊断	❶检查调整选挡手柄位置 ❷测量前进挡主油路油压。若油压太低（说明主油路油压低），拆检自动变速器，更换前进挡油路上各处密封圈 ❸检查前进挡离合器，如果摩擦片烧损或磨损过度应更换 ❹若主油路油压和前进离合器均正常，应拆检前进单向超越离合器

7.2.7 自动变速器无倒挡故障

自动变速器无倒挡故障分析见表 7-2-7。

表 7-2-7　自动变速器无倒挡故障分析

故障现象	汽车在 D 挡能行驶而倒挡不能行驶
故障原因	❶选挡手柄调整不当 ❷倒挡油路泄漏 ❸倒挡及高挡离合器或低挡及倒挡制动器打滑
故障诊断	❶检查并调整选挡手柄位置 ❷检查倒挡油路油压。若油压太低，说明倒挡油路泄漏，应拆检自动变速器 ❸如果倒挡油路油压正常，应拆检自动变速器，更换损坏的离合器或制动器摩擦片或制动带

7.2.8　自动变速器跳挡故障

自动变速器跳挡故障分析见表 7-2-8。

表 7-2-8　自动变速器跳挡故障分析

故障现象	汽车行驶中，自动变速器出现突然降挡现象，降挡后发动机转速升高，并产生换挡冲击
故障原因	❶节气门位置传感器故障 ❷车速传感器故障 ❸控制系统电路故障 ❹换挡电磁阀接触不良 ❺电控单元故障
故障诊断	❶对电控自动变速器进行故障诊断 ❷测量节气门位置传感器 ❸测量车速传感器 ❹拆下自动变速器油底壳，检查电磁阀连接线路端子情况 ❺检查控制系统各接线端子电压

7.2.9　自动变速器无锁止故障

自动变速器无锁止故障分析见表 7-2-9。

表 7-2-9　自动变速器无锁止故障分析

故障现象	汽车行驶中，车速、挡位已经满足离合器锁止条件，但锁止离合器仍没有锁止作用；油耗增大
故障原因	❶锁止电磁阀故障 ❷锁止控制阀故障 ❸变矩器中锁止离合器损坏
故障诊断	对相应故障部位进行修理或更换

7.2.10 自动变速器无发动机制动故障

自动变速器无发动机制动故障分析见表 7-2-10。

表 7-2-10　自动变速器无发动机制动故障分析

故障现象	❶汽车行驶中，当选挡手柄位于 2、1 或 S、L 挡位时，松开加速踏板，发动机转速降至怠速，但汽车减速不明显 ❷下坡时，自动变速器在前进低挡，但不能产生发动机制动作用
故障原因	❶选挡手柄位置调整不当 ❷挡位开关调整不当 ❸2 挡强制动器打滑或低挡及倒挡制动器打滑 ❹控制发动机制动的电磁阀故障 ❺阀体故障 ❻自动变速器故障
故障诊断	❶对电控自动变速器进行故障诊断 ❷路试检查自动变速器有无打滑现象。如果选挡手柄在 S 位时没有发动机制动作用，而在 L 位时有发动机制动作用，说明 2 挡强制动器打滑。如果选挡手柄在 L 位没有发动机制动作用，而 S 位时有发动机制动作用，说明低挡及倒挡制动器打滑 ❸检查控制发动机制动作用的电磁阀是否存在故障。拆检阀体，清洗所有控制阀。检查电控单元各接线端子电压 ❹如果正常，再检查各个传感器电压。更换新的电控单元重新试验，如果故障消失，说明电控单元损坏

7.2.11 自动变速器不能强制倒挡故障

自动变速器不能强制倒挡故障分析见表 7-2-11。

表 7-2-11　自动变速器不能强制倒挡故障分析

故障现象	汽车以 3 挡或超速挡行驶时，突然把加速踏板踩到底，自动变速器不能立即降低一个挡位，汽车加速无力
故障原因	❶节气门拉线或节气门位置传感器调整不当 ❷强制降挡开关损坏 ❸强制降挡电磁阀短路或断路 ❹强制降挡阀卡滞
故障诊断	❶检查节气门拉线、节气门位置传感器的安装情况 ❷检查强制降挡开关。在将加速踏板踩到底时，强制降挡开关触点应闭合；松开加速踏板时，强制降挡开关触点应断开。如果将加速踏板踩到底时，强制降挡开关触点没有闭合，可用手动开关。如果按下开关后触点能闭合，说明开关安装不当，应重新调整；如果按下开关触点不闭合，说明开关损坏 ❸检查强制降挡电磁阀的工作情况。拆卸阀体，分解清洗强制降挡控制阀，阀芯若有问题，应更换阀体总成

7.2.12 自动变速器无超速挡故障

自动变速器无超速挡故障分析见表 7-2-12。

表 7-2-12 自动变速器无超速挡故障分析

故障现象	❶汽车行驶中，不能从 3 挡升入超速挡 ❷车速已达到超速挡工作范围，采用松加速踏板几秒钟再踩下加速踏板的方法，自动变速器也不能升入超速挡
故障原因	❶超速挡开关故障 ❷超速制动器打滑 ❸超速行星排上的直接离合器或直接单向超越离合器故障 ❹挡位开关故障 ❺液压油温度传感器故障 ❻节气门位置传感器故障 ❼3—4 换挡阀卡滞 ❽超速电磁阀故障
故障诊断	❶对电控系统自动变速器应进行故障诊断，检查有无故障码输出 ❷检查液压油温度传感器电阻值 ❸检查挡位开关和节气门位置传感器的输出信号。挡位开关信号应与选挡手柄的位置相符，节气门位置传感器输出电压应与节气门的开度成正比 ❹检查超速挡开关。在 ON 位时，超速挡开关触点应断开，指示灯不亮；在 OFF 位时，超速挡开关触点应闭合，指示灯应亮。否则检查超速挡电路或更换超速挡开关 ❺检查超速挡电磁阀的工作情况： 打开点火开关，不启动发动机，按下 O/D 开关，超速挡电磁阀应有接合声音。若无接合声音，应检查控制电路或更换电磁阀。用举升器举起车辆，使四轮悬空。启动发动机，使自动变速器在 D 挡工作，检查在无负荷状态下自动变速器升挡情况。如果能升入超速挡，并且车速正常，说明控制系统工作正常。如果不能升入超速挡，是因为在有负荷情况下超速制动器打滑。如果能升入超速挡，而升挡后车速提不高，发动机转速下降，说明超速行星排中直接离合器或直接单向超越离合器故障。如果在无负荷情况下不能升入超速挡，说明控制系统存在故障，应拆检阀体，检查 3—4 换挡阀

7.2.13 自动变速器异响故障

自动变速器异响故障分析见表 7-2-13。

表 7-2-13 自动变速器异响故障分析

故障现象	在汽车运转过程中，自动变速器内始终有异响声；汽车行驶中自动变速器有异响，停车挂空挡后异响消失
故障原因	❶油泵故障 ❷锁止离合器、导轮单向离合器故障 ❸行星齿轮机构故障
故障诊断	❶油泵因磨损过甚或自动变速器油面高度过低、过高而产生异响 ❷液力变矩器因锁止离合器、导轮单向离合器等损坏而产生异响 ❸行星齿轮机构异响

7.2.14 自动变速器油易变质故障

自动变速器油易变质故障分析见表 7-2-14。

表 7-2-14 自动变速器油易变质故障分析

故障现象	更换后的新自动变速器油使用不久就变质；自动变速器温度太高，从加油口处向外冒烟
故障原因	❶汽车使用不当，经常超负荷行驶，如经常用于拖车或经常急加速、超速挡行驶等 ❷自动变速器油散热器管路堵塞 ❸通往自动变速器油散热器的限压阀卡滞 ❹离合器或制动器自由间隙太大 ❺主油路油压太低，离合器或制动器工作中打滑
故障诊断	❶汽车使用不当，经常超负荷行驶，如经常用于拖车或经常急加速、超速挡行驶等。对车辆进行详细的检查，如果出现变速器内部故障，则需要维修或更换 ❷自动变速器油散热器管路堵塞 检查管路是否堵塞，如果出现堵塞，则更换管路 ❸通往自动变速器油散热器的限压阀卡滞 检查散热器的限压阀是否出现故障，如果出现，则维修或更换限压阀 ❹离合器或制动器自由间隙太大 检查离合器和制动器的间隙，如果间隙过大，则进行维修或更换 ❺主油路油压太低，离合器或制动器在工作中打滑 测量油压，如果主油路油压过低，则对变速器进行维修

7.2.15 变速器油温传感器故障

变速器油温传感器故障分析见表 7-2-15。

表 7-2-15 变速器油温传感器故障分析

故障现象	❶变速器警告灯点亮 ❷换挡冲击大 ❸挡位被锁死，没有超速挡
故障原因	❶变速器油温传感器损坏 ❷变速器油温传感器线路插接器接触不良、断路或短路
故障诊断	❶变速器油温传感器用来测量变速器油温，并把油温测量值传送到变速器控制模块 ❷结构和功用。变速器油温传感器位于阀体内，浸没在变速器油中。它用来测量变速器油温，并把油温测量值传送到变速器控制模块 变速器油温传感器由一块安装板固定。它是阀体总成的一个部件，作为一个热敏电阻工作 ❸信号利用。下列功能需要变速器油温传感器提供参数： a. 适应系统换挡压力和换挡过程中建立压力、释放压力 b. 激活或解除暖机程序和变矩器锁止离合器等的温度依赖功能 c. 在热车模式，变速器油温高时，激活变速器的保护功能

续表

| 故障诊断 | ❹信号故障的影响
a. 变矩器锁止离合器没有调节操作，只能打开或闭合；没有适应的换挡压力，这通常会导致难以换挡
b. 与变速器油温传感器的负温度系数（NTC）热敏电阻有特性关系
c. 温度升高时，传感器阻力减小
d. 为了防止变速器过热，超出定义的变速器油温范围时，触发相应的对策
e. 车辆行驶一定时间后，ATF 温度应升高。当 ATF 温度低于 10℃时，ECM 将其视为故障并点亮 MIL
f. 发动机冷启动后，当 ATF 温度为 100℃或更高，且发动机冷却液温度达到 60℃时，ECM 仍将其确定为故障，点亮 MIL，并存储 DTC
❺检查程序
提示：使用检测仪读取数据表，可以读取开关、传感器、执行器及其他项的数值或状态，而无须拆下任何零件。这种非侵入式检查非常有用，因为可在扰动零件或配线之前发现间歇性故障或信号。在故障排除时，尽早读取数据表信息是节省诊断时间的方法之一
检测仪检测为 150℃时，存在短路故障
检测仪检测为 -40℃时，存在断路故障 |

变速器油温传感器电路分析见图 7-2-1。

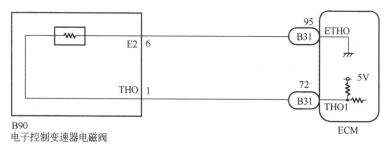

图 7-2-1 变速器油温传感器电路

变速器油温传感器维修检查操作步骤如下。

第 1 步，读取故障码。读取故障为变速器油温传感器性能故障。

第 2 步，读取数据流。读取油温是多少度。检测仪检测为 150℃时，存在短路故障；检测仪检测为 -40℃时，存在断路故障。

第 3 步，检查变速器油位。如果异常，则加注油液；如果正常，则更换变速器线束（ATF 温度传感器）。

7.2.16 涡轮转速传感器电路无信号故障

涡轮转速传感器电路无信号故障分析见表 7-2-16。

表 7-2-16 涡轮转速传感器电路无信号故障分析

故障现象	❶变速器警告灯点亮 ❷换挡冲击大 ❸挡位被锁死，没有超速挡
故障原因	❶涡轮转速传感器损坏 ❷变速器油温传感器线路插接器接触不良、断路或短路 ❸变速器控制单元故障
故障诊断	❶描述：传感器检测涡轮输入转速。通过将涡轮输入转速信号（NT）和输出轴转速进行比较，ECM检测出齿轮的换挡正时，并根据各种条件相应控制发动机转矩和液压，从而达到平稳换挡的效果 ❷监视：输入转速传感器检测变速器输入轴转速。通过比较输入转速传感器（输入轴转速）和输出转速传感器（输出轴转速），ECM确定换挡正时 换挡杆置于D位置时行驶，当输出轴转速高于预期值，且输入轴转速为300r/min或更低时，ECM将断定涡轮输入转速传感器（NT）存在故障，ECM将点亮MIL

涡轮转速传感器电路分析见图 7-2-2。

图 7-2-2 涡轮转速传感器电路

涡轮转速传感器电路无信号维修检查操作步骤如下。

第1步，读取故障码。读取故障码为涡轮转速传感器电路无信号。

第2步，检查转速传感器的安装情况（图 7-2-3）。如果异常，则更换转速传感器；如果正常，则检查转速传感器。

第3步，检查转速传感器。从传动桥上断开转速传感器连接器；根据图 7-2-4 和表 7-2-17 中的值测量电阻。如果异常，则更换转速传感器；如果正常，则检查线束和连接器（转速传感器-ECM）。

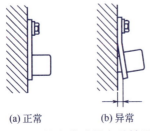

图 7-2-3 检查传感器安装情况

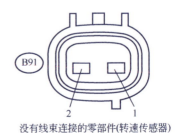

图 7-2-4 连接器 B91

表 7-2-17　B91 的标准电阻

检测仪连接	条件	规定状态 /Ω
1—2	20℃（68 ℉）	560 ～ 680

第 4 步，检查线束和连接器（转速传感器 -ECM）。连接转速传感器连接器；断开 ECM 连接器；根据图 7-2-5 和表 7-2-18、表 7-2-19 中的值测量电阻。如果电阻异常，则维修或更换线束或连接器；如果正常，则更换变速器控制单元。

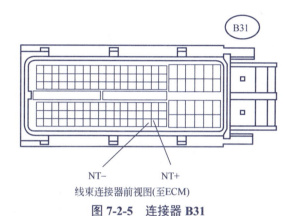

图 7-2-5　连接器 B31

表 7-2-18　B31 的标准电阻（断路检查）

检测仪连接	条件	规定状态 /Ω
B31-125（NT+）—B31-124（NT-）	20℃（68 ℉）	560 ～ 680

表 7-2-19　B31 的标准电阻（短路检查）

检测仪连接	条件	规定状态 /kΩ
B31-125（NT+）—车身搭铁	始终	10 或更大
B31-124（NT-）—车身搭铁	始终	—

第 8 章 动力电池常见故障

8.1 漏电故障

8.1.1 动力电池漏电

（1）车辆信息　车型：比亚迪秦混合动力车辆，双驱动电机。发动机：1.5L。动力电池：514V。里程：31726km。

（2）故障现象　车辆正常行驶时，组合仪表上突然显示"EV 功能受限"，并自动切换到 HEV 模式。

（3）故障诊断　使用电脑诊断仪进行检测，在电池管理控制单元 BMS 中存有历史故障码 P1A0000——严重漏电故障。初步判断导致出现该故障的可能原因有：系统软件故障、BMS 故障、动力电池故障、电动压缩机或 PTC 故障、线路故障。

① 检查车辆所有控制单元系统版本，均为最新版本。

② 由于是偶发故障，读取与 BMS 相关的数据流，未发现异常。

③ 检查 BMS 接插器线束针脚，未发现有进水氧化或退针情况；查看电动压缩机、PTC、电池包等主要高压部件的高低压线束接插器，同样没有发现异常。

④ 使用兆欧表分别测量电动压缩机和 PTC 的绝缘电阻，正常，排除电动压缩机或 PTC 漏电故障。

⑤ 对电池包进行漏电检测。连接低压线束，并接上 12V 电源，使用万用表分别测量电池包正、负极母线接口的电压，并比较 U_+ 和 U_-，电压高的极柱对地电压记录为 U_1，实测为 446V；电压低的极柱对地电压记录为 U_0，实测为 87V。

⑥ 在万用表正负表笔之间并联电阻 R（要求 100kΩ 以上电阻，测量所使用的电阻为 105.3kΩ）后重新测量 U_1，并将测得的结果记录为 U_2，实测为 354V。

⑦ 绝缘阻值计算公式为

$$(U_1 - U_2) \div U_2 R (1 + U_0 \div U_1) \div U_{max}$$

根据公式计算出故障车的绝缘阻值：$(446-354) \div 354 \times 105300 \times (1+87 \div 446) \div (514 \times 1.15)$，约为 55Ω/V，明显小于 500Ω/V 的标准，说明故障车的电池包存在严重漏电故障。

公式中 U_{max} 是指电池包最大工作电压，等于车辆铭牌上动力电池额定电压乘以系数 1.15，故障车型铭牌上动力电池的额定电压为 514V。

⑧ 更换动力电池并标定，试车，故障排除。

8.1.2 车辆无法启动

（1）车辆信息　车型：比亚迪秦混合动力车辆。发动机：1.5L。里程：61786km。

（2）故障现象　车辆无法启动。

（3）故障诊断　高压系统报漏电故障时，确认是 ON 挡电报漏电故障，还是 OK 电报漏电故障；整车所有高压模块、橙色线束、漏电传感器及连接线束故障时均有可能报漏电故障码。

当高压系统漏电时，漏电传感器发出一个信号给高压电池管理控制器，电池管理控制器检测到漏电信号后，禁止充、放电并报警（图 8-1-1）。

漏电传感器：检测动力电池包负极及与其相连接的高压模块和车身底盘之间的绝缘电阻，来判断动力电池包的漏电程度。

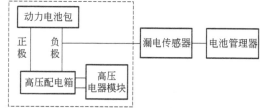

图 8-1-1　高压系统漏电检测原理

当高压 BMS 报漏电故障时，先初步排除漏电传感器线路异常，再确认是 ON 挡电报漏电故障，还是 OK 电报漏电故障（图 8-1-2）。

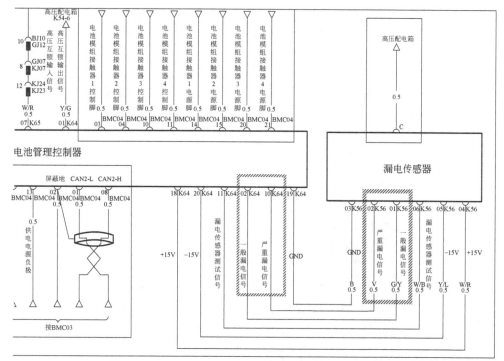

图 8-1-2　参考整车电路图确认漏电传感器线路无异常

① 如果 ON 挡电报漏电故障，初步判断为动力电池包漏电（图 8-1-3）。

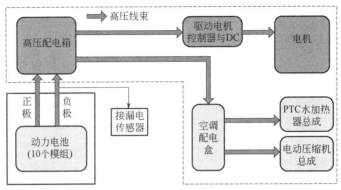

图 8-1-3　高压零件连接

具体哪个电池模组漏电,根据以下流程检查。

a. OFF 挡,拔掉 8# 电池模组接触器接插件,再上 ON 挡电,用诊断仪读取系统故障:如果不漏电,判断 8# ~ 10# 电池模组漏电(根据经验 8# 电池模组故障率高);如果漏电,则排除 8# ~ 10# 电池模组故障,需检查 1# ~ 7# 电池模组。

b. OFF 挡,拔掉 6# 电池模组接触器接插件,再上 ON 挡电,用诊断仪读取系统故障:如果不漏电,判断 6#、7# 电池模组漏电(根据经验 6# 电池模组故障率高);如果漏电,则排除 6#、7# 电池模组故障,需检查 1# ~ 5# 电池模组。

c. OFF 挡,拔掉 4# 电池模组接触器接插件,再上 ON 挡电,用诊断仪读取系统故障:如果不漏电,判断 4#、5# 电池模组漏电(根据经验 4# 电池模组故障率高);如果漏电,则排除 4#、5# 电池模组故障,需检查 1# ~ 3# 电池模组。

d. OFF 挡,拔掉 2# 电池模组接触器接插件,再上 ON 挡电,用诊断仪读取系统故障:如果不漏电,判断 2#、3# 电池模组漏电(根据经验 2# 电池模组故障率高);如果漏电,则排除 2#、3# 电池模组故障,判定 1# 电池模组漏电。铁电池组:1-3-5 可以互换;2-4 可以互换;6-8 可以互换;7-9 可以互换(图 8-1-4)。

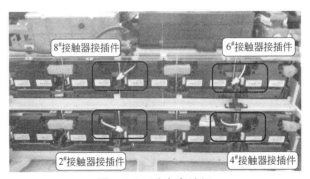

图 8-1-4　动力电池组

② 如果 OK 电报漏电故障,初步判断为动力电池包以外的高压模块漏电(图 8-1-3)。具体哪个高压模块漏电,根据以下流程检查。

a. OFF 挡，断开紧急维修开关，再断开电动压缩机高压线束插头；装上紧急维修开关，上 OK 电，用诊断仪读取系统故障：如果不漏电，判断电动压缩机漏电；如果漏电，判断电动压缩机正常；继续断开其他高压模块。

b. OFF 挡，断开紧急维修开关，再断开 PTC 高压线束插头；装上紧急维修开关，上 OK 电，用诊断仪读取系统故障：如果不漏电，判断 PTC 漏电；如果漏电，判断 PTC 正常；继续断开其他高压模块。

c. OFF 挡，断开紧急维修开关，再断开空调配电盒输入端高压线束插头；装上紧急维修开关，上 OK 电，用诊断仪读取系统故障：如果不漏电，判断空调配电盒及线束漏电；如果漏电，判断 PTC 及线束正常正常。

继续断开其他高压模块，最终确定动力电池高压线束漏电。

更换动力电池高压线束后，故障排除。

8.1.3 车辆功率降低，只能低速行驶

（1）车辆信息　车型：比亚迪 E5-450 纯电动汽车。里程：98778km。

（2）故障现象　车辆功率降低，只能低速行驶，仪表提示"请检查动力系统"。

（3）故障诊断

① 使用电脑诊断仪读取 BMS 故障码 P1A0000——严重漏电故障。

清除故障码后，重新上电发现故障无法消除，读取系统数据流发现在上 OK 电后绝缘阻值降为 0，系统确实有漏电存在。

② 首先排除外部高压模块漏电：拔掉 PTC 接插件，短接 PTC 低压接插件确定系统不报互锁故障。检查电动压缩机无漏电。E5-450 车型有电池包热管理系统，另外有一个 PTC 加热器，拔掉高压插接件，短接低压插接件后，故障依旧。测量高压电控总成高压接插件之间以及分别对地阻值，均正常。

通过以上检查已排除动力电池外的故障。

③ 测量上电瞬间动力电池包的正、负极对地电压，测量动力电池正极母线对车身的电压为 658V，测量动力电池负极母线对车身的电压为 0V，可以判断动力电池内部存在漏电。

更换动力电池后，故障排除。

8.1.4 纯电模式无法使用

（1）车辆信息　车型：比亚迪唐 DM 混合动力车型。里程：76789km。

（2）故障现象　仪表报：EV 功能受限，发动机能启动，但纯电模式无法使用。

（3）故障诊断　使用电脑诊断仪读取故障码：P1A0000——高压电有严重漏电；P1CA1——严重漏电；P1CA2——一般漏电。查阅维修手册，得知高压上电控制逻辑（图 8-1-5）。

检测漏电传感器的数据流，发现电阻为 0，明显异常。清除故障码，重新调取故障和数据流，没有任何变化，车辆仍不能使用纯电驱动模式。说明车辆"EV 功能受限"的原因是"严重漏电"造成的。

导致漏电的原因有：漏电传感器或 BMS 动力电池管理器故障；动力电池包本身漏电或高压配电箱漏电；前驱动电机、后驱动电机、PTC 暖加热器及电动空调压缩机等出现的漏电、高压线束漏电（图 8-1-6）。

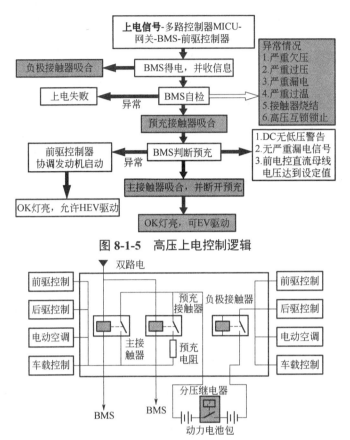

图 8-1-5 高压上电控制逻辑

图 8-1-6 高压系统配电

检测高压零件的绝缘性：戴好绝缘手套，做好高压电的防护措施，在车辆没有上电的情况下，先断开低压蓄电池的负极，等待10min以上，检测高压已没有任何电压，再打开发动机前舱盖。

① 拔出前驱动电机控制器的高压母线，使用兆欧表选择直流1000V的量程，黑表笔对车身搭铁，红表笔接高压母线电芯，分别对各高压部件进行检测。母线正极与负极对车身绝缘阻值均在24.9MΩ以上，远大于500Ω/V的漏电标准检验值，证明后驱动电机控制器、空调配电盒、车载充电器以及母线束的绝缘良好，没有漏电的故障。

② 后驱动电机控制器高压输入端正极对地绝缘阻值为47.6MΩ，负极对地绝缘阻值为46.6MΩ，前驱动电机控制器没有漏电；前、后驱控制器、空调配电盒、车载充电器以及线束的四个模块的绝缘性良好。

③ 检测PTC暖水加热器、空调压缩机等正负母线，绝缘阻值分别测为58.9MΩ和57AMΩ，检测电动空调的绝缘为47.6MΩ，排除压缩机的漏电故障。

④ 断开前驱动电机控制器的高压输出端，用兆欧表分别测量前电机的A相、B相、C相对地绝缘阻值，均为无穷大，排除前电机漏电；用同样的方法测量后电机的A相、B相、C相对地绝缘阻值，也是无穷大，排除后电机漏电。

⑤ 拔出动力电池正、负极高压母线，使用兆欧表测量高压配电箱的正极母线对地绝缘阻值为 123.5MΩ，排除高压配电箱的绝缘问题。

⑥ 检测动力电池（图 8-1-7）。

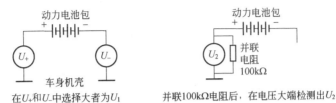

图 8-1-7　绝缘电阻计算公式中电压测量

找到动力电池包的低压接插头，连接 12V 电源使动力电池内部的分压接触器吸合，正常。测量动力电池电压为 700V，正常。测量动力电池正极对车身接地，电压为 0。测量动力电池负极对车身接地，电压为 690V；取两个电压中的大值，取电池包正、负对地电压的大值，将负极的 690V 作为计算公式中的 U_1 电压。

在万用表的两表笔之间并联一个 110kΩ 的电阻，检测电池包的负极对车身机壳的电压，得测量值为 605V，作为计算绝缘电阻公式中的 U_2 电压。

按电动汽车国际规定的绝缘漏电公式进行计算，$K = \dfrac{\dfrac{U_1 - U_2}{U_2} R}{U} = \dfrac{\dfrac{690 - 605}{605} \times 110000}{720} =$ 21.46（Ω/V），得出当量绝缘值为 21.46Ω/V，动力电池内部的绝缘电阻过小（21.46Ω/V＜100Ω/V），说明动力电池包内部确实存在严重漏电的故障。

更换动力电池总成后，故障排除。

8.1.5　EV 功能受限

（1）车辆信息　车型：比亚迪元 EV 纯电动汽车。里程：55214km。

（2）故障现象　仪表报：EV 功能受限，无法行驶。

（3）故障诊断　导致故障的原因有：电池管理器故障；动力电池包故障；充配电总成故障；电动压缩机或 PTC 故障。

使用电脑诊断仪读取 BMS 故障码为 P1A0100———般漏电故障，当前故障。

使用诊断仪进入电池管理器查看数据流，绝缘阻值为 241kΩ，为异常；对高压系统进行漏电检查，断开低压电池负极，检查外围高压用电器。

断开 PTC、电动压缩机，用兆欧表测量 PTC 及电动压缩机正负极母线输入端，测量车身电阻为 11MΩ，对比标准≥ 2MΩ，都为正常，故判断 PTC 和电动压缩机正常。

断开动力电池包正负极母线，测量充配电正负极输入母线对地电阻为 11MΩ，判断充配电总成正常。

测量电机控制器输出端及电机三相线，测量其母线对地电阻均大于 2MΩ，属于正常。由此可初步排除驱动电机、电机控制器、充配电总成、PTC、电动压缩机故障（图 8-1-8）。

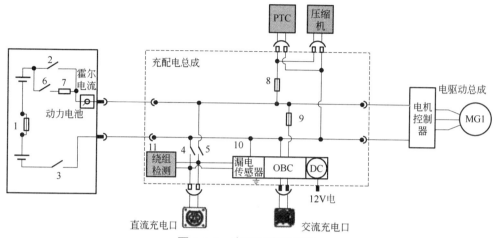

图 8-1-8　高压用电器连接

用电池包检测工装对内部接触器通电，测量电池包输出端电压并记录。正极对壳体 U_0：36.6V。负极对壳体 U_1：331V。正负表笔并联 100kΩ 电阻，对负极测量为 U_2：120V。

按照以下公式计算绝缘阻值。

① 不漏电：$\dfrac{\dfrac{U_1-U_2}{U_2}R\left(1+\dfrac{U_0}{U_1}\right)}{电池包最大工作电压} > 500\Omega/V$

② 漏电：$\dfrac{\dfrac{U_1-U_2}{U_2}R\left(1+\dfrac{U_0}{U_1}\right)}{电池包最大工作电压} \leq 500\Omega/V$

其中，电池包最大工作电压 = 车辆铭牌上动力电池系统额定电压 ×1.15。

结合漏电测量公式计算得出 464.89Ω/V，低于标准 500Ω/V，判断为电池包漏电，更换动力电池包后故障排除。

8.2　断电故障

8.2.1　纯电动车辆不能上电

（1）车辆信息　车型：长安逸动纯电动汽车。里程：67543km。

（2）故障现象　车辆不能上电。

（3）故障诊断　仪表板的动力电池故障指示灯、系统故障指示灯、动力电池断开指示灯及爬行模式指示灯点亮，车辆无法"ready"，不能换挡行驶。

① 读取故障码。用电脑诊断仪对车辆进行检测，电池管理系统（BMS）中存在 2 个故障码：P1B08——单体电压过高，四级故障，P1B0B——单体电压过低，四级故障，

均为静态故障。

故障码生成的原因：当车辆 BMS 监测到动力电池单体电压过低和过高时，故障诊断仪通过读取的数据流生成故障码。因此可以初步确认，该车辆因为动力电池的单体电压压差过大，超过规定标准，所以引发动力电池故障。

② 读取 BMS 数据流。读取电池管理系统的数据流，发现动力电池单体电压最高为 4.5V，最低为 0，对应的电池单体编号分别为 6 号和 22 号。该车辆采用的是三元锂电池，单体最高电压为 4.2V。根据故障现象以及上述检测，怀疑故障原因可能有：BMS 单体采集电路故障、BMS 单体信息采集模块故障、电池单体故障。

③ 检查单体电池电压。分解动力电池总成，使用万用表测量动力电池的 6 号和 22 号单体电压，发现 6 号单体电压确实高达 4.5V（单体电池最高电压为 4.2V），确认单体电压过高故障；而 22 号单体电压测得为 3.7V，正常。由此说明，可能是单体电压采集线束或者 BMS 单体信息采集模块出现了故障。

④ 检查采集线束。使用万用表对采集线束的通断性进行测量，发现采集线束的电阻均低于 0.1Ω，采集线路无故障，因此故障点集中在 BMS 单体信息采集模块上。与用户沟通得知，BMS 控制单元的确进行过维修，但是未能修好。维修人员随后更换了同型号已确认没有问题的拆车件 BMS 控制单元。

⑤ 再次检查动力电池单体电压。动力电池 6 号单体电压为 4.5V，高于该车型单体最高电压 4.2V，因此 6 号单体一定是因为强充导致的过充。对动力电池单体电压进行测量，结果 1～6 号单体电压为 4.5V，23～46 号单体电压均为 4.1V 左右，其他电压均为 3.7V 左右。

根据测量结果，需要将 23～46 号单体电压降至 3.7V。而由于 1～6 号单体电压过高，需要检查 1～6 号电池是否存在鼓包现象。检查发现，1～6 号电池单体的确有鼓包现象，因此需要更换 1～3 号电池模组，也就是 1～6 号电池单体的位置。

更换 1～3 号电池模组，并对电池单体做均衡后，故障排除。

8.2.2 混合动力车辆无法上电

（1）车辆信息　车型：上汽荣威 eRX5 油电混合动力车型。里程：43267km。

（2）故障现象　车辆无法上电。

（3）故障诊断

① 使用电脑诊断仪读取故障码：P1E0F——电芯温差过大；P1E75——电池单体温度过高；P1E76——电池单体严重过温；P1A99——HCU 报告电池管理系统 BMS 故障；P1AF6——高压互锁故障，下电；P0A0C——主高压互锁回路失效。

故障车处于冷车状态，单体电池最高与最低温差过大，但电池冷却液正常。

② 使用电脑诊断仪读取数据流，发现 CMU03 位置单体温度达到 76℃，高于其他电池组温度，其他电池组温度都在 13～29℃之间（表 8-2-1）。

③ 检查动力电池外围。发现电池包壳体有变形，说明电池包内部有损伤。出现故障码 P0A0C，说明变形导致互锁回路失效。初步判断，电池包外部壳体损伤，使得内部电池变形而损坏单体电池结构，导致电池过温。BMS 接收到过温数据后会发出"下电"指令，车辆禁止"上电"（表 8-2-2）。

表 8-2-1　车辆电池组数据流（1）

数据流	温度/℃	数据流	温度/℃
电芯监控单元［CMU01］监控电池温度信号 2	29.0	电芯监控单元［CMU04］监控电池温度 1	29.0
电芯监控单元［CMU01］监控电池温度信号 1	29.0	电芯监控单元［CMU04］电路板温度	31.0
		高压电池单体最高温度	76.0
电芯监控单元［CMU02］监控电池温度信号 2	29.0	BMS 冷却液温度	29.0
		电芯监控单元［CMU05］监控电池温度 2	29.0
电芯监控单元［CMU02］监控电池温度信号 1	29.0		
电芯监控单元［CMU02］电路板温度	31.0	电芯监控单元［CMU05］监控电池温度 1	29.0
电芯监控单元［CMU03］监控电池温度 2	29.0	电芯监控单元［CMU05］电路板温度	31.0
电芯监控单元［CMU03］监控电池温度 1	76.0	电芯监控单元［CMU06］监控电池温度 2	29.0
		电芯监控单元［CMU06］监控电池温度 1	29.0
电芯监控单元［CMU03］电路板温度	31.0		
电芯监控单元［CMU04］监控电池温度 2	29.0	电芯监控单元［CMU06］电路板温度	31.0

表 8-2-2　车辆电池组数据流（2）

序号	项目	数值	单位
1	蓄电池电压	11.0	V
2	实际里程数	43267	km
3	点火开关 3 挡（启动）网络信号	关	
4	发动机运行激活状态网络信号	关	
5	点火开关 2 挡（运行）网络信号	开	
6	点火开关 1 挡（辅助）网络信号	开	
7	点火开关 3 挡（启动）电路信号	关	
8	发动机运行激活状态网络信号	关	
9	点火开关 2 挡（辅助）电路信号	开	
10	点火开关 1 挡（辅助）电路值号	开	
11	日期时间信息（年 - 月 - 日）	2021-8-14	
12	日期时间信息（时∶分∶秒）	15∶1∶03	
13	高压电池 SOC	93.6	%
14	高压电池包电池单体最高电压	4.083	V
15	高压电池包高电压电池单体位置	15	

续表

序号	项目	数值	单位
16	高压电池最小单体电压	4.069	V
17	高压电池包最低电压电池单体位置	25	
18	高压电池单体最高温度	77.0	℃
19	高压电池包最高电压电池单体位置	12	
20	高压电池单体最低温度	28.0	℃
21	高压电池包最低电压电池单体位置	22	
22	BMS 运行状态	故障	
23	高压电池电流	0	A
24	高压系统绝缘电阻值	1808.0	kΩ
25	BMS 与车辆之间 HVIL 电路状态	高压互锁开关已打开	
26	BMS 与充电器之间 HVIL 电路状态	高压互锁开关已合上	
27	高压总线电压	初始化	V
28	高压电池电压	368.00	V
29	高压电池管理系统 BMS 故障状态	按步骤紧急下电	
30	碰撞回路状态	碰撞未发生	
31	车速	0	km/h
32	BMS 冷却液温度	29.0	℃
33	高压电池包健康度 SOH	98.54	%

更换动力电池总成后，故障排除。

8.2.3 无法进入 Ready 状态

（1）车辆信息　车型：奥迪 A6Le-tron 混合动力车型。里程：21387km。

（2）故障现象　无法进入"Ready"状态。

（3）故障诊断　使用电脑诊断仪读取故障码（图 8-2-1）。在地址码 01 发动机控制

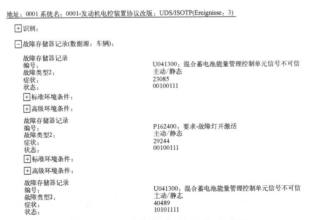

图 8-2-1　发动机控制单元内故障码

单元内有故障码：U041300——混合蓄电池能量管理控制单元信号不可信，主动/静态；P162400——要求故障灯开，激活且主动/静态；U041300——混合蓄电池能量管理控制单元信号不可信，主动/静态。

在地址码 8C 混合蓄电池管理控制单元内有故障码（图 8-2-2）：U01A000——蓄电池单格模块控制单元 1 无通信，主动/静态（系统有蓄电池单格模块控制单元 1～8 都无法通信 8 个故障码）；P0A8000——混合动力/高电压蓄电池更换，主动/静态。

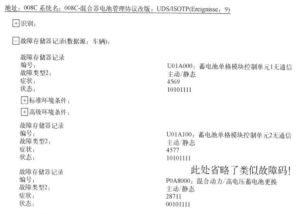

图 8-2-2　混合蓄电池控制单元内故障码

根据此引导型测试计划检查提示，该故障属于高压蓄电池 AX1 内部故障，需要更换高压蓄电池总成 AX1。

读取高压蓄电池模组单个电池的实时电压和电量，发现蓄电池模组 5 的第 59 号电池电量为 0，而其他单格电池电量均在 19%～20% 之间，说明 59 号单格蓄电池损坏。

更换高压蓄电池模组 5，并做电池均衡后，故障排除。

8.2.4　车辆无法启动

（1）车辆信息　车型：长城欧拉黑猫 R1。里程：8988km。

（2）故障现象　车辆无法启动。

（3）故障诊断

① 读取故障码。BMS 控制单元报故障码 P10E013——加热膜过温。查询资料，车辆动力蓄电池内有两个加热膜温度传感器，通过诊断仪无法读取加热膜温度相关数据。

② 检查加热膜温度传感器。测量温度传感器 1 电阻值为 78.7kΩ，测量温度传感器 2 电阻值 76.7kΩ，传感器 1 和传感器 2 做对比，没有太大区别，并与正常车辆传感器电阻值对比，也在正常范围内。

断开温度传感器 1、温度传感器 2 时，不启动车辆的情况下读取 BMS 都会报相应的传感器错误。

分别启动车辆 10～30min，发现在断开温度传感器 1 并连接温度传感器 2 时，除了报温度传感器 1 温度错误外，还报了加热膜过温，因为是温度传感器 2 连接出现的加热膜过温，所以可以确定是温度传感器 2 内部故障。

更换加热膜温度传感器 2 后，故障排除。

8.2.5 车辆行驶中熄火

（1）车辆信息　车型：丰田卡罗拉双擎混合动力。里程：120981km。

（2）故障现象　车辆行驶中熄火。

（3）故障诊断　使用电脑诊断仪读取故障码：P3021、P3022、P3023 和 P3024。

查询维修手册，发现故障码解释为动力电池故障。读取动力电池的电流、电压及温度等数据，发现电流与电压数据很低，判断动力电池内部故障。

拆开动力电池模块，发现右侧有鼓包，检测后发现 7 个模块因鼓包失效，确认故障原因就是动力电池内部故障。

由于鼓包导致电池组电压不足，因此控制单元接收到动力电池失效的信息，从而使发动机无法控制，行驶中出现熄火以及无法行驶的故障。

更换失效和鼓包的动力电池后，故障排除。

8.2.6 无法上电故障

（1）车辆信息　车型：奔驰 EQC400 纯电动汽车。里程：71638km。

（2）故障现象　无法启动，仪表台上的红色高压蓄电池报警灯点亮。

（3）故障诊断

① 使用电脑诊断仪读取故障码。车辆高压蓄电池电量为 99%，踩制动踏板同时按压启动开关，启动开关可以按下，但却无法上电，同时仪表台上红色高压蓄电池报警灯持续点亮。

尝试对车辆进行充电，充电口指示灯显示为黄色，无法充电，正常情况下充电时指示灯应为绿色常亮。

确认故障现象后，使用电脑诊断仪对车辆进行快速测试。在 N82/4 高压蓄电池管理模块中存有多个当前状态的故障码：

P0DE600——混合动力/高压蓄电池模块的单格电池电压过低；

P0DE700——混合动力/高压蓄电池模块的单格电池电压过高；

P0B4000——混合动力/高压蓄电池的电压传感器 B 存在电气故障；

P2C8B00——混合动力/高压蓄电池模块的传感器模块仍存在功能故障；

P0B4200——混合动力/高压蓄电池的蓄电池电压传感器 B 对地短路等。

为了排除电脑程序问题，尝试对车辆进行休眠断电、软件升级，升级成功后，车辆依旧无法启动，且故障码无法删除。

② 检查故障。排除软件因素后，查看故障码均指向单体电池电压过高或过低，以及蓄电池电压传感器。

分别进入 N82/3 和 N82/4 两个蓄电池管理模块，查看蓄电池的实际值。N82/3 蓄电池管理系统控制单元中，1～50 号蓄电池单体电池的实际值如图 8-2-3 所示；51～96 号单体电池电压实际值与 1～50 号相同，均超过标准实际值（4.2V）。查看 N82/4 蓄电池管理系统控制单元中，1～50 号的蓄电池单体电池的实际值（图 8-2-4），显示为"sna",无法测量单体电池的电压;51~96 号单体电池也无法显示电压值。

☆操作视频讲解
☆车间真实案例

No.	Name	Actual value	Specified value
594	Voltage of battery cell 1	4.23V	[2.00 .. 4.20]
642	Voltage of battery cell 2	4.23V	[2.00 .. 4.20]
051	Voltage of battery cell 3	4.23V	[2.00 .. 4.20]
863	Voltage of battery cell 4	4.23V	[2.00 .. 4.20]
816	Voltage of battery cell 5	4.23V	[2.00 .. 4.20]
313	Voltage of battery cell 6	4.23V	[2.00 .. 4.20]
562	Voltage of battery cell 7	4.23V	[2.00 .. 4.20]
274	Voltage of battery cell 8	4.22V	[2.00 .. 4.20]
241	Voltage of battery cell 9	4.23V	[2.00 .. 4.20]
788	Voltage of battery cell 10	4.23V	[2.00 .. 4.20]
017	Voltage of battery cell 11	4.23V	[2.00 .. 4.20]
774	Voltage of battery cell 12	4.23V	[2.00 .. 4.20]
958	Voltage of battery cell 13	4.23V	[2.00 .. 4.20]
331	Voltage of battery cell 14	4.23V	[2.00 .. 4.20]

图 8-2-3 N82/3 中单体电池电压实际值

No.	Name	Actual value	Specified value
594	Voltage of battery cell 1	sna	[2.00 .. 4.20]
642	Voltage of battery cell 2	sna	[2.00 .. 4.20]
051	Voltage of battery cell 3	sna	[2.00 .. 4.20]
863	Voltage of battery cell 4	sna	[2.00 .. 4.20]
816	Voltage of battery cell 5	sna	[2.00 .. 4.20]
313	Voltage of battery cell 6	sna	[2.00 .. 4.20]
562	Voltage of battery cell 7	sna	[2.00 .. 4.20]
274	Voltage of battery cell 8	sna	[2.00 .. 4.20]
241	Voltage of battery cell 9	sna	[2.00 .. 4.20]
788	Voltage of battery cell 10	sna	[2.00 .. 4.20]
017	Voltage of battery cell 11	sna	[2.00 .. 4.20]
774	Voltage of battery cell 12	sna	[2.00 .. 4.20]
958	Voltage of battery cell 13	sna	[2.00 .. 4.20]
331	Voltage of battery cell 14	sna	[2.00 .. 4.20]

图 8-2-4 N82/4 中单体电池电压实际值

对故障码 P2C8B00 进行引导测试,可能的故障原因有:电池管理系统控制单元 N82/4 有缺陷;A100(高压电池模块)内部组件存在缺陷。进一步的维修建议是:查看实际值的合理性。前面已经检查过实际值,单体电池不在标准范围内,且部分单体电池的电压无法读取,结合故障码引导测试,可能是 A100 内部的蓄电池管理模块损坏或者内部电池组损坏,需要更换 A100 高压蓄电池总成。更换高压蓄电池后对高压蓄电池进行试运行,车辆可以正常启动,单体电池电压正常,该车故障被彻底排除。

8.3 能量回收故障

8.3.1 车辆行驶中无能量回收

(1)车辆信息 车型:比亚迪秦混合动力车型。里程:32881km。

(2)故障现象 车辆在混合动力模式下行驶,仪表上的能量传递图上无电池包能量回收显示。

(3)故障诊断 使用电脑诊断仪读取高压 BMS 故障码,内容为单节电池电压高故障。

单节电池电压是通过各电池模组的 BIC 采集的,通过 CAN 线反馈至高压 BMS,因此导致单节电池电压高的故障原因有:电池模组故障、BIC 故障。

① 使用电脑诊断仪进入高压 BMS，选择"读取数据流"，如表 8-3-1 所示，读取的最高电压为 3.547V，最高电池为 48。

表 8-3-1　高压电池管理器 BMS 数据流

项目	数值	单位	项目	数值	单位
当前总电压	491	V	最高电压	3.547	V
当前总电流	1.6	A	低温电池	27	
SOC	12%		最低温度	35	℃
低压电池	125		高温电池	46	
最低电压	3.182	V	最高温度	39	℃
高压电池	48				

② 进入高压 BMS，选择"模组电池信息"，分别读取 10 个模组中的"最高单节电池电压"，确认 3 号模组中最高电压为 3.55V，电池号编号为 14，与数据流中的最高单节电池电压相同，因此判定电池包中单节电池电压高的电池在 3 号模组中的 14 号电池。

③ 根据电池包各模块内电池数量的差异，1 号、3 号、5 号 BIC 可以进行互换，于是将 3 号、5 号 BIC 进行对调，再次确认 3 号模组与 5 号模组的最高电池电压，发现最高电压 3.55V 的电池在 5 号模组中，于是判断 3 号模组故障。

更换 3 号模组后故障排除。

8.3.2　车辆行驶里程短

（1）车辆信息　车型：长城欧拉 R1。里程：22112km。

（2）故障现象　车辆行驶里程短。

（3）故障诊断　车辆行驶里程短，充满电行驶 50km 左右，显示电量报警，提示需要充电。慢充充电不到 2h 就可以充满电。正常情况下，车辆匀速行驶 40～60km，环境温度在 5℃以上，是可以达到公告续航里程的。实测正常车辆在亏电至充满电慢充一般是 8～12h。

检查车辆在启动情况下有无异常放电，比如空调压缩机、PTC（空调制热）等电气系统异常工作，未发现异常。检查多媒体大屏系统里面的新能源部分，发现车辆车况提示充电枪插入加热状态，这一项不正常。实际未插枪，并且当时的环境温度在 6℃左右，如果车辆当时在充电也不会启动加热功能。

发现异常点，需要确定车辆是否实际在加热，通过电池管理系统 BMS 数据可以查看。欧拉电池包内部每块模组内部有 6 个串联单体电芯和 2 个单体温度传感器，此车型有 15 个模组。通过诊断仪进入 BMS 可以读取单体电芯的电压和模组的温度。用诊断仪读取电池包温度，最高为 25℃，最低为 15℃，差值达到 10℃报警界限。

读取故障码，BMS 有 P103201——电池温度不均衡 1 级，故障码与温度差值异常报警数据匹配。根据电池包内温度分析，确实在加热。读取正常车辆电池包温度在 8℃

左右，比环境温度高 1～2℃（车辆行驶过程中电池包离子流动输出动力发热，外部壳体风冷又在散热）（图 8-3-1）。

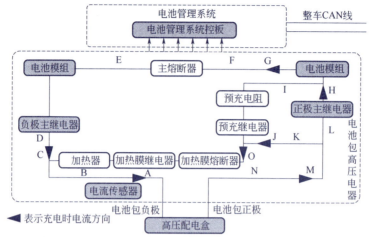

1. 当电池包初始温度<-20℃时，只加热不充电。
2. 当加热至温度≥-20℃时，边加热边充电。
3. 当加热至温度≥0℃时，只充电。若温度降到≤-5℃，则边加热边充电。
4. 当动力电池包温度≥0℃且<55℃时，只充电，不加热。
5. 当温度≥55℃时，禁止充电。

图 8-3-1　动力电池启动加热工作范围

确定电池包内部实际状态确实在加热，检查 BMS 电池管理系统内部数据，并对比 BMS 版本信息，发现版本信息比较旧，尝试刷新观察多媒体大屏，不再显示加热，续航里程对比当时的单体电压在 3.8V 左右，正常车辆续航在 200km 以上，此车辆只有 38km，还是有异常。尝试断开蓄电池线负极 30min 左右，再次查看续航里程，恢复至 223km，可通过观察仪表上面的动力电池总电压判断，在电压没有变化的情况下，续航里程由 38km 直接升至 223km，故障排除。

8.4　动力受限故障

8.4.1　动力不足

（1）车辆信息　车型：丰田凯美瑞混合动力汽车。里程：171231km。

（2）故障现象　车辆无法加速。

（3）故障诊断　车辆显示屏显示"检查混合动力系统"，同时仪表上故障灯和安全指示灯都同时点亮，且车辆无法加速。

① 使用电脑诊断仪读取故障码。故障码为 P0A80——更换混合型电池组。查阅维修手册，关于故障码的描述为：蓄电池单元之间的电压差大于标准值（图 8-4-1）。可能的故障部位为：HV 蓄电池、蓄电池智能单元。

② 使用电脑诊断仪检测各蓄电池单元电压。根据表 8-4-1 所示各组奇数组和偶数组之间蓄电池单元电压，检查各组电压差是否为 0.3V 或更高。故障车 HV 蓄电池单元

第8章 动力电池常见故障

电压实际测量值如图 8-4-2 所示,可以看出,HV 蓄电池组中 V07 与 V08 单元的电压压差为 1.46V,大于 0.3V,其他各组电压差值都小于 0.3V,因此,可基本排除因蓄电池智能单元引起的故障。

DTC代码	检测项目	DTC检测条件
P0A80	更换混合动力蓄电池组	蓄电池单元之间的电压差大于标准值(双程检测)

故障部位	MIL	警告指示
• HV蓄电池 • 蓄电池智能单元	亮起	主警告灯: 亮起

图 8-4-1 故障码描述

表 8-4-1 HV 蓄电池单元电压压差检查表

奇数组	偶数组	对比蓄电池单元电压
Battery Block Vol-V01	Battery Block Vol-V02	蓄电池单元 Vol-V01 → Vol-V02
Battery Block Vol-V03	Battery Block Vol-V04	蓄电池单元 Vol-V03 → Vol-V04
Battery Block Vol-V05	Battery Block Vol-V06	蓄电池单元 Vol-V05 → Vol-V06
Battery Block Vol-V07	Battery Block Vol-V08	蓄电池单元 Vol-V07 → Vol-V08
Battery Block Vol-V09	Battery Block Vol-V10	蓄电池单元 Vol-V09 → Vol-V10
Battery Block Vol-V11	Battery Block Vol-V12	蓄电池单元 Vol-V11 → Vol-V12
Battery Block Vol-V13	Battery Block Vol-V14	蓄电池单元 Vol-V13 → Vol-V14
Battery Block Vol-V15	Battery Block Vol-V16	蓄电池单元 Vol-V15 → Vol-V16
Battery Block Vol-V17	Battery Block Vol-V18	蓄电池单元 Vol-V17 → Vol-V18

ECU Control Mode	0		
Standby Blower Request	OFF		
Temp of Batt TB1	35.6	C	
Temp of Batt TB2	37.8	C	
Temp of Batt TB3	37.6	C	
Temp of Batt TB4	35.7	C	差值
Battery Block Vol -V01	14.39	V	0.2V
Battery Block Vol -V02	14.19	V	
Battery Block Vol -V03	14.12	V	0.2V
Battery Block Vol -V04	13.92	V	
Battery Block Vol -V05	12.16	V	0.05V
Battery Block Vol -V06	12.11	V	
Battery Block Vol -V07	13.38	V	1.46V
Battery Block Vol -V08	11.92	V	
Battery Block Vol -V09	13.53	V	0.03V
Battery Block Vol -V10	13.56	V	
Battery Block Vol -V11	13.78	V	0.17V
Battery Block Vol -V12	13.95	V	
Battery Block Vol -V13	14.09	V	0 V
Battery Block Vol -V14	14.09	V	
Battery Block Vol -V15	14.02	V	0.2V
Battery Block Vol -V16	14.22	V	
Battery Block Vol -V17	14.36	V	0.27V 与14s对比

图 8-4-2 HV 蓄电池单元电压实际测量值

查看 HV 蓄电池相关数据值,4 个蓄电池温度传感器数值均在正常范围内,蓄电池单元电压中第 5、6 和 8 单元电压值较其他单元电压明显偏低,尤其是第 8 单元电压只有 11.92V(标准值为 12 ~ 20V),已经低于标准值,且与最高单元电压值差达 2.47V,说明 HV 蓄电池性能已经开始下降。当蓄电池组之间的电压差值达到 1.2V 时,故障灯就会点亮，同时存储 P0A80 故障码及停帧数据（图 8-4-3）。

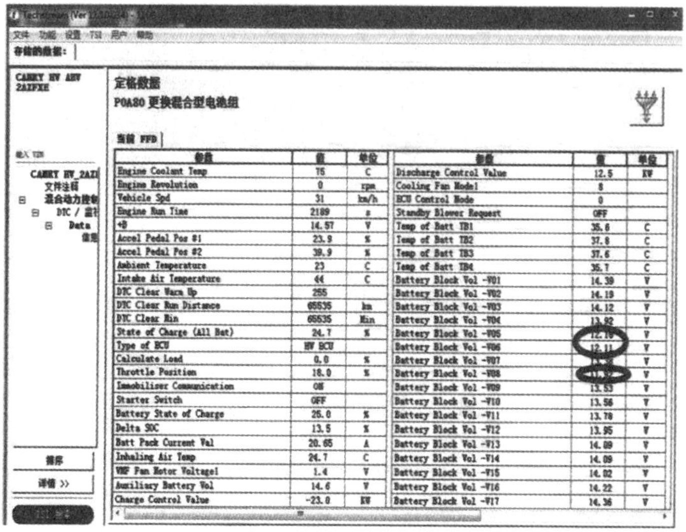

定格数据

P0A80 更换混合型电池组

参数	值	单位	参数	值	单位
Engine Coolant Temp	75	C	Discharge Control Value	12.5	KW
Engine Revolution	0	rpm	Cooling Fan Mode1	8	
Vehicle Spd	31	km/h	ECU Control Mode	0	
Engine Run Time	2189	s	Standby Blower Request	OFF	
+B	14.57	V	Temp of Batt TB1	35.6	C
Accel Pedal Pos #1	23.9	%	Temp of Batt TB2	37.8	C
Accel Pedal Pos #2	39.9	%	Temp of Batt TB3	37.6	C
Ambient Temperature	23	C	Temp of Batt TB4	35.7	C
Intake Air Temperature	44	C	Battery Block Vol -V01	14.39	V
DTC Clear Warm Up	255		Battery Block Vol -V02	14.19	V
DTC Clear Run Distance	65535	km	Battery Block Vol -V03	14.12	V
DTC Clear Min	65535	Min	Battery Block Vol -V04	13.92	V
State of Charge (All Bat)	24.7	%	Battery Block Vol -V05	[illegible]	V
Type of ECU	HV ECU		Battery Block Vol -V06	12.11	V
Calculate Load	0.0	%	Battery Block Vol -V07	[illegible]	V
Throttle Position	18.0	%	Battery Block Vol -V08	[illegible]	V
Immobiliser Communication	ON		Battery Block Vol -V09	13.53	V
Starter Switch	OFF		Battery Block Vol -V10	13.56	V
Battery State of Charge	25.0	%	Battery Block Vol -V11	13.78	V
Delta SOC	13.5	%	Battery Block Vol -V12	13.95	V
Batt Pack Current Val	20.65	A	Battery Block Vol -V13	14.09	V
Inhaling Air Temp	24.7	C	Battery Block Vol -V14	14.09	V
VMF Fan Motor Voltage1	1.4	V	Battery Block Vol -V15	14.02	V
Auxiliary Battery Vol	14.6	V	Battery Block Vol -V16	14.22	V
Charge Control Value	-23.0	KW	Battery Block Vol -V17	14.36	V

图 8-4-3　数据流（1）

③ 检查 HV 蓄电池。拆下 HV 蓄电池进行检查，从外观看，无液体泄漏痕迹，也未见其他明显异常。

拆开 HV 蓄电池外壳，拆开冷却鼓风机，扇叶表面及机壳内侧也附着有大量灰尘。导致 HV 蓄电池散热不良，长期温度过高，混合动力控制 ECU 根据接收的蓄电池温度信号对 HV 蓄电池充电电压和电流进行控制，长期充电量不足，从而导致 HV 蓄电池性能下降。

（4）故障排除　清除散热风扇的灰尘，清除故障码，再次读取 HV 蓄电池数据流，电压正常（图 8-4-4）。

参数	值	单位
Max Battery Block No	2	
Battery Block Vol -V01	16.29	V
Battery Block Vol -V02	16.32	V
Battery Block Vol -V03	16.32	V
Battery Block Vol -V04	16.29	V
Battery Block Vol -V05	16.32	V
Battery Block Vol -V06	16.29	V
Battery Block Vol -V07	16.32	V
Battery Block Vol -V08	16.29	V
Battery Block Vol -V09	16.32	V
Battery Block Vol -V10	16.29	V
Battery Block Vol -V11	16.32	V
Battery Block Vol -V12	16.32	V
Battery Block Vol -V13	16.29	V
Battery Block Vol -V14	16.29	V
Battery Block Vol -V15	16.32	V
Battery Block Vol -V16	16.32	V
Battery Block Vol -V17	16.32	V
Internal Resistance R01	0.019	ohm
Internal Resistance R02	0.019	ohm
Internal Resistance R03	0.019	ohm
Internal Resistance R04	0.019	ohm
Internal Resistance R05	0.019	ohm
Internal Resistance R06	0.019	ohm
Internal Resistance R07	0.019	ohm
Internal Resistance R08	0.019	ohm
Internal Resistance R09	0.019	ohm

图 8-4-4　HV 蓄电池正常数据流

8.4.2 续航下降

（1）车辆信息　车型：北汽 EX360 纯电动汽车。里程：75412km。

（2）故障现象　续航下降。

（3）故障诊断　剩余续驶里程是根据可用容量进行计算的，当出现上述现象时，是由于 SOC 为 100% 时可用容量未达到满电容量导致。

使用电脑诊断仪读取故障码，动力电池组无故障码。检查数据流未发现明显故障现象，需进一步检查。

拆卸高压蓄电池，检查动力电池组压差情况，模组 3 红色区域为 cell 4：4.023V，比其他模组电压低，需充电。

连接充电器，在子控制器中找到模组 3 号接线，直接充电，电流为 0.8A，连续补电 10～12h，电压充到 4.9V，完成充电。

完成充电作业，安装蓄电池盖后检查气密性，加压 4kPa，保压时间 30s，查看有无泄漏现象。

将动力电池装车后，电量充至 100%，仪表显示续驶里程为 318km，故障排除。

8.4.3 SOC 跳变

（1）车辆信息　车型：比亚迪宋 DM 混合动力汽车。里程：21234km。

（2）故障现象　车辆在正常行驶时仪表上电池 SOC 直接从 70% 跳变到 0，仪表显示 EV 功能受限。

（3）故障诊断　原因分析：电池包故障、高压配电箱故障、电池管理器故障。

使用电脑诊断仪检查电池管理器，没有发现故障，查看电池数据流，没有异常；试车过程中发现 SOC 电量下得特别慢，回店里充电时发现组合仪表显示充电功率只有 0.2kW；充电时使用电脑诊断仪检查 OBC 车载充电器，数据流显示交流测功率为 3.201kW；观察 OBC 数据，未见异常；考虑到霍尔电流传感器有故障会导致 BMS 计算出的充电功率错误，更换高压配电箱试车，故障没有排除，测量高压配电箱霍尔电流传感器正负电压，都在 15V 左右，说明正常；更换电池管理器，试车，故障排除。

8.4.4 车辆无法加速

（1）车辆信息　车型：荣威 E550 混合动力汽车。里程：28234km。

（2）故障现象　车辆无法加速。

（3）故障诊断　使用电脑诊断仪对车辆进行整车诊断，在混动控制模块（HCU）、电机控制模块（EDU）与电池管理器（BMS）中有多个历史故障码（表 8-4-2）。

表 8-4-2　故障车上相关系统存储的故障码

序号	故障码	故障类型	定义	状态
1	P1A9F	00	高压电池请求点亮故障灯	历史
2	P1A0E	00	高压电池包输出功率受限	历史

续表

序号	故障码	故障类型	定义	状态
3	U1994	87	HCU_HSC2_FrP01 帧超时故障	历史
4	U168D	87	HCU_HSC2_FrP02 帧超时故障	历史
5	U1688	87	HCU_HSC2_FrP03 帧超时故障	历史
6	U1997	87	HCU_HSC2_FrP05 帧超时故障	历史
7	U1890	87	HCU_HSC2_FrP06 帧超时故障	历史
8	P1C93	00	DC/DC 侧高压信号丢失	历史

电池控制器（BMS）中的 POB1300 故障码定义为：CAB 电流传感器电流值与 LEM 电流传感器的电流值不一致。CAB 电流传感器安装在电池模组负极端，用于检测回路的电流值，LEM 电流传感器安装在电池模组正极端，用于检测放电的电流值，这两个传感器所测的信号全部会传输给电池控制器 BMS，BMS 根据两个传感器的电流值来判断电池模组充放电时是否正常。如果两个传感器误差较大，混动控制模块（HCU）将请求点亮故障灯。

连接诊断仪，进入电池控制器（BMS）读取高压电池包的实时数据，其中"高压电池包电池组电流 -LEM"的数据为 -1.275A（图 8-4-5），而正常车辆的这组数据为 -0.425A，存在明显的偏差。这也与故障码 P0B1300 的定义是一致的。

正常车LEM传感器实时数据		
高压电池包总线电压	1023.5	V
高压电池电压	302.75	V
高压电池包电池组电流-ASIC	0	A
高压电池包电池组电流-LEM	-1.275	A
高压系统绝缘电阻	8190.5	kΩ

故障车LEM传感器实时数据		
高压电池包总线电压	3	V
高压电池电压	302.5	V
高压电池包电池组电流-ASIC	0	A
高压电池包电池组电流-LEM	-0.425	A

图 8-4-5　LEM 传感器数据流

更换 LEM 传感器后，故障排除。

8.4.5　无法启动故障

（1）车辆信息　车型：奥迪 Q7e-tron。里程：34234km。

（2）故障现象　车辆无法启动。

（3）故障诊断　该车仪表 e-tron 红灯报警，显示"电力系统：故障！请安全停止车辆"，车辆无法启动（图 8-4-6）。

① 使用诊断仪读取故障码。诊断地址 8C 高压蓄电池控制单元一直存储故障码：

U059B00——蓄电池隔离开关不可信信号，主动 / 静态；

P0AC000——混合动力/高电压蓄电池电流测量传感器1不可信信号,被动/偶发;
P0B0F00——混合动力/高电压蓄电池电流测量传感器2不可信信号,被动/偶发。

② 使用引导型故障查询进行检查。诊断地址51电气驱动没有存储静态故障码。根据引导型故障查询指向高电压蓄电池配电箱-SX6(蓄电池开关盒BJB)。

③ 换件测试。尝试更换高电压蓄电池配电箱-SX6,试车,故障排除(图8-4-7)。

图 8-4-6　仪表报故障(1)

图 8-4-7　高电压蓄电池配电箱-SX6

8.4.6　转速限制

(1)车辆信息　车型:A6 Le-tron。里程:55412km。

(2)故障现象　该车仪表e-tron红灯报警,显示"电动驱动:系统故障",同时仪表显示变速箱故障及转速限制(图8-4-8)。

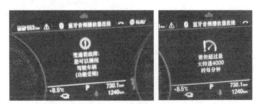

图 8-4-8　仪表报故障(2)

(3)故障诊断

① 使用诊断仪读取故障码。诊断地址51高压蓄电池控制单元一直存储故障码:P33D800——电力电子装置控制单元电源模块2内部故障,主动/静态。

诊断地址01显示故障码:U041100——电力电子装置控制单元,电驱动装置不可信信号,被动/偶发。

② 使用引导型故障查询进行检查。引导型故障查询显示需更换J841控制单元(JX1电驱动功率电子装置)。

③ 确认故障。为更进一步确认与试驾车进行互换JX1电驱动功率电子装置,可以正常启动,故障消失,通过试车后故障再现。检查电驱动功率电子装置JX1与变速箱三相交流驱动VX54连接线时发现,只要晃动线路故障就会出现高怠速现象,仪表故障灯报警。同时线路拆卸时发现,电动机功率接口U处缺少一个卡环,这将影响屏蔽效果(图8-4-9)。

确认电驱动功率电子装置JX1与变速箱三相交流驱动VX54连接的高压线束问题。更换变速箱三相交流驱动VX54连接的高压线束(图8-4-10)后,故障排除。

图 8-4-9 故障线束

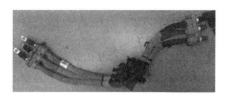
图 8-4-10 高压线束

8.4.7 车辆无法启动

（1）车辆信息　车型：A6Le-tron。里程：61412km。

（2）故障现象　该车仪表 e-tron 红灯报警，显示"电动驱动：系统故障！请安全停止车辆"，车辆无法启动。

（3）故障诊断

① 使用诊断仪读取故障码。诊断地址 8C 高压蓄电池控制单元一直存储故障码（图 8-4-11）：

图 8-4-11 故障码（1）

P0AFC00——混合动力/高电压蓄电池传感器故障，被动/偶发；

或伴有 P0B2000——混合动力/高电压蓄电池总电压 4 对地短路，被动/偶发。

诊断地址 51 电气驱动没有存储故障码。

注意：若诊断地址 51 电气驱动存储故障码，需排除功率电子单元本身故障。诊断地址 8C 高压蓄电池控制单元一直存储故障码：

P0AFC00——混合动力/高电压蓄电池传感器故障，被动/偶发；

或伴有 P0B2000——混合动力/高电压蓄电池总电压 4 对地短路，被动/偶发。

② 使用引导型故障查询进行检查。根据引导型故障查询指向高电压蓄电池开关盒 -SX6（蓄电池开关盒 BJB）（图 8-4-12）。

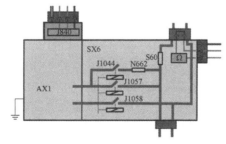
图 8-4-12 蓄电池开关盒 BJB 结构

③ 确认故障。尝试更换蓄电池开关盒 BJB，试车，故障排除。

第9章 驱动电机常见故障

9.1 电机过热故障

9.1.1 驱动电机过热

（1）车辆信息 车型：比亚迪秦混合动力车辆。里程：56112km。

（2）故障现象 车辆上OK挡，行驶一段时间后，无论是EV或HEV模式，散热器风扇一直高速运转，读取故障码为P1B0300IGBT——过温告警。

（3）故障诊断

① 电控模块冷却控制。在驱动电机控制器及DC总成内部，有三组单元在工作时会产生热量，分别为IPM（控制器内部智能功率控制模块）、IGBT（电机驱动模块）、电感，因此，在驱动电机控制器及DC总成内部有相应的水道对这三个部分进行冷却，电控模块冷却水路结构如图9-1-1所示。

电机电动水泵安装在右前部总成外侧保险杠骨架安装板附近。

当这几个部分工作温度超过一定范围时，驱动电机控制器及DC总成就会检测到，同时经过CAN网络传递给发动机EMS，EMS驱动冷却风扇继电器后，冷却风扇工作以快速冷却防冻液，以降低温度，以下为冷却风扇工作条件。

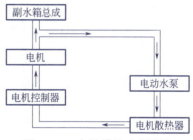

图9-1-1 电控模块冷却水路

a. 电机水温：47～64℃低速请求；＞64℃高速请求。

b. IPM：53～64℃低速请求；＞64℃高速请求；＞85℃报警。

c. IGBT：55～75℃低速请求；＞75℃高速请求；＞90℃限制功率输出；＞100℃报警。

d. 电机温度：90～110℃低速请求；＞110℃高速请求。

满足3个低速请求，电子风扇低速转；满足1个高速请求电子风扇高速转。

根据以上原理，可以分析出导致IGBT高温报警的原因：

a. 电机冷却系统防冻液不足或有空气；

b. 电机电动水泵不工作；

c. 电机散热器堵塞；

d. 驱动电机控制及 DC 总成本身故障；
　　② 检查故障。
　　a. 检查冷却系统，确认防冻液充足。
　　b. 上 OK 电后用手捏电机水管，确认有一定水压，触摸电动水泵，确认工作良好。
　　c. 使用电脑诊断仪读取驱动电机及 DC 总成内部数据流信息，从数据流可以看出，冷却液温度为 24℃，IPM 温度为 35℃，但 IGBT 温度已经高达 99℃，满足风扇高速运转的条件，因此，分析为 IGBT 本身故障导致温度异常。

更换驱动电机控制器及 DC 总成后，故障排除。

9.1.2　驱动电机过热

　　（1）车辆信息　车型：云度 πPro 乐派型纯电动汽车。里程：23112km。
　　（2）故障现象　驱动电机过热。
　　（3）故障诊断　当车辆行驶一段时间后，仪表出现电机过热的报警信息，然后车速被限制在 60km/h 左右。

　　用云度专用故障诊断仪对车辆进行测试，整车控制器存储有故障码 P191B96——IGBT 过温报警；电机控制器（MCU）存储有故障码 P0A4300——MCU 降功率故障。这 2 个故障码都指向 MCU，并且结合故障现象可以确定，故障码 P0A4300 是由 P191B96 引起的，即检查方向应该从 MCU 的冷却入手。

　　查询 P0A4300 的引导测试提示，结果要求检查冷却回路、电机温度传感器线束和更换电机控制器。按此提示，冷却回路正好与电机过热或 IGBT 过温直接相关。纯电动汽车的动力系统与传统车类似，需要冷却，其冷却回路同样是由水壶、散热器以及风扇等部件组成。

　　检查冷却液位，正常；冷却管路没有弯曲、折叠和泄漏等异常。用故障诊断仪驱动水泵，但没有听到水泵工作的声音，不正常。

　　根据水泵电路图得知（图 9-1-2），水泵由 VCU 通过继电器控制其供电，然后通过 E313 搭铁。另外，VCU 还通过 PWM 信号控制水泵的转速，水泵向 VCU 反馈自身的状态。

　　使用万用表测量供电和搭铁之间的电压，在 11.9V 左右，正常。测量这 2 个信号线导通良好，无短路情况。

　　为了确认是 VCU 没有控制水泵运转还是水泵自身故障没有运转，找来正常车的水泵与故障车替换，故障没有再出现，由此确定为水泵故障。

　　更换新的水泵后，故障排除。

9.1.3　仪表亮电机系统过热、功率限制指示灯

　　（1）车辆信息　车型：吉利纯电动汽车。里程：66124km。
　　（2）故障现象　车辆行驶几百米以后亮乌龟灯和电机及控制器过热灯，踩加速踏板无动力。

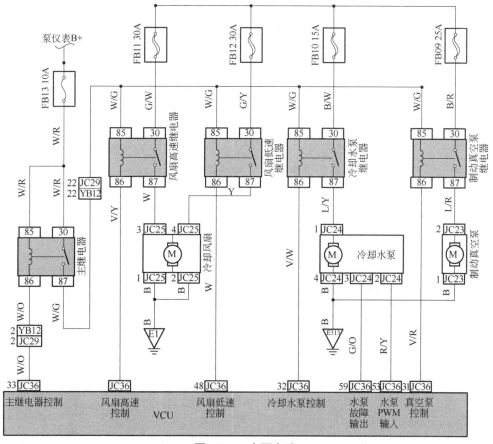

图 9-1-2　水泵电路

（3）故障诊断　使用电脑诊断仪读取故障信息，如下所示。

① P102904——电机控制器故障等级 1（限功率）。

② P102c04——电机属于限功率状态。

③ P112B00——DBC 过温检测。

④ P0A9300——冷却液过温故障。

驱动电机转子高速旋转会产生高温，热量通过机体传递，如果不加以降温，驱动电机无法正常工作，所以驱动电机机体内设置有冷却液道，通过冷却液的循环与外界进行热交换。这样能将驱动电机的工作温度保持在一定范围内，防止驱动电机过热。

如图 9-1-3 所示，检查冷却液液位，正常；检查冷却系统水管，没有发现瘪或者扭着的，管路正常。检查水泵电源及线路，实测水泵电源线束，没有问题，水泵工作几秒就停了，短接继电器还是一样，只要给电就工作几秒，然后就不工作了，由此判断水泵工作不正常。更换水泵后，故障排除。

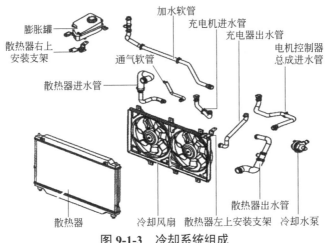

图 9-1-3　冷却系统组成

9.2　驱动异常故障

9.2.1　混合动力汽车纯电驱动故障

（1）车辆信息　车型：比亚迪宋 DM 混合动力车辆。里程：43212km。

（2）故障现象　纯电驱动故障。

（3）故障诊断　使用诊断仪检查，调出两个故障码：P1741——油泵电机故障；P175E——油泵电机不能正常启动。

纯电驱动模式与发动机驱动模式的基本差别在于车辆驱动的方式是不同的，纯电驱动方式利用驱动电机的旋转经减速，再传给主减速与差速器后，就能直接驱动车辆行驶。而发动机驱动模式则利用发动机输出的动力，需经过变速器后才能驱动车辆行驶。

这款混合动力车上装有手自一体式六速双离合自动变速器，操纵变速器的换挡装置需要用油压控制。两个故障码均是指向"油泵电机"，这款车上装有电机驱动的液压泵，通过电液模块来控制变速器的换挡。

用电脑诊断仪进入变速器控制器，从变速器运行的动态数据状况，分析油泵此时处于启动状态，但油泵转速却为 0，油泵供给压力为 0.05MPa，油泵启动占空比却高达 177，超出要求，显然无法满足运行的要求。

油泵电机采取三相交流供电，则需检查电液控制模块，通过图中油泵电机控制器，对油泵电机的供电状况，即控制器的变频功能进行检查。检测其上通信的 CAN 是正常的，直流供电也属正常的 13.8V，但三相交流输出 U、V、W 端却没有交流电输出，说明此油泵电机控制器已损坏，导致油泵电机不运转，使变速器无法挂挡，造成 HEV 驱动模式也随之丧失。

更换此油泵电机控制器模块，本车的发动机驱动模式恢复正常（图 9-2-1），故障排除。

9.2.2 车辆加速时仪表盘显示报警电动驱动：系统故障

（1）车辆信息　车型：奥迪 A6Le-tron。里程：22212km。

（2）故障现象　车辆加速时仪表盘显示报警"电动驱动：系统故障！安全停住汽车"，随后车辆无法启动（图 9-2-2）。

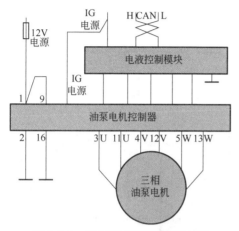

图 9-2-1　变速器的三相油泵电路

图 9-2-2　仪表报故障（3）

（3）故障诊断

① 使用电脑诊断仪读取故障码。诊断地址 51 功率电子模块存储故障码：

P0A6200——行驶电机 V 相电流过高，被动/偶发；

P0A6500，P0A6500——行驶电机 W 相电流过高，被动/偶发；

P0C5700——牵引电机 2 转子位置传感器 1 对地短路，被动/偶发。

② 使用引导型故障查询测试计划。引导型故障查询测试计划提示转子位置传感器（G713）故障，需更换，由于转子位置传感器（G713）集成在电驱动牵引电机内，综上判断该车需更换电驱动牵引电机总成（图 9-2-3）。

图 9-2-3　转子位置传感器（G713）

③ 确认故障。除了牵引电机 2 转子位置传感器 1 本身外，还需要考虑牵引电机与功率电子单元之间的通信信号线情况（图 9-2-4）。

检查牵引电机与功率电子单元之间的通信信号线，拉扯了线束，当时未发现问题，但行驶故障不再出现。

再次重点检查线束，发现其中一根由 JX1 到 VX51 的蓝白线有轻微磨破的现象（图 9-2-5），至此认为该车故障原因已找到。

行驶电机转子位置传感器 1 的信号线与发动机舱内的支撑有刮擦，加速时信号线与支撑物接触好，造成对地短路，Etron 灯报警，继而无法启动（图 9-2-6）。

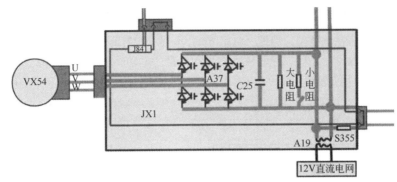

图 9-2-4 牵引电机与功率电子单元之间的通信信号线

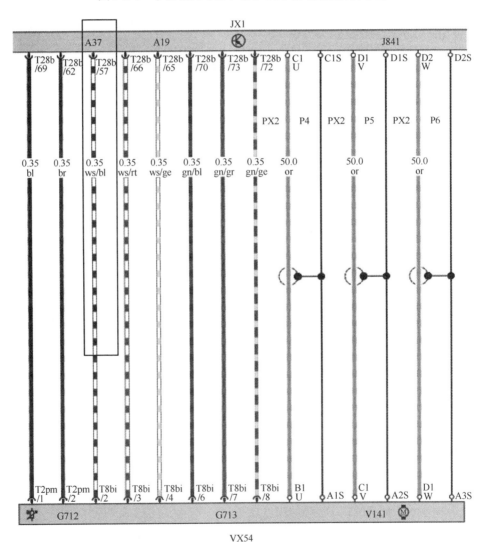

图 9-2-5 牵引电机电路

修复驱动电机信号线线束后，故障排除。

9.2.3 旋变故障

（1）车辆信息　车型：比亚迪秦混合动力车辆。里程：87212km。

（2）故障现象　车辆行驶过程中动力系统故障灯偶发点亮，同时仪表上ESP灯亮，提示请检查ESP系统。重新启动后，仪表上动力系统故障灯熄灭，此时ESP灯仍然点亮。

图9-2-6　线束有磨损

（3）故障诊断

① 使用电脑诊断仪读取故障码。驱动电机控制器报多个故障码，且无法清除。读取故障码为：

P1B1100——旋变故障，信号丢失；

P1B1200——旋变故障，角度异常；

P1B1300——旋变故障，信号幅值减弱。

ESP系统报故障码U059508——主电机CAN数据被破坏/中断（历史）。

② 检查故障。

a. EPS报出的故障码U059508属于通信类故障码，故障源并不在ESP上，而在主电机。

b. 主电机内部故障码说明驱动电机控制器无法正确采集到旋变信号，此种故障分3种情况，即电机内旋变检测异常、旋变小线故障、驱动电机控制器异常（图9-2-7）。

c. 旋变本身并不复杂，其主要目的是正常检测驱动电机工作时三相高压电与电机转子运转匹配情况，其工作原理类似磁感应式传感器。

图9-2-7　旋变传感器与驱动电机控制器

d. 检查发现，发动机启动后无法切换到EV模式，从电机驱动控制器数据可以看到故障循环出现的次数。

e. 读取故障码，内容为旋变信号丢失，旋变角度异常，旋变信号幅值减弱；电机缺A/B/C相，故障码可以清除。

f. 从驱动电机控制器端测量，旋变-励磁阻值为（9.6±2.0）Ω，旋变-正旋、余旋阻值为（16.3±2.0）Ω，阻值正常（图9-2-8）。

g. 根据故障检测次数与跟用户沟通，了解到故障是偶发性的，因此打开前舱盖，晃动旋变插头，此时发动启动了，很快又熄火了，故障灯点亮。

h. 分解电机端旋变插头针脚，针脚无异常。再安装旋变针脚及插头，路试故障未再出现，故障码不再出现。

i. 再次打开前舱盖并晃动旋变线束插头，发动机启动，并很快熄火，故障码再次出现，仪表ESP故障灯点亮。

j. 最后检查故障原因为与电机旋变对接的线束端针脚未压实导致线束虚接（图9-2-9）。修复故障线束后，故障排除。

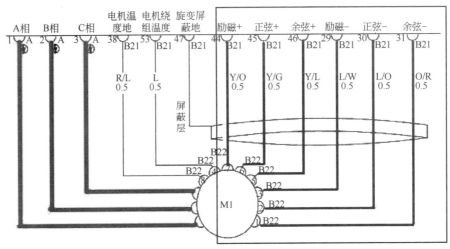

图 9-2-8 旋变传感器电路

9.2.4 无法进入 ready 状态

（1）车辆信息　车型：丰田普锐斯混合动力车辆。里程：187212km。

（2）故障现象　发动机故障灯点亮、无法进入"ready"状态。

（3）故障诊断　进店检测历史故障码，SFI系统存有故障码 P3190——发动机功率低、P3191——发动机不能启动、P3193——燃油耗尽，HV 系统存有故

图 9-2-9 故障位置

障码 P0A0F，INF 码 204 来自 ECM 异常信号输入（发动机输出异常）、INF 码 205 来自 ECM 异常信号输入（发动机无法启动）。而两个 IND 码指向的故障可能部位是 ECMSFI 系统，结合该故障码的原理（当 ECM 检测到一个会影响 THS 控制的故障时，HV 控制 ECU 实施安全保护控制）和该故障码检测步骤也是指向 SFI 系统或 ECM，因此可判定 SFI 系统或 ECM 故障，并且排除燃油用尽。由于无法再现故障，于是将相关传感器的插接器仔细查看一遍，测量油压，故障依旧。

主动测试燃油泵工作情况，油压正常，在 300kPa 以上，表明燃油系统工作正常，查看录制的动态数据流与标准值对比均未发现异常。尝试更换 ECM，装配试车，故障未现，连续试车 7 天，故障未现，一个月后回访，故障未现。

9.2.5 高压系统无法上电

（1）车辆信息　车型：荣威 E550 混合动力车辆。里程：87212km。

（2）故障现象　冷车高压系统无法上电、"ready"指示灯不亮。

（3）故障诊断　使用新能源汽车诊断仪读取故障码，在车身控制模块（BCM）和混动控制模块（HCU）内有诸多历史故障码，结合故障码与仪表提示"油压过低"的信息进行分析，初步判断可能是电机（EDU）阀体内部油压异常，从而导致"冷车

高压系统无法上电"的故障（表 9-2-1）。

表 9-2-1 故障车上存储的故障码

序号	故障码	故障类型	定义	状态
1	B1709	00	防盗检验未收到电力电子箱的响应	历史
2	P0230	72	燃油泵继电器卡滞打开	历史
3	U0100	87	丢失与 EMS 的通讯	历史
4	U0292	87	与 ISG 电机控制单元 ISC 失去通信	历史
5	P1A99	00	HCU 报告电池管理模块 BMS 故障	历史
6	P1A9B	00	HCU 报告 ISG 电机控制 ISC 故障	历史
7	P1A9D	00	HCU 报告牵引电机故障	历史
8	P1A9F	00	高压电池请求点亮故障灯	历史
9	P1AE1	00	ISG 电机请求点亮系统故障灯	历史
10	P1AE2	00	TM 驱动电机请求点亮混动系统故障灯	历史
11	P1A0E	00	高压电池包输出功率受限	历史
12	P1AA7	00	油压上升过慢	历史
13	P1AB9	00	ECU 重置复位	历史

读取电机（EDU）阀体油液压力为 28bar（1bar=100kPa，余同），而正常车辆的电机（EDU）阀体油液压力应在 48bar 以上，故障车的压力明显偏低。在混动控制模块（HCU）内有故障码 P1AA70——油压上升过慢，判断液压系统内部可能存在泄压的情况发生，导致油压偏低的故障点应该在滤油器、油泵与蓄能器之间（图 9-2-10）。

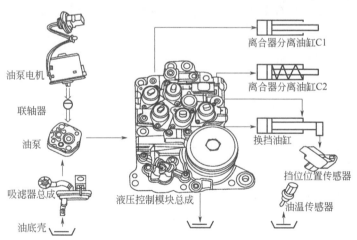

图 9-2-10 电机（EDU）阀体油液压力系统结构

保压测试：进入发动机驱动模式并启动车辆，读取怠速时电机（EDU）阀体油液压力为 51bar，熄火后观察油压下降速度，发现 30s 内油压降至 35bar，此时再次用纯电模式启动车辆，故障再现。通过这一测试，可以排除机油滤清器堵塞和机油泵故障的可能性，锁定导致油道泄压的故障点为蓄能器。更换蓄能器后试车，该车故障被彻底排除。

第 10 章 底盘常见故障

10.1 转向系统故障

10.1.1 转向沉重故障

转向沉重故障分析见表 10-1-1。

表 10-1-1 转向沉重故障分析

故障现象	转向沉重
故障原因	❶油杯内部太脏，滤网被堵或油杯油面低 ❷动力转向系统中有大量空气 ❸转向系统内有异物造成转向泵流量控制阀卡滞 ❹轮胎气压不足，泵的转向管柱干涉、连接松动，泵的皮带松动、打滑或泵安装位置松动 ❺油管各连接部位螺栓松动，造成转向液泄漏 ❻转向器活塞缸磨损过大，油封密封不良，控制阀黏结或损坏
故障诊断	❶检查转向器、转向泵控制阀、油杯滤网、转向油，清洗整个动力转向系统 ❷若泵脏，一定要清洁助力泵及油管的内外（不能用棉纱布或其他多纤布，应用干净的毛刷进行清洁），并按规定给转向系统排空气 ❸给轮胎按规定充气，并调整发动机的性能 ❹加油到规定的油面，检查或更换油杯 ❺按规定调整皮带的张力并紧固各部件的连接螺钉 ❻检查油管的各连接部位，紧固各连接螺栓 ❼更换油管、动力转向泵或动力转向器

10.1.2 打方向时单边转向沉重故障

打方向时单边转向沉重故障分析见表 10-1-2。

表 10-1-2 打方向时单边转向沉重故障分析

故障现象	打方向时单边转向沉重
故障原因	❶转向器油封密封不良，油管连接螺栓松动，造成转向液泄漏 ❷转向器控制阀被堵塞或损坏，造成控制阀工作不良 ❸转向油泵控制阀内有异物，造成油泵不能正常工作 ❹轮胎气压和前轮定位不符合正常行驶要求
故障诊断	❶从车上取下转向器，检查油封、油管及转向器控制阀，必要时更换动力转向器 ❷清洁油管、油泵，检查油泵控制阀内的阀芯是否滑动自如，不要试图分解油泵，这可能会破坏油泵的端盖密封，造成泵漏油 ❸检查和调整汽车轮胎气压和前轮定位

10.1.3 快速打方向时转向沉重故障

快速打方向时转向沉重故障分析见表 10-1-3。

表 10-1-3 快速打方向时转向沉重故障分析

故障现象	快速打方向时转向沉重
故障原因	❶发动机转速不稳 ❷转向系统中有空气 ❸油杯内油面过低，油杯或系统内部有杂质 ❹前轮定位失效，各转向连杆有松动迹象或泵的皮带松动、打滑 ❺转向泵控制阀被异物堵塞，从而造成运行不规则
故障诊断	❶调整发动机转速和加速性能 ❷对整个转向系统排气 ❸检查或更换油杯并对油杯注油 ❹检查调整前轮定位，横直拉杆，各连接、转向连杆，皮带的松紧度，并紧固各安装螺栓 ❺拆卸和清洗整个转向系统

10.1.4 转向泵及系统有异响噪声故障

转向泵及系统有异响噪声故障分析见表 10-1-4。

表 10-1-4 转向泵及系统有异响噪声故障分析

故障现象	转向泵及系统有异响噪声

故障原因	❶油杯油面过低，系统有漏油或动力转向系统中有空气 ❷油杯内的滤芯脏造成转向泵吸油不足 ❸转向系统内部清洁度差，造成定子、转子、分油盘、端盖、输入轴过度磨损 ❹油管在安装和连接过程中有堵塞、弯折或产生共振及进出油不畅现象 ❺转向系统因过度负荷运转，造成转向泵内部的定、转子过度磨损，从而造成泵内的油液不规则运动，从而产生异响声 ❻发动机其他转动部件，如水泵、空调压缩机、张紧轮、皮带轮等轴承响 ❼泵的安装位置低或汽车的行驶路况极差等问题，极易造成油泵的壳体外表堆积大量的泥沙和油垢，这容易造成油泵的输入轴及壳体的滚珠轴承在使用过程中被外界的水、酸、碱物所腐蚀，若不按期维护整个转向系统，则油泵的滚珠轴承极易发生被烧坏或被卡死的现象，同时也极易在此处产生异响声 ❽转向器、转向泵在支架上的安装出现松动，转向器内部磨损及齿轮、齿条调整不当
故障诊断	❶清洁整个转向系统 ❷检查并维修油管、油杯、油泵、转向器，并更换新的动力转向助力油和油杯 ❸排除整个转向系统中的空气 ❹按规定调整转向器齿轮、齿条间隙 ❺检查其他转动件，在特殊情况下需更换转向泵或转向器总成

10.1.5 动力转向系统漏油故障

动力转向系统漏油故障分析见表10-1-5。

表10-1-5 动力转向系统漏油故障分析

故障现象	动力转向系统漏油
故障原因	❶转向系统中的油管、油杯、转向器及转向助力泵的各个连接部分松动 ❷在泵的进油口处，若进油管存在松动的情况，则往往在此处出现渗油现象 ❸油管与转向泵的接口处漏油 ❹检查发动机缸体、机油箱、转向泵油杯、变速箱油箱及变速箱冷却油管等处漏油 注意：助力泵在无损伤的情况下，是不会漏油的 ❺若油杯处漏油可能是因转向系统内的清洁度较差，造成转向助力泵的流量-压力控制阀内的阀芯被异物堵塞，在快速打方向盘的情况下，此时助力泵油杯内回油压力过大，而泵的出油口又被堵塞，压力油往往从油杯的油盖空气孔处向外渗漏，从而造成助力泵漏油的假象
故障诊断	❶更换各密封件及油管，拧紧各接头的螺栓 ❷油位低于规定值要及时补充助力转向油 ❸若发动机缸体、机油箱、变速箱油箱、冷却油管漏油，则需检修发动机、机油箱、变速箱及各冷却油管 ❹仔细确认和检查一下渗漏的部位，拆卸并清洗助力泵的压力-流量控制阀（助力泵不可分解），检查整个转向系统内的清洁度，并清洁外部渗漏的油液

10.1.6 动力转向液产生乳状泡沫故障

动力转向液产生乳状泡沫故障分析见表 10-1-6。

表 10-1-6　动力转向液产生乳状泡沫故障分析

故障现象	动力转向液产生乳状泡沫
故障原因	❶转向系统中有空气 ❷转向系统中有液体泄漏
故障诊断	❶排出空气，检查有无漏油并加以解决 ❷检查油杯并对油杯注油

10.1.7 汽车跑偏故障

汽车跑偏故障分析见表 10-1-7。

表 10-1-7　汽车跑偏故障分析

故障现象	直线行驶时汽车向一边跑偏
故障原因	❶油杯油面过低 ❷转向轮球头节松动或前轮定位不当 ❸转向杆系统出现扭曲变形或过多磨损 ❹转向器内的齿条预紧度失调 ❺方向盘回正不良，方向盘抖动或打手
故障诊断	❶调整前轮定位，转向轮球头 ❷注充转向液并排气 ❸调整或维修转向器齿条预紧度 ❹按规定检查和调整转向系统中的各个连接部位

10.1.8 左、右转向轻重不一致故障诊断

左、右转向轻重不一致故障分析见表 10-1-8。

表 10-1-8　左、右转向轻重不一致故障分析

故障现象	汽车行驶中，向左再向右转动方向盘，感到一侧重，另一侧轻
故障原因	❶分配阀中的滑阀调整不当，使滑阀偏离中间位置 ❷分配阀滑阀台肩两侧的预开缝隙不等 ❸滑阀内有污物，使滑阀或柱塞卡住，造成左、右移动阻力不同 ❹动力缸一侧存有空气 ❺车身、车架变形或前悬架有故障
故障诊断	检查各个有关部件的损坏程度进行调整、修复或更换

10.1.9 低速摆头和转向不稳故障

低速摆头和转向不稳故障分析见表 10-1-9。

表 10-1-9 低速摆头和转向不稳故障分析

故障现象	汽车低速直线行驶时前轮摇摆，感到方向不稳。转弯时大幅度转动方向盘，才能控制汽车的行驶方向
故障原因	❶ 转向节臂装置松动 ❷ 转向器轴承过松 ❸ 传动副啮合间隙过大 ❹ 横、直拉杆球头销磨损严重 ❺ 转向节主销与衬套磨损严重，配合间隙过大 ❻ 前轮毂轴承松旷；前轴弯曲；轮毂轴间隙过大 ❼ 车架轮辋变形；前束过大；轮毂轴承间隙过大 ❽ 转向主销与衬套磨损松旷，配合间隙增大 ❾ 轮毂轴承间隙过大 ❿ 前束过大；轮毂螺栓松动或数量不全
故障诊断	❶ 一人转动方向盘，另一人在车下查看传动机构，如方向盘转了许多而转向臂不动，则故障在转向器；如转向臂转动了许多而前轮并不偏转，则故障在传动机构 ❷ 如果故障在转向器，应检查传动副啮合间隙，必要时进行调整 ❸ 如果故障在传动机构，应检查转向臂和直、横拉杆各球头是否松旷，必要时进行调整经检查上述情况良好，则应架起前轴用手推动车轮，检查转向节主销与衬套，前轮毂轴承是否松旷，必要时进行调整或修理 ❹ 方向盘经过上述检查、调整后仍不稳定，应检查前轴和车架以及轮辋是否变形，前束是否符合标准规定，必要时进行调整或修理。前轮低速摆头和方向盘自由空程大，一般是各部分间隙过大或有连接松动现象，诊断时应采用分段区分的方法进行检查。可支起前桥，并用手沿转向节轴轴向推拉前轮，凭感觉判断是否松旷。若松旷，说明转向节主销与衬套的配合间隙过大或前轴主销孔与主销配合间隙过大。若此处不松旷，说明前轮毂轴承松旷，应重新调整轴承的预紧度。若非上述原因，应检查前轮定位是否正确，检查前轴是否变形。如果前轮轮胎异常磨损，则应检查前束是否正确

10.1.10 方向盘自由行程过大故障

方向盘自由行程过大故障分析见表 10-1-10。

表 10-1-10 方向盘自由行程过大故障分析

故障现象	方向盘自由行程过大
故障原因	❶ 转向器的小齿轮与齿条间隙过大 ❷ 转向器的轴承磨损 ❸ 转向器安装螺栓松动 ❹ 转向横拉杆球头销磨损 ❺ 转向万向节磨损 ❻ 转向柱、传动轴和转向器之间的连接螺栓松动 ❼ 电动汽车方向盘与转向柱连接松动

故障诊断	（1）诊断方法 ❶当转向器的小齿轮与齿条间隙过大，造成转向自由行程过大时，排除方法是调整转向器小齿轮的预紧力 ❷当转向器的轴承磨损，造成转向自由行程过大时，排除方法是更换轴承 ❸当转向器安装螺栓松动，由于转向器产生位移，使转向自由行程过大时，排除方法是紧固转向器安装螺栓 ❹当转向横拉杆球头销磨损，造成转向器自由行程过大时，排除方法是更换球头销 ❺若转向万向节磨损，造成转向自由行程过大，排除方法是更换传动轴的万向节或万向节的轴承 ❻若转向柱、传动轴和转向器之间的连接螺栓松动，造成自由行程过大，排除方法是紧固连接螺栓 ❼若电动汽车转向盘与转向柱连接松动，一方面可能是键松动，另一方面可能是紧固螺母松动，造成转向自由行程过大，其排除方法是更换方向盘或转向柱，并紧固螺母 （2）说明 转向盘在空转阶段的角行程称转向盘自由行程。用来克服转向系统内部的摩擦，使各传动件运动到其间的间隙完全消除。转向盘自由行程对于缓和路面冲击及避免驾驶员过度紧张是有利的，但不宜过大，以免过分影响灵敏性。转向盘一般范围，从相应于汽车直线行驶的中间位置向任一方向的自由行程最好不超过10°～15°。当零件磨损严重，致使转向盘自由行程超过25°～30°时，必须进行调整 （3）转向盘自由行程的检测 ❶检查自由行程可使用检查器，且应在汽车处于直线行驶位置时检测。 将自由行程检查器的分度盘和指针分别夹持在转向轴管和转向盘上，向左或向右转动转向盘至稍有阻力感觉时，指针对好刻度盘的零位，再反向转动至稍有阻力时止。此时指针在分度盘上的度数即为自由行程角度。EQ1090型汽车为15°～30°，CA1091型汽车为15° ❷无检查器时，可用一根铁丝，一端固定在转向轴管上，另一端弯成指针状指向转向盘边缘，在左、右方向转动转向盘至稍有阻力感时，在指针处用粉笔作出两记号，量取弧长，再根据转向盘的直径，计算出这段弧长所对应的角度即为转向盘自由行程的角度值 （4）调整转向盘自由行程的步骤 ❶将汽车车轮处于直线行驶位置停放，发动机熄火，并使转向盘处于中间位置 ❷驾驶员在驾驶位置上轻轻地来回转动转向盘，转向盘总的自由行程应在16°～20°，若过大则应调整 ❸修理人员在转向齿条上部的止推片盖板的上方拧动调整螺栓，直到驾驶员在车内听不到齿轮与齿条的碰撞声，并确认总的转向自由行程在16°～20°为止 ❹再将调整螺栓用锁紧螺母锁止 ❺驾驶员在车上空转转向盘检查一下自由行程，调好后启动发动机 ❻路试确认转向自由行程和转向手感。如不满意，可以按上述步骤重调 如果汽车使用过久，转向间隙无法调整到理想值，可对喷射系统做全面检查，如确属转向器磨损严重或转向传动机构有故障，则要维修转向系统

10.1.11 高速摆头故障

高速摆头故障分析见表10-1-11。

表 10-1-11　高速摆头故障分析

故障现象	汽车在高速行驶时前轮摆头，方向盘抖动，手有麻木感觉，方向控制非常困难
故障原因	❶前轮胎气压过低 ❷转向器及转向传动机构松动 ❸前减振器漏油或失效 ❹悬架弹簧松动 ❺前轮偏摆或不平衡 ❻前轮定位不正确或车架变形
故障诊断	❶外观检查。检查前轮胎气压是否过低，若气压过低，应充气使之达到规定值。检查前桥、转向器及转向传动机构是否松动，若松动，应紧固。检查前减振器是否漏油，若漏油或失效，应更换。检查左、右悬架弹簧是不是折断或弹力减弱，若有折断或弹力减弱，应更换。检查悬架弹簧是否固定可靠，若松动，应紧固 ❷无负荷检查。支起启动桥，用三脚架塞住非驱动轮，启动发动机并逐步使汽车换入高速挡，使驱动轮达到车身摆振的车速，查此时车身和方向盘出现抖动，说明传动轴严重弯曲或松旷，驱动桥齿轮啮合间隙过大，应更换或调整，若此时车身和方向盘不抖动，说明故障在前桥 ❸检查前轮是不是偏摆。支起前桥，在前轮轮辋边上放一个划针，慢慢地转动车轮，查看轮辋是否偏摆过大，若轮辋偏摆过大，应更换。拆下前轮，在车轮动平衡仪上检查前轮的动平衡情况，若不平衡不大，应加装平衡块予以平衡 ❹经上述检查均正常，应检查车架和前轮是否正常，用前轮定位仪检查前轮是否正确，若不正确，应调整，检查车架有无变形，若有变形，应校正

10.1.12　低速行驶时方向盘摆振故障

低速行驶时方向盘摆振故障分析见表 10-1-12。

表 10-1-12　低速行驶时方向盘摆振故障分析

故障现象	低速行驶时方向盘摆振
故障原因	❶路况不好，车轮受路面冲击较大 ❷转向系统中，各传动件之间的间隙过大 ❸轴心套磨损严重 ❹方向盘自由行程过大
故障诊断	❶首先，检查方向盘自由行程是否过大。若方向盘自由行程过大，应进行调整或更换必要零部件 ❷若方向盘自由行程符合要求，则支起该车，检查前轮轴承是否松动，若是则更换新轴承，若不是则检查左右两下支臂、连杆组件、横拉杆转向减振器等部件的连接情况，看是否松动，若是由于螺栓松动引起的各连接件之间松动，则拧紧螺栓 ❸若由于各连接件连接部分磨损严重引起的松动，则需要更换必要件 ❹若各连接件之间无松动情况，则检查轴心套活动量是否符合要求，若活动量过大，则需要调整，必要时进行更换 ❺若活动量符合要求，则检查前轮定位参数是否符合规定，并进行检查调整

10.1.13　高速行驶时方向盘摆振故障

低速行驶时方向盘摆振故障分析见表 10-1-13。

表 10-1-13　低速行驶时方向盘摆振故障分析

故障现象	高速行驶时，方向盘会出现摆振，当低于或高于该速度时，则不出现摆振
故障原因	前轮减振器变形引起的前轮定位参数失准，传动轴、车轮不平衡
故障诊断	❶检查轮胎气压是否符合规定，若不符合规定，调整轮胎气压后进行试车 ❷若轮胎气压符合规定，检查前轮动平衡和静平衡情况，若不平衡量超过规定值，应进行检修，若符合规定值则检查前轮定位参数 ❸若前轮定位参数符合规定则检查传动轴平衡量是否符合规定，若不符合规定则进行校正或更换，若符合规定值则检查转向器内部连接处的间隙，并进行调整或更换

10.1.14　液压动力转向系统方向盘回正不良故障

液压动力转向系统方向盘回正不良故障分析见表 10-1-14。

表 10-1-14　液压动力转向系统方向盘回正不良故障分析

故障现象	汽车完成转向后，方向盘不能回到中间行驶位置（直线行驶位置）
故障原因	❶转向油泵输出油压低 ❷液压回路中渗入空气 ❸回油软管扭曲阻塞 ❹转向控制阀或转向动力缸发卡 ❺转向控制阀定中不良
故障诊断	❶对液压系统进行排气操作，排气后按规定加足转向油液 ❷检查转向油泵输出油压，若油压不足应拆检转向油泵，检查油泵是否磨损或内部泄漏严重、安全阀及流量控制阀是否泄漏或卡滞、弹簧弹力是否减弱或调整不当、各轴承是否烧结或严重磨损等。查明故障予以修理，必要时更换油泵。如果泵轴油封泄漏也应更换转向油泵 ❸检查回油软管是否阻塞，如有应更换回油软管 ❹拆检转向控制阀或转向动力缸，查明故障原因，然后视情况进行修复，对于损坏的零件应更换。必要时更换转向控制阀或转向动力缸

10.2　行驶系统故障

10.2.1　汽车行驶跑偏故障

汽车行驶跑偏故障分析见表 10-2-1。

表 10-2-1　汽车行驶跑偏故障分析

故障现象	汽车行驶时，汽车就会自动偏向一边，必须用力握住方向盘，才能保证车辆的按直线行驶
故障原因	❶两前轮气压不一致 ❷两端主销后倾角或轮车外倾角不相等 ❸前束过大或过小 ❹有一边的钢板弹簧错位、折断，两边弹力不均或一边减振器失效 ❺前轮左右轮轴承松紧调整不一，有一边车轮制动拖滞 ❻转向节臂、转向节弯曲变形 ❼前轴、车架变形，钢板弹簧U形螺栓松动等使左右轴距不相等 ❽后桥轴管弯曲变形
故障诊断	❶检查轮胎使用情况。若一边轮胎产生胎冠中间或两肩磨损、外侧或内侧偏磨，以及由外向里或由里向外的锯齿形磨损时，可分别判断轮胎气压高或低、前轮外倾角过大或过小、前束过大或过小，从而进行必要的调整或检修 ❷在轮胎气压相同、轮胎直径一致的情况下，车身有倾斜，应检查低的一边的钢板弹簧是否完好，弧度是否足够、弹力是否正确 ❸汽车行驶一段里程后，用手触摸轮毂轴承和制动鼓，若烫手，说明轮毂轴承过紧或制动系统拖滞 ❹若以均上属良好，则做四轮定位检测

10.2.2　轮胎异常磨损故障

轮胎异常磨损故障分析见表 10-2-2。

表 10-2-2　轮胎异常磨损故障分析

故障现象	❶轮胎的中央部分早期磨损 ❷轮胎的两边磨损过大 ❸轮胎的一边磨损量过大 ❹个别轮胎磨损量过大 ❺轮胎出现斑秃形磨损
故障原因	❶轮胎的中央部分早期磨损 主要原因：轮胎充气量过大，这样不但影响轮胎的减振性能，而且会使轮胎的变形量过大 ❷轮胎的两边磨损过大 主要原因：轮胎充气量不足或长期超负荷行驶，使轮胎与地面接触面大，造成轮胎两边与地面接触而形成早期磨损 ❸轮胎的一边磨损量过大 主要原因：车轮外倾角不对 ❹轮胎胎面出现锯齿状磨损 主要原因：前轮定位调整不当或前悬架系统位置失常、球头松旷等，使正常滚动的车轮发生支承架滑动或行驶中车轮定位不断变化而造成轮胎锯齿状磨损 ❺个别轮胎磨损量过大 主要原因：个别车轮悬架系统失常、支承架弯曲或个别车轮不平衡 ❻轮胎出现斑秃形磨损 主要原因：轮胎的个别部位出现斑秃性严重磨损，是轮胎的平衡性差，当不平衡的车轮高速转动时，个别部位受力很大，磨损相应加快，伴随转向发抖，使操纵性变差

	续表
故障诊断	（1）诊断方法 ❶轮胎的中央部分早期磨损 处理方法：可测量和调整轮胎的气压，并且让轮胎按期换位。通常子午轮胎与普通斜交轮胎的换位方法不同 ❷轮胎的两边磨损过大 处理方法：可测量轮胎的气压，并调整到规定值，汽车使用时限制负荷，防止超载 ❸轮胎的一边磨损量过大 处理方法：可修理或更换车桥和悬架上的零件，并调整车轮外倾角 ❹轮胎胎面出现锯齿状磨损 处理办法：调整前轮定位，检查前悬架系统和球头销，必要时进行调整或更换 ❺个别轮胎磨损量过大 处理办法：检查磨损严重的车轮定位情况、独立悬架弹簧和减振器的工作情况，同时应缩短车轮的换位周期 ❻轮胎出现斑秃形磨损 处理办法：如果在汽车行驶中发现某一特定速度车辆有轻微抖动时，就应立即对车轮进行平衡，这样可防止轮胎出现斑秃性磨损 （2）轮胎出现异常磨损诊断方法 ❶轮胎换位及安装：为了使全车轮胎磨损均衡，避免不正常磨损和损坏，应适时进行轮胎换位，其方法有交叉换位法、循环换位法、混合换位法和同轴换位法。其中用较多，而且效果较好的是交叉换位法。其优点是：对拱形路面的适应性好，能更好地保证各条轮胎均衡磨损。换位时不用从轮辋上拆胎调面，并且备胎也可参加换位。交叉换位法应用广泛。如果已经选定此法，应始终按所选定的方法换位。车轮向车上装复时，带有旋转方向的轮辋上有"人"字花纹轮胎，应按规定方向装用。装后轮双胎时，两个气门嘴应对面（相隔180°）装入，并且气门嘴和制动鼓与蹄片的间隙检查孔要错开。后轮双胎中，高、低压胎或大、小花纹轮胎不可混装。若两胎磨损不均，可将磨损大的装在外面，以适应拱形路面 ❷调整方向盘转向角度：方向盘转向角度过大会造成轮胎波浪状磨损。调整方法是：将汽车停置于平地，保持直线行驶位置。转动方向盘，在一定范围内车轮并不偏转，表明方向盘自由行程很大，但转动过程中并无卡滞，说明转向器中齿轮齿条并无异常磨损。将汽车置于举升架上，检查转向连接球头销、连接螺栓无松旷，表明故障不在此处。综合以上诊断，结论是转向器间隙过大，导致方向盘自由行程过大 松开转向器上锁紧螺母，用内六角扳手转动调整螺栓，消除齿轮与齿条的啮合间隙，然后将锁紧螺母锁紧（注意：不要使调整螺栓与螺母一起转动）。转向系统中各运动副均无间隙配合，即方向盘为无自由行程。所以一旦感到方向盘有了自由行程，则要调整和检查球头销、球头座及弹簧。若转向器间隙较大，就可能导致方向盘产生很大的自由行程（游隙），这样在方向盘转向时就会有很大的空转角度，并会产生方向盘的震颤现象，有可能会出现轮胎胎面波浪形磨损的情况 ❸前轮前束的调整：前束可以通过调整横拉杆的长度来加以保证。前束数值一定要按说明书提供的数据进行调整。开始调整车轮前束时，应将左右车轮轮流用千斤顶顶起离开地面，检查左右摆动情况。若发现摆动过大，应对两轮轮毂内轴承的间隙进行调整。如果旷量不大，就将两轮全部顶起并摆正，在两轮胎胎面中心各画一道直线，用钢卷尺测量两线间的距离，记下数据。将轮胎后方数据减去前方数据所得差值，与规定的前束值进行比较，如数值不符，则用扳手松开横向拉杆上接头锁紧螺母，旋紧或旋松横向拉杆。当差值小于规定值时将横向拉杆旋松，当差值大于规定值时则将横向拉杆旋紧。反复进行，直至调好，最后按规定的转矩值紧固锁紧螺母

10.2.3 车辆行驶时振动过大故障

车辆行驶时振动过大故障分析见表10-2-3。

表 10-2-3　车辆行驶时振动过大故障分析

故障现象	使用无级自动变速器的车辆在行驶中，加速或减速，振动过大
故障原因	❶中间壳体总成磨损或损坏 ❷带轮压力输油管损坏、泄漏 ❸前进挡离合器故障 ❹倒挡制动器故障，倒挡制动器活塞卡滞、磨损或损坏 ❺起步离合器故障 ❻ATF 油位太低或变质 ❼阀体总成故障 ❽控制阀体总成故障 ❾手动阀体故障 ❿ATE 接头管路磨损或损坏 ⓫PCIVI 故障或 PCM 存储起步离合器控制数据有问题 ⓬飞轮总成故障
故障诊断	❶检查主、从动带轮和润滑压力，如果压力过低，检查 ATE 油位、ATE 滤清器、油泵 ❷检查前进挡离合器压力 ❸检查故障指示灯是否点亮，电控系统是否有故障码，各电气部件连接器是否松动 ❹检查前进挡离合器、倒挡制动器、起步离合器间隙是否正常，盘片是否磨损或损坏 ❺检查 ATE 冷却器管路是否泄漏，连接处是否松动，必要时冲洗管路 ❻进行起步离合器校准程序

10.2.4　传动轴不平衡、发响故障

传动轴不平衡、发响故障分析见表 10-2-4。

表 10-2-4　传动轴不平衡、发响故障分析

故障现象	车辆传动轴的不平衡，在行驶中会出现一种周期性的声响，车速越快，响声越大，达到一定速度时，车门窗玻璃、方向盘均有强烈振响，手握方向盘有麻木的感觉。脱挡行驶振动更强烈，降到中速，抖抖消失，但响声仍然存在
故障原因	传动轴弯曲、凹陷，运转中失去平衡；传动轴安装不当，破坏了平衡条件；原来安装的平衡块丢失，各连接或固定螺栓松动，曲轴飞轮组合件动不平衡超差，万向节十字轴回转中心与传动轴不同轴度超差，传动轴花键套磨损过量
故障诊断	传动轴不平衡，危及安全行车 如果出现传动轴不平衡的故障，可以采用下述方法判断 ❶将车前轮用垫木塞紧，用千斤顶顶起一侧的中、后驱动桥 ❷将发动机启动，挂上高速挡，观察传动轴摆动情况 ❸观察中注意转速下降大时，若摆振明显增大，说明传动轴弯曲或凸缘歪斜 ❹传动轴弯曲都是轴管弯曲，大部分是由于汽车超载造成的 ❺运岩石车辆由于经常超载运行，传动轴弯曲断裂的故障较多 ❻更换传动轴部件，校直后，应进行平衡检查 ❼不平衡量应符合标准要求 ❽万向节叉及传动轴吊架的技术状况也应详细检查，如因安全不符合要求，十字轴及滚柱损坏引起松旷、振动，也会使传动轴失去平衡

10.2.5 传动轴、万向节和花键松旷故障

传动轴、万向节和花键松旷故障分析见表10-2-5。

表10-2-5 传动轴、万向节和花键松旷故障分析

故障现象	❶汽车起步时，车身发抖并能听到"咯啦、咯啦"的撞击声 ❷当车速变换或高挡低速行驶时，也有撞击声
故障原因	❶传动轴各凸缘连接螺栓松动 ❷长期缺油造成万向节十字轴及滚针磨损松旷或滚针破碎 ❸传动轴花键齿与万向节滑动叉花键槽磨损松旷 ❹变速器第二轴花键齿与凸缘花键槽磨损过度 ❺中间轴承吊架固定螺栓松动
故障诊断	车辆行驶中突然改变速度时，总有敲击声，多半是个别凸缘或万向节轴松旷。可以用手上下或按圆周方向晃动传动轴来检查；放松手制动，用手晃动制动盘，如有松旷量，表明变速器第二轴花键轴与凸缘花键槽磨损松旷；起步行驶中，始终有明显响声且有振动，表明中间轴承支架固定螺栓松动严重；起步和变速时发响，高挡低速行驶时更明显，多半是中间轴承松旷或花键轴与花键配合松旷；上述故障严重时应拆检修复

10.2.6 驱动桥过热故障

驱动桥过热故障分析见表10-2-6。

表10-2-6 驱动桥过热故障分析

故障现象	汽车行驶一段里程后，驱动桥壳中部或主传动器壳异常烫手
故障原因	❶齿轮啮合间隙和行星齿轮与半轴齿轮啮合间隙调整过小 ❷轴承调整过紧 ❸润滑油量不足、变质或牌号不符合要求 ❹止推垫片与主减速器从动齿轮背隙过小
故障诊断	（1）局部过热 ❶油封处过热，则故障由油封过紧引起 ❷轴承处过热，则故障由轴承损坏或调整不当引起 ❸油封和轴承处均不过热，则故障由止推垫片与主减速器从动齿轮背隙过小引起 （2）普遍过热 ❶检查齿轮油油面高度：油面太低，则故障由齿轮油油量不足引起；否则检查齿轮油规格、黏度或润滑性能 ❷检查结果不符合要求，则故障由齿轮油变质或规格不符引起；否则检查主减速器齿轮啮合间隙大小 ❸松开驻车制动器，变速器置于空挡，轻轻转动主减速器的凸缘盘；若转动角度太小，则故障由主减速器齿轮啮合间隙太小引起；若转动角度正常，则故障由行星齿轮与半轴齿轮啮合间隙太小引起

10.2.7 驱动桥漏油故障

驱动桥漏油故障分析见表10-2-7。

表 10-2-7 驱动桥漏油故障分析

故障现象	从驱动桥加油口、放油口螺塞处或油封、各接合面处可见到明显漏油痕迹
故障原因	❶螺栓多次拆卸导致螺纹孔间隙大 ❷通气孔堵塞 ❸油封、衬垫等老化、变质 ❹螺栓松动导致接合面不严密 ❺润滑油加注过多 ❻放油螺栓松动或壳体裂纹
故障诊断	❶齿轮油经主减速器、半轴油封或衬垫向外渗漏,首先检查齿轮油是否加注过多 ❷如果正常,则检查通气孔是否堵塞,通气孔堵塞是驱动桥漏油最常见的故障 ❸最后检查油封或衬垫是否有损坏

10.2.8 驱动桥异响故障

驱动桥异响故障分析见表 10-2-8。

表 10-2-8 驱动桥异响故障分析

故障现象	❶行驶时驱动桥异响,脱挡滑行时异响消失 ❷行驶时驱动桥异响,脱挡滑行时亦有异响 ❸直线行驶时无异响,转向时有异响 ❹上下坡时有异响
故障原因	❶齿轮啮合不良 ❷半轴齿轮与半轴配合花键松旷 ❸轴承过松或过紧 ❹差速器某零部件磨损过度 ❺某齿轮啮合间隙过小或过大 ❻某齿轮啮合印迹不当
故障诊断	❶停车检查。原地将驱动桥架起,挂入直接挡,用急加、减速的方法,反复查听响声的特征及声源,分析判断故障的原因和确切部位;也可将驱动桥制动,变速杆推入空挡位置,用手转动驱动桥主动轴突缘,如果感到转动量较大(突缘相对于后桥壳转动超过3mm),则说明是由于齿轮啮合间隙过大而造成的响声。对差速器的检查方法,可将任意一边的后轮制动,使差速器起作用,此时若出现明显的响声,即为差速器响 ❷行驶中的检查。选择平直、坡道和转弯的路段,行驶中反复改变车速,察听驱动桥响声的特征和响声出现的时机,以分析判定故障的原因和确切部位。若加速时出现响声或响声变大,减速时响声变小或消失,一般为轴承或齿轮啮合间隙过小或齿轮正面啮合不当;若减速时出现响声或响声变大,加速时响声变小或消失,一般为主动轴前端锁紧螺母松动造成轴向窜动而发响,或齿轮反面啮合不当;若响声带有节奏,则一般为齿轮啮合不均或有碰刮部位;如节奏声很沉重或突然出现巨响,则为齿轮牙齿打坏;如车辆在转弯时发响,多为差速器机构有故障

10.3 悬架系统故障

10.3.1 独立悬架故障

独立悬架的常见故障分析见表 10-3-1。

表 10-3-1　独立悬架的常见故障分析

故障现象	❶异响 ❷车身倾斜 ❸前轮定位参数改变 ❹轮胎异常磨损 ❺车辆摆振及行驶不稳
故障原因	❶球头以及塑胶件松旷、老化 ❷车身侧倾过大
故障诊断	（1）车身侧倾过大 ❶横向稳定杆弹力减弱，或连接杆损坏，应更换稳定杆或连接杆 ❷横向稳定杆或下悬架臂磨损及损坏，应更换 ❸减振器损坏，应更换 （2）乘坐不舒适（太软或太硬） ❶轮胎尺寸或帘布层数不符合规定，应更换符合规定型号的轮胎 ❷轮胎充气压力不正确，应调整气压至规定范围 ❸减振器损坏，应予以更换 ❹弹性元件弹力减弱、磨损或损坏，应予以更换 （3）汽车在平地上停放时车身倾斜 ❶一侧悬架弹簧弹力减弱，应予以更换 ❷横向稳定杆连接杆损坏或磨损，应予以更换 ❸悬架臂衬套磨损，应予以更换 （4）悬架有不正常噪声 ❶悬架臂球头节润滑不良或磨损，应予以润滑或更换 ❷减振器、减振器支架或减振器胶套损坏，应予以更换 ❸稳定杆连接杆损坏或磨损，应予以更换 ❹悬架连接有松动处，应重新拧紧 ❺悬架臂衬套磨损，应予以更换 （5）行驶不稳定 ❶弹性元件弹性减弱，应予以更换 ❷减振器损坏，应予以更换 ❸稳定杆弹力下降、损坏或稳定杆连接杆磨损，应更换相应零件 ❹悬架臂衬套磨损，应予以更换 ❺悬架臂球头节磨损，应予以更换 ❻转向系统故障，应予以检修 ❼车轮定位不当，应重新调整 ❽车轮损坏或不平衡，应换新车轮或重新平衡

10.3.2　轮毂轴承异响故障

轮毂轴承异响故障分析见表 10-3-2。

表 10-3-2　轮毂轴承异响故障分析

故障现象	车辆行驶时出现嗡嗡声、吱吱声、咯噔声
故障原因	❶嗡嗡声 原因：轮毂轴承内部滚道存在磨损、剥落、压痕等缺陷，或者轴承松旷时，会持续产生"咕噜""嗡嗡"的异响 ❷吱吱声 原因：轮毂轴承密封失效，内部润滑油脂量不足时，油脂无法在沟道及钢球表面形成油膜，导致沟道与钢球表面接触摩擦，产生尖锐的吱吱声 ❸咯噔声 原因：轴承内部钢球表面存在磕碰伤、钢球碎裂、轴承内部存在坚硬异物时，行车过程中钢球碾压滚道异常部位，产生"咯噔"异响

续表

| 故障诊断 | （1）根据轮毂轴承工作原理及受力特点，其异响有3个重要特点
❶轮毂轴承与车轮一起旋转，异响频率与车轮转速成正比。随着车速增加，轮毂轴承异响连续变强，一般不会出现仅在某一较窄车速段异响的情况
❷轮毂轴承异响强度与其承受的载荷成正比。在汽车转弯时，轮毂轴承承受较大的载荷，异响较为明显
❸轮毂轴承异响很容易与轮胎、发动机、变速器、传动轴、万向节等传动系统的异响相混淆
（2）检查汽车状态是否正常
❶确认轮胎气压为标准气压，轮胎无异常磨损，花纹内无较大异物。由于轮胎严重磨损后会产生异响，干扰轮毂轴承异响故障诊断过程，必要时需更换轮胎再进行诊断
❷确认制动盘通风孔内无异物，汽车所载货物牢固固定，不产生异响
（3）轮毂轴承异响诊断
可以让车轮在举升机上空转运行，也可以进行实车路试。汽车举升运行可以排除路面噪声的干扰，在周围环境无较高水平的噪声时，很容易诊断轮毂轴承是否异响。但对于从动轮的轮毂轴承只能进行实车路试，无法在举升机上空转运行；而轮毂轴承在驱动轮上时，既可以进行举升机空转，又可以进行实车路试
实车路试时应优先选择出现异响时的道路条件，同时周围环境的风速及背景噪声应较低，且无较大的声音反射物
（4）举升检查
❶首先按照维修手册里的力矩要求拧紧车轮螺栓，保证车轮处于正常紧固状态，将汽车在举升机上举升，保持车身水平、汽车稳固，然后按如下方法初步检查轮毂轴承状态
❷将汽车举升至离地面约15cm处，用手转动轮胎（对于驱动轮轮胎，需挂空挡），检查轮毂轴承在运转时是否有卡滞、异响现象。如果存在明显的卡滞、异响，则说明轮毂轴承可能存在故障
❸面向车轮，用两只手分别抓住轮胎左右两侧，反复沿轴向前后扳动轮胎，对车轮施加翻转力，另一位工作人员将伸直的手掌轻贴在轮辐上，感触轮辐的振动情况。分别对比左右前后轮辐振动情况，如果某车轮轮辐振动较为明显，则说明该轮毂轴承存在松旷迹象。对于驱动轴螺母锁紧的轮毂轴承，需拆下轮胎，检查驱动轴锁紧螺母是否返松，需锁紧螺母后再次检查轮毂轴承是否松旷
❹将汽车举升至离地面约150cm处，检查轮毂部位是否存在因轴承油脂渗漏导致的湿润现象。正常情况下轮毂轴承会有轻微的油脂渗漏。高速行驶后，轮毂轴承油脂渗漏更为明显。如果正常低速行驶后仍有油脂渗漏现象，则可认为轮毂轴承密封失效
（5）举升机上空转
❶确认轮毂轴承状态无异响后，在举升机上启动发动机，使车轮空转，同时检查左右车轮是否以相同转速转动（如差速器具有锁闭功能，应先锁闭差速器）；检查驱动轴是否正常旋转，有无干涉现象。然后，模拟加速工况、匀速工况、空挡滑行工况，围绕汽车静听，也可将听诊器贴在零部件上听诊，通过对比左右轮毂轴承部位在不同工况时的响声进行诊断。如果左右轮毂轴承响声差异较大，则可判定一侧轮毂轴承故障
❷车轮部位振动异响源较多，应首先判断车轮部位是否存在异响，然后判断异响是否来自轮毂轴承
（6）实车路试
❶为了排除发动机异响干扰，可在停车后，将变速器置于空挡，踩下离合器，缓慢加油使发动机空转。当发动机转速与异响时的发动机转速一致时，如果异响仍存在，则可判定异响为发动机异响，排除轮毂轴承故障
❷为了排除变速器异响干扰，在加速至较高速度后，将变速器置于空挡，踩下离合器，使汽车直线空挡滑行。如果异响在滑行车速与异响时的车速一致时消失，则可判定异响为变速器异响，排除轮毂轴承故障
❸以20～120km/h急加速、急速转向、8字回转、故障件异响车速等工况分别进行多次路试。根据如下异响诊断方法，诊断轮毂轴承是否异响
❹从车速20km/h急加速至120km/h，细听噪声变化是否异常。如果噪声随车速变得明显急促尖锐，则可认为轮毂轴承可能存在故障
❺在正常行驶或直线空挡滑行时，紧急制动、急速转向或8字回转，从而改变轮毂轴承载荷。如果周期性的异响在载荷改变瞬间发生变化，则可认为轮毂轴承可能存在故障。值得注意的是底盘零部件干涉、球头异常磨损、螺栓力矩衰减等故障，会使底盘在8字回转时产生断续"咯噔"声，这与轮毂轴承周期性的异响有明显区别
❻以异响时的车速行驶在正常路面时，若左右车轮处的异响明显不同，则可认为声响较大一侧轮毂部位存在故障件，但不能因为这一现象判定轮毂轴承故障 |

10.3.3 前减振器异响故障

前减振器异响故障分析见表 10-3-3。

表 10-3-3　前减振器异响故障分析

故障现象	❶车辆经过减速带或者不平路面时会出现"咯、咯"的异响 ❷打方向时减振器处有异响
故障原因	❶减振器漏油 ❷减振器损坏 ❸减振器顶座损坏 ❹减振器弹簧限位座损坏 ❺减振器平面轴承损坏
故障诊断	❶检查减振器有无漏油。有轻微漏油属于正常，漏油严重时，主要是由于油封磨损或损坏，衬垫破裂压碎或螺塞松动，应更换油封、衬垫，紧固螺塞。一般减振器是不进行修理的，必须更换 ❷让车辆在道路条件较差的路面上行驶10km后停车，然后用手触摸减振器外壳，如果不够热，则说明减振器内部无阻力，减振器没有工作。这时可加入适量的润滑油，再进行试验。如果外壳发热，则说明减振器内部缺油，应加足油。否则说明减振器失效 ❸用力按下保险杠，然后再松开，如果汽车有2～3次跳跃，则说明减振器工作良好 ❹使车辆缓慢行驶并紧急制动，如果车辆振动比较剧烈，则说明减振器有问题 ❺拆下减振器将其直立，并把下端连接环夹在台钳上，用力拉压减振杆数次，此时应该有稳定的阻力，且往上拉的阻力应大于向下压的阻力。如果阻力不稳定甚至无阻力，则可能是减振器内部缺油或者阀门零件损坏，应送修或更换零件 ❻拆卸减振器顶座，检查是否有严重磨损，中心轴套是否有损坏，如果出现以上问题则更换 ❼拆卸减振器弹簧限位座，检查是否有严重磨损，如果出现则更换 ❽拆卸减振器平面轴承，检查是否有异响、缺油，如果出现则更换

10.3.4 前悬架下摆臂故障

前悬架下摆臂故障分析见表 10-3-4。

表 10-3-4　前悬架下摆臂故障分析

故障现象	❶车辆经过减速带或者不平路面时会出现"咯噔、咯噔"异响 ❷严重损坏时，直线行驶时车辆跑偏 ❸严重损坏时，轮胎出现不正常磨损
故障原因	❶前悬架下摆臂球头松旷 ❷前悬架下摆臂前后橡胶件老化
故障诊断	❶首先检查球节是否设有磨损指示器。在检查球节时，首先检查球节是否设有磨损指示器。如果设有磨损指示器，检查润滑脂嘴的位移量。如果润滑脂嘴已经回缩，表明球节已经磨损，应当更换。对于有些汽车，建议检查润滑脂嘴是否能在球节中摇动，如果能够摇动，表明应当更换球节 ❷仔细检查球节防尘套。防尘罩或球节油封损坏将会使润滑油漏出，并且让灰尘和杂质进入润滑脂中。如果防尘罩已经损坏，就应更换球节。如果没有发现防尘罩损坏，慢慢地挤压防尘罩。如果防尘罩中充有润滑脂，将会感到有些坚硬。如果球节上设有润滑脂嘴，而且表现出缺少润滑脂，用润滑脂枪填充润滑脂，直到有新润滑脂从防尘罩通气孔中流出为止。如果充入球节的润滑脂过多或过快，可能会使防尘罩脱离安装位置或发生破裂 ❸如果下摆臂与车架之间的衬套处于不良状态，就不能保持精确的车轮定位。目检各个橡胶衬套，检查是否存在变形、移动、偏心和严重龟裂，检查金属衬套是否会产生异响，密封是否松动

10.3.5 转向机拉杆球头故障

转向机拉杆球头故障分析见表 10-3-5。

表 10-3-5 转向机拉杆球头故障分析

故障现象	❶车辆经过减速带或者不平路面时会出现"咯噔、咯噔"异响 ❷严重损坏时，直线行驶时车辆跑偏 ❸严重损坏时，轮胎出现不正常磨损 ❹高速、低速方向盘抖动
故障原因	转向机拉杆球头松旷
故障诊断	（1）转向拉杆球头的作用 转向拉杆是汽车转向机构中的重要零件，它直接影响汽车操纵的稳定性、运行的安全性和轮胎的使用寿命。转向拉杆分为 2 类，即转向直拉杆与转向横拉杆。转向直拉杆承担着把转向摇臂的运动传递给转向节臂的任务；转向横拉杆则是转向梯形机构的底边，是确保左右转向轮产生正确运动关系的关键部件 拉杆球头是带球头外壳的拉杆，转向主轴的球头置于球头外壳内，球头通过其前端的球头座与球头外壳的轴孔边缘铰接，球头座与转向主轴间的滚针镶在球头座内孔面槽内，具有减轻球头磨损、提高主轴的抗拉等特点 （2）拉杆球头损坏的症状 ❶前轮球头损坏会出现下列症状：颠簸路段，出现"咯噔、咯噔"响；车辆不稳定，左右摆；制动跑偏；方向失灵 ❷球头旷量过大，再受到冲击载荷时容易断裂。尽快修理，避免危险 ❸外球头是指手拉杆球头，内球头是指方向机拉杆球头。外球头和内球头不是连在一起的，是一起都要工作的。方向机球头连接在羊角上，手拉杆球头连接在平行杆上

10.4 制动系统故障

10.4.1 制动效能不良故障

制动效能不良故障分析见表 10-4-1。

表 10-4-1 制动效能不良故障分析

故障现象	汽车行驶中制动时，制动减速度小，制动距离长
故障原因	❶制动总泵有故障 ❷制动分泵有故障 ❸制动器有故障 ❹制动管路中渗入空气
故障诊断	液压制动系统产生制动效能不良的原因，一般可根据制动踏板行程（俗称高、低）、踏制动踏板时的软硬感觉、踏下制动踏板后的稳定性以及连续多脚制动时踏板增高度来判断 ❶一般制动时踏板高度太低，制动效能不良。如连续两脚或几脚制动，踏板高度随着增高且制动效能好转，说明制动鼓与摩擦片或总泵活塞与推杆的间隙过大

续表

故障诊断	❷维持制动时，踏板的高度若缓慢或迅速下降，说明制动管路某处破裂、接头密闭不良或分泵皮碗密封不良，其回位弹簧过软或折断，或总泵皮碗、皮圈密封不良，回油阀及出油阀不良。可首先踏下制动踏板，观察有无制动液渗漏部位。若外部正常，则应检查分泵或总泵故障 ❸连续几脚制动时，踏板高度仍过低，且在第二脚制动后，感到总泵活塞未回位，踏下制动踏板即有总泵推杆与活塞碰击响声，是总泵皮碗破裂或回位弹簧太软 ❹连续几脚制动时踏板高度稍有增高，并有弹性感，说明制动管路中渗入了空气 ❺连续几脚制动时，踏板均被踏到底，并感到踏板毫无反力，说明总泵储液室内制动液严重亏损 ❻连续几脚制动时，踏板高度低而软，是总泵进油孔中储液室螺塞通气孔堵塞 ❼一脚或两脚制动时，踏板高度适当，但太硬制动效能不良。应检查各轮摩擦片与鼓的间隙是否太小。若间隙正常，则检查鼓壁与摩擦片表面状况。如正常，再检查制动蹄弹簧是否过硬，总泵或分泵皮碗是否发胀，活塞与缸壁配合是否松旷。如均正常，则应进而检查制动软管是否老化不畅通

10.4.2 制动突然失效故障

制动突然失效故障分析见表 10-4-2。

表 10-4-2 制动突然失效故障分析

故障现象	汽车在行驶中，一脚或连续几脚制动，制动踏板均被踏到底，制动突然失灵
故障原因	❶总泵内无制动液 ❷总泵皮碗破损或踏翻 ❸分泵皮碗破损或踏翻 ❹制动管路严重破裂或接头脱节
故障诊断	首先观察有无泄漏制动液处。如制动总泵推杆防尘套处制动液漏流严重，多属总泵皮碗踏翻或严重损坏。如某车轮制动鼓边缘有大量制动液，说明该轮分泵皮碗压翻或严重损坏。管路渗漏制动液一般明显可见。若无渗漏制动液现象，则应检查总泵储液室内制动液是否充足

10.4.3 制动发咬故障

制动发咬故障分析见表 10-4-3。

表 10-4-3 制动发咬故障分析

故障现象	踏下制动踏板时感到既高又硬或没有自由行程，汽车起步困难或行驶费力
故障原因	❶制动踏板没有自由行程或其回位弹簧脱落、折断或过软 ❷踏板轴锈滞回位困难 ❸总泵皮碗、皮圈发胀或活塞变形或被污物卡住 ❹总泵活塞回位弹簧过软、折断，皮碗发胀堵住回油孔或回油孔被污物堵塞 ❺制动蹄摩擦片与制动鼓间隙过小 ❻制动蹄回位弹簧过软、折断 ❼制动蹄在支承销上下能自由转动 ❽分泵皮碗胀大、活塞变形或有污物黏住 ❾制动管凹瘪、堵塞，使回油不畅 ❿制动液太脏，黏度太大，使回油困难

故障诊断	放松制动踏板后，全部或个别车轮仍有制动作用，即表明制动发咬。行车中出现制动发咬的情况如下 ❶若各轮制动鼓均过热，表明总泵有故障 ❷若个别制动鼓过热，则属于该轮制动器工作不良 ❸若故障在总泵，应先检查制动踏板自由行程 ❹若无自由行程，一般为总泵推杆与活塞的间隙过小或没有间隙 ❺若自由行程正常，可拆下总泵储液室螺塞，踏抬制动踏板，观察回油情况。如不回油，为回油孔堵塞；如回油缓慢，可检查制动液是否太脏、黏度太大；如制动液干净，则总泵皮碗、皮圈可能发胀或其回位弹簧过软，应分解总泵检查 ❻若故障在个别车轮制动器发咬，可架起该车轮，旋松分泵放气螺钉，如制动液随之急速喷出且车轮即刻转动自如，说明该轮制动管路堵塞，分泵未能回油。如转动该轮仍发咬，可检查制动蹄摩擦片与制动鼓间隙是否太小 ❼若上述均正常，则应检查分泵活塞皮碗及制动蹄弹簧回位的情况

10.4.4 制动跑偏（单边）故障

制动跑偏（单边）故障分析见表10-4-4。

表10-4-4 制动跑偏（单边）故障分析

故障现象	汽车制动时，向一边偏斜
故障原因	❶两前轮制动鼓与摩擦片的间隙不一，两前轮摩擦片的接触面积相差太大，两前轮磨片的质量不同，两前轮制动鼓内径相差过多，两前轮制动蹄回位弹簧弹力不等 ❷前轮某侧分泵活塞与缸筒摩擦过甚，某侧前轮分泵有空气，软管老化或分泵皮碗不良或前轮某侧制动鼓失圆，两前轮胎气压不一致，某侧前轮摩擦片油污、水湿、硬化、铆钉外露 ❸两前轮制动蹄支承销偏心套磨损程度不一 ❹两后轮有上述前三条故障的
故障诊断	检查时先通过路试制动，根据轮胎拖印查明制动效能不良的车轮并予以检修。拖印短或没有拖印的车轮即为制动效能不良。可先检查该轮制动管路是否漏油，轮胎气压是否充足。若正常，可检查摩擦片与制动盘间隙。如仍无效，可查分泵是否渗入空气。若无空气渗入，即拆下制动盘，按原因逐一检查制动器各部件。如正常，说明故障不在制动系统。应检查车架或前轴的技术状况及转向机构情况。如有制动试验台，检查更为方便，看哪个车轮制动力小，即为不良的车轮

10.4.5 制动抖动故障

制动抖动故障分析见表10-4-5。

表10-4-5 制动抖动故障分析

故障现象	汽车制动时，车身和方向盘抖动，松开制动踏板故障消失
故障原因	❶前制动盘变形，制动平面不平整 ❷制动片性能不良 ❸前悬架松旷 ❹前轮轴承和轮辋变形

续表

故障诊断	❶前制动盘变形，制动平面不平整。使用百分表测量前制动盘端面的圆跳动量，正常在 0.05mm 之内。如果测量超过 0.05mm，则更换前制动盘 ❷制动片性能不良。拆卸前制动片，检查工作面是否存在不平整，如果存在摩擦不平，则更换制动片测量前制动片的厚度，如果出现测量点厚度不一样，则更换制动片 ❸前悬架松旷。检查前悬架各个球头是否有松旷，如果有球头松旷，则更换 ❹前轮轴承和轮辋变形。检查前轮转向节轴承是否有松旷，如果轴承有松旷，则更换检查轮辋是否有变形，如果存在变形，则更换轮辋

10.4.6 制动不灵故障

制动不灵故障分析见表 10-4-6。

表 10-4-6　制动不灵故障分析

故障现象	❶汽车制动时，踩一次制动踏板不能减速或停车，连续踩几次制动踏板，效果也不好 ❷汽车紧急制动时，制动距离太长
故障原因	❶制动踏板自由行程太大 ❷制动主缸储液室内存油不足或无油 ❸制动液变质（变稀或变稠）或管路内壁积垢太厚 ❹制动管路内进入空气或制动液气化产生了气阻 ❺制动主缸、轮缸、管路或管接头漏油 ❻制动主缸、轮缸的活塞及缸筒磨损过度 ❼制动主缸、轮缸的皮碗老化或磨损引起密封不良 ❽制动主缸的进油孔、储液室的通气孔堵塞 ❾制动主缸的出油阀、回油阀不密封；活塞复位弹簧预紧力太小；活塞前端贯通小孔堵塞 ❿制动器的制动鼓与制动蹄片间隙不当；制动鼓与制动蹄片接触面积太小；制动蹄片质量不佳或沾有油污；制动蹄片铆钉松动；制动鼓产生沟槽磨损或失圆，制动时变形 ⓫真空增压器或助力器的各真空管路接头松动、脱落，管路有破裂处；膜片破裂或者密封圈密封不良；单向阀、控制阀密封不良；辅助缸活塞、皮碗磨损过甚；单向球阀不密封
故障诊断	（1）制动不灵故障排除 ❶检查制动片、制动盘（如有问题，更换即可） ❷检查制动液，检查制动真空助力器及真空管（如有问题，更换制动液，注意排空制动管中空气，其他部件问题，更换即可） ❸制动时间过长，制动毂长时间摩擦，造成温度升高，摩擦系数降低，使制动效能下降 （2）制动不灵故障排除 ❶踩制动踏板做制动试验，根据踩制动踏板时的感觉，检查相应的部位 ❷一脚踩下制动踏板，踏板到底且无反力；连续几次踩制动踏板都能踩到底，且感觉阻力很小，则应检查储液室中制动液液面高度是否符合要求，若液面低于下线或在"MIN"线以下，说明制动液液面太低；检查制动踏板联动机构有无松脱 ❸连续几脚踩制动踏板时，踏板高度仍过低，并且在第一脚制动后，感到总泵活塞未回位，踩下制动踏板即有制动主缸与活塞碰击响声，则应检查主缸的活塞回位弹簧是否过软；主缸的皮碗是否破裂 ❹连续踩几次制动踏板时，踏板高度低而软，则应检查制动主缸的进油孔或储液室的通气孔是否堵塞

故障诊断	❺一脚踩下制动踏板时，踏板高度过低；连续几脚踩下制动踏板时，踏板高度稍有增高，并有弹性感，则应检查系统内是否存有气体 ❻一脚踩下制动踏板时，踏板高度较低；连续几脚踩下制动踏板时，踏板高度随之增高且制动效能好转，则应检查制动踏板的自由行程及制动器的间隙 ❼维持制动踏板高度时，若缓慢或迅速下降，则应检查制动管路是否破裂、管接头是否密封不良；主缸、轮缸皮碗或皮圈密封是否良好。可踩下制动踏板，观察制动管路是否有制动液渗漏；制动主缸的推杆防尘套处是否有制动液渗漏；轮缸防尘套周围是否有制动液渗漏 ❽踩制动踏板时，若踏板有向上反弹、顶脚的感觉，且制动力不足，则应检查增压器的辅助缸活塞磨损是否过度；辅助缸活塞、皮碗是否密封不良；辅助缸单向球阀是否密封不良 ❾路试车辆时，观察各车轮的制动情况。若个别车轮制动不良，则应检查该车轮的制动软管是否老化；摩擦片与制动鼓间的间隙是否不当；摩擦片是否有硬化、油污、钉外露现象；制动鼓内壁是否磨损成沟槽；摩擦片与制动鼓的接触面积是否过小

10.4.7 制动拖滞故障

制动拖滞故障分析见表10-4-7。

表10-4-7 制动拖滞故障分析

故障现象	抬起制动踏板后，全部或个别车轮的制动作用不能立即完全解除，以致影响了车辆重新起步、加速行驶或滑行
故障原因	❶制动踏板无自由行程，制动踏板拉杆系统不能回位 ❷制动总泵回位弹簧折断或失效 ❸制动总泵回油孔被污物堵塞，密封圈膨胀或发黏与泵体卡死 ❹通往分泵的油管凹瘪或堵塞 ❺制动盘摆差过大 ❻前制动器密封圈损坏，造成活塞不能正常复位 ❼前、后制动器分泵密封圈膨胀或发黏与泵体卡死 ❽鼓式制动器制动蹄回位弹簧折断或过软 ❾鼓式制动器制动蹄摩擦片破裂或铆钉松动 ❿鼓式制动器制动鼓严重失圆
故障诊断	❶将汽车支起，在未踩制动踏板的情况下，用手转动车轮。如果某一车轮转不动，说明该轮制动器拖滞；若全部车轮转不动，说明全部车轮制动拖滞 ❷如果为个别车轮制动器拖滞，首先旋松该车轮制动轮缸的放气螺钉，如果制动液急速喷出，随即车轮能旋转自如，说明该轮制动管路堵塞，轮缸未能回油，应更换。如果车轮仍转不动，则拆下车轮，解体检查制动器 ❸若全部车轮制动器拖滞，则首先检查制动踏板自由行程是否符合要求，如果自由行程过小，应调整。然后检查制动踏板的回位情况，用力将制动踏板踩到底并迅速抬起，如果踏板回位缓慢，说明制动踏板回位弹簧失效或踏板轴发卡，应更换或修复

10.4.8 制动无力故障

制动无力故障分析见表10-4-8。

表 10-4-8　制动无力故障分析

故障现象	踩制动踏板时觉得软弱无力，踏板有下沉的感觉
故障原因	❶漏油：制动系统漏油，导致整个制动系统失效 ❷卡滞：制动器的性能下降，将会影响到整个制动系统的工作性能
故障诊断	（1）制动总泵的工作原理 踩下制动踏板后总泵产生推力将液压油压到分泵，分泵内部的活塞受到液压力开始移动，将制动片推动 刹车总泵属于汽车制动系统的重要部件，其作用主要是提供制动助力，只有车辆发动机启动后才有制动助力效果，公交车和货车等大车采用气泵助力系统，小汽车一般采用油泵助力系统，其制动总泵为真空助力泵，在总泵助力的情况下，驾驶员控制分泵油压作用于制动压力时踩制动踏板的力度可以轻松很多，如果没有启动发动机，那么即使用尽力，踩制动踏板也无法踩到底 （2）制动总泵漏油 制动总泵漏油有两种，内漏及外漏 ❶外漏：从外表面可以看见漏油处，其种类有三种，即制动总泵与助力器连接处漏油、活塞限位螺钉处漏油、缸体有气孔造成渗漏 对于限位螺钉处漏油，可用扳手拧紧即可，对于另外两种须更换制动总泵，但不必更换助力器 ❷内漏：此种情况踏板可踏到底或逐渐沉到底，但仍制动不良或失效，前者是总泵内漏，后者则无内漏，只是助力器的助力比偏大 （3）制动效果差或无制动 ❶制动液变质或混进其他油液：更换制动液 ❷制动总泵皮圈严重磨损：重新更换制动总泵 ❸制动总泵进油小孔堵塞或储油室加油螺塞上的通气孔堵塞：疏通总泵进油小孔或通气孔 ❹制动管路中有空气：排除管路中的空气 ❺制动片与制动鼓间隙调整不当：重新调整 ❻真空助力器控制推杆行程或制动分泵行程调整不当：重新调整 ❼制动管路漏油：检修制动管路 ❽制动总泵失效：更换制动总泵 ❾真空助力器漏气：更换真空助力器

10.4.9　真空助力器异响故障

真空助力器异响故障分析见表 10-4-9。

表 10-4-9　真空助力器异响故障分析

故障现象	制动性能差或无制动，踩制动踏板时有异响
故障原因	真空助力器故障
故障诊断	不良的助力器会发生异响，有的是"咔嗒"一声，有的是"噗、噗"声。异响一般不影响制动性能，但属于噪声。出现明显的异响时可更换助力器，但不必更换制动总泵 判别方法如下 ❶静密封漏：打开发动机数分钟后关闭，不踩踏板能够听到明显的漏气声 ❷动密封漏：打开发动机数分钟后，踩下制动踏板并在中途停止，脚底能够明显感到踏板有向上的顶力

10.4.10 真空助力器漏气故障

真空助力器漏气故障分析见表 10-4-10。

表 10-4-10 真空助力器漏气故障分析

故障现象	制动踏板行程很短，多踩几脚行程也是一样
故障原因	真空助力器故障
故障诊断	❶打开发动机，运行 1～2min 后关闭，然后分三次踩踏板 对于正常工作的真空助力器，踩第一脚时，由于真空助力器存在足够真空，其踏板行程正常；踩第二脚时，由于助力器内已损失一些真空，所以踏板行程会减小很多；踩第三脚时，真空助力器内真空已很少，所以踏板行程也很少，再踩下去就踩不动了。以上即所谓"一脚比一脚高"。这证明助力器无漏气，工作正常。如果每一脚踏板行程都很小，且行程都不变，即所谓的"脚特别硬"，则说明助力器漏气失效。漏气严重的，可听到漏气声音。对于漏气的助力器需予以更换 ❷关闭发动机，踩踏板数次，将真空助力器内真空"放掉"。然后踩住踏板，打开发动机，此时踏板应随着发动机抽真空而自动下降，待下降到正常位置后，关闭发动机，1min 内踩踏板的脚应无反弹感觉。若踩踏板的脚逐渐被抬起，说明助力器漏气，应予以更换 需要特别注意的是，对于正常的助力器，如果用正常踏板力踩踏板并使踏板停在某处后继续加大力度踩踏板，踏板还会继续往下沉，这种情况绝不是助力器漏气，因为漏气的助力器只能导致踏不下去，即所谓"脚硬"，并且会把脚向回推（即向上推） 对于这种所谓"脚低"的助力器有两种可能：一是因助力器仍工作在助力状态，只要再继续加力，踏板肯定会继续往下沉，这时，制动已经非常可靠，属正常现象；二是主缸漏油，此时能一脚踩到底，且无制动

10.4.11 ABS 防抱死系统警告灯长亮故障

ABS 防抱死系统警告灯长亮故障分析见表 10-4-11。

表 10-4-11 ABS 防抱死系统警告灯长亮故障分析

故障现象	❶在发动机启动后或汽车行驶中 ABS 故障警告灯一直亮着 ❷ABS 装置失去作用，汽车紧急制动时车轮会抱死 ❸汽车制动效能较差
故障原因	❶制动主缸储液室内的制动液太少，液面高度太低 ❷制动系统管路中有空气 ❸车轮转速传感器损坏或线路有故障 ❹车轮转速传感器感应齿圈损坏或传感器与感应齿圈间隙之间有杂物 ❺电动回液泵继电器损坏或线路有故障 ❻电动回液泵电动机损坏或线路有故障 ❼二位二通电磁阀继电器损坏或线路有故障 ❽二位二通电磁阀损坏或线路有故障，压力调节器中电磁阀位置错误 ❾ABS 的 ECU 电源线路或搭铁线路有故障

续表

故障诊断	❶检查制动主缸储液室内的液面高度，若太低，应加注制动液至正常液面高度 ❷进行故障自诊断，按照读取的故障代码查找故障原因 ❸如果无法读取故障码，则可按 ABS 故障警告灯点亮的规律判断故障的大致范围：若打开点火开关后或发动机启动后 ABS 故障警告灯一直不熄灭，则可能是 ABS 的 ECU、电动回液泵、二位二通电磁阀损坏或其电源线路、搭铁线路有故障；若打开点火开关后或发动机启动后 ABS 故障警告灯能正常熄灭，但汽车行驶至 40km/h 时踩制动踏板后 ABS 故障警告灯又亮起，则通常是车轮转速传感器损坏或其线路有故障 ❹检测 ABS 的 ECU 电源线路。打开点火开关，对照所检修车型的 ABS 线路图，从 ABS 的 ECU 线束插头上检测与蓄电池正极及点火开关电源线路连接的各脚的电压，其值应等于蓄电池电压，否则说明熔丝或电源线路有故障，应予以修复 ❺检测 ABS 的 ECU 搭铁情况。对照线路图，从 ABS 的 ECU 线束插头上检测各搭铁端子与蓄电池负极之间的电阻，其值应为 0，否则说明搭铁不良，应予以修复 ❻检测电动回液泵继电器及其线路，若继电器有故障，应予以更换；若继电器的电源线路或与 ECU 连接的控制线路有故障。应予以修复 ❼检测电动回液泵电动机及其线路。拆下制动压力调节器上盖，拔下电动回液泵继电器，打开点火开关，将继电器插座上连接继电器开关触点的 2 个端子用一根导线短接，使蓄电池电源直接施加在电动机上，此时应能听到电动回液泵电动机转动的声音，否则说明电动机或其线路有故障，应检修线路或更换制动压力调节器总成 ❽检测二位二通电磁阀继电器及其线路，如继电器有故障，应更换；如线路有故障，应予以修复 ❾检测二位二通电磁阀。拔下制动压力调节器线束连接器，对照所检修车型的 ABS 线路图，在制动压力调节器线束插座上分别测量各个二位二通电磁阀的线圈电阻，其阻值应符合标准（一般为 0.8～1.5Ω）。如有异常，应更换制动压力调节器总成 ❿测量制动灯开关，在踩下制动踏板时，制动灯开关应闭合；未踩制动踏板时，制动灯开关应断开。如有异常，应更换制动灯开关 ⓫检查各个车轮转速传感器，检查感应齿圈有无缺齿、齿圈与传感器之间有无杂物、齿圈与传感器之间的气隙是否正常。拔下传感器线束连接器，检测传感器电阻，其阻值应符合标准；转动车轮，同时用万用表测量传感器输出电压信号，如无信号输出，说明传感器有故障，应予以更换

10.4.12　踩制动踏板费力故障

踩制动踏板费力故障分析见表 10-4-12。

表 10-4-12　踩制动踏板费力故障分析

故障现象	❶制动时感觉制动踏板有较大的阻力 ❷无故障码显示
故障原因	❶真空助力器工作不正常 ❷常开阀（进油阀）工作不正常
故障诊断	用传统的方法检查助力器和制动踏板行程是否正常，若不正常则进行调整或维修 用检测仪对液压控制单元进行诊断，检查常开阀，如果不正常则更换 ECU 如果常开阀正常，按不带 ABS 的方法检查助力器和踏板行程

10.4.13　制动时踏板行程过长故障

制动时踏板行程过长故障分析见表 10-4-13。

表 10-4-13　制动时踏板行程过长故障分析

故障现象	❶制动踏板有下垂的现象 ❷无故障码显示
故障原因	❶漏制动液 ❷常闭阀（出油阀）工作不正常 ❸制动盘严重磨损 ❹制动系统中有空气 ❺驻车制动调整不当
故障诊断	❶检查制动管接头是否泄漏，如果泄漏，则排除 ❷检查制动盘磨损情况，如果磨损严重，则更换制动盘 ❸检查驻车制动调整装置，如果不正常，则进行调整或更换 ❹以上检查正常，则进行排气检查 ❺以上检查完成后，故障依旧，则用检测仪对液压控制单元进行诊断，检查常闭阀，如果不正常则更换 ECU

10.4.14　轮速传感器故障

轮速传感器故障分析见表 10-4-14。

表 10-4-14　轮速传感器故障分析

故障现象	❶ABS 警告灯点亮 ❷自动变速器升挡慢
故障原因	❶轮速传感器损坏 ❷轮速传感器检测头有异物 ❸轮速传感器线路插接器接触不良、断路或短路 ❹防抱死控制单元故障
故障诊断	（1）工作原理 轮速传感器检测车轮转速，并向防滑控制 ECU 发送相应的信号。这些信号用于 ABS 控制系统。该转速传感器包含一个由 2 个 MRE（磁阻元件）组成的传感器 IC。转速传感器转子包含呈圆形排列的 48 组 N 和 S 磁极，与轮毂轴承内座圈安装在一起。为了检测旋转方向，输出波形用于确定由 2 个 MRE 产生的脉冲关系。收到该信号后，传感器 IC 向 ECU 输出向前的波形 （2）故障检测 ❶车速为 10km/h 或更高时，传感器信号电路断路或短路持续 1s 或更长时间 ❷异常车轮传感器信号瞬间中断出现 255 次或以上 ❸轮速传感器信号电路断路，且持续 0.5s 或更长时间 ❹IG1 端子电压为 9.5 V 或更高时，传感器电源电压下降达 0.5 s 或更长时间 （3）确定故障部位 ❶右前 / 左前轮轮速传感器 ❷轮速传感器电路 ❸轮速传感器转子 ❹传感器的安装 ❺制动器执行器总成（防滑控制 ECU）

轮速传感器电路分析如图 10-4-1 所示。

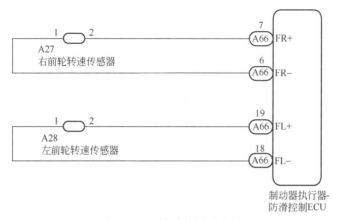

图 10-4-1　轮速传感器电路

轮速传感器维修检查操作步骤如下。

第 1 步，读取故障码。确认报故障的轮速传感器。

第 2 步，读取数据流。读取四个轮速传感器的数据流（表 10-4-15）。

表 10-4-15　数据流（1）

测量项目 / 范围	正常状态	诊断备注
右前轮轮速传感器读数 / 最小：0km/h。最大：326km/h	实际车轮转速	与速度表显示的速度相近
左前轮轮速传感器读数 / 最小：0km/h。最大：326km/h	实际车轮转速	与速度表显示的速度相近

驾驶车辆时，检查并确认智能检测仪上显示的轮速传感器的输出速度值和速度表上显示的速度值没有差别。

提示：影响所显示车速的因素包括轮胎尺寸、轮胎充气和轮胎磨损。显示在速度表上的速度有一个允许的公差范围。

第 3 步，将点火开关置于 OFF 位置，检查轮速传感器的安装情况（图 10-4-2）。

正常：传感器与前转向节之间无间隙。安装螺母紧固正确。扭矩：8.5N·m。

如果安装异常，则正确安装前轮轮速传感器；如果正常，则检查前轮轮速传感器端部。

第 4 步，检查前轮轮速传感器端部。拆下前轮轮速传感器，检查轮速传感器端部。

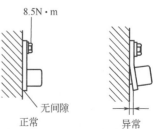

图 10-4-2　检查前轮轮速传感器安装情况

正常：传感器端部无划痕或异物。

小心：清洁或更换后检查轮速传感器信号。

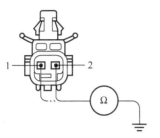

图 10-4-3 没有线束连接的零部件（前轮轮速传感器）

如果端部异常，则清洁或更换前轮轮速传感器；如果正常，则检查前轮轮速传感器。

第 5 步，检查前轮轮速传感器。安装前轮轮速传感器；确保锁止件和连接器连接部件没有松动；断开前轮轮速传感器连接器；根据图 10-4-3 和表 10-4-16、表 10-4-17 中的值测量电阻。如果电阻异常，则更换前轮轮速传感器；如果正常，则检查线束和连接器（防滑控制 ECU- 前轮轮速传感器）。

表 10-4-16 传感器右侧标准电阻

检测仪连接	条件	规定状态 /kΩ
2（FR+）—车身搭铁	始终	10 或更大
1（FR-）—车身搭铁	始终	10 或更大

表 10-4-17 传感器左侧标准电阻

检测仪连接	条件	规定状态 /kΩ
2（FL+）—车身搭铁	始终	10 或更大
1（FL-）—车身搭铁	始终	10 或更大

第 6 步，检查线束和连接器（防滑控制 ECU- 前轮轮速传感器）。断开防滑控制 ECU 连接器，根据图 10-4-4 和表 10-4-18、表 10-4-19 中的值测量电阻。如果电阻异常，则维修或更换线束或连接器；如果正常，则检查防滑控制 ECU（传感器输入）。

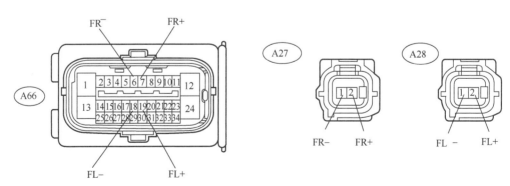

(a) 线束连接器前视图(至防滑控制ECU)　　(b) 线束连接器前视图(至前轮轮速传感器)

图 10-4-4 连接器 A66 和 A27、A28

表 10-4-18　A66 和 A27 右侧标准电阻

检测仪连接	条件	规定状态
A66-7（FR+）—A27-2（FR+）	始终	小于 1Ω
A66-7（FR+）—车身搭铁	始终	10kΩ 或更大
A66-6（FR-）—A27-1（FR-）	始终	小于 1Ω
A66-6（FR-）—车身搭铁	始终	10kΩ 或更大

表 10-4-19　A66 和 A28 左侧标准电阻

检测仪连接	条件	规定状态
A66-19（FL+）—A28-2（FL+）	始终	小于 1Ω
A66-19（FL+）—车身搭铁	始终	10kΩ 或更大
A66-18（FL-）—A28-1（FL-）	始终	小于 1Ω
A66-18（FL-）—车身搭铁	始终	10kΩ 或更大

第 7 步，检查防滑控制 ECU（传感器输入）。重新连接防滑控制 ECU 连接器；将点火开关置于 ON 位置；根据图 10-4-5 和表 10-4-20、表 10-4-21 中的值测量电压。如果电压异常，则更换制动器执行器总成；如果正常，则再次读取故障码。

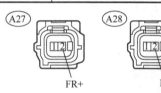

图 10-4-5　连接器 A27 和 A28

表 10-4-20　A27 右侧标准电压

检测仪连接	开关状态	规定状态 /V
A27-2（FR+）—车身搭铁	点火开关置于 ON 位置	8～14

表 10-4-21　A28 左侧标准电压

检测仪连接	开关状态	规定状态 /V
A28-2（FL+）—车身搭铁	点火开关置于 ON 位置	8～14

第 8 步，读取故障码。以 40km/h 或更高的速度行驶车辆至少 60s。如果没有故障码，则系统正常；如果存在故障码，则更换前轮轮速传感器。

第 9 步，更换前轮轮速传感器。再次读取故障码；以 40km/h 或更高的速度行驶车辆至少 60s。如果没有故障码，则系统正常；如果存在故障码，则更换前轮轮速传感器转子。

第 10 步，更换前轮轮速传感器转子。将点火开关置于 OFF 位置；更换前桥轮毂分总成（前轮轮速传感器转子）。

提示：前轮轮速传感器转子安装在前桥轮毂分总成内；如需更换前轮轮速传感器转子，则需一起更换前桥轮毂分总成。

小心：更换后检查轮速传感器信号。

10.4.15 ABS 泵电动机故障

ABS 泵电动机故障分析见表 10-4-22。

表 10-4-22　ABS 泵电动机故障分析

故障现象	❶ABS 警告灯点亮 ❷ABS 泵不工作
故障原因	❶ABS 泵损坏 ❷ABS 泵线路插接器接触不良、断路或短路 ❸防抱死控制单元故障
故障诊断	❶工作原理： ABS 电动机继电器向 ABS 泵电动机供电。ABS 被激活时 ECU 接通电动机继电器并运行 ABS 泵电动机 如果因蓄电池或交流发电机电压过低，导致向电动机继电器（+BM）输送的电压低于 DTC 检测下限值，则 DTC 可能被存储 ❷检测到以下任一状况时，故障部位为 ABSNo.1 熔丝或 ABS 电动机继电器电路或制动器执行器总成（ABS 电动机继电器） a. 以下所有状况持续 0.1s 或更长时间 IG1 端子电压为 9.5V 或更高 初始检查时，或 ABS 或 BA 运行时 继电器接通时，继电器触点断开 b. 以下两种状况持续 0.1s IG1 端子电压低于 9.5V 继电器接通时，继电器触点仍然断开 ❸检测到以下状况时，故障部位为 ABS 电动机继电器电路或制动器执行器总成（ABS 电动机继电器） 电动机继电器断开时，电动机继电器保持关闭 4s 或更长时间

ABS 泵电动机电路分析见图 10-4-6。

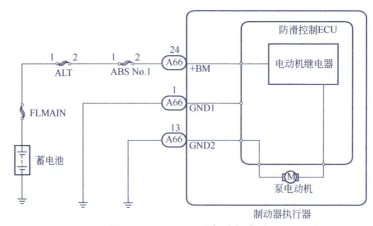

图 10-4-6　ABS 泵电动机电路

ABS 泵电动机维修检查操作步骤如下。

第 1 步，读取故障。读取故障码，缩小检查范围；故障码为 ABS 电动机继电器电路断路。

第 2 步，检查 ABS No.1 熔丝。从发动机室继电器盒上拆下 ABS No.1 熔丝，根据图 10-4-7 和表 10-4-23 中的值测量电阻。如果电阻异常，则更换 ABS No.1 熔丝；如果正常，则用智能检测仪执行主动测试（ABS 电动机继电器）。

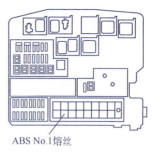

图 10-4-7　发动机室继电器盒（9）

表 10-4-23　ABS 熔丝标准电阻

检测仪连接	条件	规定状态 /Ω
ABS No.1（50A）熔丝	始终	小于 1

第 3 步，用智能检测仪执行主动测试（ABS 电动机继电器）。安装 ABS No.1 熔丝；使用智能检测仪操作 ABS 电动机继电器时，检查 ABS 电动机继电器的工作声音。表 10-4-24 为动作测试。如果电阻异常，则检查防滑控制 ECU（+BM 端子）。

表 10-4-24　动作测试

测试部位	控制范围	诊断备注
ABS 电动机继电器	继电器 ON/OFF	可听到电动机的工作声音

第 4 步，检查防滑控制 ECU（+BM 端子）。将点火开关置于 OFF 位置；断开防滑控制 ECU 连接器；根据图 10-4-8 和表 10-4-25 中的值测量电压。如果电压异常，则维修或更换线束或连接器（+BM 电路）；如果正常，则检查防滑控制 ECU（GND 端子）。

表 10-4-25　A66 的标准电压

检测仪连接	条件	规定状态 / V
A66-24（+BM）—车身搭铁	始终	11～14

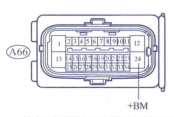

线束连接器前视图(至防滑控制ECU)

图 10-4-8　连接器 A66（1）

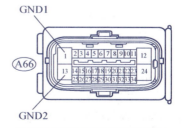

线束连接器前视图(至防滑控制ECU)

图 10-4-9　连接器 A66（2）

第 5 步，检查防滑控制 ECU（GND 端子）。根据图 10-4-9 和表 10-4-26 中的值测量电阻。如果电阻异常,则维修或更换线束或连接器(GND 电路);如果正常,则再次确认故障码。

表 10-4-26　A66 的标准电阻

检测仪连接	条件	规定状态/Ω
A66-1(GND1)—车身搭铁	始终	小于 1
A66-13(GND2)—车身搭铁	始终	小于 1

第 6 步,再次确认故障码。

提示:

① 当确定制动器执行器总成中出现故障时,将检测到该代码。ABS 电动机继电器在制动器执行器总成内。因此 ABS 电动机继电器检查和电动机继电器单元检查无法执行。更换制动器执行器总成前务必检查是否有任何 DTC 输出;清除 DTC;启动发动机;以 20km/h 或更高的速度行驶车辆 30s 或更长时间。检查是否记录同一 DTC。

② 当点火开关置于 ON 位置且制动灯开关关闭时,如果 6 km/h 或更高的车速信号输入防滑控制 ECU,ECU 将执行电动机和电磁阀电路的自诊断。

如果输出正常系统代码(未输出故障码),则轻轻晃动制动器执行器总成的连接器、线束和熔丝,确保未输出 DTC。如果在晃动制动器执行器总成(防滑控制 ECU)连接器或线束时输出任何 DTC,检查并维修连接器或线束;DTC 的输出可能是由连接器端子的不良连接所造成的。

如果有故障码,则更换制动器执行器总成;如果没有故障码,则系统可能正常,也有可能出现间隙故障,需要进一步检查。

10.5　线控底盘悬架故障

10.5.1　空气悬架故障

(1)漏气故障

漏气是空气悬挂系统最常见的问题之一。漏气可能发生在空气弹簧、气管连接处或气囊阀门等部位。当系统发生漏气时,车辆的悬挂高度将无法保持,导致车辆行驶时出现不稳定或过分颠簸的情况。解决方法如下。

① 检查气囊和气管连接处是否有明显的破损或裂纹,如有,及时更换受损部件。

② 使用肥皂水涂抹在气管连接处,观察是否有气泡冒出,以确定漏气位置。找到漏气点后,可以尝试修复或更换受损部件。

③ 定期检查和维护空气悬挂系统,确保所有密封件和连接处都处于良好状态,以减少漏气的风险。

(2)悬挂高度不稳定

悬挂高度不稳定是另一个常见的问题,可能是由于空气压力调节阀故障、传感器故障或电气问题引起的。当悬挂高度不稳定时,车辆可能会出现前后不平衡、悬挂高度偏高或过低等情况。解决方法如下。

① 检查空气压力调节阀是否正常工作。如有必要，更换受损的调节阀。

② 检查悬挂系统传感器的连接是否良好，确保数据传输正常。如有必要，修复或更换故障传感器。

③ 检查车辆电气系统，确保空气悬挂系统的电源供应和信号传输正常。如果发现电气问题，应及时修复。

（3）悬挂噪声问题

悬挂系统在使用过程中可能会发出噪声，这可能是由于空气弹簧磨损、悬挂部件松动或液压阀故障引起的。悬挂噪声不仅会影响驾驶体验，还可能是潜在问题的信号。解决方法如下。

① 检查空气弹簧是否有磨损或破裂，如有，及时更换受损的空气弹簧。

② 检查悬挂部件的紧固情况，如松动，进行调整或紧固。

③ 检查液压阀是否正常工作，如有必要，更换液压阀。

10.5.2 电控悬架故障

电控悬架系统通过电子控制单元（ECU）来控制悬架的运动，从而实现车辆的稳定性和舒适性。然而，由于其复杂的结构和工作原理，电控悬架系统也容易出现故障。

（1）故障现象

在进行故障诊断之前，首先需要了解故障的现象。电控悬架系统故障的表现通常包括以下几个方面。

① 车辆行驶时出现抖动现象。

② 车辆行驶时出现异响或噪声。

③ 车辆行驶时悬架高度异常或不稳定。

④ 车辆行驶时硬度异常或不稳定。

如果出现以上任何一种现象，就需要对电控悬架系统进行故障诊断。

（2）故障诊断

电控悬架系统故障的诊断需要使用专业的诊断工具，例如诊断仪。下面介绍电控悬架系统故障诊断的步骤。

① 连接诊断仪。首先需要将诊断仪连接到车辆的 OBD 上，然后启动诊断仪并选择电控悬架系统进行诊断。

② 读取故障码。诊断仪会自动读取电控悬架系统的故障码，根据故障码可以确定故障的具体位置和原因。例如，如果读取到"C1234"故障码，就说明右前轮的传感器出现了故障。

③ 检查传感器。根据故障码确定故障位置后，需要对相应的部件进行检查。以传感器故障为例，需要检查传感器的连接是否松动或损坏，以及传感器的电气信号是否正常。

④ 检查电控单元。如果传感器正常，就需要检查电控单元是否出现故障。可以通过检查电控单元的电气信号和电压来确定是否正常。

⑤更换故障部件。如果确定故障部件无法修复，就需要更换故障部件。例如，如果传感器损坏，就需要更换新的传感器。

（3）故障预防

除了及时进行故障诊断和维修外，还可以采取一些措施来预防电控悬架系统故障的发生，例如：

①定期检查悬架系统的各个部件，包括传感器、电控单元、气囊等；

②避免过度载重或超载，以减少悬架系统的负荷；

③避免在恶劣路况下行驶，以减少悬架系统的损耗；

④避免在高温或低温环境下行驶，以减少悬架系统的损耗。

电控悬架系统故障的诊断需要使用专业的诊断工具，并按照一定的步骤进行。在日常使用中，还需要注意悬架系统的保养和维护，以减少故障的发生。

微信扫码
快来领取本书
丰富配套资源

扫码获取
☆操作视频讲解
☆车间真实案例

第11章 空调常见故障

11.1 燃油汽车空调故障

11.11.1 制冷时压缩机不能启动故障

制冷时压缩机不能启动故障分析见表11-1-1。

表11-1-1 制冷时压缩机不能启动故障分析

故障现象	汽车空调开启制冷时压缩机不能启动
故障原因	❶电器元件接触不良,熔丝熔断,空调开关损坏,继电器内线圈脱焊,搭铁线接触不良 ❷电磁离合器有故障 ❸环境温度过低 ❹恒温器调定值太高,而室温已很低 ❺制冷剂漏光 ❻怠速提高装置有故障,怠速成未提高 ❼热敏电阻不对 ❽压缩机轴承烧坏或缺油 ❾压缩机的皮带过松或微裂
故障诊断	❶检查电器元件,焊牢接线,更换损坏元件 ❷检查离合器 ❸检查低温(低压)保护开关 ❹将恒温器转至最低温度挡 ❺检查制冷剂量和低压保护开关 ❻检查怠速提高装置并调整、修理 ❼检查热敏电阻 ❽分解压缩机,更换轴承或按规定加油 ❾张紧或更换皮带

11.1.2 断断续续有冷气流出故障

断断续续有冷气流出故障分析见表11-1-2。

表 11-1-2　断断续续有冷气流出故障分析

故障现象	汽车空调使用时冷气断断续续流出
故障原因	❶电磁离合器打滑，有可能是制冷剂过量造成的 ❷膨胀阀冰堵或脏堵 ❸电器接线接触不良
故障诊断	❶检查离合器或排除过量的制冷剂 ❷按有水或脏物处理

11.1.3　只在高速时有冷气故障

只在高速时有冷气故障分析见表 11-1-3。

表 11-1-3　只在高速时有冷气故障分析

故障现象	空调只在高速时有冷气
故障原因	❶冷凝器堵塞 ❷压缩机皮带打滑 ❸压缩机有故障
故障诊断	❶清理冷凝器 ❷调整皮带张紧力 ❸更换压缩机，更换全部密封垫和密封圈

11.1.4　冷风量不足，蒸发器及低压管大量结霜故障

冷风量不足，蒸发器及低压管大量结霜故障分析见表 11-1-4。

表 11-1-4　冷风量不足，蒸发器及低压管大量结霜故障分析

故障现象	空调冷风量不足，蒸发器及低压管大量结霜
故障原因	❶蒸发器或风道阻塞 ❷蒸气箱或风道漏 ❸恒温器有故障 ❹风机有故障 ❺风机调速电阻故障
故障诊断	❶清理蒸发器、风道 ❷维修箱壳或风道 ❸检查并调整恒温器 ❹维修或更换风机 ❺维修或更换电阻器 ❻维修或更换蒸发箱温度传感器

11.1.5　压缩机不能正常自动停转故障

压缩机不能正常自动停转故障分析见表 11-1-5。

表 11-1-5　压缩机不能正常自动停转故障分析

故障现象	空调压缩机不能正常自动停转
故障原因	❶蒸发箱温度传感器损坏 ❷高压压力开关损坏 ❸电线短路
故障诊断	在正常工作情况下，对于采用循环离合器控制方式的空调机组（对于部分汽车空调采用此方法），压缩机会间断停转（由温控器自动控制）。若压缩机一直不停运转，或在过低气温下、缺少制冷剂情况下或系统高压过高（冷凝器温度过高）时，压缩机仍能运转，则是不正常的 ❶蒸发箱温度传感器损坏。通过使用检测仪读取制冷时的温度和不制冷时的温度，去判断是否损坏 ❷高压压力开关损坏。通过使用压力表测量空调系统压力并记录数据，再使用检测仪读取空调压力的数据，判断是否损坏 ❸电线短路。检查压缩机和其他相关的线路是否存在短路现象，如果有短路则对线路进行维修或更换

11.1.6　低压侧压力过高，高压侧压力过低故障

低压侧压力过高，高压侧压力过低故障分析见表 11-1-6。

表 11-1-6　低压侧压力过高，高压侧压力过低故障分析

故障现象	低压侧压力过高，高压侧压力过低，压缩机有不正常敲击声，压缩机外壳高低压侧温差不大
故障原因	压缩机阀片破碎，轴承损坏，密封垫损坏
故障诊断	更换压缩机，更换全部密封垫和密封圈

11.1.7　视液镜中有浑浊气泡故障

视液镜中有浑浊气泡故障分析见表 11-1-7。

表 11-1-7　视液镜中有浑浊气泡故障分析

故障现象	低压侧压力过高，高压侧压力过低，压缩机有不正常敲击声，压缩机外壳高低压侧温差不大
故障原因	❶冷冻油过多 ❷干燥瓶上易熔塞熔化 ❸新鲜风门未关或关闭不严
故障诊断	❶快速放出制冷剂，并重新补液 ❷更换干燥瓶 ❸检查新鲜风门开关

11.1.8 制冷剂充填不足故障诊断

制冷剂充填不足故障分析见表 11-1-8。

表 11-1-8 制冷剂充填不足故障分析

故障现象	❶低压、高压侧压力都低 ❷观察窗里有连续的气泡通过 ❸制冷不好
故障原因	❶制冷剂少 ❷制冷剂泄漏
故障诊断	❶使用压力表检查空调系统压力，高压、低压压力偏低，如图所示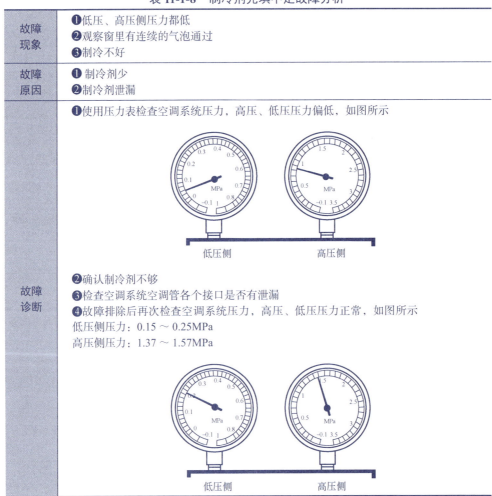 ❷确认制冷剂不够 ❸检查空调系统空调管各个接口是否有泄漏 ❹故障排除后再次检查空调系统压力，高压、低压压力正常，如图所示 低压侧压力：0.15～0.25MPa 高压侧压力：1.37～1.57MPa

11.1.9 制冷剂过多、冷凝器冷却不足故障

制冷剂过多、冷凝器冷却不足故障分析见表 11-1-9。

表 11-1-9 制冷剂过多、冷凝器冷却不足故障分析

故障现象	❶低压、高压侧压力都高 ❷即使低转速在观察窗里也看不到气泡 ❸制冷效果不好
故障原因	❶制冷剂充填过量 ❷冷凝器冷却不良

故障诊断	❶使用压力表检查空调系统压力，高压、低压压力偏高，如图所示 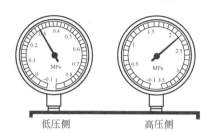 ❷排出一些制冷剂，如果压力恢复正常，再到车内检查制冷是否正常，如果正常，则系统正常 ❸在冷凝器表面泼水，如果压力恢复正常，再到车内检查制冷是否正常，需要检查冷凝器表面散热网是否堵塞，冷却风扇是否转速不足 ❹故障排除后再次检查空调系统压力，高压、低压压力正常，如图所示 低压侧压力：0.15～0.25MPa 高压侧压力：1.37～1.57MPa 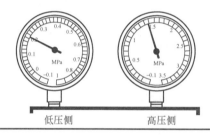

11.1.10 管路内混入水分故障

管路内混入水分故障分析见表 11-1-10。

表 11-1-10 管路内混入水分故障分析

故障现象	空调使用一定时间后，低压侧慢慢地指示为负压
故障原因	水分混入
故障诊断	❶使用压力表检查空调系统压力，高压、低压压力异常，如图所示 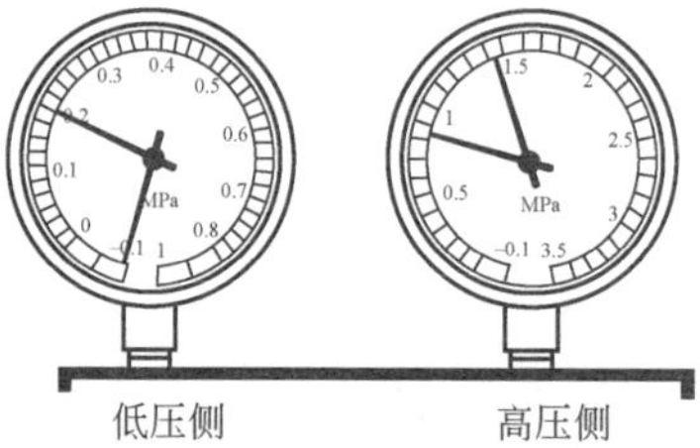 ❷检查空调系统是否有泄漏 ❸排除泄漏后，更换干燥瓶，反复抽真空，加新的制冷剂 ❹故障排除后再次检查空调系统压力，高压、低压压力正常，如图所示

故障诊断	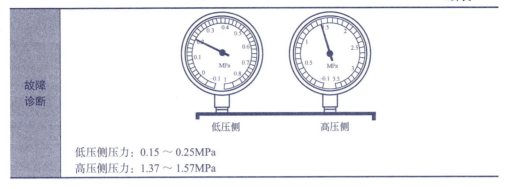 低压侧压力：0.15～0.25MPa 高压侧压力：1.37～1.57MPa

11.1.11 压缩机压缩不良故障

压缩机压缩不良故障分析见表 11-1-11。

表 11-1-11 压缩机压缩不良故障分析

故障现象	❶低压侧压力高，高压侧压力低 ❷关掉空调后高低压力变得相同
故障原因	压缩机压缩不良
故障诊断	❶使用压力表检查空调系统压力，低压侧压力高，高压侧压力低，如图所示 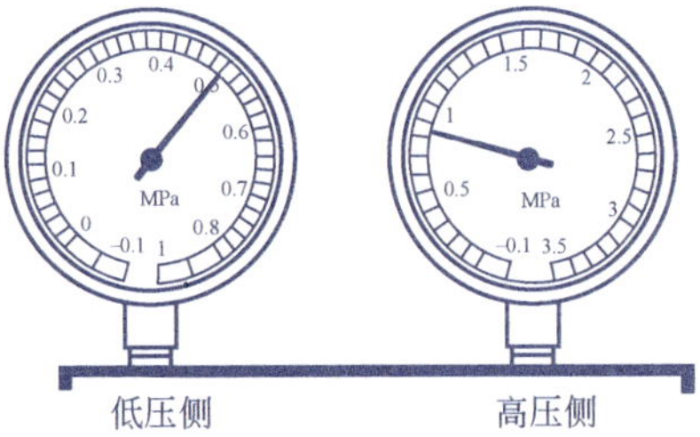 ❷检查空调系统是否有泄漏 ❸排除泄漏后，更换压缩机，抽真空，加新的制冷剂 ❹故障排除后再次检查空调系统压力，高压、低压压力正常，如图所示 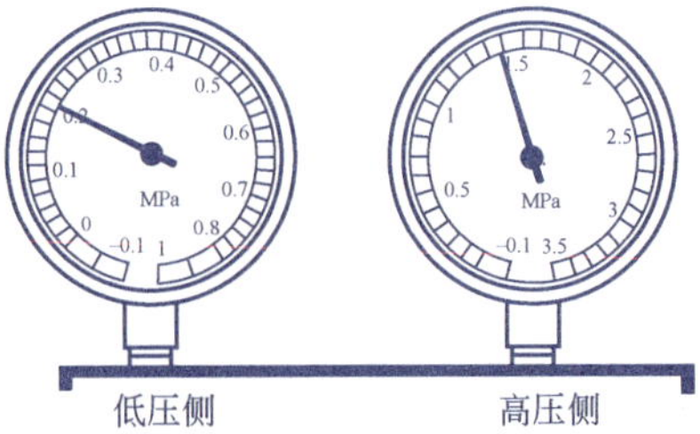 低压侧压力：0.15～0.25MPa 高压侧压力：1.37～1.57MPa

11.1.12 制冷剂不循环（管路堵塞）故障

制冷剂不循环（管路堵塞）故障分析见表 11-1-12。

表 11-1-12 制冷剂不循环（管路堵塞）故障分析

故障现象	❶完全堵塞的时候，低压侧会立刻指示为负压 ❷部分堵塞的时候，低压侧会慢慢变为负压 ❸堵塞的部分前后会产生温度差
故障原因	因为异物等造成制冷剂不能流动
故障诊断	❶使用压力表检查空调系统压力，压力异常，如图所示 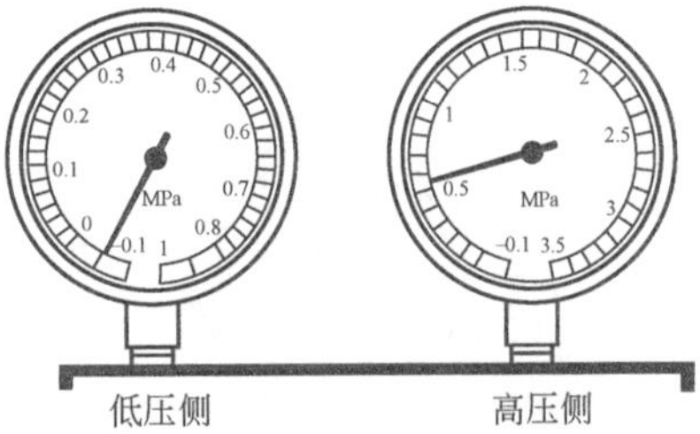 低压侧　　高压侧 ❷检查空调系统是否有泄漏 ❸排除泄漏后，分解空调系统，检查哪一部分出现堵塞 ❹更换有故障的零件，然后抽真空，加新的制冷剂 ❺故障排除后再次检查空调系统压力，高压、低压压力正常，如图所示 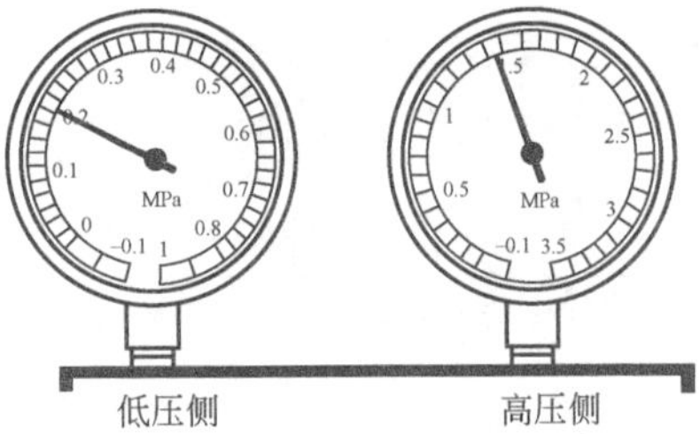 低压侧　　高压侧 低压侧压力：0.15～0.25MPa 高压侧压力：1.37～1.57MPa

11.1.13 管路内混入空气故障

管路内混入空气故障分析见表 11-1-13。

表 11-1-13 管路内混入空气故障分析

故障现象	❶低压侧、高压侧压力都过高 ❷即使摸低压配管也感觉不到凉 ❸观察窗有气泡
故障原因	冷冻循环内混入空气

故障诊断	❶使用压力表检查空调系统压力，低压侧、高压侧压力都过高，如图所示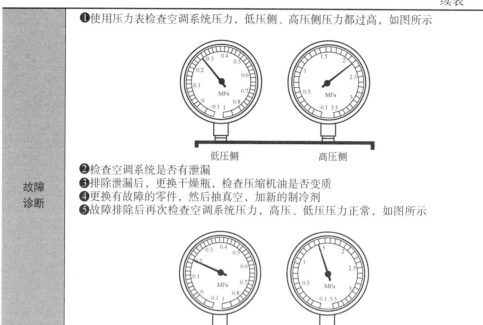低压侧　　　　　高压侧 ❷检查空调系统是否有泄漏 ❸排除泄漏后，更换干燥瓶，检查压缩机油是否变质 ❹更换有故障的零件，然后抽真空，加新的制冷剂 ❺故障排除后再次检查空调系统压力，高压、低压压力正常，如图所示 低压侧　　　　　高压侧 低压侧压力：0.15～0.25MPa 高压侧压力：1.37～1.57MPa

11.1.14 膨胀阀开度过大故障

膨胀阀开度过大故障分析见表 11-1-14。

表 11-1-14　膨胀阀开度过大故障分析

故障现象	❶低压侧、高压侧的压力高 ❷低压侧的配管上结霜
故障原因	❶低压配管的制冷剂过多 ❷膨胀阀开度过大
故障诊断	❶ 使用压力表检查空调系统压力，低压侧、高压侧的压力高，如图所示 低压侧　　　　　高压侧 ❷检查空调系统是否有泄漏 ❸排除泄漏后，检查制冷剂是否过多 ❹更换膨胀阀，然后抽真空，加新的制冷剂

续表

| 故障诊断 | ❺故障排除后再次检查空调系统压力，高压、低压压力正常，如图所示 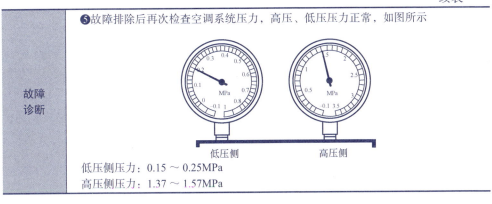
低压侧压力：0.15～0.25MPa
高压侧压力：1.37～1.57MPa |

11.2 新能源汽车空调故障

11.2.1 空调压缩机不工作故障

空调压缩机电路分析如图 11-2-1 所示。

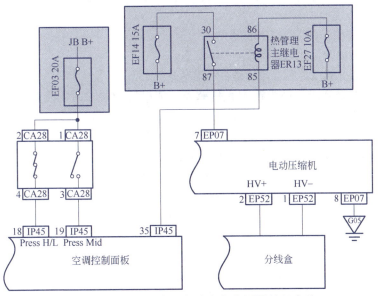

图 11-2-1 吉利帝豪纯电动汽车空调压缩机电路

空调压缩机故障诊断操作步骤如下。
（1）使用故障诊断仪读取故障码
① 操作启动开关使电源模式至 ON 状态。
② 连接故障诊断仪，读取系统故障码。
③ 确认系统是否存在故障码。

如果存在故障码，则优先排除故障码指示故障。如果不存在故障码，则检查蒸发器温度传感器信号。

（2）检查蒸发器温度传感器信号

① 操作启动开关使电源模式至 ON 状态。

② 连接故障诊断仪，读取蒸发器温度传感器信号。

③ 检查蒸发器温度传感器显示温度是否过低（标准温度：高于 2℃）。

如果不符合要求，则更换蒸发器温度传感器；如果符合要求，则检查鼓风机是否工作正常。

（3）检查鼓风机是否工作正常

① 操作启动开关使电源模式至 ON 状态。

② 打开鼓风机，检查鼓风机是否工作正常。

如果不符合要求，则优先排除鼓风机功能故障；如果符合要求，则检查室外温度传感器是否正常。

（4）检查室外温度传感器是否正常

① 操作启动开关使电源模式至 ON 状态。

② 检查室外温度传感器显示是否示温度低于 4℃。

如果不符合要求，则更换室外温度传感器；如果符合要求，则检查阳光传感器是否正常。

（5）检查阳光传感器是否正常

① 操作启动开关使电源模式至 ON 状态。

② 检查阳光温度传感器显示是否示温度低于 4℃。

如果不符合要求，则更换阳光传感器；如果符合要求，则检查保险丝 EF03、EF14、EF27 是否熔断。

（6）检查保险丝 EF03、EF14、EF27 是否熔断

① 操作启动开关使电源模式至 OFF 状态。

② 拔下熔丝 EF03，检查熔丝是否熔断（熔丝额定容量：20A）。

③ 拔下熔丝 EF14，检查熔丝是否熔断（熔丝额定容量：15A）。

④ 拔下熔丝 EF27，检查熔丝是否熔断（熔丝额定容量：10A）。

如果不符合要求，则检修熔丝线路，更换额定容量熔丝；如果符合要求，则检查热管理主继电器。

（7）检查热管理主继电器

① 操作启动开关使电源模式至 OFF 状态。

② 拔下继电器，使用相同型号的继电器替换热管理主继电器。

③ 确认故障是否排除。

如果故障已排除，则更换故障的继电器；如果故障未排除，则检查压缩机低压电源、接地之间的电压。

（8）检查压缩机低压电源、接地之间的电压

① 操作启动开关使电源模式至 OFF 状态。

② 断开压缩机低压线束连接器 EP07（图 11-2-2）。

③ 操作启动开关使电源模式至 ON 状态。

④ 打开空调，同时用万用表测量压缩机低压线束连接器 EP07 的 7 号端子与 8 号端子之间的电压（电压标准值：11～14V）。

⑤ 确认测量值是否符合标准。

如果不符合要求，则修理或更换线束；如果符合要求，则检查压力开关。

（9）检查压力开关

① 操作启动开关使电源模式至 OFF 状态。

② 断开空调控制面板线束连接器 IP45（图 11-2-3）。

③ 操作启动开关使电源模式至 ON 状态。

④ 用万用表测量空调控制面板线束连接器 IP45 的 18 号端子与车身接地之间的电压（电压标准值：11～14V）。

⑤ 用万用表测量空调控制面板线束连接器 IP45 的 19 号端子与车身接地之间的电压（电压标准值：0）。

⑥ 确认测量值是否符合标准。

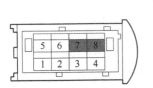

图 11-2-2　压缩机低压线束
连接器 EP07

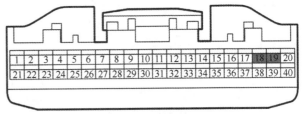

图 11-2-3　空调控制面板线束
连接器 IP45

如果不符合要求，则更换压力开关；如果符合要求，则检查压缩机高压电源电压。

（10）检查压缩机高压电源电压

① 操作启动开关使电源模式至 OFF 状态。

② 拆卸维修开关。

③ 断开压缩机高压线束连接器 EP52。

④ 安装维修开关。

⑤ 操作启动开关使电源模式至 ON 状态。

⑥ 打开空调，同时用万用表测量压缩机高压线束连接器 EP52 端子 1 和端子 2 之间的电压值（电压标准值：274.4～411.6V）。

⑦ 确认测量值是否符合标准。

如果不符合要求，则更换压缩机；如果符合要求，则检查分线盒熔丝是否熔断。

（11）检查分线盒熔丝是否熔断

① 操作启动开关使电源模式至 OFF 状态。

② 拆卸维修开关。

③拆卸分线盒上盖。
④用万用表测量线盒熔丝两端的电阻（标准电阻：小于1Ω）。
⑤确认测量值是否符合标准。

如果不符合要求，则检修熔丝线路，更换额定容量熔丝；如果符合要求，则检查分线盒线束。

（12）检查分线盒线束
①操作启动开关使电源模式至OFF状态。
②拆卸维修开关。
③断开压缩机高压线束连接器EP52（图11-2-4）。
④拆卸分线盒上盖。
⑤用万用表测量分线盒与压缩机高压线束连接器的1号端子之间的电阻（标准电阻：小于1Ω）。
⑥用万用表测量分线盒与压缩机高压线束连接器的2号端子之间的电阻（标准电阻：小于1Ω）。
⑦确认测量值是否符合标准。

图11-2-4 压缩机高压线束连接器EP52

如果不符合要求，则更换电分线盒；如果符合要求，则更换空调控制面板。

11.2.2 加热器不工作故障

加热器电路分析如图11-2-5所示。
加热器故障诊断操作步骤如下：

（1）使用故障诊断仪读取故障码
①操作启动开关使电源模式至ON状态。
②连接故障诊断仪，读取系统故障码。
③确认系统是否存在故障码。

如果存在故障码，则优先排除故障码指示故障；如果不存在故障码，则检查鼓风机是否工作正常。

（2）检查鼓风机是否工作正常
①操作启动开关使电源模式至ON状态。
②打开鼓风机，检查鼓风机是否工作正常。

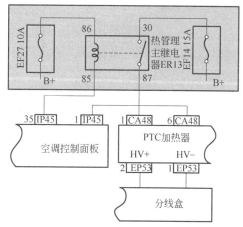

图11-2-5 吉利帝豪纯电动汽车加热器电路简图

如果不符合要求，则优先排除鼓风机功能故障；如果符合要求，则检查熔丝EF14、EF27是否熔断。

（3）检查熔丝EF14、EF27是否熔断
①操作启动开关使电源模式至OFF状态。
②拔下熔丝EF14，检查熔丝是否熔断（熔丝额定容量：15A）。
③拔下熔丝EF27，检查熔丝是否熔断（熔丝额定容量：10A）。

如果不符合要求，则检修熔丝线路，更换额定容量熔丝；如果符合要求，则检查热管理主继电器。

（4）检查热管理主继电器
① 操作启动开关使电源模式至 OFF 状态。
② 拔下继电器，使用相同型号的继电器替换热管理主继电器。
③ 确认故障是否排除。

如果故障已排除，则更换故障的继电器；如果故障未排除，则检查加热器低压电源电压。

（5）检查加热器低压电源电压
① 操作启动开关使电源模式至 OFF 状态。
② 断开加热器低压线束连接器 CA48（图 11-2-6）。
③ 操作启动开关使电源模式至 ON 状态。
④ 打开加热器，同时用万用表测量加热器低压线束连接器 CA48 的 1 号端子与车身接地之间的电压（电压标准值：11～14V）。
⑤ 确认测量值是否符合标准。

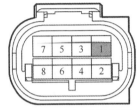

图 11-2-6　加热器低压线束连接器 CA48

如果不符合要求，则修理或更换线束；如果符合要求，则检查加热器高压电源电压。

（6）检查加热器高压电源电压
① 操作启动开关使电源模式至 OFF 状态。
② 拆卸维修开关。
③ 断开加热器高压线束连接器 EP53。
④ 安装维修开关。
⑤ 操作启动开关使电源模式至 ON 状态。
⑥ 打开加热器，同时用万用表测量加热器高压线束连接器 EP53 端子 1 和端子 2 之间的电压值（电压标准值：274.4～411.6V）。
⑦ 确认测量值是否符合标准。

如果不符合要求，则检查分线盒熔丝是否熔断；如果符合要求，则更换加热器。

（7）检查分线盒熔丝是否熔断
① 操作启动开关使电源模式至 OFF 状态。
② 拆卸维修开关。
③ 拆卸分线盒上盖。
④ 用万用表测量线盒熔丝两端的电阻（标准电阻：小于 1Ω）。
⑤ 确认测量值是否符合标准。

如果不符合要求，则检修熔丝线路，更换额定容量熔丝；如果符合要求，则检查分线盒线束。

（8）检查分线盒线束
① 操作启动开关使电源模式至 OFF 状态。
② 拆卸维修开关。
③ 断开加热器高压线束连接器 EP53。

④ 拆卸分线盒上盖。

⑤ 用万用表测量分线盒与加热器高压线束连接器的 1 号端子之间的电阻（标准电阻：小于 1Ω）。

⑥ 用万用表测量分线盒与加热器高压线束连接器的 2 号端子之间的电阻值（标准电阻：小于 1Ω）。

⑦ 确认测量值是否符合标准。

如果不符合要求，则更换电分线盒；如果符合要求，则检查加热器与空调控制面板之间的线束。

（9）检查加热器与空调控制面板之间的线束

① 操作启动开关使电源模式至 OFF 状态。

② 断开加热器低压线束连接器 CA48。

③ 断开空调控制面板线束连接器 IP45。

④ 用万用表测量加热器低压线束连接器 CA48 端子 6 和空调控制面板线束连接器 IP45 端子 1 之间的电阻值（图 11-2-7，标准电阻：小于 1Ω）。

⑤ 确认测量值是否符合标准。

(a) 自动空调AC线束连接器IP45　　(b) PTC控制连接器CA48

图 11-2-7　线束连接器 IP45 和 CA48

如果不符合要求，则修理或更换线束；如果符合要求，则更换空调控制面板。

11.2.3　空调制暖效果差故障

空调制暖系统电路分析如图 11-2-8 所示。

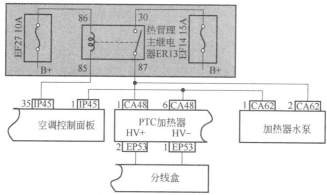

图 11-2-8　吉利帝豪纯电动汽车空调制暖系统电路简图

空调制暖故障诊断操作步骤如下。

（1）使用故障诊断仪读取故障码

① 操作启动开关使电源模式至 ON 状态。

② 连接故障诊断仪，读取系统故障码。

③ 确认系统是否存在故障码。

如果存在故障，则优先排除故障码指示故障；如果不存在故障，则检查加热器冷却液。

（2）检查加热器冷却液

① 打开机舱盖。

② 检查加热器冷却液是否充足。

如果不符合要求，则添加加热器冷却液；如果符合要求，则检查鼓风机是否工作正常。

（3）检查鼓风机是否工作正常

① 操作启动开关使电源模式至 ON 状态。

② 打开鼓风机，检查鼓风机是否工作正常。

如果存在故障，则优先排除故障码指示故障；如果不存在故障，则检查熔丝 EF14、EF27 是否熔断。

（4）检查熔丝 EF14、EF27 是否熔断

① 操作启动开关使电源模式至 OFF 状态。

② 拔下熔丝 EF14，检查熔丝是否熔断（熔丝额定容量：15A）。

③ 拔下熔丝 EF27，检查熔丝是否熔断（熔丝额定容量：10A）。

如果不符合要求，则检修熔丝线路，更换额定容量熔丝；如果符合要求，则检查热管理主继电器。

（5）检查热管理主继电器

① 操作启动开关使电源模式至 OFF 状态。

② 拔下继电器，使用相同型号的继电器替换热管理主继电器。

③ 确认故障是否排除。

如果故障已排除，则更换故障的继电器；如果故障未排除，则检查加热器水泵电源电压。

（6）检查加热器水泵电源电压

① 操作启动开关使电源模式至 OFF 状态。

② 断开加热器水泵线束连接器 CA62（图 11-2-9）。

③ 操作启动开关使电源模式至 ON 状态。

④ 打开加热器，同时用万用表测量加热器水泵线束连接器 CA62 的 2 号端子与车身接地之间的电压（电压标准值：11～14V）。

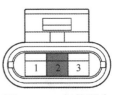

图 11-2-9　加热器水泵线束连接器 CA62

⑤ 确认测量值是否符合标准。

如果不符合要求，则修理或更换线束；如果符合要求，则检查加热器水泵与空调

控制面板之间的线束。

（7）检查加热器水泵与空调控制面板之间的线束
① 操作启动开关使电源模式至 OFF 状态。
② 断开加热器水泵线束连接器 CA62。
③ 断开空调控制面板线束连接器 IP45。
④ 用万用表测量加热器水泵线束连接器 CA62 端子 1 和空调控制面板线束连接器 IP45 端子 1 之间的电阻值（图 11-2-10，标准电阻：小于 1Ω）。
⑤ 确认测量值是否符合标准。

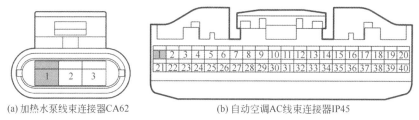

图 11-2-10　线束连接器 CA62 和 IP45

如果不符合要求，则修理或更换线束；如果符合要求，则更换加热器水泵。

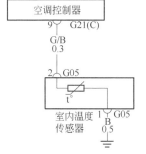

图 11-2-11　比亚迪纯电动汽车室内温度传感器电路

11.2.4　室内温度传感器故障

故障码：B2A2013——室内温度传感器断路；B2A2111——室内温度传感器短路

室内温度传感器电路分析如图 11-2-11 所示。
室内温度传感器故障诊断操作步骤如下。

（1）检查室内温度传感器
① 断开室内温度传感器连接器 G05，取下室内温度传感器。
② 按照表 11-2-1 测量阻值。

表 11-2-1　标准值（1）

端子	条件 /℃	下限值 /kΩ	上限值 /kΩ
1—2	-25	126.4	134.7
	-10	54.60	57.65
	0	32.25	33.69
	10	19.68	20.35
	20	12.37	12.67
	30	7.95	8.14
	50	3.51	3.66

如果不符合标准，则更换室内温度传感器；如果符合标准，则检查线束（室内温度传感器 -ACECU）。

（2）检查线束（室内温度传感器 -ACECU）

① 断开前室内温度传感器连接器 G05。

② 断开 ACECU 连接器 G21（C）。

③ 检查端子间阻值（表 11-2-2）。

表 11-2-2　标准值（2）

端子	线色	正常情况
G05-2—G21（C）-9	G/B	小于 1Ω
G05-1—车身地	B	小于 1Ω
G05-1—G05-2	—	大于 10kΩ

如果不符合标准，则更换线束；如果符合标准，则更换空调控制器（ACECU）。

11.2.5　冷暖电机故障

故障码：B2A2B14——冷暖电机对地短路或开路；B2A2B12——冷暖电机对电源短路；B2A2B92——冷暖电机转不到位。

冷暖电机电路分析如图 11-2-12 所示。

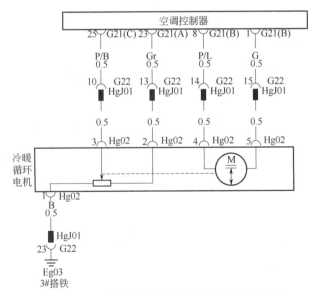

图 11-2-12　比亚迪纯电动汽车冷暖电机电路

冷暖电机故障诊断操作步骤如下。

（1）检查冷暖混合控制电机运行情况

① 断开冷暖混合控制电机连接器 HG02，不拆下电机。

② 测试冷暖混合控制电机。

注意： 不正确的供电和接地，会造成冷暖混合控制电机损坏，请认真遵守操作指示（表 11-2-3）。当空气混合控制电机停止运转时，应立即断开蓄电池。

表 11-2-3 冷暖混合控制电机运行

端子	正常情况
HG02-4—蓄电池正极 HG02-5—蓄电池负极	冷暖混合控制电机应当运转自如，并在最大制冷状态时停止
HG02-5—蓄电池正极 HG02-4—蓄电池负极	倒装接头，冷暖混合控制电机应当运转平稳，并在最大加热状态时停止

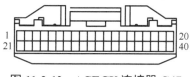

图 11-2-13 ACECU 连接器 G47

（2）检查线束（冷暖混合控制电机 -ACECU）
① 断开冷暖混合控制电机连接器 HG02。
② 断开 ACECU 连接器 G47（图 11-2-13）。
③ 测量线束阻值（表 11-2-4）。

表 11-2-4 G47 的标准电阻

端子	线色	正常情况
HG02-2—G21（A）-23	Gr	小于 1Ω
HG02-3—G21（C）-25	P/B	小于 1Ω
HG02-5—G21（B）-1	P/L	小于 1Ω
HG02-4—G21（B）-8	G	小于 1Ω

如果不符合标准，则更换或维修线束；如果符合标准，则检查线束（空气混合电机 - 车身地）。

（3）检查线束（空气混合电机 - 车身地）
① 断开冷暖混合控制电机连接器 HG02。
② 测量线束阻值（表 11-2-5）。

表 11-2-5 HG02 的标准电阻

端子	线色	正常情况
HG02-1—车身地	B	小于 1Ω

如果不符合标准，则更换或维修线束；如果符合标准，则检查线束是否对地短路。

（4）检查线束是否对地短路
断开接插件，测线束端各端子对地阻值（表 11-2-6）。

表 11-2-6　G21 的标准电阻

端子	线色	正常情况
G21(A)-23—车身地	Gr	大于 10kΩ
G21(C)-25—车身地	P/B	大于 10kΩ
G21(B)-1—车身地	G	大于 10kΩ
G21(B)-8—车身地	P/L	大于 10kΩ

如果不符合标准,则更换或维修线束;如果符合标准,则检查空调控制器(ACECU)。

(5)检查空调控制器(ACECU)

① 从空调控制器连接器后端引线。

② 打开空调,检查端子输出值(表 11-2-7)。

表 11-2-7　G21 的标准电压

端子	条件(调节温度)	正常情况
G21(A)-23—车身地	开空调	约 5V
G21(C)-25—车身地	32℃ 25℃ 18℃	约 0.9V 约 1.9V 约 4.1V
G21(B)-1—G21(B)-8	调节温度	11～14V

如果不符合标准,则更换空调控制器(ACECU)。

11.2.6　空调压缩机漏电故障

(1)车辆信息　车型:比亚迪秦混合动力汽车。里程:36966km。

(2)故障现象　车辆上 OK 电,仪表 OK 灯亮,自动切换到 HEV,发动机启动,无法使用 EV 模式;仪上动力系统故障灯亮,仪表提示请检查动力系统。检查剩余电量为 83%(图 11-2-14)。

(3)故障诊断　使用诊断仪读取高压 BMS 管理器信息,报漏电故障;清除车辆故障码,重新上 ON 挡电;诊断仪读取高压 BMS 中数据流显示 4 个分压接触器吸合(动力电池漏电或异常时断开),读取 BMS 系统无漏电故障码,排除动力电池包漏电(图 11-2-15)。

图 11-2-14　仪表报故障(4)

注意:车辆在 ON 挡,4 个分压接触器吸合,说明动力电池不漏电(如果 4 个分压接触器断开,且 BMS 报漏电故障,说明动力电池漏电)。

踩制动踏板上 OK 电,仪表提示请检查动力系统;高压 BMS 报故障:

P1A0000——严重漏电故障;

P1A0100——一般漏电故障（清除故障码，重新上 OK 电，故障码再现）。

确认因漏电故障导致无法使用 EV 模式；OK 电报漏电故障，判断动力电池包以外的高压模块存在漏电风险。

注意： 上 OK 电报漏电故障时，高压电池管理器中数据流显示 4 个分压接触器断开，正常应该吸合（图 11-2-16）。

图 11-2-15　高压电池管理器数据流（1）　　图 11-2-16　高压电池管理器数据流（2）

车辆在 OFF 挡，断开低压电池负极，穿戴防护设备；断开紧急维修开关，逐个断开各高压模块（除动力电池包外），每次断开一个高压模块后装回紧急维修开关，上 OK 电测试是否存在漏电故障。方法如下。

① 车辆在 OFF 挡，断开紧急维修开关，再断开电动压缩机高压线束插头；装上紧急维修开关，上 OK 电，用诊断仪读取系统故障：如果不漏电，判断电动压缩机漏电；如果漏电，判断电动压缩机正常；继续断开其他高压模块。

② 车辆在 OFF 挡，断开紧急维修开关，再断开 PTC 高压线束插头；装上紧急维修开关，上 OK 电，诊断仪读取系统故障：如果不漏电，判断 PTC 漏电；如果漏电，判断 PTC 正常；继续断开其他高压模块。

③ 车辆在 OFF 挡，断开紧急维修开关，再断开空调配电盒输入端高压线束插头；装上紧急维修开关，上 OK 电，诊断仪读取系统故障：如果不漏电，判断空调配电盒及线束漏电；如果漏电，判断 PTC 及线束正常正常；继续断开其他高压模块（图 11-2-17）。

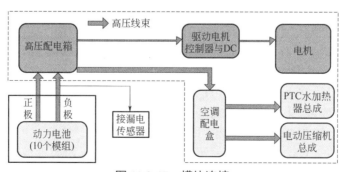

图 11-2-17　模块连接

按照以上方法，依次断开剩余高压模块，逐个判断哪个模块漏电或哪条高压线束漏电。

判定一个高压模块或高压线束漏电时，尽量再将高压模块或线束插头插上去确认故障是否再现，避免对零部件误判。

当拔掉电动压缩机高压线束输入插头后，上OK 电不再报漏电故障，EV 和 HEV 模式可以相互转换（再装回电动压缩机插头，BMS 报漏电故障，无法使用 EV 模式）。

检查发现压缩机橙色高压线损破（图 11-2-18）。更换压缩机后故障解决。

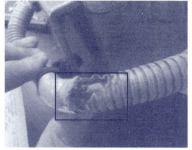

图 11-2-18　压缩机橙色高压线损破

11.2.7　LIN 线故障

（1）车辆信息　车型：大众新帕萨特混动 PHEV 车型。里程：18245km。

（2）故障现象　空调不制冷。

（3）故障诊断　使用诊断仪连接车辆读取故障码，报"通信控制单元数据总线 1，有故障"。根据故障码分析，造成故障的原因可能有：空调控制单元损坏或供电接地不正常；空调控制单元编码有误；空调压缩机采用高压电提供动力，空调压缩机有问题；空调控制系统电路有问题。

① 检查空调控制单元 EX21 编码，正确，可以排除空调控制单元的问题。

② 使用诊断仪检测高压电系统，高压电系统中没有故障码存在。

③ 分析空调控制系统电路，空调控制单元 EX21 通过 LIN 线实现和空调压缩机 V470 通信，空调控制单元 EX21 通过 LIN 线还和新鲜空气鼓风机 V2 实现通信。

④ 新鲜空气鼓风机 V2 能吹自然风，说明空调控制单元 EX21 有 LIN 信号输出。

⑤ 空调压缩机 V470 不工作，可能没有收到 LIN 信号。

⑥ 本着先易后难的原则，分析空调控制电路。

既然空调控制系统报"通信控制单元数据总线 1，有故障"的故障码，空调控制系统是 LIN 线控制，接下来分析空调 LIN 线电路，LIN 线电路走向如下。

① 空调控制单元 EX21 通过 T24c/16 针脚 LIN 线，过节点 B549 到 T17C/14 再到 D233 节点（图 11-2-19）。

② D233 从 72 位置点连接 T14g/12 插头，通过 36 标识引导（图 11-2-20）。

③ LIN 线通过 36 位置点的 72 标识引导至接线点 D46（图 11-2-21）。

④ D46 连接线到空调压缩机 V470 的 T8aa/2 号针脚（图 11-2-22）。

⑤ 上述 4 步连接起来，LIN 线走向如图 11-2-23 所示。

通过分析空调电路得知：

① 由空调控制系统控制电路可知，LIN 线是整个空调系统的数据通信线，LIN 线有问题会导致数据通信错误；

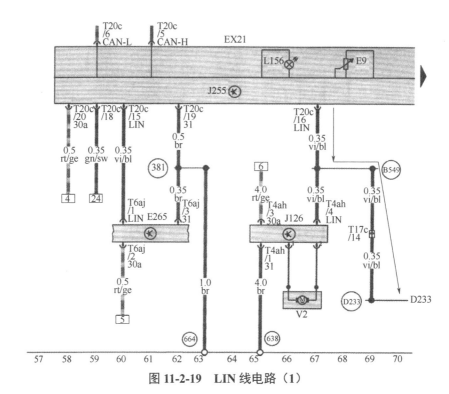

图 11-2-19　LIN 线电路（1）

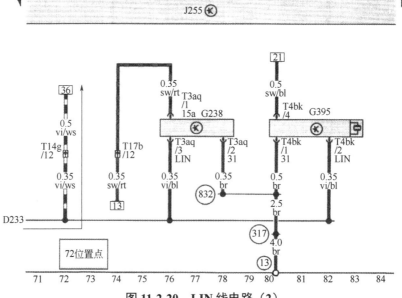

图 11-2-20　LIN 线电路（2）

② LIN 线从空调控制单元 EX21 到空调压缩机 V470 有 2 个连接点、2 个插接件，用万用表欧姆挡测量 T20c/16 针脚和 T8aa/2 针脚之间的电阻为无穷大，说明 LIN 线断路；

③ 分段检测 LIN 线发现 T20c/16 针脚到 T14g/12 之间断路；

④ 进一步检测发现 T17c/14 针脚后面的线脱落。

LIN 线断路是造成空调压缩机 V2 不工作的原因，修复插头针脚后，空调制冷正常，故障排除。

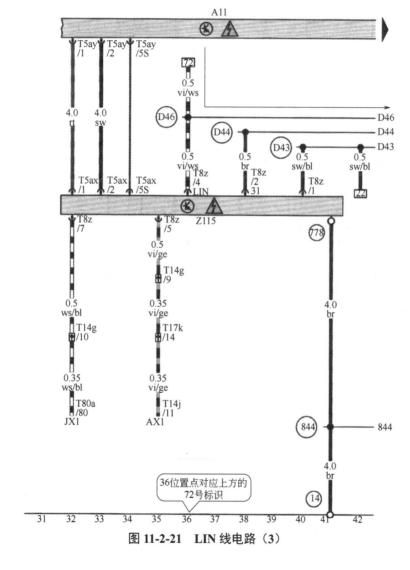

图 11-2-21　LIN 线电路（3）

11.2.8　开空调暖风模式时高压系统下电

（1）车辆信息　车型：长城欧拉 R1 纯电动汽车。里程：22109km。

（2）故障现象　车辆空调开启暖风，制热 20s 后，高压系统下电。

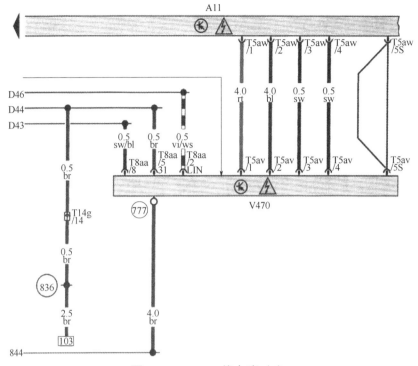

图 11-2-22 LIN 线电路（4）

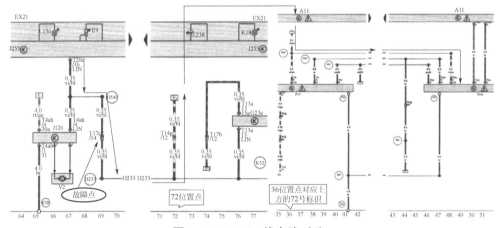

图 11-2-23 LIN 线电路（5）

（3）故障诊断　使用诊断仪读取 VCU 故障码，未发现有当前故障。

读取 BMS 有故障码：P106101——电池系统绝缘故障 1 级。在不开暖风的情况下，高压系统不会下电，可以确定是暖风 PTC 系统有异常。

断开 PTC 与高压配电盒插头，测量 PTC 的正极和负极两端对车身的绝缘阻值。测量正极端为 0.88MΩ，测量负极端为 0.01 MΩ，两端都有问题，绝缘电阻应大于 500MΩ。

确定 PTC 高压部件故障，更换后试车正常。

11.2.9 高压蓄电池加热故障

（1）车辆信息　车型：大众 ID4 纯电动汽车。里程：35245km。

（2）故障现象　ID4 车辆启动时仪表显示"电驱动装置工作不正确。请去维修站。"仪表三角警示灯亮起（黄色），仪表高压故障灯亮起（黄色）。其他显示无异常，车辆可正常进入"READY"状态，可正常挂入行驶挡位行驶，车外警示音未响起（图 11-2-24）。

图 11-2-24　仪表报警

（3）故障诊断　造成高压故障原因过多，车上所有高压部件的异常都会造成仪表显示高压故障，首先使用诊断仪进行相关检测，其中 01 发动机电控系统及 8C 混合蓄电池管理系统存在以下故障。

P1BEF00——高电压蓄电池加热器控制单元，不能识别高电压断路。

B158131——高电压加热器控制单元，无信号。

造成故障原因有如下几点：

① 高电压蓄电池 PTC 加热器本身故障；

② 高电压蓄电池 PTC 加热器供电或搭铁故障；

③ 高电压蓄电池 PTC 加热器通信故障。

使用诊断仪诊断后，诊断仪生成检测计划，要求删除故障码，但故障码无法删除，不能有效进行相关检测计划，检测计划无参考价值。查阅相关电路图如图 11-2-25 所示。

从电路图中能看出，高电压蓄电池 PTC 加热器主控单元为 J840，读取 8C 数据（图 11-2-26），与正常车辆对比数据。

数据中显示 J840 已完全读取不到 PTC 的任何有效信息。

观察电路图，此部件电路较为简单，两根高压电缆，两根搭铁线，一根供电，一根 LIN 线。

打开机盖，从上边拆除遮挡部件，断开高压电，检查相关线路，供电及搭铁未见异常，检查 LIN 线发现针脚脱出。LIN 线与 J840 相连，此处 LIN 线针脚脱出导致 J840 无法识别 PTC，无法读取相关信息导致报警，修复相关针脚后，重新对高压系统进行上电，故障排除（图 11-2-27）。

11.2.10　纯电动汽车无法上电

（1）车辆信息　车型：北京现代悦动纯电动汽车。里程：8699km。

（2）故障现象　车辆无法上电，仪表显示"请检查电动系统"。

（3）故障诊断　使用诊断仪读取故障码，动力电池管理系统（BMS）内故障码为 P1B77——逆变器电容器预充电故障。

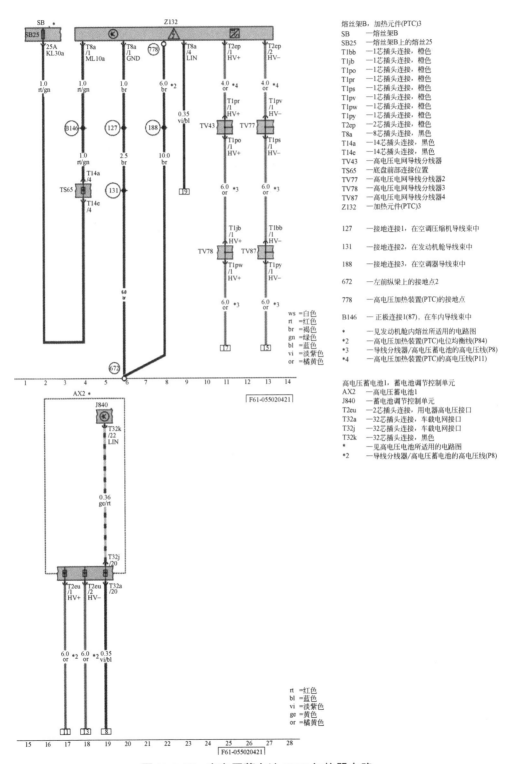

图 11-2-25 高电压蓄电池 PTC 加热器电路

第 11 章 空调常见故障　253

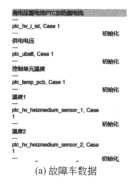
(a) 故障车数据

(b) 正常车数据

图 11-2-26　读取 8C 数据

图 11-2-27　故障位置 LIN 线脱出

通过读取数据流，蓄电池电压为 362V，电压正常，说明蓄电池系统正常，能够输出正常电压。逆变器电容电压为 230V，电压过低，说明逆变器通过预充电路接收动力电池的电压不足。

读取 BMS 系统动态数据流，将启动开关置于 OFF- 启动（READY）状态，蓄电池电压为 362V，逆变器电容电压瞬间到 270V，之后迅速降到 0。说明蓄电池输出电压正常，但逆变器电容电压不正常。

进入 BMS 系统，进行预充电路执行器驱动测试。操作主继电器和预充继电器，使其状态同时为 ON，进行执行器驱动测试，同时读取动态数据。在进行驱动测试时，蓄电池电压为 363V，蓄电池电流达到 3.9A，逆变器电容电压只能达到 258V。

在正常情况下，当预充继电器工作时，蓄电池的电流不可能达到 3.9A，说明在主继电器和预充继电器状态同时为 ON 时，高压系统有高压用电部件工作异常，导致电流过大。

逐个断开高压系统部件，同时观察蓄电池电流的变化。在断开高压接线盒端空调 PTC 加热器模块的端子后，进行预充电路执行器驱动测试，同时读取动态数据流，发现预充电流为 0，预充电流在规定范围内，同时逆变器电容电压为 362V，预充电流和逆变器电容电压都恢复正常。

更换空调 PTC 加热器模块，试车，故障排除。

第12章 高压电控系统常见故障

12.1 高压控制器故障

12.1.1 无法通高压电

（1）车辆信息　车型：吉利帝豪 EV300 纯电动汽车。里程：87212km。

（2）故障现象　车辆无法上电。

（3）故障诊断　一键启动开关将启动指令发送给防盗控制单元（PEPS），一键启动开关上的指示灯由橙色变成绿色，这说明车辆的防盗控制单元工作正常。

按下一键启动开关，防盗控制单元接到启动信号，将 12.00V 电源送给启动继电器控制线圈。启动继电器吸合后将经过 IG1 熔丝的 12.00V 信号送往整车控制单元（VCU），请求整车控制单元连通高压电。这时，整车控制单元会发出指令让各高压控制单元进行自检（包括漏电检测及高压互锁是否构成回路等），并读取检测结果反馈。如不满足要求，便会将故障信息以故障码的形式存入整车控制单元，此时仪表不会显示"ready"。

连接诊断仪，诊断仪与各控制单元的通信均正常，且未发现故障码，表明高压互锁满足技术要求。随后，在高压控制单元自检完毕后，按下一键启动开关，查看起动机控制输出数据流，显示"激活"。

维修人员结合故障现象及读取到的数据流进行分析，怀疑是启动相关线路及元件故障。查看帝豪 EV300 的启动系统电路图。从电路图上可以看出，启动继电器由防盗控制单元进行控制，继电器的 2 号端子通往防盗控制单元中 PEPS-A 的 P33-23 号端子（图 12-1-1）。

将启动继电器从辅助继电器盒上拔下，踩下制动踏板同时按下一键启动开关，测量其 1 号端子与 2 号端子之间电压，测量结果为 12.17V，与防盗控制单元输出的理论电压值基本吻合。由此判断，启动继电器与防盗控制单元之间的线路正常。

测量启动继电器的 1、2 号触点间的线圈电阻，结果显示电阻为 600Ω。而线圈正常的阻值应为 80～120Ω，测量结果显示启动继电器线圈电阻值异常。

更换启动继电器后，故障排除。

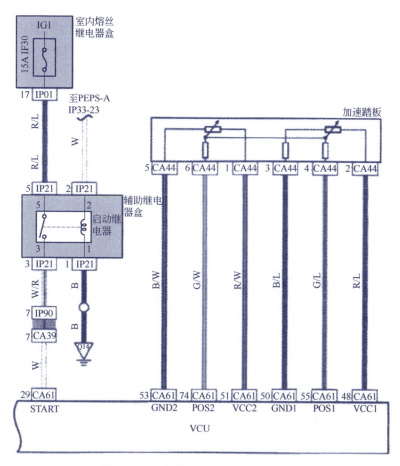

图 12-1-1　帝豪 EV300 启动系统电路

12.1.2　高压系统无法上电,"Ready"指示灯不点亮

(1)车辆信息　车型:江淮 iEV6E 纯电动汽车。里程:43112km。

(2)故障现象　高不压上电,"Ready"指示灯不点亮。

(3)故障诊断　使用新能源汽车专用诊断仪读取故障码,发现动力控制单元 PCU 和电源管理系统 LBC 均无法进入,因此无法读取故障码。

根据上述故障现象判断,初步认为故障车辆的高压供电控制系统存在故障,造成 PCU 和 LBC 失去电源无法工作。此外,也不能排除相关线束或电子元件故障的可能。

断开低压蓄电池负极线束,静待 5min 后佩戴绝缘手套拆下维修开关,开始检查高、低压线束插接器的连接状态。维修开关内的高压互锁无断开迹象,所有高压部件和低压控制电路的插接器状态均良好,没有断开和连接松动的情况,用万用表测量低压蓄电池电压,结果为 12.8V,数据正常。

由此判定,故障车辆的低压供电系统正常,导致高压不上电的原因并非来自低压电源电量不足。

由于诊断仪无法与 PCU 和 LBC 进行通信,因此怀疑控制单元与诊断接口 DLC 之间因 CAN 线异常而出现通信障碍。断开诊断仪,从 DLC 测量 CAN-H 和 CAN-L 端子与搭铁之间的电压,测量位置分别是 DLC 的 6 号和 14 号端子。查询技术资料得知,CAN-H 的标准电压为 2.5～3.5V,CAN-L 的标准电压为 1.5～2.5V。维修人员的测量结果显示,DLC 上 2 个端子的 CAN 线电压均在标准范围内。

但电压正常并不代表 CAN 线完全正常,CAN 线还不能对搭铁短路。断开低压蓄电池负极线 10min,测量诊断接头的 6 号和 14 号端子与搭铁之间的电阻,测量结果均为断路,即不存在 CAN 线对搭铁短路。继续测量 DLC 的 6 号端子与 14 号端子之间的电阻,阻值为 62.00Ω,确定 CAN-L 与 CAN-H 之间无短路。至此,确定诊断仪无法与 PCU、LBC 进行通信的原因与 CAN 线无关。接下来,维修人员开始对车辆高压系统进行检查。根据系统原理,车辆高压无法上电,高压互锁回路故障是重要的原因之一。对回路的首尾进行测量,结果为导通,表明高压互锁没有故障(图 12-1-2)。

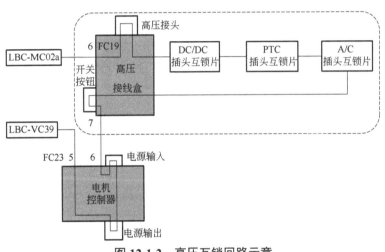

图 12-1-2 高压互锁回路示意

检查整车控制系统,该系统的主要元件包括 4 号熔丝和 M/C 继电器,这 2 个部件负责为 PCU 和 LBC 供电。因此 4 号熔丝和 M/C 继电器任意一个出现断路,就会引发 PCU 和 LBC 无供电(图 12-1-3)。

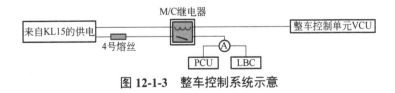

图 12-1-3 整车控制系统示意

取下 4 号熔丝检查,正常;取下 M/C 继电器,根据示意图用万用表测量(图 12-1-4)。85 号端子与 86 号端子之间为断路,继电器内的线圈损坏,无法吸合。

更换 M/C 继电器后,故障排除。

12.1.3 无法上 OK 电故障

（1）车辆信息　车型：比亚迪 E5 纯电动车辆。里程：77862km。

（2）故障现象　无法上 OK 电。

（3）故障诊断

① 原因分析。

a. 低压电源线路故障。

b. CAN 线故障。

c. 双路电继电器故障等。

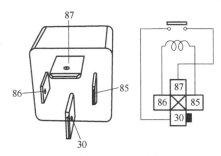

图 12-1-4　M/C 继电器

② 读取故障码。VDS 扫描发现动力网中多个模块不存在，其中有 BMS、VTOG、DC-DC、BIC 等。

③ 分析扫描不到的模块都属于动力网，从诊断口测量 3# 与 11# 动力网 CAN 电压正常，终端电阻正常，拔下 BMS 接插件，测量 CAN 线电压，正常；测量 BMC02-1# 双路电针脚，无电压；分别测量 DC/DC 的双路电 4# 与 5#，VTOG 的双路电 1# 与 14# 针脚均无电压，确定为双路电故障导致（图 12-1-5）。

④ 测量双路电的熔丝（F2/32），正常；检查 IG3 继电器，在车辆上电时手触摸继电器无吸合动作，测量供电正常。更换双路电继电器后，故障排除。

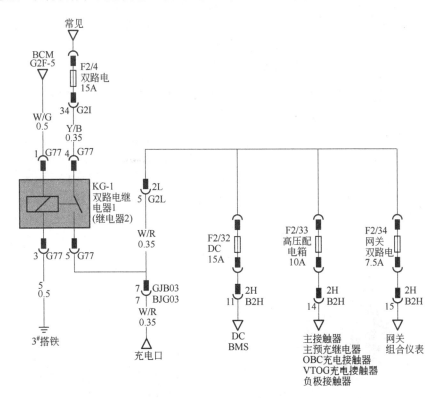

图 12-1-5　比亚迪 E5 双路电电路

12.1.4 无法行驶故障

（1）车辆信息　车型：上汽荣威 E550 混合动力车辆。里程：66762km。

（2）故障现象　上电后挂前进挡，高压系统紧急下电。

（3）故障诊断　启动车辆，仪表"ready"灯点亮，高压电上电正常。当换挡杆选到前进挡时，瞬间仪表"ready"指示灯熄灭，同时显示高压系统故障，混动故障灯点亮，车辆无法行驶。

使用新能源汽车专用诊断仪读取各系统故障码，在混动控制模块（HCU）和驱动电机模块（EDU）内读到许多故障记录，其中 P1CA300IGB（驱动芯片电源故障）与P1C8D00（硬线检测母线过压）这两个故障码意味着电力电子箱（PEB）中的 IGBT 驱动芯片可能已经击穿（表 12-1-1）。

表 12-1-1　故障码

序号	故障码	故障类型	定义	状态
1	U1895	87	BMS_HSC2_FrP01 帧超时故障	偶发
2	U1897	87	BMS_HSC2_FrP02 帧超时故障	偶发
3	U1771	87	BMS_HSC2_FrP03 帧超时故障	偶发
4	P1CA3	00	IGBT 驱动芯片电源故障	当前
5	P1C7C	00	IGBT 下桥臂异常导通故障	历史
6	U0111	87	BMS 节点丢失故障	偶发
7	P1C8D	00	硬线检测母线过压	当前

拆卸电力电子箱（PEB），电力电子箱（PEB）由逆变器和变压器两个主要模块组成，以实现低压电池充电和电机驱动的功能，IGBT 驱动芯片就在电力电子箱（PEB）内。

为了确认 IGBT 驱动芯片是否击穿，需要检测其阻抗。在电力电子箱（PEB）上有来自高压电池包（ESS）的 T+ 与 T- 直流电接口，还有控制驱动电机（EDU）内的 TM 电机和 ISG 电机的三相交流电接口 UVW（图 12-1-6）。

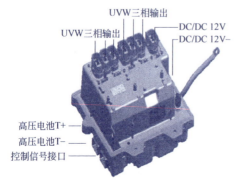

图 12-1-6　电力电子箱（PEB）接口定义

将数字式万用表选到测量二极管的挡位，然后分别测量 T+ 与 T- 对 TM 电机的 UVW 三相与 ISG 电机的 UVW 三相的阻抗，当测量 T+ 至 V 相的阻抗数据时，发现数据为 0.7V，T- 至 V 相的数据也为 0.7V，两边数据相同。正常 T+ 至 V 相为 1.16V，T- 至 V 相为 0.36V（图 12-1-7），说明 IGBT 内部被击穿。

IGBT 驱动芯片无法单独更换，更换电力电子箱（PEB）后，故障排除。

```
IGBT阻抗测量（KL30未上电）
         U → T+  0.3648V  U → T-  1.1618V  T+ → U  1.1639V  T- → U  0.3647V
  TM     V → T+  0.3648V  V → T-  1.1619V  T+ → V  1.1637V  T- → V  0.3646V
         W → T+  0.3647V  W → T-  1.1635V  T+ → W  1.1637V  T- → W  0.3649V
         U → T+  0.3653V  U → T-  1.1622V  T+ → U  1.1638V  T- → U  0.3651V
  ISG    V → T+  0.3645V  V → T-  1.1636V  T+ → V  1.1640V  T- → V  0.3648V
         W → T+  0.3495V  W → T-  0V       T+ → W  0.7991V  T- → W  0V
```

图 12-1-7　相关位置阻抗数据

12.1.5　无法上 OK 电、无法行驶

（1）车辆信息　车型：比亚迪秦 ev450 纯电动汽车。里程：66762km。

（2）故障现象　不能上 OK 电，也不能行驶。

（3）故障诊断

① 使用新能源诊断仪读取前驱动电机控制器故障码：预充失败，读取相关部件的数据流发现动力电池没有高压输出。

② 读取动力电池内部数据：动力电池当前总电压为 667V，当前 SOC 为 87%，实际测量发现动力电池确实没有电压输出。读取动力电池内部数据暂时无异常，怀疑外部线路故障。

③ 动力电池没有电压输出当然会造成预充失败。先检查高压线路，检查维修开关，导通性良好，维修开关动力电池端对车身没有导通，都是绝缘的，检查到高压电控单元的高压线路导通也无异常。

④ 检查低压线路动力电池端，也未发现异常。在检查旧电池管理器时，发现中间插头的一个针脚退针。

查阅维修手册，退针的针脚为 10 号端子，定义：负极接触器拉低控制信号（图 12-1-8）。

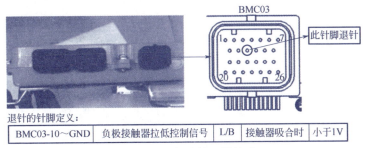

退针的针脚定义：			
BMC03-10～GND	负极接触器拉低控制信号	L/B	接触器吸合时　小于1V

图 12-1-8　电池管理器接头

重新固定电池管理器针脚后试车，故障排除。

12.2　高压系统工作异常

12.2.1　动力系统故障灯亮

（1）车辆信息　车型：比亚迪秦混合动力汽车。里程：122762km。

（2）故障现象　仪表提示请检查动力系统，动力系统故障灯亮。

（3）故障诊断

① 使用新能源汽车诊断仪读取故障码，高压 BMS 报故障码 P1A6000——高压互锁故障，故障码无法清除或者清除后再现。

② 诊断仪读取高压电池管理器及驱动电机控制器数据流。

a. 电池管理器数据流显示高压互锁：锁止。

b. 电池管理器显示：高压接触器断开。

比亚迪秦的主要高压接插件（高压 BMS、高压配电箱、维修开关、驱动电机控制器及 DC 总成）均带有互锁回路，当其中某个接插件被带电断开时，动力电池管理器便会检测到高压互锁回路存在断路，为保护人员安全，将立即进行报警并断开主高压回路电器连接，同时激活主动泄放。高压互锁连接如图 12-2-1 所示。

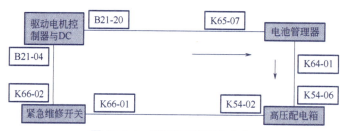

图 12-2-1　高压互锁连接（1）

③ 测量高压互锁端子及低压互锁线束。

测量高压电池管理器 K64-1 与 K65-7 针脚之间不导通（电阻小于 1Ω），确认互锁回路存在开路，根据经验故障点一般在驱动电机控制器及 DC 总成、高压配电箱这两个零部件，以下重点检查。

测量高压配电箱 K54-2 与 K54-6 针脚之间导通（电阻小于 1Ω），逐个轻微晃动高压配电箱上的高压互锁插头，测量没有开路现象，说明高压配电箱互锁端子没有开路或者偶发性开路情况。

驱动电机控制器及 DC 总成无法直接测量，可以用排除法先测量维修开关 K66-1 与 K66-2，这两个针脚导通正常（电阻小于 1Ω），拔掉高压线束检查互锁针脚是否有退针现象，确认针脚已经退针，重新处理互锁针脚插头，故障排除，如图 12-2-2 所示。

(a) 互锁针脚退出　　(b) 正常互锁针脚

图 12-2-2　故障位置

12.2.2 高压互锁故障

（1）车辆信息　车型：比亚迪元纯电动汽车。里程：92812km。

（2）故障现象　EV 功能受限。

（3）故障诊断　使用新能源汽车诊断仪读取故障码，BMS 报 P1A6000——高压互锁 1 故障，故障码不能清除。

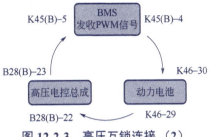

图 12-2-3　高压互锁连接（2）

根据元 EA 车型互锁示意图测量 BMS 低压接插件 4 号与 5 号针脚，导通，阻值为 0.2Ω，正常，初步判断动力电池包、高压电控单元线路未断路。调换 BMS 停放几小时后故障依旧，短接 BMS4 号、5 号针脚（未退针）后试车，故障依旧（图 12-2-3）。

将 BMS 插接件 4 号、5 号针脚退针短接 BMS 公端后故障排除，怀疑某个高压模块偶发性故障，分别对动力电池包、高压电控总成、高压互锁针脚退针短接后试车，故障依旧。

再次测量 BMS 插接件 4 号、5 号针脚之间阻值，正常；对地阻值、对电源电压均正常；高压互锁连接均正常。重新检查线路时发现 KJG04 与 GJK04 有进水现象，将其处理后试车，故障排除（图 12-2-4）。

12.2.3 充电枪插枪指示灯点亮

（1）车辆信息　车型：比亚迪 E5 纯电动汽车。里程：79812km。

（2）故障现象　不能上 OK 电，在未插充电枪的情况下，仪表上的充电枪插枪指示灯点亮。

（3）故障诊断　使用新能源汽车诊断仪对全车进行故障扫描，在 BMS、VTOG 等各个模块中均未发现故障码。进入 BMS 模块进行数据流的读取，发现 BMS 数据流中显示已检测到交流枪信号（图 12-2-5）。

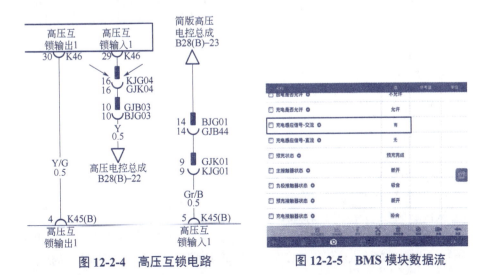

图 12-2-4　高压互锁电路　　　图 12-2-5　BMS 模块数据流

在比亚迪 E5 交流充电过程中，当交流充电枪插入交流充电口时，交流充电枪 CC 端子发出 12V 电压至 VTOG 的 13 号针脚，VTOG 再从 12 号针脚将 CC 信号发送至 BCM 及 BMS 模块。此时，BCM 模块控制 IG3 双路继电器吸合，双路电熔丝向外通电，BMS 模块得电，并控制 VTOG 进行预充电，动力电池包接触器结合。当充电枪与车辆充电插座连接后（也就是 VTOG 接收到 CC 信号后），为了安全起见，车辆无法上 OK 电，不可行驶（图 12-2-6）。

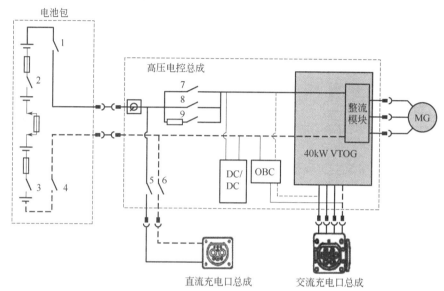

图 12-2-6 比亚迪 E5 交流充电系统

1—正极接触器；2—电池包分压接触器 1；3—电池包分压接触器 2；4—负极接触器；5—直流充电正极接触器；6—直流充电负极接触器；7—主接触器；8—交流充电接触器；9—预充接触器

车辆未连接充电枪却依然出现交流充电指示灯常亮的情况，则说明 VTOG 能接收到控制确认信号。根据故障车型交流充电系统电路图分析，导致该车故障的可能原因有：充电口插座故障，造成误插枪信号；控制确认信号线路故障，造成误插枪信号；VTOG 故障（局部短路），造成误插枪信号。

根据电路图分析（图 12-2-7），VTOG B28（A）13、47、16、11 号针脚均与交流充电口连接，为了能够快速判断故障是否为 VTOG 总成问题，对 B28（A）的 13、47、11 号针脚进行退针后，再次检查车辆，发现仪表充电枪连接指示灯熄灭，车辆能上 OK 电，且可以行驶。

由于把 VTOG B28（A）插接器中的 13、47、11 号针脚退针后，车辆能正常上电且正常行驶，说明 VTOG 总成正常，接下来应检测交流充电插座及相关的低压线路。根据充电系统电路图可以看出，线束还经过 BJB01 中间插接件。具体的检测步骤如下。

① 测量 B28（B）/13 与车身搭铁之间的电阻，小于 1Ω。

② 断开 BJB01 插接器，测量 BJB01（A）插接器 13 号端子与搭铁之间的电阻，小于 1Ω，由此判断短路点位置应该在交流充电插座到 BJB01（A）插接器之间的线路上。

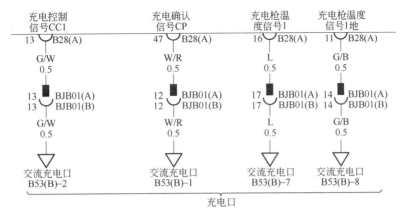

图 12-2-7　比亚迪 E5 交流充电系统电路

③ 断开 B53（B）插接器，测量交流充电插座 CC 与 PE 端子之间的电阻，大于 10kΩ，交流充电插座内部无短路。至此，基本可以断定短路位置位于 B53（B）插接器至 BJB01（A）插接器之间的线束上。

比亚迪 E5 的交流充电口安装在前格栅 LOGO 后面，通过导线以及 BJB01 中间插头与 VTOG 相连接。通过测量发现，B53（B）插接器至 BJB01（A）插接器之间的线束短路，需要更换新的线束。

更换新的线束后，该车能正常上 OK 电，且行驶正常。仪表台上的充电枪连接指示灯熄灭，VTOG 数据流中的各项数据正常，故障排除。

12.2.4　高压配电箱故障

（1）车辆信息　车型：比亚迪秦混合动力汽车。里程：56812km。

（2）故障现象　纯电动模式无法使用。

（3）故障诊断

① 使用新能源汽车诊断仪读取故障码，DC/DC 报：P1EC100——降压时高压侧电压过低；P1B0700——降压时硬件故障。电池管理器中报预充失败故障。

② 根据以上故障码分析，故障点为：动力电池包、配电箱、高压 BMS、驱动电机控制器。

③ 上 ON 挡电，测量电池包实际总电压为 510V，排除电池包问题。

④ 读取驱动电机控制器及 DC 数据流，发现均无母线电压。

⑤ 分析为配电箱及控制线路问题。

⑥ 检查高压配电箱负极接触器，发现控制端没有 13V 电压，分析是高压配电箱故障。更换高压配电箱后，故障排除。

12.2.5　行驶中动力电池掉电

（1）车辆信息　车型：广汽 GA5REV 混合动力。里程：56889km。

（2）故障现象　车主在低速行驶时出现过 3 次高压掉电，报"系统故障，联系维修"，重启故障消失。在加速过程中有时瞬间失去动力（持续零点几秒），未报故障。

（3）故障诊断　使用诊断仪读取故障码。确认当前故障码是否有[当前的：高压电池单体电压过低（3级）。当前的：高压电池单体电压不平衡（1级）。当前的：BMS 12V供电电压异常]，如有上述故障，判断为动力电池内部故障（图12-2-8）。

序号	控制器	硬件号	软件号	零件号	故障码	故障类型	定义	状态
1	制动控制系统	8030009BAC020H.0	8030009BAC020S.0	8030009BAC0200	无故障码			
2	助力转向系统	3410006BAC010H??	3410006BAC010S??	3410006BAC0100	无故障码			
3	发动机管理系统	1120003BAC1100H.C	1120003BAC1100S.C	1120003BAC1100	P057129	历史的	刹车信号不同步	20
4	辅助安全系统	8040003BAC010H???	8040003BAC010S???	8040003BAC0100	无故障码			
5	电池管理系统				通讯异常			
6	前驱电机	1520007BAC0000H.0	1520007BAC0000S.4	1520007BAC0000	P180116	历史的	发电机高压直流电压低于阈值-关闭IPU	A8
7	混动控制系统	1110003BAC0300H.C	1110003BAC0300S.C	1110003BAC0300	P16FE84	历史的	高压电池过流	08
8	混动控制系统	1110003BAC0300H.C	1110003BAC0300S.C	1110003BAC0300	P14D813	历史的	HCU黄色充电指示灯控制电路开路	08
9	混动控制系统	1110003BAC0300H.C	1110003BAC0300S.C	1110003BAC0300	P14DB13	历史的	HCU绿色充电指示灯控制电路开路	08
10	混动控制系统	1110003BAC0300H.C	1110003BAC0300S.C	1110003BAC0300	P14DB13	历史的	HCU红色充电指示灯控制电路开路	08
11	混动控制系统	1110003BAC0300H.C	1110003BAC0300S.C	1110003BAC0300	P167000	当前的	BMS 12V供电电压异常	08
12	混动控制系统	1110003BAC0300H.C	1110003BAC0300S.C	1110003BAC0300	U10C287	历史的	丢失与充电机的通信超过1秒	08
13	混动控制系统	1110003BAC0300H.C	1110003BAC0300S.C	1110003BAC0300	P109296	历史的	发动机故障级别1	08
14	混动控制系统	1110003BAC0300H.C	1110003BAC0300S.C	1110003BAC0300	U011187	历史的	与BMS丢失通信	08
15	混动控制系统	1110003BAC0300H.C	1110003BAC0300S.C	1110003BAC0300	P16FB00	当前的	高压电池单体电压过低（3级）	08
16	混动控制系统	1110003BAC0300H.C	1110003BAC0300S.C	1110003BAC0300	P16FCAE	当前的	高压电池单体电压不平衡（1级）	08
17	混动控制系统	1110003BAC0300H.C	1110003BAC0300S.C	1110003BAC0300	P166496	历史的	高压电池初始化错误	08
18	混动控制系统	1110003BAC0300H.C	1110003BAC0300S.C	1110003BAC0300	P169496	历史的	BMS故障级别3	08
19	混动控制系统	1110003BAC0300H.C	1110003BAC0300S.C	1110003BAC0300	P189496	历史的	驱动电机故障级别3	08
20	集成启动发电机	1520007BAC0000H.0	1520007BAC0000S.4	1520007BAC0000	无故障码			

图12-2-8　故障码（2）

产生故障的原因有：BMS线路故障；BMS故障；高压电池单体电池故障；高压电池单体电池电压不平衡。

因涉及安全问题，拆解动力电池，需要有专业人士进行拆装检查。更换动力电池总成后，故障排除。

12.3　高压电控系统其他故障

12.3.1　高压系统绝缘故障

（1）车辆信息　车型：广汽GS4 PHEV混合动力汽车。里程：22198km。

（2）故障现象　车辆在行驶过程中，组合仪表提示：系统故障、联系维修，车辆降功率行驶。

注意：熄火重启后故障消除，行驶一段时间后故障再次复现。

（3）故障诊断

使用诊断仪读取故障码（图12-3-1）：当前的BMS故障级别4。

10	混动控制系统	1110003BAC0300H.B	1110003BAC0300S.B	1110003BAC0300	U007388	历史的	HCAN总线关闭	08
11	混动控制系统	1110003BAC0300H.B	1110003BAC0300S.B	1110003BAC0300	P171019	历史的	DCDC输出电流超出阈值	08
12	混动控制系统	1110003BAC0300H.B	1110003BAC0300S.B	1110003BAC0300	P16C119	历史的	高压电池充电电流过大（1级）	08
13	混动控制系统	1110003BAC0300H.B	1110003BAC0300S.B	1110003BAC0300	U10C287	历史的	丢失与充电机的通信超过1秒	08
14	混动控制系统	1110003BAC0300H.B	1110003BAC0300S.B	1110003BAC0300	P0AA601	历史的	高压电池系统绝缘故障	08
15	混动控制系统	1110003BAC0300H.B	1110003BAC0300S.B	1110003BAC0300	P169796	当前的	BMS故障级别4	8B
16	集成启动发电机	1520007BAC0000H.1	1520007BAC0000S.1	1520007BAC0000	无故障码			

图12-3-1　广汽GS4 PHEV故障码

BMS 故障级别 4,是新能源车故障等级最高的一种故障级别,该故障定义为绝缘故障,出现该故障码时需要排查整车高压零部件的绝缘情况。引起绝缘故障的原因可能有：高压零部件内部进水；高压线束破皮接地；高压零部件内部损坏。

了解车辆的高压线束走向,然后通过测量动力电池端的所有高压线束的接插件的绝缘值来判断整车的绝缘情况(图 12-3-2)。

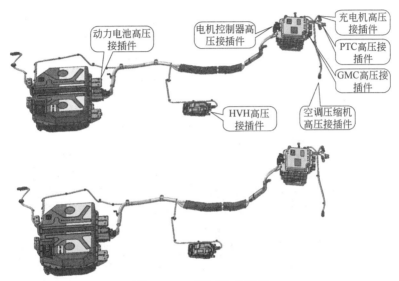

图 12-3-2　高压线束连接

拔掉动力电池连接的 4 个高压接插件(图 12-3-3),分别用绝缘表测量高压接插件的正负极,确认当前的绝缘阻值(正常为 550MΩ)。如测量值不符,则说明该点绝缘故障。

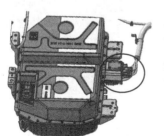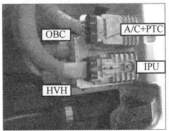

图 12-3-3　拔掉动力电池连接的 4 个高压接插件

如果测量到 IPU 端口绝缘值有异常,则拆除电机控制器直流母线高压接插件,然后测量直流母线的高压接插件的绝缘阻值,如阻值不符合 550MΩ 的标准,说明动力电池到 IPU 端的高压线绝缘故障。反之,再次测量 IPU 的绝缘值(图 12-3-4)。

测量 IPU 的绝缘值,如此时绝缘值不符合 550MΩ,则拆除 GMC(发电机及驱动电机的高压三相线),再次测量 IPU 的绝缘值,此时绝缘值仍不符合 550MΩ,说明

IPU 绝缘了；反之，分别测量 GMC（发电机及驱动电机的高压三相线），若不符合 550MΩ，说明该部件已绝缘，需更换（图 12-3-5）。

图 12-3-4　IPU 连接器

图 12-3-5　驱动电机及发电机三相线连接

如果测量 AC/PTC 端时绝缘值不符合标准，则拆除 AC（空调压缩机）高压接插件，测量高压线束端的绝缘值，如此时测量到的绝缘值低，则说明此段高压线束绝缘，需要更换；反之测量 AC（空调压缩机）本体的绝缘值，如绝缘值不符，说明压缩机绝缘。

如上述步骤绝缘值正常，则测量 PTC 高压线束端的绝缘值，从而判断 PTC 的高压线是否绝缘；反之则测量 PTC 本体的绝缘情况（图 12-3-6）。

如果测量 HVH 端口绝缘值有异常，则拆除 HVH（高压液体加热器）高压接插件，然后测量 HVH 高压线束接插件的绝缘阻值，阻值不符合 550MΩ 的标准，说明动力电池到 HVH 端的高压线绝缘故障（图 12-3-7）。

图 12-3-6　PTC 高压线束端　　图 12-3-7　HVH（高压液体加热器）高压接插件

更换动力电池到 HVH 端的高压线束后，故障排除。

12.3.2　高压互锁线断开

（1）车辆信息　车型：广汽新能源 GA5 REV。里程：44387km。

（2）故障现象　组合仪表报"系统故障、联系维修"。车辆无法启动，且上不了高压电。

（3）故障诊断　使用诊断仪读取故障码。确认当前故障码，内容如图 12-3-8 所示。

第12章 高压电控系统常见故障 267

图 12-3-8 故障码（3）

有上述故障，为高压互锁线路断开，需要排查高压互锁线路。高压互锁回路电路如图 12-3-9 所示。

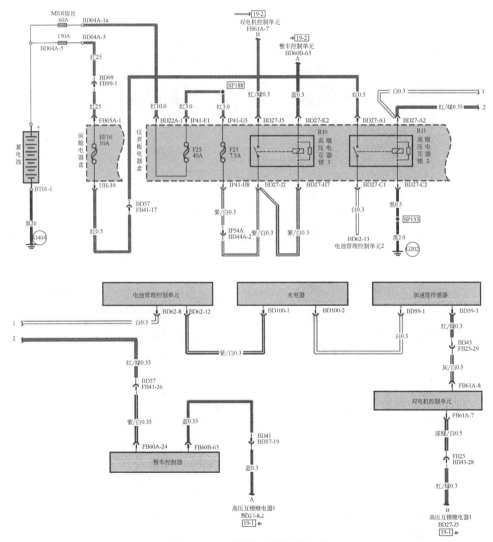

图 12-3-9 高压互锁回路电路

检查前舱电器盒（EF16）熔丝是否有松动、烧坏、氧化现象。检查仪表电器盒（F42熔丝、R10、R11继电器）是否有松动、烧坏、氧化现象。检查后备厢动力电池B包手动维修开关安装状态（无松脱）。

① 检测动力电池系统。

a. 使用万用表检测动力电池B包低压输出插头端（动力电池的左侧）8#、12#针脚是否导通（图12-3-10）。如导通判断为动力电池A、B包状态正常；反之，再分开检测电池A、B包。

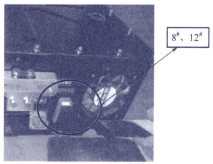

图 12-3-10　检测动力电池B包低压输出插头端8#、12#针脚

b. 动力电池A包低压输出端口10#、11#针脚，如导通则表明动力电池A包状态正常；反之则异常，检查动力电池A包手动维修开关安装状态。

② 检查充电机。利用万用表检测充电机输出端C#、D#针脚是否导通（图12-3-11）。

如导通判断为充电机状态正常；反之，检查动力电池B包低压输出线连接到充电机线束状态（图12-3-12）。如果动力电池B包低压输出线连接到充电机线束异常，则为充电机故障。

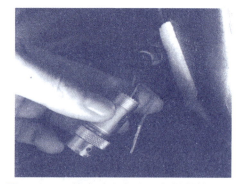

图 12-3-11　检测充电机输出端C#、D#针脚　　图 12-3-12　检查动力电池B包低压输出线连接到充电机线束

③ 检查加速度传感器。使用万用表检测加速度传感器端1#、3#针脚是否导通。如导通判断为加速度传感器状态正常；反之，检查充电机连接到加速度传感器线束状

态（图 12-3-13）。

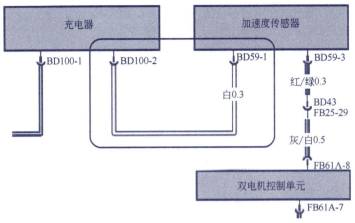

图 12-3-13　加速度传感器电路

④ 检查控制器。使用万用表检查电机控制器（低压输出、白色）插头 $7^\#$、$8^\#$ 针脚，如导通判断为控制器状态正常（图 12-3-14）。

再检测加速度传感器连接到电机控制器线束状态（图 12-3-15）。如不导通，判断为加速度传感器连接至控制器线束不正常。

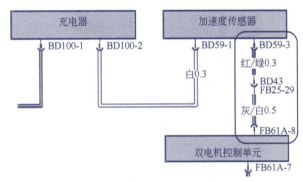

图 12-3-14　检查电机控制器　　图 12-3-15　检测加速度传感器连接
（低压输出、白色）插头 $7^\#$、$8^\#$ 针脚　　　　到电机控制器线束状态

⑤ 检查双电机控制单元。使用万用表检查 VCU 控制器（60A-24、60B-63）针脚是否导通，如导通则判定 VCU 控制器状态正常（图 12-3-16）。如不导通，则需检查仪表电器盒 R10、R11 继电器（BD27-K2、BD27-A2）到 VCU 控制器的连接线束状态。

经检查发现 R11 继电器 BD27-A2 端子至整车控制器 FB60A24 线束测量值为无限大，线束有断路。检查发现线束插接器 BD57/FB41 26 有断路。

修复断路线束后，故障排除。

12.3.3 车辆不能上电

（1）车辆信息　车型：广汽 iA5 纯电动汽车。里程：33412km。

（2）故障现象　车辆不能上电，打开电源仪表无显示。

（3）故障诊断　使用诊断仪读取故障码：P180016——蓄电池欠压。查阅维修手册，导致故障的原因有：蓄电池亏电；DC/DC 故障；蓄电池故障。

检查蓄电池电压：将电源开关置于"OFF"，断开蓄电池负极。使用万用表测量蓄电池正负极之间的电压，电压为 7V（标准电压值：12V）。

对蓄电池进行充电后，再次检查蓄电池电压为 12.5V。重新上电检查车辆，车辆可以上电，仪表没有报故障。考虑到蓄电池亏电导致车辆不能上电，因此需确认蓄电池充电是否正常。

检查 DC/DC 输出电压：电源开关置于"ON"。使用万用表测量蓄电池正负极之间的电压，测量为 0，异常（标准电压值：13.5V）。

检查 DC/DC 线路：将电源开关置于"OFF"。检查正极熔丝（200A IPS），熔丝无熔断、无接触不良，正常。

检查集成电源系统的搭铁：正常，无松动、无接触不良；断开集成电源系统 FB59 端子（图 12-3-17），检查集成电源系统 FB59-1 端子与 FB74 线束无松动、无接触不良。

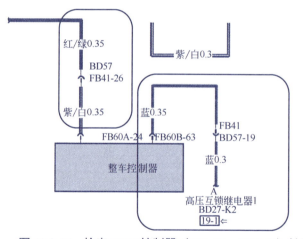

图 12-3-16　检查 VCU 控制器（60A-24、60B-63）针脚

图 12-3-17　FB59 端子

使用万用表检查，无断路（图 12-3-18）。

更换集成电源系统后，再次检查 DC/DC 输出电压为 13.5V，车辆正常充电（注意：更换集成电源系统后，需用诊断仪进行集成电源系统重新标定）。

客户用车一周后回访，故障未再出现，至此故障已经排除。

12.3.4　纯电动汽车偶尔无法进入"ready"状态

（1）车辆信息　车型：长城欧拉 iQ 纯电动汽车。里程：21122km。

（2）故障现象　车辆偶尔无法进入"ready"状态，仪表提示动力系统严重故障。

（3）故障诊断　使用诊断仪读取 BMS 故障码：P108102——主负接触器粘连（不能断开），历史故障码。查阅相关维修资料，找到排除方法：

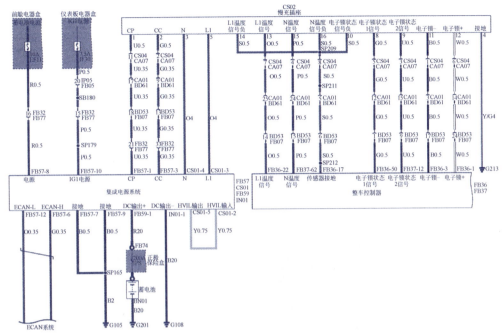

图 12-3-18　集成电源系统电路

① 整车下电静置 10min；

② 用诊断仪读取是否有故障码；

③ 检查主正继电器及其线束是否故障，如有故障，则更换主正继电器或线束，如正常，则进入下一步；

④ 检查主负继电器及其线束是否故障，如有故障，则更换主负继电器或线束，如正常，则进入下一步；

⑤ 检查预充电继电器及其线束是否故障，如有故障，则更换预充电继电器或线束，进入下一步；

⑥ 清除故障码，重启车辆。

动力电池内部与主负继电器有关的工作部件，主要控制器部件有 BDU、BMS 主控板、高压板和从控板等（图 12-3-19）。

根据维修资料，检查主负继电器线束，无松动、无虚接、无氧化，正常。检查主负继电器线圈及开关也正常，因为故障偶尔出现，所以更换主负继电器，删除故障码，试车，车辆正常；第 2 天，故障再现，还是报原来的故障码。

根据电池包高压原理图，负极主继电器上端的控制器是高压板对其进行充放电检测等功能检测。更换主负继电器高压板后，试车，车辆正常。车辆在店里内连续试车 7 天，故障未再出现。

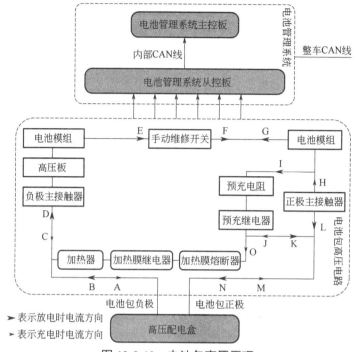

图 12-3-19 电池包高压原理

12.3.5 混合动力汽车无法启动

（1）车辆信息　车型：宝马 750Li 混合动力汽车。里程：139892km。

（2）故障现象　车辆不能启动，仪表显示：充电系统故障。

（3）故障诊断　使用诊断仪读取故障码，当前未出现故障码，不过在电机和电机控制器系统内存有多个"功率输出级，相位：损坏或短路"的历史故障码。

检查高压蓄电池维修开关，维修开关连接牢固可靠，维修开关端子无烧蚀。

使用诊断仪读取高压蓄电池数据流：充电状况为 48.7%；电压为 127V，与电池的额定电压 126V 相近；电池 4 个温度传感器的信号均在 33～35℃之间，符合实际状况。排除高压电池的故障。

发动机的启动和发电共用同一台电机，从历史故障码推断，因电机"功率输出级损坏或短路"，可造成电机不能正常工作，因而造成发动机不能启动。

导致电机不能正常工作的可能原因主要有：电机故障；控制器故障；网络通信系统故障。

对电机的绝缘性能和线圈电阻值进行检测，检测包括两部分：一是车辆静态时的绝缘测试；二是在线绝缘检测，包括对动力电池组、电机驱动系统、电机以及电池充电器等的检测。实测绝缘电阻为 6MΩ，大于标准值 0.6MΩ，绝缘正常。对电机控制器、正负母线绝缘性能进行检测，结果数据为 6MΩ，大于标准值 0.6MΩ，说明绝缘性能良好。实测电机相线绕组的电阻，阻值在 21.72～23.69mΩ 之间，线圈电阻数据也正常。

检查 IGBT 管组件：用万用表二极管挡对 IGBT 管进行检测，发现其中有一个功率开关管数据不正确，确认功率开关元件已损坏，导致检测时正反方向均不导通（图 12-3-20）。

具体的检查方法：用万用表的黑表笔（万用表的正电）接 IGBT 的集电极 C，红表笔（万用表的负电）接发射极 E，此时万用表的指针应指向无穷大；接着用手指同时接触栅极 G 和集电极 C，这时 IGBT 即被触发导通，万用表指针会向阻值较小的方向偏摆，并维持在某一位置附近；然后用手指同时触一下栅极 G 和发射极 E，这时 IGBT 被阻断，万用表指针重新指向无穷大。在检测中，如果上述现象均符合，则可判定 IGBT 工作正常，否则表明存在故障。

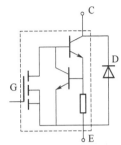

图 12-3-20　IGBT 功率管

二极管与 IGBT 已固化在一体

由于 IGBT 功率管安装在变频器总内，不能单独更换，所以更换变频器总成，试车，故障排除。

第 13 章 充电系统常见故障

13.1 交流慢充故障

13.1.1 混合动力汽车无法慢充

（1）车辆信息　车型：上汽荣威 eRX5 混合动力汽车。里程：71265km。

（2）故障现象　仪表板显示"充电连接中"，无法充电。

（3）故障诊断　使用新能源汽车诊断仪检测电池管理系统（BMS）、车载充电系统（OBC）和整车控制系统（VCU），均无故障码。

查看 OBC 控制单元的数据，在连接充电枪的状态下，"BMS 唤醒信号状态"显示"未唤醒"，而正常情况下应显示"唤醒"。由此可见，连接充电枪后 BMS 并未请求充电器工作，导致无法进行交流慢充。另外排查中还发现，若点火开关处于打开位置，则慢充功能正常，OBC 控制单元显示的数据与正常车一致。

查阅电路图，BMS 有两条唤醒线，一条是网关（GW）提供的，用于点火开关打开状态下唤醒 BMS；另一条是车载充电器提供的，可以在充电枪有效连接后，向 BMS 发出唤醒信号。若唤醒信号异常，则 BMS 无法充电（图 13-1-1）。

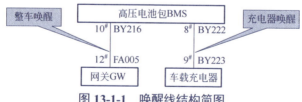

图 13-1-1　唤醒线结构简图

在点火开关打开的状态下，测量 BY216 插接器 10# 端子的电压为 12V，关闭点火开关待整车休眠后，10# 端子电压变为 0。使用充电枪连接 220V 电源后，测量 BY222 插接器 8# 端子的电压为 12V，但是在 BMS 内部并未听到继电器闭合的声音，移动充电线上的指示灯也全部熄灭。断开充电枪，30s 后再次连接，反复测试多次，均未能成功唤醒。测量正常车辆，连接 220V 电源后 BY222 插接器的 8# 端子电压为 12V，此时能听到 BMS 内部继电器闭合的声音。之后车辆开始充电，且唤醒电压始终保持在 12V。

通过对两条唤醒线的测量发现，网关与车载充电器在不同状态下均提供唤醒电压，但 BMS 在点火钥匙打开时能被正常唤醒，而在连接充电枪时无法被唤醒。检查 BMS 的 BY222 插接器，无异常，由此判断是 BMS 内部故障。

更换 BMS 后，故障排除。

13.1.2　纯电动汽车慢充系统不能充电

（1）车辆信息　车型：吉利帝豪 EV300 纯电动汽车。里程：34212km。

（2）故障现象　无法使用慢充充电。

（3）故障诊断　使用新能源汽车诊断仪对系统进行扫描，发现整个系统没有任何故障码；初步怀疑是车载充电机的原因，使用诊断仪进入车载充电机模块并读取相关数据流，一切正常。

重新连接充电枪后，充电指示器显示无法充电。这时再读取故障码，此时扫描系统，系统显示"整车非期望的整车停止充电"和"DC/DC 故障等级 2（零输出）"这两个故障码。

根据"整车非期望的整车停止充电"和"DC/DC 故障等级 2（零输出）"这两个故障码进行分析，其中"DC/DC 故障等级 2（零输出）"这个故障码将故障直接指向了电机控制器，电机控制器的作用之一就是将 359.6V 的直流高压电转变为 12V 的直流低压电，由于电机控制器的这一功能失效，进而导致整车无法充电。

尝试更换电机控制器，然后对车辆进行充电，车辆可以正常充电，故障解决。

13.1.3　纯电动汽车慢充故障

（1）车辆信息　车型：北汽 EV160 纯电动汽车。里程：138345km。

（2）故障现象　使用随车充电设备对车辆进行充电时，车辆无充电现象，同时仪表盘上没有充电指示灯的显示，车辆不能进行正常充电。

（3）故障诊断　使用新能源汽车诊断仪进行充电系统数据读取，显示无充电唤醒信号。随后在充电设备连接时，再次使用专用诊断仪进行了相关充电信息的读取操作，结果没有充电电流、电压等信息。初步判断故障可能为充电枪和充电插口的充电连接确认线路出现了故障或者充电机唤醒线路出现了故障。

检查随车充电设备的外观、充电接口等有没有烧蚀、损坏现象，再闻闻有没有烧焦的气味等，以上检查均正常。

将随车充电设备连接车辆，此时电源指示灯常亮，连接/充电指示灯常亮，车辆不能充电，仪表无任何充电显示。随后打开点火开关，发现仪表没有充电指示灯，车辆可以正常上电，但没有任何充电信息显示，则可以进一步确定存在充电故障（正常充电时，电源指示灯常亮，连接/充电指示灯闪烁；在未上电或上电时，车辆仪表上都会有充电指示灯的点亮，并显示充电电流、电压等信息）。

由以上检测结果得出该车辆还一直处于等待充电的状态，所以车辆与充电设备还没有进行充电连接确认。接下来判断相关保险是否损坏，车载充电机唤醒信号电路如图 13-1-2 所示，根据电路图，确定慢充唤醒熔丝为 FB22 号保险，在车辆熔断器里面找到并拔下该保险对其阻值进行测量,其阻值为 0.2Ω,保险正常。

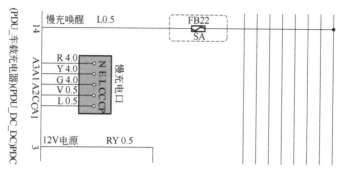

图 13-1-2　车载充电机唤醒信号电路

随后在充电枪锁止按键弹起与按下 2 种状态下分别测量充电设备车辆端 CC 脚与 PE 脚之间的电阻值,充电连接电路如图 13-1-3 所示,电阻值均为∞,则确定充电枪存在故障(正常情况下,锁止按键在弹起的状态应该是 680Ω 左右)。

测量充电机工作线束的电阻情况,测得其阻值都小于 0.5Ω,则线束正常。

综上诊断结果,确认为随车充电枪损坏,经过仔细观察发现充电枪上的按钮在按下和回弹的过程中有严重卡滞现象,因此造成电气开关故障。随后更换新的随车充电设备,重新对车辆进行充电。车辆在未上电的状态下,仪表能够正常显示充电信息;车辆在上电状态下,无故障指示灯,充电指示灯常亮,故障排除。

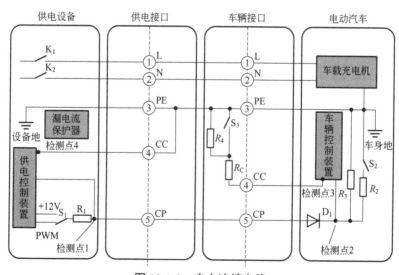

图 13-1-3　充电连接电路

13.1.4　充电系统故障,无法使用交流电充电

(1)车辆信息　车型:奥迪 C-BEV 纯电动汽车。里程:22376km。

（2）故障现象　插入交流充电枪后，充电指示灯呈现绿色闪烁状态并持续数秒后变成白色闪烁，此后再次在绿色和白色状态切换，直到约 1min 后指示灯变成红色，充电失败。仪表提示充电系统故障（图 13-1-4）。

（3）故障诊断　更换充电桩也无法给车辆充电，用其他车辆可以充电，说明充电桩正常。

使用电脑诊断仪读取数据流：包括电压、电流、BJB 正负极打开闭合状态（图 13-1-5）。

图 13-1-4　仪表提示充电系统故障

故障车交流电源电压测量值异常

正常车交流电源电压测量值正常

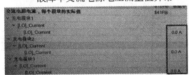
故障车交流电源电压测量值异常　　　正常车交流电源电压测量值正常

故障车交流指示灯由绿色闪烁变为白色闪烁，
接触器由闭合变为打开

正常车交流指示灯一直绿色闪烁，
接触器

图 13-1-5　数据流（2）

检测交流充电插座（表 13-1-1）。

表 13-1-1　检测交流充电插座电阻

测量点	正常值	测量值
L_1 与 N 间电阻	70kΩ	140kΩ
L_2 与 N 间电阻	70kΩ	140kΩ
L_3 与 N 间电阻	70kΩ	70kΩ
L_1 与 L_2 间电阻	140kΩ	140kΩ
L_1 与 L_3 间电阻	140kΩ	70kΩ
L_2 与 L_3 间电阻	140kΩ	70kΩ
CC 与 PE 间电阻	4.72Ω	4.72Ω

因此，车辆的充电插座 N 与车载充电器连接端 PIN2 导通；充电插座 L_3 与 PIN5 导通，故障由此产生。

正常车辆充电插座 L_3 接车载充电器连接端 PIN2，充电插座 N 接车载充电器连接端 PIN5（图 13-1-6）。

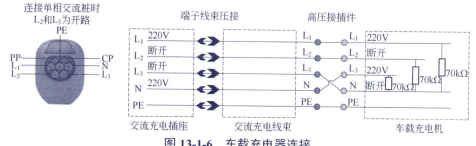

图 13-1-6 车载充电器连接

检测交流充电插座（表 13-1-2）：由于连接单相交流充电桩，L_2 与 L_3 为断开状态，此时充电机输入端 N 线实际为插座的 L_3，因此也是断开状态，L_2 电压的测量值为 0。

表 13-1-2 检测交流充电插座电压

测量点	正常值	测量值
充电机输入端 L_1 电压	210V	107V
充电机输入端 L_2 电压	210V	0
充电机输入端 L_3 电压	210V	107V

对于 L_1 和 L_3 相来说，交流电压进入车载充电机后经过全桥整流电路变成脉动直流波，且由于负半桥为断开状态，因此在一个周期内只有半周期有电压，另一半周期电压为 0，因此其有效值约为 220V 的一半，大约 110V。

交流充电插座线束 L_3 相线与 N 线顺序颠倒，导致充电系统故障。

更换交流充电插座线束总成后，故障排除。

13.1.5 交流充电接口故障

（1）车辆信息 车型：大众 ID4 纯电动汽车。里程：44591km。

（2）故障现象 交流接口无法充电，直流接口能正常充电。

（3）故障诊断 使用电脑诊断仪读取故障码：P0E5F00——蓄电池充电器充电插座 1 温度过高，被动/偶发（图 13-1-7）。

图 13-1-7 故障码（4）

根据故障码，指向性比较明确，因为在 ID 车型上面 AC 温度传感器区间在 30~120℃。温度低于 30℃，充电电流会减小，充电指示灯会红绿交替闪烁，如果高于 120℃将不再充电，充电指示灯为红色。于是读取故障车数据流与正常车进行对比：故障车的温度确实比较高，临近边缘值（图 13-1-8）。

第 13 章 充电系统常见故障

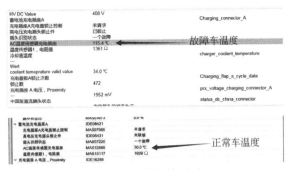

图 13-1-8 数据流（3）

查询电路图（图 13-1-9），T20/7、T20/8 为温度传感器信号线，从后备厢右侧把充电插口低压过桥线插头拔下来，测试一下充电线的热敏电阻，可以判断线是否有问题。

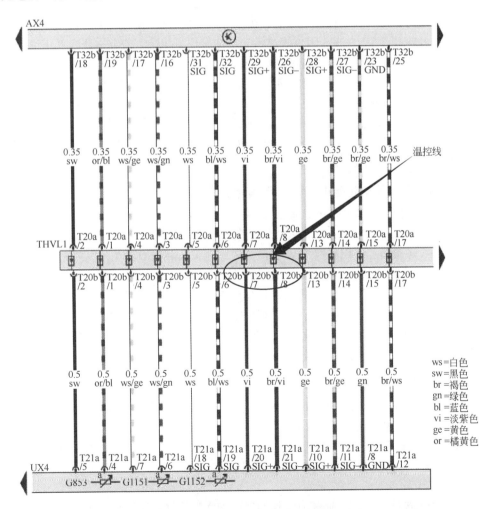

图 13-1-9 大众 ID4 纯电动汽车电路图（1）

经测量 T20/7 和 T20/8 之间的电阻值只有 1.36Ω，正常车电阻值应在 1000Ω 左右，偏离了正常值。判断是充电接口中的温度传感器故障导致交流接口无法正常充电。

更换交流充电接口，插枪后充电枪指示灯显示正常，白色指示灯闪烁，处于待充电状态。

13.2 直流快充故障

13.2.1 纯电动汽车直流桩无法充电

（1）车辆信息　车型：比亚迪 E5 纯电动汽车。里程：87676km。

（2）故障现象　无法使用直流桩充电。

（3）故障诊断

① 使用新能源汽车诊断仪读取故障码，系统无故障码。

② 直流充电时仪表一直显示充电连接中大概几秒后自动断开，OK 挡测量直流充电口 CAN 线电压 2.5V 左右（因仪表显示充电连接中可排除直流继电器和低压线束电源故障）。

③ 插枪充电时读取 VTOG 数据流：直流充电目标输入电压 360V，直流充电实际输入电压为 5V，怀疑直流充电桩没有接收到动力电池到高压电控端，反灌电压导致车辆无法充电（正常直流充电实际输入电压不低于 360V）。

④ 拔掉电控端直流充电接插件，测量直流充电时高压电控端直流电压为 0，判定为异常，更换高压电控后使用直流桩充电，车辆可充电，故障排除。

13.2.2 纯电动汽车壁挂式交流充电盒无法充电

（1）车辆信息　车型：比亚迪 E1 纯电动汽车。里程：49127km。

（2）故障现象　使用 7kW 壁挂式交流充电盒充电时跳枪。

（3）故障诊断　使用其他 7kW 交流充电桩测试故障依旧存在，发现充电 1.5h 后仪表充电灯熄灭时读取充配电三合一信息，报故障码：P157219——直流侧过流。

在充电时使用诊断仪读取数据流，发现交流侧电压由 209V 瞬间涨到 300V 左右，再次降到 209V，来回升降几次后电压停到 300V 左右。读取直流侧电流，由原先充电时的负 5.4A 变成正 8.1A，车辆跳枪，怀疑充配电总成内部故障导致。试换充配电三合一后试车，故障排除，确认充配电总成故障。

13.2.3 车辆无法充电

（1）车辆信息　车型：广汽 GA5REV 混合动力汽车。里程：71665km。

（2）故障现象　充电机无法充电。

（3）故障诊断

① 检查 12V 蓄电池电量是否足够（标准：12.5V）。

② 检查充电线是否异常。

a. 家用充电线。检查下插座有无接地线，如无，接好地线；经确认，地线有接。

更换充电线（无法测量充电线的故障）。

b. 充电桩用的充电线。用万用表检查下充电线的输入端与输出端的线有无导通。如无导通，可确认充电线故障。

③ 检查与充电机相连接的三条线，检查是否有退针现象。经检查，未有退针现象（图 13-2-1）。

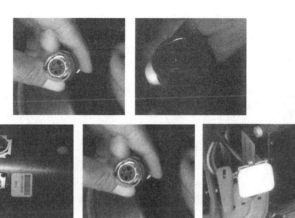

图 13-2-1　检查与充电机相连接的三条线

④ 检查充电开始时充电机输出的 12V（由充电盒"黑色的、与线束相连"输出）有无唤醒电机控制器 /HCU/BMS。查看有无唤醒，可重新连接外接充电，连接后前 5s 听电池包里有无发出 4 声"砰"的响声（为电池继电器唤醒后合闸的声音），如有，则已唤醒；如无，则检查充电盒的插接线是否插好、有无退针现象、充电盒是否失效（图 13-2-2）。

注意：检查充电盒的接插状态，如接插无异常，则更换新的充电盒测试。

⑤ 检查充电机外壳接地是否良好（用万用表检测，一端接触充电机外壳，另一端接地。如接地不通，

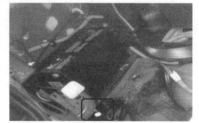

图 13-2-2　检查充电盒的插接线

则拆卸充电机 4 个紧固螺栓，用打磨机打磨充电机 4 个螺栓孔），如接地不良，则拆卸充电机，用砂纸打磨 4 个紧固螺栓孔。

⑥ 如以上方法均未解决，无法充电，则更换充电机。

更换充电机后，故障排除。

13.2.4　无法使用直流充电

（1）车辆信息　车型：大众 ID4 纯电动汽车。里程：46124km。

（2）故障现象　仪表报警提示：充电插座失灵，请去维修站。直流充电桩不能进行充电，用交流充电桩可以进行充电。

（3）故障诊断　用交流充电桩充电正常，用直流充电桩充电时刚一启动，充电立

刻停止，充电插座亮红灯（图 13-2-3），红色 LED 灯持续亮起表示：充电系统有故障，充电过程未开始或者已中断。换车用直流充电桩可以进行充电，排除充电桩问题。

使用 VAS6150 诊断仪检测，高电压蓄电池充电装置 C6 报故障码：C1249F4——功能限制。

由于充电基础设施唤醒呼叫充电插座 A 次数过多，造成温度传感器 DC 负极超过了温度坡度线，导致充电插座 A 温度传感器 DC 负极电器故障（图 13-2-4）。

P1CF300——DC 温度传感器充电插座 A 不可信数值主动/静态，无法清除。

图 13-2-3　红色 LED 灯持续亮起 　　　　　图 13-2-4　故障码（5）

读取数据流显示"一个故障"和"充电插头 - 插入"，说明充电桩与车辆已经确认连接，排除线路问题，交流充电与直流充电不一样，直流车辆无锁止装置，所以不显示已锁止（图 13-2-5）。

(a) 充电插头的状态为未插入

(b) 充电插头的状态为插入

图 13-2-5　充电插头的状态

读取到 DC 温度时发现传感器 2 温度相对传感器 1 较高，不正常（图 13-2-6）。

图 13-2-6　直流充电插座传感器的温度

检查 CC1 与 PE 的阻值为 981kΩ，S+ 与 S- 阻值为 120.3Ω，CC2 与 PE 的电压为 11.42V，均符合标准值（图 13-2-7）。

根据电路图针脚定义，测量温度传感器针脚 T20B/13 脚为 HV 正极温度传感器信号，T20B/14 为 HV 负极温度传感器信号，T20B/17 脚为公用接地，与两个传感器并联的是 PTC 正温度系数的热敏电阻，温度越高电阻越大，超过 90℃ 就不会进行充电了。测量 T20A/13 和 T20A/14 脚电压为 3.5V 左右，正常，说明充电机传感器输出信号没问题。单独测量 G1151 的阻值为 1.077kΩ，G1152 为 1.081kΩ，断开充电座与充电机连接过渡插头，读取数据流，DC 温度都显示 160℃ 说明充电接收信号正常，判断是充电座问题（图 13-2-8）。

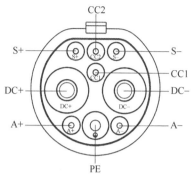

图 13-2-7 直流充电插口

更换充电座总成后，故障码变成 P1CF300——DC 温度传感器充电插座 A，不可信数值。为偶发故障，充电正常，故障排除。

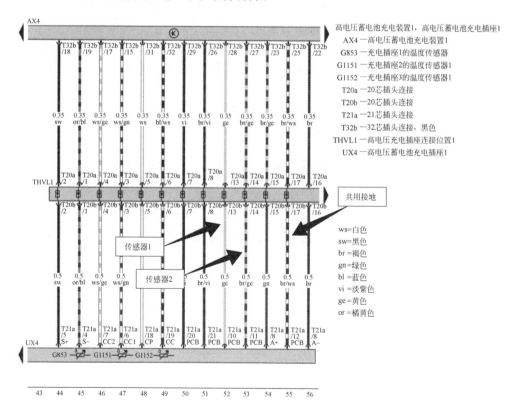

图 13-2-8

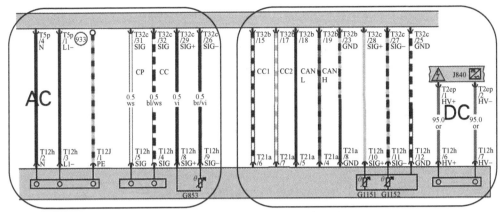

图 13-2-8 大众 ID.4 CROZZ 电路

13.2.5 充电插座失灵

（1）车辆信息　车型：大众 ID4 纯电动汽车。里程：9800km。

（2）故障现象　插上交流充电插头，插座的指示灯常亮红色，充电墙盒刷卡无法开始充电；车内 MIB 屏幕显示：充电插座失灵，请去维修站。

（3）故障诊断　使用 7kW 交流充电墙盒给车辆充电，插上充电插头后，插座指示灯常亮红色，无法进行充电；使用直流充电桩可以正常给车辆充电，所以充电故障仅仅是在交流充电这一部分。

使用诊断仪读取故障码，高电压蓄电池充电器 C6 报故障码：P1CB000——AC 温度传感器充电插座 A 电气故障静态，且故障无法删除（图 13-2-9）。

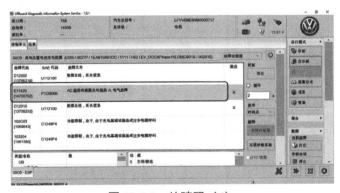

图 13-2-9　故障码（6）

根据故障码内容初步判断有下列几个可能的故障点。

① AC 交流充电插座的温度传感器故障；

② 充电插座与 AX4 高压电池充电器之间的线路故障；

③ AX4 充电器内部故障。

按照 ODIS 诊断程序的检测计划进行功能引导，读取到蓄电池充电插座 A——交流电充电插座温度传感器为 160.0℃，额定值为 -50 ～ 100℃（图 13-2-10）。G853 传感器温度值明显不在正常范围内，且充电插座当前不存在高温，该温度值是一个故障错误值。

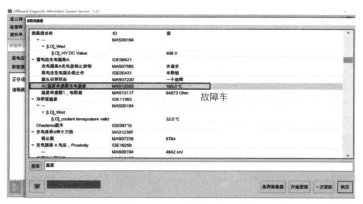

图 13-2-10　数据流 (4)

查询 ID4 维修手册的电路图（图 13-2-11），找到 G853 传感器的电路。

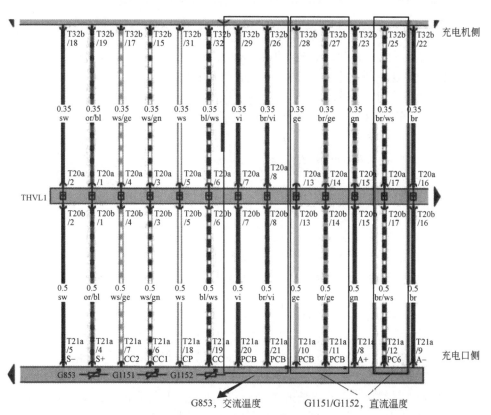

图 13-2-11　G853 传感器电路

先给车辆执行高压电断电，拔下 SB 熔断器里散热器风扇的 5s 熔丝，连接 VAS6150E 诊断仪，打开点火开关挂入 P 挡，启用 SFD 诊断保护之后，8C 控制单元引导功能点选"实现高压断电"并执行，按照步骤提示把断电证明状态填入检测报告，例如仪表断电显示符号、TW 先导线插座的断开、各个高压电单元的测量值、使用 VAS6558A 进行验证等操作信息。成功断电后，拔下高压电池 A19 充电器的接插件。

交流温度传感器充电插座和 AX4 充电器之间有一个连接插件 T20b，在后备厢右侧饰板内找出该接插件，拔开插头，用万用表测量充电插座侧 T20b/7 和 T20b/8 之间的电阻，测到的电阻值为 451.8kΩ。

同样测量试驾车的 T20b/7 和 T20b/8 之间的电阻，电阻值为 1kΩ。故障车的 G853 温度传感器电阻过大。

更换充电插座，删除偶发故障后，使用交流充电墙盒对车辆进行充电，车辆恢复了正常充电。

注意：拆下插座、扭开插座后盖，发现 G853 温度传感器已经烧蚀，但插座的接触电极并没有高温烧蚀变色的痕迹。

13.3 充电系统其他故障

13.3.1 混合动力汽车充电机故障

（1）车辆信息　车型：比亚迪秦混合动力汽车。里程：77854km。

（2）故障现象　车辆无法充电电，仪表上无显示。

（3）故障诊断

根据车载充电工作过程分析无法充电的原因如下。

① 外部电源故障。

② 交流充电连接装置故障。

③ 低压线束故障。

④ 车载充电器总成故障。

⑤ 电池管理控制器故障。

⑥ 高压配电箱总成故障。

在低压电充足和动力电池无故障的情况下检查以下内容。

① 插上交流充电连接装置，观察仪表上无充电信息显示，用 ED400 诊断仪读取系统故障码，故障码为 P150C00——供电设备故障。

② 检查外部电源，外部电源正常。

③ 检查交流充电连接装置，测量交流充电连接装置的 CC 端与 PE 端之间的阻值，实测阻值为 680Ω，此阻值在正常范围（注：如有条件可直接倒换交流充电连接装置）。

④ 测量交流充电口到车载充电器之间的线束，各线束导通。

⑤ 用两根导线将车载充电器 K55 插件的 4 号、10 号针脚搭铁，仪表上显示充电连接中，测量车载充电器上的两个 CAN 线电压，分别为 2.4V、2.35V，说明低压线路

正常，但仍不能充电，怀疑车载充电器总成故障（图 13-3-1）。

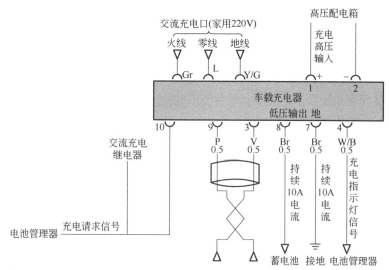

图 13-3-1　车载充电器电路

更换车载充电器总成后，故障排除。

13.3.2　混合动力汽车不能放电

（1）车辆信息　车型：比亚迪秦混合动力汽车。里程：126511km。

（2）故障现象　车辆不能对外放电，无论是连接放电排插还是车内都无法放电。

（3）故障诊断　用便携式充电器对该车进行充电，充电正常；使用新能源汽车诊断仪检查各系统，正常；读取车载充电器，无故障；读取数据流，未发现异常；连接充电器，观察数据流，无放电请求，连接车内的放电插座，同样也是无放电请求。初步分析车载充电器的工作条件正常（例如车载充电器的电源、接地、CAN 通信），判断是车载充电器内部异常。

在更换车载充电器前，首先对车载充电器的电源和接地进行检查，检查发现车载充电器没有 12V 的供电，继续向上检查熔丝，发现车载充电器保险烧毁，更换车载充电器保险后充放电正常，故障排除。

13.3.3　充电时表 SOC 仪表显示异常

（1）车辆信息　车型：比亚迪秦混合动力汽车。里程：126511km。

（2）故障现象　车辆充电时仪表显示 SOC：45%，不显示充电功率和充满剩余时间。

（3）故障诊断

① 使用新能源汽车诊断仪读取整车故障码，没有故障码记录，没有模块需要更新。

② 连接充电枪，车载充申器数据流显示交流侧和直流侧电压均正常，充电电流：0.2A。

③ 路试车辆 EV 功能，正常，制动能量回馈有显示。当自动切换到 HEV 模式时，

SOC 还显示 45%，怀疑电池管理器有故障，更换电池管理器后试车，故障依旧。

④ 继续给动力电池充电，数据显示模组电压都有相应升高，说明电有充进动力电池，BIC 采样也正常。SOC 和充电功率没变化，问题出在电流计算，再次试车发现当前功率和能量回馈没显示。

⑤ 已经更换过 BMS，可排除 BMS 故障，检查 BMS 到高压配电箱电流霍尔传感器的线路，检查均正常。测量霍尔传感器的正负电压均为 15V，正常。

⑥ 尝试更换电流霍尔传感器，充电功率和能量回馈显示均正常，故障排除。

13.3.4　混合动力汽车不充电故障

（1）车辆信息　车型：丰田凯美瑞混合动力汽车。里程：44768km。

（2）故障现象　发电机充电指示灯亮及发动机故障灯亮，混合动力系统不能充电。

（3）故障诊断　使用电脑诊断仪读取故障码：P0A08-264——DC/DC 转换器状态电路异常。清除故障码后，启动发动机，故障灯和充电灯再次点亮。发动机工作时读取数据流，发现混合动力电池及辅助电池没有充电，并且发动机故障灯马上又点亮。

导致故障的可能部位：熔丝；线路；混合动力传动桥；带转换器的逆变器总成；动力管理控制 ECU；辅助蓄电池。

① 检查辅助蓄电池电压，只有 11V 左右；对辅助电池进行充电后检测，为 12.3V；分别检查熔丝和熔断器，没有断路；检查各连接器插头，连接牢固，没有松动现象。可以排除保险及连接器故障。

② 检查发动机电机 1 分别是 O1-1、O1-2、O1-3 脚与车身接地，电阻为 2MΩ，标准电阻是 1MΩ 或更大。

③ 检查电机 2 的电阻分别是 n1-1、n1-2、n1-3 脚与车身接地，电阻为 2MΩ，标准电阻是 1MΩ 或更大。

④ 检查发动机室 3 号线束 C1-1 与 1K-1 的电阻，为 0.15Ω，标准值是始终小于 1Ω。

⑤ 检查逆变器总成连接器 A13 插头的 A13-3 与车身接地的电压，为 12.9V，规定值为与辅助电池电压相同。

⑥ 检查逆变器总成连接器 A13 插头的 A13-1 与车身接地电压，电源开关转至 ON，检测的电压为 12.9V，规定值为与辅助电池电压相同。

⑦ 检查逆变器总成连接器 A13 插头的 A13-5 与车身接地电阻，电源开关转至 OFF，检测电阻为 128Ω，规定值为 120～140Ω，说明线路正常。

⑧ 检查逆变器冷却系统及水泵，工作时有震动，说明工作正常。

⑨ 检查混合动力传动桥的电机 1、2 的电阻，电机 1 为 71.4MΩ，电机 2 为 84.6MΩ，都在正常范围内；通过读取混合动力系统的数据流，分析发现 +B 的电压只有 11.5V，而发电机又显示发电量是 262V，混合动力传动桥的发电机发电（图 13-3-2）。

⑩ 检查动力管理 ECU 的线路，有 12V 电源，地线对地正常，检查动力管理 ECU 至逆变器的线路，也正常。

根据维修手册检查辅助蓄电池输出的电流和电压，将 AC/DC 400A 的探头连接到辅助蓄电池正极引线上，把点火开关转到 ON（READY），并静止车辆直至流入辅助蓄电池的电流变为 10A 或更小。当打开大灯和鼓风机及后窗除雾器开关时，检测自辅助蓄电池流出的电流为 15.3A，正常是 0 或更小。根据维修手册检测辅助蓄电池电压，把点火开关转 ON（READY），当打开大灯和鼓风机及后窗除雾器开关时的电压只有 11.6V，标准是 13 ～ 15V，电流及电压都不在正常范围内，可以判断是逆变器内部故障。

更换逆变器总成后，故障排除。

参数	值	单位	参数	值	单位
Engine Coolant Temp	57	C	Total Distance Traveled	13158	km
Engine Revolution	1152	rpm	State of Charge (All Bat)	36.4	%
Vehicle Spd	0	km/h	Power Resource VB	263.0	V
Engine Run Time	12	s	Power Resource IB	-11.69	A
+B	11.62	V	VL-Voltage before Boosting	263	V
Accel Pedal Pos #1	59.2	%	VH-Voltage after Boosting	262	V
Accel Pedal Pos #2	75.2	%	Boost Ratio	0.0	%
Ambient Temperature	36	C	Drive Condition ID	3	
Intake Air Temperature	38	C	Shift Sensor Shift Pos	P	
DTC Clear Warm Up	0		Short Wave Highest Val	2.51	V
DTC Clear Run Distance	0	km	MG1 Control Mode	0	
DTC Clear Min	12	min	MG2 Control Mode	0	
MIL on Run Distance	0	km	Num of Current Code	1	
Number of Emission DTC	0		Num of History Code	1	
Ready Signal	ON		Calculate Load	37.6	%
Motor(MG2) Revolution	0	rpm	Throttle Position	18.4	%
Motor(MG2) Torq	-7.88	Nm	DCDC Cnv Tar Pulse Duty	66.5	%
M(MG2) Trq Exec Val	-7.38	Nm	Prohibit DC/DC conv sig	OFF	
Generator(MG1) Rev	4230	rpm	EV Request	OFF	
Generator(MG1) Torq	-7.63	Nm	Permit Start by Immobiliser	Normal	
G(MG1) Trq Exec Val	-6.25	Nm	Inv-T (MG1) aftr IG-ON	38	C
Regenerative Brake Torq	0.0	Nm	Inv-T (MG2) aftr IG-ON	37	C
Inverter Temp-(MG1)	40	C	Mtr-T (MG2) aftr IG-ON	42	C
Inverter Temp-(MG2)	37	C	Conv-Tmp after IG-ON	39	C
Motor Temp No2	44	C	SOC after IG-ON	53.5	%
Motor Temp No1	42	C	Status of Charge Max	53.5	%
Accelerator Degree	90.0	%	Status of Charge Min	35.5	%
Target Engine Rev	1175	rpm	Stop Light Switch	OFF	
Engine Rev (Sensor)	1174	rpm	Auxiliary Batt Temperature	35	C

图 13-3-2 数据流（5）

13.3.5 车辆有时不能充电

（1）车辆信息 车型：大众 ID4 纯电动汽车。里程：55132km。

（2）故障现象 插上充电枪后车辆不能，交直流都不能，充电指示灯显示红色（图 13-3-3），并且仪表有文字提示“充电插座失灵，请去维修站”。

（3）故障诊断 使用诊断仪读取故障码。

P31D500——充电插座 A 插头锁止识别电气故障。

P33E800——充电插座 A，充电插头锁止机械故障。

U112100——数据总线，丢失信息。

P1CF300——DC 温度传感器充电插座 A 不可信数值。

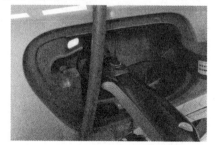

图 13-3-3 充电指示灯显示红色

P31D100——充电插座 A 温度传感器电气故障。

P1D9F00——充电插座 A 温度传感器 DC 正极超过了温度坡度线。

P1D9E00——充电插座 A 温度传感器 DC 负极超过了温度坡度线。

插上充电枪发现充电枪不能锁止，多次插拔偶尔会锁止，锁止后就可以正常充电，根据测量值分析车辆缺少连接（已经插入充电枪）（图 13-3-4）。

使用 VAG1526 万用表电阻挡测量 CP 与 PE 之间的电阻（图 13-3-5），仪表显示插入充电枪。测量值也显示插入充电枪，用普通万用表电阻挡测量时有时锁舌弹出 4 次，分析联动机构正常（图 13-3-6）。

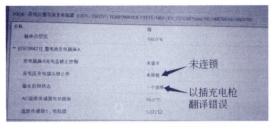

图 13-3-4　数据流（6）

图 13-3-5　测量 CP 与 PE 之间的电阻

图 13-3-6　测量结果

根据电路图（图 13-3-7）检测分析，THVL 插脚（后备厢右侧）处测量数据如下。

测量 T20/6 脚 CC 线的电压值，未插充电枪是 4.68V，插入充电枪是 1.93V，和其他正常车对比数值是一样的，断开 T20 插脚测量 CC 与 PE 之间的电阻是 4.7kΩ，说明线束正常。

测量 T20/5 脚 CP 线的电压值，未插充电枪是 0.031V，插入充电枪未充电是 0.031V，插入充电枪充电是 2.215V，和其他正常车对比数值是一样的，说明线束正常（正常是 PWM 信号）。

测量线束发现，在晃动 THVL 插脚时，仪表就会报警，有文字提示"充电插座失灵，请去维修站"，测量值上显示：充电插头锁止"未连锁"、AC 温度值"160℃"、温度传感器电阻值"64873Ω"，说明故障是插头虚接导致不能充电（图 13-3-8）。

第13章 充电系统常见故障

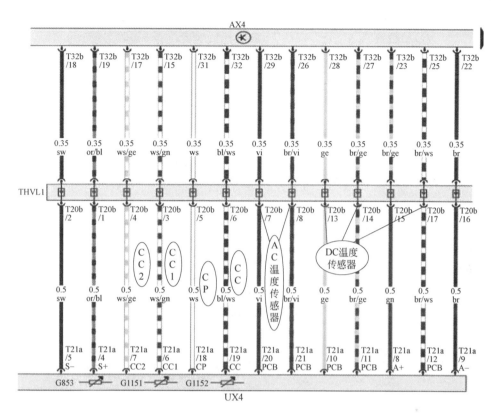

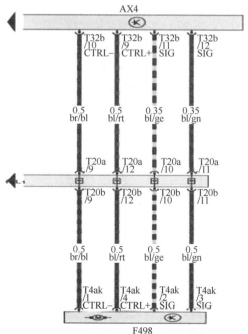

图 13-3-7　大众 ID4 纯电动汽车电路图（2）

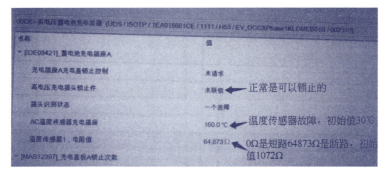

图 13-3-8　数据流（7）

重新压接线束后再次试验，发现故障码：P1CF300——DC 温度传感器充电插座 A 不可信数值，偶发；P1D9F00——充电插座 A 温度传感器 DC 正极超过了温度坡度线，偶发（图 13-3-9）。

图 13-3-9　故障码（7）

读取直流充电插座（传感器 1 和 2）的温度的数据流（图 13-3-10）。

图 13-3-10　数据流（8）

故障原因是 UX4 充电接口的中间 THVL 插脚虚接使信号中断，导致不能充电。重新跨接 T20/13、T20/14、T20/17 插脚后，故障排除。

第 14 章　模式转换常见故障

14.1　EV 模式故障

14.1.1　偶尔无纯电动模式

（1）车辆信息　车型：比亚迪宋混合动力汽车。里程：77616km。

（2）故障现象　车辆行驶过程中偶发性无 EV，仪表提示 EV 功能受限。

（3）故障诊断　使用新能源诊断仪检查：电子车身稳定系统有故障码 U100304——EPB 超时；整车控制器有故障码 U011100——与电池管理系统（BMS）通信故障，U012800——与 EPB 通信故障，U029800——与 DC 通信故障，P1B6000——发动机启动失败；发动机系统有故障码 P0627——油泵控制线路开路故障，P0087——油轨压力过低等。同时，车载充电器、DC、电池管理器、EPB、漏电传感器等无法通信。

单独测量所有模块又可以通信，保险电源及 CAN 系统无异常。因多个模块无法同时通信，怀疑这些模块的电源及接地存在异常。

查询电路图，寻找这几个模块共同点，发现很多模块的电源都在后舱配电盒（图 14-1-1）。怀疑是后舱配电盒供电或接地存在异常。检查后舱配电盒确认，发现后舱配电盒电源螺栓未完全拧紧。重新紧固后清除故障码，故障排除。

14.1.2　混合动力汽车无 EV

（1）车辆信息　车型：比亚迪唐混合动力汽车。里程：55112km。

（2）故障现象　仪表提示 EV 功能受限，无 EV 模式。

（3）故障诊断　使用新能源汽车诊断仪，在变速器系统读取到如下故障码（其他系统无故障）：P165C——挡位自适应未完成；P1681——主压力电磁阀 -1 线路故障；P1684——EV2 挡挂不到位；P1685——EV 挡回不了空挡。

车辆使用 EV 模式行驶或 P 挡原地发电，变速器内需挂 EV 挡或 EV2 挡。挂挡时，先由外置模块上的油泵电机建立油压，再由 TCU 控制外置模块上的电磁阀动作来实现挂挡。读取变速器 TCU 内的数据流：油泵压力为 14.08bar（正常）、电机不工作时电机运行占空比为 0、电机使能信息为 0、电机转速为 0，均为正常数据，可排除油泵电机控制器和油泵电机及相关线路故障的可能。

原地退电再上电，读取数据流，促动器 5 设置电流与实际电流不一致，查看促动器 5 位置传感器数据为 0.51mm（促动器 5 在空挡位置），说明促动器 5 的电磁阀没有执行挂挡动作，由此可排除变速器机械故障的可能，EV2 挡挂不到位和 EV 挡回不了空挡是电磁阀工作异常导致，需进一步检查 TCU、外置模块及线束。

图 14-1-1　熔丝和熔断器说明

根据电器原理图（图 14-1-2），分别测量外置模块上 SVP 阀和 SVECD 阀的阻值，在正常范围内；测量外置模块 A27 插头至 TCUA49 插头对应线束的导通情况：A27-7 与 A49-24 正常导通，A27-5 与 A49-40 正常导通，A27-2、A27-4 与 A49-25 不导通（异常）。

逐段测量，最终找到线束内部导线的断裂点，连接断裂导线后上电测试，车辆恢复正常，由此判定车辆 EV 功能受限是线束故障导致，更换发动机线束后，故障排除。

14.1.3　车辆行驶中失去 EV 功能

（1）车辆信息　车型：比亚迪秦混合动力汽车。里程：87899km。

（2）故障现象　车辆行驶时偶发性无纯电模式，仪表报动力系统故障。

（3）故障诊断

① 检查是否有更新版本升级，无升级；清除故障码，反复测试。

② 把车辆充满电，带上新能源汽车诊断仪进行路试；大约行驶了 50min，故障出现。

③ 使用新能源汽车诊断仪读取数据流，发现 89 单节电池最高电压达到 4.360V，

88 单节电池最低电压为 1.753V，读取采样信息，发现第 87 号电池采样异常。

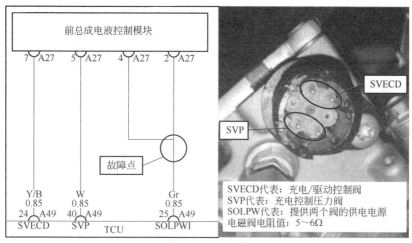

图 14-1-2 电器原理图

④ 故障重现，再次读取故障显示：

a. P1A1000BIC5——电压采样异常故障；

b.P1A3800——动力电池单节电压一般过低；

c.P1A9400——因电压低导致限放电功率为 0；

d.P1A9500——因采样系统故障导致充放电功率为 0；

e.P1A9600——因电压高导致无法回馈。

⑤ 分析为动力电池或 BIC5 采集器故障，把 BIC5 和 BIC3 对调，故障出现时依然是报 BIC5 电压采样异常故障。更换 BIC5 采集器后试车，故障排除。

14.1.4 开空调无 EV 模式

（1）车辆信息　车型：比亚迪秦混合动力汽车。里程：67987km。

（2）故障现象　开空调后无 EV 模式，仪表提示因空调请求启动发动机。

（3）故障诊断　仪表 SOC 值为 66%，开启空调时发动机立即启动，仪表提示因空调需求已启动发动机。

使用诊断仪读取压缩机控制器和 AC 控制器，都无故障码；查看数据流母线电压，正常；电动压缩机不请求、无转速。

测量电动压缩的低压电源及接地，正常；CAN 电压都在 2.5V 左右，正常；倒换了电动压缩机、AC 控制器、PTC 后故障依旧。怀疑是高压 BMS 问题导致一直给空调控制器发出命令，不允许高压工作。倒换高压 BMS，故障依旧。

鉴于空调系统已经确认无故障，怀疑是否为其他模块引起。再次使用诊断仪进行整车扫描发现，低压 BMS 报出：智能充电系统故障。读取数据流发现 1# 单休单节电压为 3.7V。怀疑是否为该问题导致空调故障。尝试倒换低压铁电池测试，故障排除。

14.1.5 行驶中纯电动模式自行切换至混合动力模式

（1）车辆信息　车型：比亚迪唐混合动力汽车。里程：33212km。

（2）故障现象　行驶中纯电动模式自行切换至混合动力模式。

（3）故障诊断　使用新能源诊断仪检查车辆发现有多个模块软件提示更新，按照指导逐一将软件版本更新，更新完成后路试车辆故障依然存在。路试发现车速在60～70km/h时偶发纯电动模式仍然会跳变到混合动力模式，行驶中还可以手动切换回纯电动模式，但行驶不足200m车辆再次变为混合动力模式，在此过程中车辆仪表无任何故障灯提示。

使用诊断仪读取变速器信息，报故障码：P1688——油泵压力过低；P1689——电子油泵电机转速异常。根据前期维修通知检查油泵电机控制器接插件，无异常；外置模块电机接插件插接无异常；外置模块传感器测量阻值正常。

根据维修资料指导使用纯电动模式路试，同时连接诊断仪读取变速器中促动器5电流、电机使能信息、占空比、油压等数据，发现车辆在20～40km/h时，发动机会频繁启动。在发动机未启动状态，油泵压力基本持续在0.94bar左右，同时油泵电机有使能信息、占空比，就是没有转速。

持续低速路试发现，随发动机启动后机油泵工作时油压会马上上升到5bar以上，路试时还发现偶发性电子油泵有可以建立2bar左右的油压，怀疑油泵电机控制器故障，更换油泵电机控制器后试车，故障彻底排除。

14.2　混合动力模式故障

14.2.1　油电模式不转换

（1）车辆信息　车型：丰田凯美瑞混合动力汽车。里程：89765km。

（2）故障现象　油电模式不能互相转换。

（3）故障诊断

① 读取故障码。使用新能源汽车诊断仪，读取故障码为P0A80——更换混合动力蓄电池组。

查阅维修手册得知导致P0A80故障的原因有两个：一是HV蓄电池；二是HV蓄电池智能单元。

② 检查故障。根据维修手册提示，如果没有输出故障码P0A7FC，下一步检查HV蓄电池智能单元。

检查HV蓄电池智能单元，用诊断仪读取混合动力系统数据流发现，BatteryblockVol-V16电压为12.86V。其他16组电压均为14.30～14.38V（标准是9对单元的电压差均为0.3V或更高）。第16单元电压较低，和其他单元相比电压差不均。HV蓄电池由34个模块组成，HV蓄电池智能单元在17个位置上监视蓄电池单元电压，各蓄电池单元由2个模块组成。

因此判断为HV蓄电池故障，尝试更换HV蓄电池后试车，故障排除。

14.2.2 混合动力系统故障灯点亮

（1）车辆信息　车型：奥迪 Q5 混合动力汽车。里程：129856km。

（2）故障现象　混合动力系统故障灯点亮。

（3）故障诊断　使用新能源汽车诊断仪读取故障码，显示关于"HV 系统绝缘故障"的故障码。接着按照引导性故障查询一步一步进行排查，提示要做好对高压部件检查前的断电、松开保养插头以及安全插头。

根据"HV 系统绝缘故障"，可能的原因有某高压部件或者高压导线绝缘电阻低于标准值，导致漏电，从而通过组合仪表进行显示并存储故障码。接下来，进一步通过引导性故障查询，对绝缘电阻进行测量，检测值在 153～200Ω 之间，低于 210～230kΩ 的正常值，由此，确认是某高压部件不绝缘的故障。

对所有高压部件进行检查。首先对其前部的电动空调压缩机进行检查，看其外观和线束插头有无破皮、漏水。然后检查电驱动装置的功率和控制电子系统 JX1，当拆开 JX1 的保护盖板时，发现里面居然有积水。初步怀疑这就是故障原因，于是用风枪把里面的水清理干净，装上保护盖板。把所有部件进行复位之后，使用诊断仪再次读取故障码，并再一次进行引导性故障查询，对高压部件进行绝缘电阻测量，发现其电阻值为 128～132MΩ，数值正常。

车辆在美容店用高压水枪清洗过发动机，导致功率和控制电子系统 JX1 进水，引发这个绝缘电阻故障。

拆卸电驱动装置的功率和控制电子系统 JX1 的保护盖板，清理其内部的积水后，故障排除。

14.2.3 无法进入混合动力模式

（1）车辆信息　车型：瑞风 M4 混合动力汽车。里程：156856km。

（2）故障现象　无法进入混合动力模式，发动机启停功能失效，仪表盘上的 EPC 灯及充电指示灯长亮。

（3）故障诊断　使用新能源汽车故障诊断仪检测，读取到 4 个故障码：

P1A17——48V 预充失效；

P1A20——12V 端电压测量偏差较大；

U0120——BSGCAN 通信故障；

U0298——DC/DCCAN 通信故障。

根据故障码的提示，结合该车的故障现象分析，可能的故障原因有：电路或电气设备对搭铁短路；通信故障；12V 蓄电池电量不足；48V 蓄电池电量不足；DC/DC 故障。

用故障诊断仪读取 12V 蓄电池剩余电量，显示"剩余电量为 70%，可正常预充"，排除 12V 蓄电池电量低导致混合动力功能失效的可能。检查发动机室内的搭铁并紧固，排除搭铁故障。再检查混合动力系统电路，对混合动力系统 CAN 总线及各导线连接器进行检查，并对接通电源时 DC/DC 等部件的通电顺序进行测试，均无异常，排除电路连接不良造成混合动力功能失效的可能。

常规检查结束后，根据故障码"U0120"和故障码"U0298"的提示，维修人员推断，可能是 BSG 或 DC/DC 出了故障。本着先易后难的原则，尝试更换 DC/DC，清除故障码后试车，行驶中车辆能正常进入混合动力模式，且发动机启停功能恢复正常，

EPC 灯及充电指示灯不再点亮。

14.2.4 混合动力系统报警

（1）车辆信息　车型：保时捷 Cayenne 混合动力汽车。里程：98856km。

（2）故障现象　混合动力报警。

（3）故障诊断　使用新能源汽车诊断仪读取故障码：

P0A21300——DriveMotor "A" Temperature Sensor Circuit Range/Performance；

P0A2D00——DriveMotor "A" Temperature Sensor Circuit High。

检查高压电源电子设备的低温冷却系统回路，对换电源电子设备的节温器，故障依旧。检查电机的高温冷却系统回路、冷却液位、电机的节温器，都正常。

根据故障码判断，有可能是线路故障、电源电子设备故障或是电机温度传感器故障。所以先检查从电源电子设备到电机温度传感器的两根线路，其中还有中转插头，位于发动机熔断器盒内，都正常。对比电源电子设备的参考电压，也正常。

在试车中发现，每当电机温度徘徊在 140℃ 左右时，温度变化波动幅度加大，故障就出现了。正常车辆电机工作温度接近 190℃。

更换电机后，故障排除。

14.2.5 混合动力汽车 DC/DC 变换器故障

（1）车辆信息　车型：雷克萨斯 300h 混合动力汽车。里程：66546km。

（2）故障现象　仪表报警：检查混合动力系统。

（3）故障诊断　利用诊断仪对混合动力系统读取故障码：P0A08-264——DC/DC 变换器状态电路。

如果车辆行驶时 DC/DC 转换器不工作，则辅助蓄电池的电压将降低，这将阻止车辆继续运行。因此动力管理控制 ECU 监视 DC/DC 转换器的工作情况，并在检测到故障时提醒驾驶员。生成故障码的条件是：在电源开关置于 ON（READY）位置的情况下，DC/DC 转换器故障或辅助蓄电池电压降至 12V 或更低。系统电路如图 14-2-1 所示。

首先检查系统相关熔丝（IGCT-MAINO、DC/DC-IGCT、DC/DC-S），系统内的熔丝均正常。读取 GTS 中定格数据流，发现 +B 电压已经低于 12V，证明系统报 P0A08-264 故障码的原因在于 DC/DC 转换电压低于 12V（表 14-2-1）。

表 14-2-1　数据流（2）

参数	单位	-3	-2	-1	0	1
发动机冷却液温度	℃	122	122	122	122	122
发动机转速	r/min	1344	1280	1216	1162	1152
车速	km/h	0	0	0	0	0
发动机运行时间	s	6359	6360	6360	6361	6361
+B 电压	V	12.28	12.07	11.89	11.46	11.46
加速踏板位置 1#	%	16.6	16.6	16.6	16.6	16.6
加速踏板位置 2#	%	31.7	31.7	31.7	31.7	31.7
环境温度	℃	29	29	29	29	29
进气温度	℃	85	85	85	85	85

续表

故障码清除预热		11	11	11	11	11
清除故障码时的行驶里程	km	562	562	562	562	562
故障码存在的时间	min	739	739	739	739	739
进气压力 MAP	kPa	42	42	42	43	43
大气压力	kPa	99	99	99	99	99
准备信号		ON	ON	ON	ON	ON
MG2 转速	r/min	0	1	8	−3	−7
MG2 扭矩	N·m	−8.88	−13.25	−10.50	−13.13	−12.10
MG2 执行阀扭矩	N·m	−8.00	−15.25	−10.00	−12.00	−12.50
MG1 发电机转速	r/min	4870	4626	4381	4222	4164
MG1 发电机扭矩	N·m	−11.75	−12.63	−12.5	−12.5	−12
MG1 执行阀扭矩	N·m	−10.88	−11.88	−10.13	−11.75	−11.25

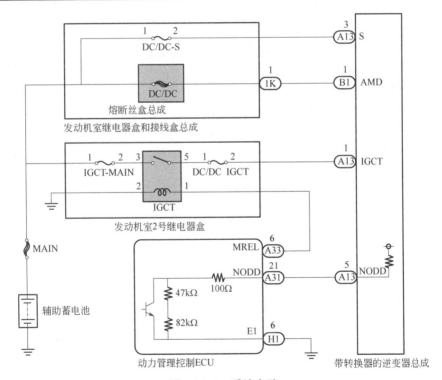

图 14-2-1　系统电路

测量逆变器总成 A13 上的 3# 脚上的电压，实测电压与辅助蓄电池上的电压相同，说明逆变器 3# 脚的电压正常。将电源开关置于 "ON" 位置，测量逆变器 1 号脚与车身搭铁之间的电压，实测电压也与辅助蓄电池电压相同，说明逆变器总成的供电正常。

更换逆变器总成后，故障排除。

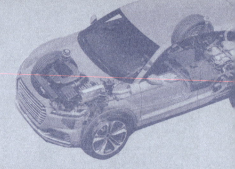

第15章 车身电气系统常见故障

15.1 安全气囊故障

15.1.1 安全气囊系统故障诊断基本流程

安全气囊系统故障诊断基本流程见表 15-1-1。

表 15-1-1 安全气囊系统故障诊断基本流程

项目	内容
气囊位置分布	❶单安全气囊（只装在驾驶员侧） ❷双安全气囊（驾驶员侧和乘客侧各有 1 个安全气囊） ❸后排安全气囊（装在前排座椅上） ❹侧面安全气囊（装在车门上或座椅扶手上，防止乘员受侧面撞击） 不同类型的安全气囊，其结构和性能都不会相同，维修方法也不尽相同。此外，要认真仔细地观察警示灯（SRS 灯、SIR 灯、AIRBAG 灯）的工况，有些车型 SRS 的故障从警示灯就可以进行判断
调故障码	一旦弄清是 SRS 有故障，调取 SRS 故障码是简便、快捷诊断故障的方法，但有些车型调 SRS 故障码需要专用仪器，还需要故障码表。这就需要借助于专业的维修手册
解除SRS工作	为了安全地对 SRS 系统进行检查和进行必要的电压、电阻等测试，必须对安全气囊进行解除，即解除处于工作状态下的安全气囊 SRS 一般的解除工作步骤如下 ❶摘下蓄电池负极接头 ❷等待约 90s，待 SRS 电脑中的电容器（第 2 电源）放电完毕 ❸摘下驾驶员侧气囊组件连接器 ❹摘下乘客侧气囊连接器 ❺重新接上蓄电池负极电缆
检查与参数测试	❶检查 检查传感器外壳、托架有无变形、裂纹及安装松动等缺陷。检查 SRS 电脑线路连接、传感器连接及连接检查机构、过电检测机构是否可靠。检查各线路连接器和安全带收紧机构是否有损坏等 ❷测试 测试碰撞传感器的电阻、电压值及时钟弹簧电阻值；测试 SRS 电脑输入、输出电压值；测试各线路是否断路、短路等。根据维修经验，SRS 的时钟弹簧故障率较高，要注意检测；有些车型 SRS 灯一直亮，没有故障码显示，一般是由于电源电压过低或备用电源电压过低，SRS 电脑未将故障码存入存储器中所引起的。此外，在 SRS 的故障诊断过程中，可以参照同类型（不同牌号）SRS 来分析故障原因和位置，也可更换某个零件做对比试验

续表

检查SRS工况	维修好SRS系统，应进行如下检测：接通点火开关，SRS警示灯应亮约6s后熄灭，这表示SRS故障排除，工作正常，否则应重新检修

15.1.2 右前气囊传感器故障

右前气囊传感器故障分析见表15-1-2。

表15-1-2 右前气囊传感器故障分析

故障现象	SRS警示灯点亮
故障原因	❶中央气囊传感器总成故障 ❷右前气囊传感器故障
故障诊断	右前气囊传感器电路由中央气囊传感器总成和右前气囊传感器组成 右前气囊传感器检测车辆碰撞并发送信号给中央气囊传感器总成，以确定是否应该展开气囊 如果在右前气囊传感器中检测到故障，则对其进行检查

安全气囊传感器电路分析见图15-1-1。

右前气囊传感器维修检查操作步骤如下。

第1步，检查连接器。

① 将点火开关置于OFF位置。

② 断开蓄电池负极（-）电缆，等待至少90s。

③ 检查并确认连接器已正确连接到中央气囊传感器总成和右前气囊传感器上，并且检查并确认连接发动机室主线束和仪表板线束的连接器连接正确。

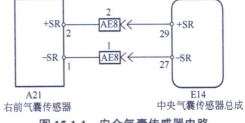

图15-1-1 安全气囊传感器电路

提示：如果连接器没有连接牢固，重新连接连接器并进行下一步检查。

④ 将连接器从中央气囊传感器总成和右前气囊传感器上断开，并断开连接发动机室主线束和仪表板线束的连接器。

⑤ 检查并确认连接器端子未变形或没有损坏。

此步骤如果异常，则更换线束；如果正常，则检查右前气囊传感器电路（断路）。

第2步，检查右前气囊传感器电路（断路）。

连接发动机室主线束和仪表板线束的连接器；使用SST，连接连接器B的端子29（+SR）和27（-SR）。

提示：连接时不得强行将SST插入连接器端子。

根据图15-1-2和表15-1-3中的值测量电阻。如果电阻异常，则检查仪表板线束（断路）（第7步）；如果正常，则检查右前气囊传感器电路（短路）。

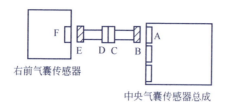

图 15-1-2 右前气囊传感器线束连接器（1）

表 15-1-3 A21 的标准电阻（1）

检测仪连接	开关状态	规定状态 /Ω
A21-2（+SR）—A21-1（-SR）	始终	小于 1

第 3 步，检查右前气囊传感器电路（短路）。

将 SST 从连接器 B 上断开，根据图 15-1-2 和表 15-1-4 中的值测量电阻。如果电阻异常，则检查仪表板线束（短路）（第 8 步）；如果正常，则检查右前气囊传感器电路（对 B+ 短路）。

表 15-1-4 A21 的标准电阻（2）

检测仪连接	开关状态	规定状态 /MΩ
A21-2（+SR）—A21-1（-SR）	始终	1 或更大

第 4 步，检查右前气囊传感器电路（对 B+ 短路）。将负极（-）电缆连接至蓄电池；将点火开关置于 ON（IG）位置；根据图 15-1-2 和表 15-1-5 中的值测量电压。如果电压异常，则检查仪表板线束（对 B+ 短路）（第 9 步）；如果正常，则检查右前气囊传感器电路（对搭铁短路）。

表 15-1-5 A21 的标准电压

检测仪连接	开关状态	规定状态 /V
A21-2（+SR）—车身搭铁	点火开关置于 ON（IG）位置	低于 1
A21-1（-SR）—车身搭铁	点火开关置于 ON（IG）位置	低于 1

第 5 步，检查右前气囊传感器电路（对搭铁短路）。将点火开关置于 OFF 位置；断开蓄电池负极（-）电缆，等待至少 90s；根据图 15-1-2 和表 15-1-6 中的值测量电阻。

如果电阻异常，则检查仪表板线束（对搭铁短路）（第 10 步）；如果正常，则检查右前气囊传感器。

表 15-1-6　A21 的标准电阻（3）

检测仪连接	开关状态	规定状态 /MΩ
A21-2（+SR）—车身搭铁	始终	1 或更大
A21-1（-SR）—车身搭铁	始终	1 或更大

第 6 步，检查右前气囊传感器。
① 将连接器连接到中央气囊传感器总成上（图 15-1-3）。

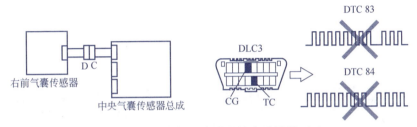

图 15-1-3　右前气囊传感器线束连接器（2）

② 互换右前、左前气囊传感器，并将连接器连接到这两个传感器上。
③ 将负极（-）电缆连接至蓄电池。
④ 将点火开关置于 ON（IG）位置，等待至少 60s。
⑤ 清除存储器中的 DTC。
⑥ 将点火开关置于 OFF 位置。
⑦ 再次将点火开关置于 ON（IG）位置，等待至少 60s。
⑧ 检查是否有 DTC。
存储器中没有 DTC 则为正常。
第 7 步，检查仪表板线束（断路）。将仪表板线束连接器从发动机室主线束上断开。
提示：SST 已插入到连接器 B 内。
根据图 15-1-4 和表 15-1-7 中的值测量电阻。如果电阻异常，则更换仪表板线束；如果正常，则更换发动机室主线束。

表 15-1-7　AE8 的标准电阻（1）

检测仪连接	开关状态	规定状态 /Ω
AE8-2（+SR）—AE8-1（-SR）	始终	小于 1

第 8 步，检查仪表板线束（短路）。将仪表板线束连接器从发动机室主线束上断开，根据图 15-1-4 和表 15-1-8 中的值测量电阻。如果电阻异常，则更换仪表板线束；如果正常，则更换发动机室主线束。

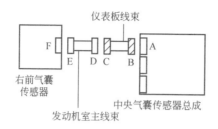

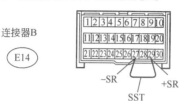 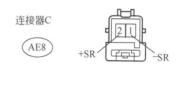

图 15-1-4 右前气囊传感器线束连接器（3）

表 15-1-8 AE8 的标准电阻（2）

检测仪连接	开关状态	规定状态 /MΩ
AE8-2（+SR）—AE8-1（-SR）	始终	1 或更大

第 9 步，检查仪表板线束（对 B+ 短路）。将点火开关置于 OFF 位置；断开蓄电池负极（-）电缆，等待至少 90s；将仪表板线束连接器从发动机室主线束上断开；将负极（-）电缆连接至蓄电池；将点火开关置于 ON（IG）位置；根据图 15-1-4 和表 15-1-9 中的值测量电压。如果电压异常，则更换仪表板线束；如果正常，则更换发动机室主线束。

表 15-1-9 AE8 的标准电压

检测仪连接	开关状态	规定状态 /V
AE8-2（+SR）—车身搭铁	点火开关置于 ON（IG）位置	低于 1
AE8-1（-SR）—车身搭铁	点火开关置于 ON（IG）位置	低于 1

第 10 步，检查仪表板线束（对搭铁短路）。将仪表板线束连接器从发动机室主线束上断开，根据图 15-1-4 和表 15-1-10 中的值测量电阻。如果电阻异常，则更换仪表板线束；如果正常，则更换发动机室主线束。

表 15-1-10 AE8 的标准电阻（3）

检测仪连接	开关状态	规定状态 /MΩ
AE8-2（+SR）—车身搭铁	始终	1 或更大
AE8-1（-SR）—车身搭铁	始终	1 或更大

15.1.3 安全气囊报废处理

安全气囊报废处理的方法见表 15-1-11。

表 15-1-11 安全气囊报废处理的方法

要求	当需要报废汽车整车或报废 SRS 气囊组件时，应在报废之前先用专用维修工具将气囊引爆。引爆工作应在远离电场干扰的地方进行，以免电场过强而导致气囊误爆。引爆 SRS 气囊时，应按制造厂家规定的方法进行。有的规定在汽车上引爆，有的规定先从汽车上将 SRS 气囊组件拆下，然后进行引爆
方法步骤	具体引爆操作方法如下 ❶拆下蓄电池负极电缆端子 ❷拔下 SRS 气囊组件与螺旋线束之间的连接器的插头 ❸剪断 SRS 气囊组件线束，使插头与线束分离 ❹将引爆器接线夹与 SRS 气囊组件引线连接 ❺先使引爆器离开 SRS 气囊组件 10m 以上距离，然后再将电源夹与蓄电池连接 ❻查看引爆器上的红色指示灯是否发亮，当红色指示灯发亮后才能引爆 ❼按下引爆开关引爆 SRS 气囊。待绿色指示灯发亮之后，将引爆后的 SRS 气囊装入塑料袋内再作废物处理

15.2 防盗系统故障

15.2.1 车防盗系统的种类和优缺点分析

汽车防盗系统的种类和优缺点分析见表 15-2-1。

表 15-2-1 汽车防盗系统的种类和优缺点分析

汽车防盗系统种类	❶按结构可分为机械式、电子式、芯片式和网络式四种 ❷目前主要采用电子式，并正逐渐向网络式过渡 ❸按设定方式可分为定码式与跳码式两种
机械锁防盗	机械锁是最常见、应用也最早的汽车防盗锁，主要分为方向盘锁和排挡锁两大类。大部分车主都会使用方向盘锁，也无须安装。排挡锁一般安装在中控台上，锁身与车身连接，再通过锁环限制换挡手柄的移动，但需要钻孔安装，所以使用的人并不多。此外还有一种新型变速器锁，直接做成一个内置卡锁的换挡手柄，看起来很漂亮，但售价近千元，而且要将原来的换挡手柄换掉 机械锁主要起到限制车辆操作的作用，对防盗方面能够提供的帮助有限，很难抵挡使用铁撬、钢锯、大剪刀等重型工具的盗窃。不过它们也有它们的好处，能拖延偷车贼作案的时间，一般偷车贼要用几十秒甚至几分钟才能撬开方向盘锁，变速杆锁的破坏时间要长一点
电子式防盗系统	电子式防盗锁是目前应用最广的防盗锁之一，分为单向和双向两种 ❶单向的电子防盗系统的主要功能是：车的开关门、振动或非法开启车门报警等，也有一些品牌的产品根据客户的需求增加了一些功能，如用电子遥控器来完成发动机启动、熄火等

续表

电子式防盗系统	❷双向可视的电子防盗系统相比单向的先进不少，能彻底让车主知道汽车现实的情况，当车辆有异动报警时，遥控器上的液晶显示器会显示车辆遭遇的状况，不过缺点是有效范围只有100～200m。 电子防盗系统缺点：当车主用遥控器开关车门时，匿藏在附近的偷车贼可以用接收器或扫描器盗取遥控器发出的无线电波或红外线，再经过解码，就可以开启汽车的防盗系统
芯片式数码防盗器	芯片式数码防盗器是现在汽车防盗器发展的重点，大多数轿车均采用这种防盗方式作为原配防盗器 芯片式数码防盗器的基本原理是锁住汽车的电机、电路和油路，在没有芯片钥匙的情况下无法启动车辆。要用密码钥匙接触车上的密码锁才能开锁，杜绝了被扫描的弊病。目前很多进口的高档车，国产的大众、广州本田、派力奥等车型已装有原厂的芯片防盗系统
网络防盗系统	网络防盗是指通过网络来实现汽车的开关门、启动电动机、截停汽车、汽车的定位以及车辆会根据车主的要求提供远程的车况报告等功能。网络防盗主要是突破了距离的限制 目前主要使用的网络有：无线网络（BB机网络）、GPS（卫星定位系统），其中应用最广的就是GPS GPS卫星定位系统属网络式防盗器，它主要靠锁定点火或启动达到防盗的目的。GPS主要利用卫星监控中心对车辆的24h不间断、高精度的监控服务。该系统由安装在指挥中心的中央控制系统、安装在车辆上的移动GPS终端以及GSM通信网络组成，接收全球定位卫星发出的定位信息，计算出移动目标的经度、纬度、速度、方向，并利用GSM网络的短信息平台作为通信媒介来实现定位信息的传输 这种全天候服务十分有效，不过它的缺点也显而易见：价格昂贵，每月要交纳一定的服务费

15.2.2 汽车遥控器没反应故障

汽车遥控器没反应故障分析见表15-2-2。

表15-2-2 汽车遥控器没反应故障分析

故障现象	按下遥控器开门或锁门时车辆没反应
故障原因	❶汽车遥控钥匙里的电池没电了，造成汽车遥控器失灵 ❷其他电子信号干扰，造成汽车遥控钥匙失灵 ❸汽车遥控钥匙进水了，导致电路短路失灵
故障处理	❶更换汽车遥控器电池。特别需要注意的是，一些车型在更换遥控器电池时，需要对钥匙进行重新匹配 ❷让车换个地方，再锁车，一般都能解决电子信号干扰问题 ❸把遥控器拆开，把水晾干，一般情况下，遥控器都能恢复工作

15.2.3 汽车遥控距离越来越短故障

汽车遥控距离越来越短故障分析见表15-2-3。

表 15-2-3　汽车遥控距离越来越短故障分析

故障现象	汽车遥控开门或关门的距离越来越短，只有 2～3m
故障原因	❶钥匙电池电量不足 ❷汽车接收天线故障
故障处理	出现此现象多是钥匙电池电量不足，首先更换钥匙电池，如果问题不能解决再更换遥控器，最后检查接收天线

15.2.4　车辆行驶中进入报警状态故障

车辆行驶中进入报警状态故障分析见表 15-2-4。

表 15-2-4　车辆行驶中进入报警状态故障分析

故障现象	车辆行驶 30～40s 自动熄火并进入报警状态，解除防盗功能后，行驶中重复上述情况
故障原因	因为在车内操作遥控器，引起二次自动防盗
故障处理	只要在按解除防盗功能键后，再开关一次车门，问题即可解决。汽车防盗系统用遥控器受体积限制，功能按键一般不超过四个，这样每个按键常被赋予几项功能，在某种状态下同一功能键所控制的功能不一样，或某项功能由多个按键配合完成，使用时应特别注意

15.2.5　汽车防盗系统工作正常但车辆不能启动故障

汽车防盗系统工作正常但车辆不能启动故障分析见表 15-2-5。

表 15-2-5　汽车防盗系统工作正常但车辆不能启动故障分析

故障现象	汽车防盗系统工作正常，点火电机运转正常，但车辆不能启动
故障原因	由报警器或汽车本身电气故障引起
故障诊断	将汽车防盗器附件切断点火继电器（12V/30A，一般安放在汽车钥匙门附近）的两条粗线短接，若此时车辆能启动，说明防盗系统有故障，且多为继电器损坏。若短接切断点火继电器的两条粗线后，车辆仍无法启动，则说明汽车本身电路有故障。此外，车辆在行驶过程中遇到颠簸路段时，很容易熄火或瞬时熄火，应特别注意该切断点火继电器常闭触点有无接触不良、接线松动的情况

15.2.6　即使某一车门开启防盗系统仍可启用故障

即使某一车门开启防盗系统仍可启用故障分析见表 15-2-6。

表 15-2-6 即使某一车门开启防盗系统仍可启用故障分析

故障现象	即使某一车门开启防盗系统仍可启用
故障原因	❶门控灯开关及电路故障 ❷防盗警报 ECU 总成故障
故障诊断	❶检查门控灯开关是否损坏，如果损坏则更换门控开关；如果正常，则检查门控开关的相关线路是否存在接触不良、断路或短路 ❷检查防盗警报 ECU 插接器是否有进水、接触不良，然后再检查相关的线路是否存在接触不良、断路或短路

防盗系统电路分析见图 15-2-1。

即使某一车门开启防盗系统仍可启用维修检查，操作步骤如下。

第 1 步，检查发动机盖门控灯开关。断开门控灯开关连接器，根据图 15-2-2 和表 15-2-7 中的值测量电阻。如果电阻异常，则更换发动机盖锁总成；如果正常，则检查线束和连接器（发动机盖门控灯开关 - 车身搭铁）。

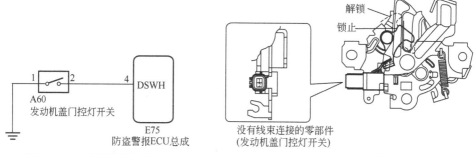

图 15-2-1 防盗系统电路　　　图 15-2-2 发动机盖锁总成

表 15-2-7 发动机盖门控灯开关标准电阻

检测仪连接	开关状态	规定状态
1—2	LOCK 位置	小于 1Ω
	UNLOCK 位置	10kΩ 或更大

第 2 步，检查线束和连接器（发动机盖门控灯开关 - 车身搭铁）。

根据图 15-2-3 和表 15-2-8 中的值测量电阻。如果电阻异常，则维修或更换线束或连接器；如果正常，则检查线束和连接器（防盗警报 ECU 总成 - 发动机盖门控灯开关）。

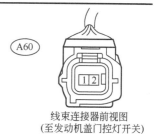

图 15-2-3 连接器 A60

表 15-2-8 A60 的标准电阻

检测仪连接	条件	规定状态 /Ω
A60-1—车身搭铁	始终	小于 1

第 3 步，检查线束和连接器（防盗警报 ECU 总成 - 发动机盖门控灯开关）。

断开 ECU 连接器 E75，根据图 15-2-4 和表 15-2-9 中的值测量电阻。如果电阻异常，则维修或更换线束或连接器；如果正常，则更换防盗警报 ECU 总成。

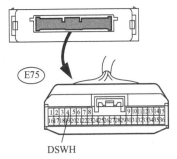 

(a) 线束连接器前视图(至防盗警报ECU)   (b) 线束连接器前视图(至发动机盖门控灯开关)

图 15-2-4 连接器 E75 和 A60

表 15-2-9 E75 的标准电阻

检测仪连接	条件	规定状态
E75-4（DSWH）—A60-2	始终	小于 1Ω
E75-4（DSWH）—车身搭铁	始终	10kΩ 或更大

15.3 灯光、信号系统常见故障

15.3.1 前照灯不亮故障

前照灯不亮故障分析见表 15-3-1。

表 15-3-1 前照灯不亮故障分析

故障现象	接通车灯开关至 2 挡或 3 挡时，小灯和仪表正常，大灯远近灯光均不亮
故障原因	引起灯光不亮的主要原因有灯泡损坏、熔断器熔断、灯光开关或继电器损坏及线路断路或短路等
故障诊断	将车灯开关接至前照灯挡位，用试灯检查变光开关的"火线"接柱。若试灯不亮，用试灯检查车灯开关相应接柱；若试灯亮，表明两开关之间的导线断路；若试灯不亮，表明车灯开关损坏。检查变光开关接线柱时，若试灯亮，为变光开关损坏。用导线分别连接变光开关的"火线"接柱与远、近光灯线接柱，此时，远近光灯均应点亮

15.3.2 远光灯不亮故障

远光灯不亮故障分析见表 15-3-2。

表 15-3-2　远光灯不亮故障分析

故障现象	打开前照灯变光时，只有近光
故障原因	❶变光器损坏 ❷线路断路或短路 ❸灯丝烧断 ❹灯座接触不良
故障诊断	先将车灯开关接至前照灯挡，接通变光开关，查看远光指示灯。若指示灯亮，表明远光灯线接点至线束导线断路，或者两个远光灯丝烧坏。可在左或右接线板远光灯接线柱上用试灯检查：试灯亮，为两个远光灯丝烧坏；试灯不亮，为远光指示灯线至线束导线断路。若指示灯不亮，为可靠起见，先检查远光指示灯技术状况。若良好，连接变光灯的"火线"接柱和远光线接柱，观察大灯及远光指示灯：若亮，表明变光开关损坏；若仍不亮，表明远光指示灯线接点至变光开关之间导线断路

15.3.3　近光灯不亮故障

近光灯不亮故障分析见表 15-3-3。

表 15-3-3　近光灯不亮故障分析

故障现象	近光灯不亮
故障原因	❶变光器损坏 ❷线路断路或短路 ❸灯丝烧断 ❹灯座接触不良
故障诊断	将车灯开关打开，连接变光开关的"火线"接柱和近光灯线接柱，观察大灯：若亮，为变光开关损坏；若仍不亮，为变光开关至线束导线断路或两近光灯丝烧坏。可在左或右接线板近光灯接线柱上用试灯检查：试灯亮，为近光灯丝烧坏；试灯不亮，为变光开关至线束导线断路

15.3.4　小灯、尾灯和仪表灯均不亮故障

小灯、尾灯和仪表灯均不亮故障分析见表 15-3-4。

表 15-3-4　小灯、尾灯和仪表灯均不亮故障分析

故障现象	灯光开关接至 1 挡时，小灯、尾灯和仪表灯均不亮
故障原因	❶灯光开关损坏 ❷线路断路 ❸熔断器熔断 ❹插接器松脱 ❺灯泡灯丝断
故障诊断	首先检查熔断器是否损坏。若损坏，更换熔断器后开灯检查熔断器是否再次熔断。若再次熔断，可能是线路或开关有短路故障，可采用断路检查法进行检查。若正常，可检查灯光开关相应的接线柱上的电压是否正常。若电压不正常，则可能是灯光开关相应的挡位损坏。若电压正常，则应检查相应的灯泡是否损坏

15.3.5 照灯光暗淡故障

前照灯光暗淡故障分析见表 15-3-5。

表 15-3-5　前照灯光暗淡故障分析

故障现象	前照灯光暗淡
故障原因	❶蓄电池容量不足，端电压降低 ❷发电机不发电或发电量不足，输出电压低 ❸散光玻璃或反射镜上有尘埃 ❹电线接头松动和锈蚀，使电阻增大 ❺灯丝蒸发、功率降低
故障诊断	诊断时，应根据不同的故障现象采取不同的诊断方法 ❶个别灯丝暗淡： 如果只有一个灯丝暗淡，故障往往是该灯丝功率偏低或其线路接触不良，可更换灯泡对比检查，若更换灯泡后，亮度正常，表明灯泡有故障；否则，检修线路 ❷一个灯的两个灯丝都比较暗淡： 如果一个灯的两个灯丝都比较暗淡，故障往往是该反射镜、配光镜表面脏污或灯丝功率偏低或搭铁线搭铁不良。如果一个灯的两个灯丝都非常暗淡，故障往往是该搭铁线短路。如果该良好搭铁后，亮度正常，表明原来搭铁线断路或搭铁不良，重新接好搭铁线；否则，检查灯泡和反射镜、配光镜，必要时进行清洁或更换

15.3.6 前照灯丝经常烧坏故障

前照灯丝经常烧坏故障分析见表 15-3-6。

表 15-3-6　前照灯丝经常烧坏故障分析

故障现象	前照灯丝经常烧坏
故障原因	电压调节器有故障或线路连接错误，导致发电机输出电压过高
故障诊断	检查充电系统，使发电机在各种情况下输出电压都不超过规定值

15.3.7 左右前照灯亮度不一致故障

左右前照灯亮度不一致故障分析见表 15-3-7。

表 15-3-7　左右前照灯亮度不一致故障分析

故障现象	左右前照灯发光强度不一样
故障原因	❶左右前照灯的反射镜有一个老化 ❷左右前照灯有一个灯泡老化 ❸左右前照灯有一个线路接触不良或搭铁不良
故障诊断	检查发光强度偏低的前照灯反射镜、灯泡是否有老化，质量是否符合要求，如果没有问题，则需要检查线路接触不良或搭铁不良

15.3.8 转向灯不亮故障

转向灯不亮故障分析见表 15-3-8。

表 15-3-8 转向灯不亮故障分析

故障现象	左右转向灯均不亮
故障原因	❶熔丝烧断 ❷闪光器损坏 ❸转向灯开关出现故障或线路有断路的地方
故障诊断	❶检查熔丝，断了更换 ❷检查闪光器，将闪光器的两个接线柱"B""L"短接，打转向灯开关，转向信号灯若亮，说明闪光器损坏，需要更换 ❸若以上正常，检查转向灯开关及其接线，酌情修理或更换 ❹左、右转向灯均不亮，除以上检查方法外，还可以先打开危险报警开关。若左、右转向灯不亮，说明闪光器有故障

15.3.9 转向灯闪烁比正常时快故障

转向灯闪烁比正常时快故障分析见表 15-3-9。

表 15-3-9 转向灯闪烁比正常时快故障分析

故障现象	转向灯开关打到左侧或右侧时，转向指示灯闪烁比正常情况快
故障原因	❶转向灯灯泡有烧坏 ❷转向灯的相关线路存在接触不良
故障诊断	检查灯泡是否有烧坏，如果有则更换灯泡 如果正常，则检查相关线路是否存在接触不良

15.3.10 喇叭不响故障

喇叭不响故障分析见表 15-3-10。

表 15-3-10 喇叭不响故障分析

故障现象	按喇叭没有声音
故障原因	❶熔丝烧断 ❷喇叭松脱 ❸喇叭线束断路 ❹喇叭继电器损坏 ❺喇叭触点烧蚀
故障诊断	❶检查喇叭插头是否松脱 ❷检查喇叭熔丝是否烧断，如果烧断则更换 ❸拔下喇叭插头，使用万用表测量电源电压，按下喇叭开关，测量是否有电源电压。如果没有电压，则检查喇叭线束和喇叭继电器；如果有电压，则是喇叭的问题 ❹以上检查均无问题，则需要检查喇叭触点，常用方法为拆检

15.3.11 喇叭有时响有时不响故障

喇叭有时响有时不响故障分析见表 15-3-11。

表 15-3-11 喇叭有时响有时不响故障分析

故障现象	喇叭有时响有时不响
故障原因	❶触点烧蚀 ❷密封不严，易受潮 ❸电磁线圈端子接触不良
故障诊断	❶触点烧蚀： 如果长时间按喇叭易造成喇叭触点烧蚀而产生阻抗，流过电磁线圈的电流减弱，电磁吸力下降，无法吸引衔铁带动膜片正常振动，导致发音沙哑甚至不响。但不断按喇叭时，若瞬间强电流通过阻抗依然能正常工作，所以会时好时坏 ❷密封不严，易受潮： 虽然喇叭内部是密闭的，但如果密封不严，洗车时进入雾气或内部空间空气中有水蒸气，水蒸气很容易导致触点受潮，无法正常工作 ❸电磁线圈端子接触不良： 有些喇叭内部电磁线圈漆包线端子接头是铝金属铆钉压接连接的，非牢靠焊接连接，如果端头漆包线上的绝缘漆处理不净或铆钉压接不牢很容易产生虚接故障，导致喇叭工作不良。此种故障是喇叭质量原因，无法修复，只能更换新件 ❹短接喇叭继电器开关电路： 如果喇叭正常，说明是喇叭插头松动、接触不良或按钮烧蚀。应检查各个连接器，或将喇叭继电器直接搭铁，如果喇叭正常，则拆开方向盘用细砂纸打磨触点 如果喇叭不响，则是喇叭内有问题，更换即可

15.4 电源系统常见故障

15.4.1 发电机充电电流过小故障

发电机充电电流过小故障分析见表 15-4-1。

表 15-4-1 发电机充电电流过小故障分析

故障现象	发电机充电电流过小
故障原因	❶接线的接头松动 ❷调节器故障 ❸发电机发电不足
故障诊断	蓄电池在存电不足的情况下，提高发动机转速，电流表指针指示较小的充电电流，则为充电电流过小故障 检查蓄电池、发电机、调节器和电流表等各机件的接线柱及其导线连接是否牢靠。检查风扇皮带是否过松而使发电机转速不高。若上述情况正常时，可在发动机中等转速下检查调节器的限额电压，拆开发电机检查是否有磨损或损坏的异常现象。检查调节器活动触点是否烧蚀或有无氧化物，活动触点臂与铁芯间间隙及弹簧拉力是否符合技术要求；调节器接线有无松动现象。发现异常现象应及时修复。发动机在中速以上运转时，接通前照灯，若电流表仍显示充电，为充电系统技术状况良好；若电流表显示放电，为充电电流过小故障，应予检修

15.4.2 发电机充电电流过大故障

发电机充电电流过大故障分析见表 15-4-2。

表 15-4-2 发电机充电电流过大故障分析

故障现象	❶汽车灯泡容易烧坏 ❷蓄电池温度过高且电解液消耗过快
故障原因	❶电压调节器调节电压过高 ❷调节器损坏
故障诊断	❶汽车电流表指针偏转到最大充电电流位置；若夜间行车，发动机转速高时，就会出现照明和仪表指示灯特别亮，灯泡容易烧毁，分电器触点烧蚀，蓄电池电解液消耗过快 ❷使用万用表测量发电机端子 B 的电压，如果超出最大值 20%，可确定为调节器故障 ❸检查调节器火线与磁场两接线柱导线是否接错，活动触点是否烧蚀或黏合于常闭状态。检查调节器时，可拆下磁场接线，若充电电流明显减小，为调节器故障，可能是低速触点烧结分不开、线圈有断路等；若充电电流仍然很大，可能是磁场接线和电枢接线有短路。检查是否因蓄电池内部短路和严重亏电而引起充电电流过大，查明情况予以修理

15.4.3 发电机充电电流不稳故障

发电机充电电流不稳故障分析见表 15-4-3。

表 15-4-3 发电机充电电流不稳故障分析

故障现象	❶启动车辆，仪表蓄电池指示灯偶尔闪烁 ❷蓄电池电压低（用电设备不能正常使用）
故障原因	❶发电机皮带过松 ❷导线、接线柱连接不牢 ❸发电机总成内部故障
故障诊断	❶检测发电机连接皮带是否过松，若过松，调整皮带后再次验证发电电流。新皮带一般在 450～800N，根据车型不同适当调整，旧皮带一般在 350～650N ❷检测导线连接有无松动，蓄电池接线柱有无电解液锈蚀 如果检测仪显示电压忽高忽低，可以在发电机 B+ 处测量（排除车上用电设备），如果还显示电压不正常，则需要更换发电机（调节器）

15.4.4 发电机不发电故障

发电机不发电故障分析见表 15-4-4。

表 15-4-4 发电机不发电故障分析

故障现象	启动车辆，仪表充电指示灯点亮，蓄电池亏电，车辆无法启动
故障原因	整流二极管击穿短路或断路；励磁绕组短路或断路 三相定子绕组相间短路或搭铁 转子滑环严重氧化脏污，碳刷架损坏或碳刷在刷架中卡住

续表

故障诊断	发动机在中等以上转速时，电流表指针指示不充电，充电指示灯亮，首先要考虑蓄电池充电情况，若充电不足为发电装置故障 若不充电，除了传动皮带过松打滑外，一般要检查发电机本身不发电或调节器故障，以及充电电路断路故障。如发电机内部整流装置脱落或电枢接线柱底部与二极管元件板接触处不通；二极管击穿短路，造成定子绕组烧损；电刷在碳刷架内卡住，接触不良，或磁场绕组断路等 诊断中提高发动机转速，开大灯，如电流表指针瞬间地偏转方向，则为发电机与调节器工作正常，而是蓄电池充电已足；若电流表指针较大地偏向放电方向，则故障在发电机或调节器，应检查充电线路各接头是否良好，风扇皮带是过松及发电机、调节器的技术状况。首先验证充电系统是否确实有故障，使发动机中速运转，在开前照灯的瞬间，电流表指针偏向"+"方向或保持原位不动，为蓄电池已充足电，充电系统工作正常。如果电流表指针偏向"–"方向，为充电系统有故障，应予以检修

15.4.5 汽车电源充电指示灯不亮故障

汽车电源充电指示灯不亮故障分析见表15-4-5。

表15-4-5 汽车电源充电指示灯不亮故障分析

故障现象	接通点火开关和发动机正常运转时，充电指示灯始终不亮
故障原因	❶充电指示灯灯丝断路 ❷熔断器烧断，使指示灯线路不通 ❸指示灯或调节器电源线路导线断路或接头松动 ❹蓄电池极柱上的电缆接头松动 ❺点火开关故障 ❻发电机电刷与滑环接触不良 ❼调节器内部电路故障，如调节器内部电子元件损坏而使大功率三极管不能导通或大功率三极管本身断路
故障诊断	启动发动机并急速（交流发电机转速在2000r/min左右）运转，用万用表检查发电机电源系统能否充电（发电机输出电压能够超过蓄电池电压）。将充电指示灯不亮分为电源系统能充电与不能充电两种情况分别进行排除 当接通点火开关时充电指示灯不亮，启动发动机后发电机又能发电（发电机输出电压能够超过蓄电池电压），说明发电机充电系统正常，应检查仪表盘上的充电指示灯是否正常，若灯丝断路，则需更换 当接通点火开关时，充电指示灯不亮，且启动发动机后发电机不能发电，故障排除方法与诊断程序如下 ❶断开点火开关，检查熔断器是否断路。如该熔断器断路，必须更换相同容量的熔断器；如熔断器良好，再继续检查 ❷接通点火开关，用万用表检测熔断器上的电压值，如电压为零，说明点火开关以及点火开关与熔断器之间线路有故障，应予以检修或更换；如熔断器上的电压等于蓄电池的电压，再继续检查 ❸拆下调节器接线端子上的导线，接通点火开关，用万用表检测调节器接线端子上的导线电压，如电压为零，说明仪表盘上的充电指示灯或充电指示灯的旁通电阻断路，或仪表盘与调节器之间的线路断路，应予检修或更换；如调节器接线端子上的导线电压等于蓄电池的电压，再继续检查 ❹检查电刷与电刷弹簧，电刷与滑环接触是否良好，若接触不好，应予以检修或更换；如接触良好，再继续检查 ❺检查调节器有无故障，如有则需更换调节器总成 ❻检查发电机的转子绕组有无短路、断路、搭铁故障，如有则需更换

15.4.6 汽车电源系统不充电故障

汽车电源系统不充电故障分析见表15-4-6。

表15-4-6 汽车电源系统不充电故障分析

项目	内容
故障现象	发动机启动后，仪表盘上的充电指示灯不熄灭，或是在发动机正常运转过程中，充电指示灯始终亮着，这都说明发电机出现了不充电故障
故障原因	❶发电机磁场绕组短路、断路或搭铁而导致磁场电流减小或不通 ❷定子绕组短路、断路或搭铁故障 ❸整流器故障 ❹电刷磨损过短、电刷弹簧无弹性或电刷在电刷架中卡住，而造成电刷不能与滑环接触或接触不良 ❺调节器故障，如调节器内部电子元件损坏而使大功率三极管不能导通或大功率三极管本身断路 ❻交流发电机的传动皮带过松，由于传动带打滑，发电机不转或转速过低而不发电，有关连接的线路有故障
故障诊断	当充电指示灯常亮时，说明点火开关、熔断器以及充电指示灯技术状态良好 启动发动机并将其转速逐渐升高，此时用万用表检测发电机"B"端子与发电机壳体间的电压，如万用表指示的电压高于发动机未启动时蓄电池的电压（12V左右），说明发电机发电，发电机"B"端子至蓄电池正极柱之间的线路断路；如电压为零或过低，说明电源系统有故障，应以下方法继续检查 ❶断开点火开关，检查交流发电机传动皮带的挠度是否符合规定（5~7mm），挠度过大应予调整；如传动皮带的挠度正常，则继续检查 ❷拆下调节器接线端子上的导线，接通点火开关，用万用表检测调节器接线端子上的导线电压，如电压为零，充电指示灯发亮，说明仪表盘与调节器之间的线路搭铁，应予检修或更换；如调节器接线端子上的导线电压等于蓄电池的电压，再继续检查 ❸检查电刷与电刷弹簧，检查电刷与滑环接触是否良好，否则应予检修或更换；如接触良好，再继续检查 ❹检查调节器有无故障，如有则需更换调节器总成 ❺检测发电机的定子绕组、转子绕组有无短路、断路、搭铁等故障；检测整流器有无故障；如有应予检修或更换

15.4.7 蓄电池活性物质脱落故障

蓄电池活性物质脱落故障分析见表15-4-7。

表15-4-7 蓄电池活性物质脱落故障分析

项目	内容
故障现象	主要指正极板上的活性物质 PbO_2 脱落 蓄电池容量减小，充电时从加液孔中可看到有褐色物质，电解液浑浊
故障原因	❶蓄电池充电电流过大，电解液温度过高，使活性物质膨胀、松软而易于脱落 ❷蓄电池经常过充电，极板孔隙中逸出大量气体，在极板孔隙中造成压力，而使活性物质脱落 ❸经常低温大电流放电使极板弯曲变形，导致活性物质脱落 ❹汽车行驶中颠簸振动
故障诊断	对于活性物质脱落的铅蓄电池，若沉积物较少时，可清除后继续使用；若沉积物较多时，应更换新极板和电解液

15.4.8 蓄电池内部极板短路故障

蓄电池内部极板短路故障分析见表 15-4-8。

表 15-4-8 蓄电池内部极板短路故障分析

故障现象	蓄电池正、负极板直接接触或被其他导电物质搭接称为极板短路 极板短路的蓄电池充电时充电电压很低或为零，电解液温度迅速升高，密度上升很慢，充电末期气泡很少
故障原因	❶隔板破损使正、负极板直接接触 ❷活性物质大量脱落，沉积后将正、负极板连通 ❸极板组弯曲 ❹导电物体落入池内
故障诊断	出现极板短路时，必须将蓄电池拆开检查 更换破损的隔板，消除沉积的活性物质，校正或更换弯曲的极板组等

15.4.9 蓄电池自放电故障

蓄电池自放电故障分析见表 15-4-9。

表 15-4-9 蓄电池自放电故障分析

故障现象	蓄电池在无负载的状态下，电量自动消失的现象称为自放电 如果充足电的蓄电池在 30 天之内每昼夜容量降低超过 2%，称为故障性自放电
故障原因	❶电解液不纯，杂质与极板之间以及沉附于极板上的不同杂质之间形成电位差，通过电解液产生局部放电 ❷蓄电池长期存放，硫酸下沉，使极板上、下部产生电位差引起自放电 ❸蓄电池溢出的电解液堆积在电池盖的表面，使正、负极柱形成通路 ❹极板活性物质脱落，下部沉积物过多使极板短路
故障诊断	自放电较轻的蓄电池，可将其正常放完电后，倒出电解液，用蒸馏水反复清洗干净，再加入新电解液，充足电后即可使用 自放电较为严重时，应将电池完全放电，倒出电解液，取出极板组，抽出隔板，用蒸馏水冲洗之后重新组装，加入新的电解液重新充电后使用

15.4.10 蓄电池内部极板栅架腐蚀故障

蓄电池内部极板栅架腐蚀故障分析见表 15-4-10。

表 15-4-10 蓄电池内部极板栅架腐蚀故障分析

故障现象	主要是正极板栅架腐蚀，极板呈腐烂状态，活性物质以块状堆积在隔板之间，蓄电池输出容量降低
故障原因	❶蓄电池经常过充电，正极板处产生的 O_2 使栅架氧化 ❷电解液密度、温度过高、充电时间过长，会加速极板腐蚀 ❸电解液不纯
故障诊断	❶腐蚀较轻的蓄电池，电解液中如果有杂质，应倒出电解液，并反复用蒸馏水清洗，然后加入新的电解液，充电后即可使用 ❷腐蚀较严重的蓄电池，如果是电解液密度过高，可将其调整到规定值，在不充电的情况下继续使用 ❸腐蚀严重的蓄电池，如栅架断裂、活性物质成块脱落等，则需更换极板

15.4.11 蓄电池内部极板硫化故障

蓄电池内部极板硫化故障分析见表 15-4-11。

表 15-4-11 蓄电池内部极板硫化故障分析

故障现象	❶极板上生成一层白色粗晶粒的 $PbSO_4$，在正常充电时不能转化为 PbO_2 和 Pb 的现象 ❷硫化的电池放电时，电压急剧降低，过早降至终止电压，电池容量减小 ❸蓄电池充电时单格电压上升过快，电解液温度迅速升高，但密度增加缓慢，过早产生气泡，甚至一充电就有气泡
故障原因	❶蓄电池长期充电不足或放电后没有及时充电，导致极板上的 $PbSO_4$ 有一部分溶解于电解液中，环境温度越高，溶解度越大。当环境温度降低时，溶解度减小，溶解的 $PbSO_4$ 就会重新析出，在极板上再次结晶，形成硫化 ❷电解液液面过低，使极板上部与空气接触而被氧化，在行车中，电解液上下波动与极板的氧化部分接触，会生成大晶粒 $PbSO_4$ 硬化层，使极板上部硫化 ❸长期过量放电或小电流深度放电，使极板深处活性物质的孔隙内生成 $PbSO_4$ ❹新蓄电池初充电不彻底，活性物质未得到充分还原 ❺电解液密度过高、成分不纯，外部气温变化剧烈
故障诊断	❶轻度硫化的蓄电池，可用小电流长时间充电的方法予以排除 ❷硫化较严重者，采用去硫化充电方法消除硫化；硫化特别严重的蓄电池应报废

15.5 启动系统故障

15.5.1 起动机运转无力故障

起动机运转无力故障分析见表 15-5-1。

表 15-5-1 起动机运转无力故障分析

故障现象	汽车起动机运转无力是指汽车起动机能带动汽车发动机转动，但是转速太低（汽车发动机正常怠速转速为 800r/min），严重时起动机停转，起动机功率明显不足
故障原因	❶蓄电池亏电，不足以启动起动机、蓄电池启动电缆接触不良等 ❷起动机故障 ❸起动机相关线路问题
故障诊断	❶检查汽车蓄电池导线连接情况，如蓄电池端子和启动电缆有发热情况，应该取下汽车蓄电池启动电缆，用砂纸清理蓄电池极桩和启动电缆。清理完毕重新用标准力矩紧固启动电缆 ❷检查汽车启动电压是否在标准范围，一般汽车启动电压是大于 9.6V。方法是选用汽车万用表直流电压 20V 挡位，将万用表的红表笔接蓄电池正极，黑表笔接蓄电池负极，在汽车启动的一瞬间，观察万用表显示的启动电压大小。汽车启动电压低于 8V，起动机就没有任何反应；汽车启动电压在 8～9.6V，起动机启动无力；汽车启动电压大于 9.6V，启动电压无任何问题，起动机能够启动。该方法是判断汽车蓄电池启动电压问题和起动机问题的重要诊断依据之一 ❸检查汽车启动线路是否有老化或者漏电情况的发生，方法是用万用表直流电压挡依次检测各接触点的电压情况，依次判断是否是线路老化或者是搭铁问题，导致起动机运转无力 ❹前面的 3 个诊断步骤没有任何问题，就需要维修起动机，排除故障，让起动机恢复性能，不能维修时则需要更换起动机

15.5.2 检查起动机

检查起动机见表15-5-2。

表15-5-2 检查起动机

| 检查起动机总成 | （1）进行牵引测试
❶从端子C上断开励磁线圈引线
❷如图（a）所示，将蓄电池连接至磁力起动机开关，检查并确认小齿轮向外移动
如果离合器小齿轮未移动，则更换磁力起动机开关总成
小心：在3～5s内完成测试
（2）执行保持测试
从端子C上断开电缆后检查并确认小齿轮没有朝内回位，如图（b）所示
（3）检查离合器小齿轮是否回位
检查并确认小齿轮朝内移动，如图（c）所示
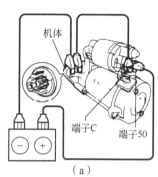（a）
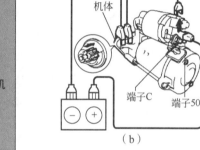（b）　　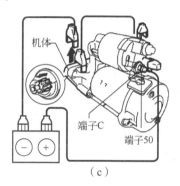（c）
（4）执行无负载操作测试
❶连接励磁线圈引线至端子C（扭矩：10N·m）
❷将起动机夹在台钳中
❸如图（d）所示，将蓄电池和电流表连接到起动机上
❹根据表1检查并确认电流表指示电流符合规定
表1　标准电流
<table><tr><th>检测仪连接</th><th>条件/V</th><th>规定状态/A</th></tr><tr><td>蓄电池正极端子—端子30-端子50</td><td>11.5</td><td>小于90</td></tr></table>
如果结果不符合规定，更换起动机总成
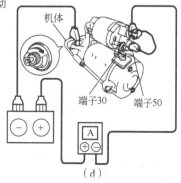（d） |

| 检查磁力起动机开关总成 | （1）检查铁芯
推入铁芯，然后检查并确认其是否能够迅速回位到初始位置，如图（e）所示。
如有必要，更换磁力起动机开关总成
（2）检查吸引线圈是否断路
根据图（f）和表2用欧姆表测量端子50和端子C间的电阻
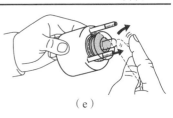（e）
表2　标准电阻（1）

| 检测仪连接 | 条件 | 规定状态/Ω |
\| --- \| --- \| --- \|
\| 端子50—端子C \| — \| 小于1 \|

如果不符合标准，更换磁力起动机开关总成
（3）检查保持线圈是否断路
根据图（g）和表3，使用欧姆表测量端子50与开关壳体之间的电阻
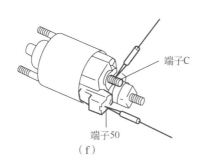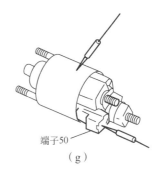
（f）　　　　　　　　（g）
表3　标准电阻（2）

\| 检测仪连接 \| 条件 \| 规定状态/Ω \|
\| --- \| --- \| --- \|
\| 端子50—车身搭铁 \| — \| 小于2 \|

如果不符合标准，更换磁力起动机开关总成 |
| 检查起动机电枢总成 | （1）检查换向器是否断路
根据图（h）和表4，使用欧姆表测量换向器整流子片间的电阻
表4　标准电阻（3）

\| 检测仪连接 \| 条件 \| 规定状态/Ω \|
\| --- \| --- \| --- \|
\| 整流子片—整流子片 \| — \| 小于1 \|

如果不符合标准，更换起动机电枢总成
（2）检查换向器是否对搭铁短路
根据图（i）和表5，使用欧姆表测量换向器和电枢线圈间的电阻 |

续表

检查起动机电枢总成	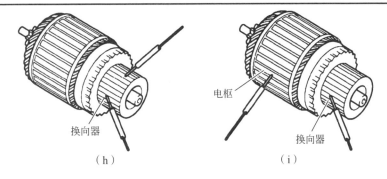 （h）　　　　　（i） 表5　标准电阻（4） | 检测仪连接	条件	规定状态/kΩ
---	---	---
换向器—电枢	—	10或更大	 如果不符合标准，更换起动机电枢总成 （3）检查外观 如果表面脏污或烧坏，用砂纸（400号）或在车床上修复表面 （4）检查换向器是否径向跳动 ❶将换向器放在V形块上，如图（j）所示 ❷用百分表测量径向跳动 标准径向跳动：0.02mm 最大径向跳动：0.05mm 如果径向跳动大于最大值，则更换电枢总成 （5）用游标卡尺测量换向器直径，如图（k）所示 标准直径：29.0mm 最小直径：28.0mm 如果直径小于最小值，则更换电枢总成 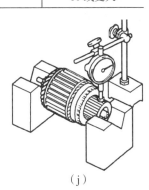 （j） 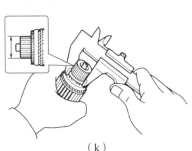 （k）
检查起动机电刷架总成	（1）检查起动机电刷架总成［图（l）］ ❶拆下弹簧卡爪，然后拆下4个电刷 ❷用游标卡尺测量电刷长度，如图（l）所示 标准长度：14.4mm 最小长度：9.0mm 如果长度小于最小值，更换起动机电刷架总成

检查起动机电刷架总成	（2）检查电刷架 根据图（m）和表6，用欧姆表测量电刷间的电阻 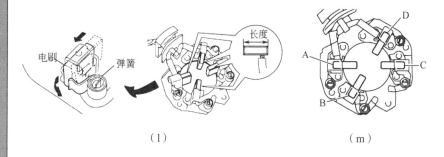 表6　标准电阻（5） | 检测仪连接	条件	规定状态
A—B	—	10kΩ 或更大
A—C	—	10kΩ 或更大
A—D	—	小于1Ω
B—C	—	小于1Ω
B—D	—	10kΩ 或更大
C—D	—	10kΩ 或更大 | 如果不符合标准，更换起动机电刷架总成
---	---
检查轴承	检查起动机中间轴承离合器分总成［图（n）］ ❶检查行星齿轮的轮齿、内齿轮和起动机离合器是否磨损并损坏 如果损坏，更换齿轮或离合器总成，还要检查行星齿轮是否磨损或损坏 ❷检查起动机离合器 顺时针转动离合器小齿轮，检查并确认其自由转动。尝试逆时针转动离合器小齿轮，检查并确认其锁止，如图所示 如有必要，则更换起动机中间轴承离合器分总成 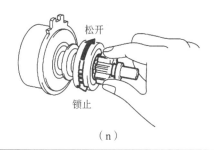

15.5.3　起动机不工作故障

起动机不工作故障分析见表15-5-3。

表 15-5-3　起动机不工作故障分析

故障现象	汽车起动机运转无力（起动机能带动汽车发动机转动，但是转速太低，低于发动机正常怠速转速 800r/min，严重时起动机停转，起动机功率明显不足）
故障原因	❶蓄电池供电系统有问题：如蓄电池电量不足、汽车主电源熔丝或者继电器损坏、起动机电缆和蓄电池接线柱松动或者是接线柱氧化 ❷启动继电器故障：如启动继电器电感线圈短路、启动继电器电感线圈断路或者搭铁、启动继电器动触点或者静触点烧蚀、启动继电器铁芯与触点臂间隙过大等 ❸起动机故障：如起动机直流电动机故障、传动机构故障、控制装置故障等 ❹启动开关故障，汽车启动挡失灵
故障诊断	❶检查蓄电池： 当出现喇叭不响、仪表灯暗淡、电动车窗升降慢、汽车前大灯昏暗、防启动指示灯闪烁（有些车型）等状况时，检查蓄电池接线柱是否氧化或连接不良、蓄电池接地不良、测量起动机的启动电压应该大于 9.6V ❷检查起动机： 将起动机上接电缆线的主接线杆与启动接线柱短接，若起动机不能工作，说明起动机的电磁开关等有故障，需拆下起动机进行检修 ❸检查点火开关和点火开关有关线路 ❹检查汽车启动继电器和启动熔丝，以此判断故障部位

15.5.4　起动机空转故障

起动机空转故障分析见表 15-5-4。

表 15-5-4　起动机空转故障分析

故障现象	接通启动开关，起动机只是空转，小齿轮不能啮入飞轮齿圈带动发动机转动
故障原因	❶机械强制式起动机的拨叉脱槽，不能推动小齿轮，或其行程调整不当，不能进入啮合 ❷电磁控制式起动机的电磁开关铁芯行程太短 ❸电枢移动式起动机辅助线圈短路或断路，不能将电枢带到工作位置 ❹起动机单向啮合器打滑 ❺飞轮齿严重磨损或打坏
故障诊断	起动机空转实际有两种情况 　　一种是起动机驱动小齿轮不能与飞轮齿圈啮合的空转，故障主要在起动机的操纵和控制部分 　　另一种是起动机驱动小齿轮已和飞轮齿圈啮合，由于单向啮合器打滑而空转，故障主要在起动机单向啮合器 ❶若驱动小齿轮不能与飞轮齿圈啮合，则应进行如下检查、诊断 　　a. 对于机械强制式起动机，应先检查传动叉行程是否调整适当。若调整不当，在未驱使驱动小齿轮与飞轮齿圈啮合时，主接触盘已与触点接通而导致起动机空转。如果调整适当，则可能是传动叉脱出嵌槽 　　b. 对于电磁控制式起动机，则应检查主回路接触盘的行程是否过小。如果过小会使主回路提前接通，造成电枢提前高速旋转 　　c. 对于电枢移动式起动机，主要是扣爪块上阻挡限止板的凸肩磨损，不能阻挡限制板的移动，致使活动触点的下触点提前闭合，并使电枢高速旋转。若活动触点与固定触点上、下两触点间隙调整不当，即下触点间隙太小时，也同样会引起电枢提前高速旋转 ❷若单向啮合器打滑空转，应分解起动机进行检修或更换起动机

15.5.5 起动机不转，电磁开关有"嗒、嗒"的声音故障

起动机不转，电磁开关有"嗒、嗒"的声音故障分析见表15-5-5。

表15-5-5 起动机不转，电磁开关有"嗒、嗒"的声音故障分析

故障现象	启动时，起动机不转，电磁开关有"嗒、嗒"的声音
故障原因	电磁开关保持线圈断路
故障诊断	当点火开关在启动挡时，起动机电磁开关连续不断地接通、断开，即为电磁开关保持线圈断路，无法保持接通状态 检查线圈的搭铁点是否脱焊，通常断路都是搭铁点脱焊，线圈断路概率很低

15.6 电动门窗故障

15.6.1 驾驶员车门电动机故障

驾驶员车门电动机故障分析见表15-6-1。

表15-6-1 驾驶员车门电动机故障分析

故障现象	驾驶员车门车窗升降失效
故障原因	❶车窗升降电动机过热保护 ❷车窗升降电动机故障 ❸车窗升降电动机相关的线路
故障诊断	❶驾驶员车门中的电动车窗控制系统由一个电动车窗主开关、升降器和带集成ECU的电动机组成。当操作电动车窗主开关时（带防夹功能的车型），驾驶员车门电动车窗升降器电动机由ECU控制 ❷检查车窗升降是否有故障，如果异常，则更换升降开关 如果正常，则检查升降电动机的常电是否为12V，再检查是否有搭铁，再检查上升和下降时的电压是否为12V，如果异常，则检查相关的线路 如果正常，则更换电动机 ❸提示：仅在更换电动车窗升降器电动机时需要初始化。但是，更换电动机可能导致电动机齿轮啮合到其他位置。这可能导致当前车门玻璃位置和ECU中存储的位置存在差异。在这种情况，防夹功能将无法正常工作。使系统返回到初始化前的状态并对系统重新进行初始化

15.6.2 驾驶员侧车门主开关故障

驾驶员侧车门主开关故障分析见表15-6-2。

表15-6-2 驾驶员侧车门主开关故障分析

故障现象	驾驶员侧车门主开关不能升降驾驶员车窗

续表

故障原因	❶电动车窗升降器电动机（驾驶员侧）故障 ❷电动车窗主开关故障 ❸电动车窗主开关线束或连接器故障
故障诊断	❶驾驶员侧车门中的电动车窗控制系统由一个电动车窗主开关、升降器和带集成ECU的电动机组成。当操作电动车窗主开关时（带防夹功能的车型），驾驶员侧车门电动车窗升降器电动机由ECU控制 ❷检查驾驶员侧车门主开关上的小灯是否点亮，点亮则说明电源没有问题 ❸拆下驾驶员侧车门主开关进行检测，如果异常则更换 ❹如果正常，则检查电动车窗主开关线束或连接器

驾驶员侧车门主开关电路分析见图15-6-1。

驾驶员侧车门主开关维修检查操作步骤如下。

第1步，检查电动车窗主开关。根据图15-6-2和表15-6-3中的值测量电阻。如果电阻异常，则更换电动车窗主开关；如果正常，则检查线束和连接器（电动车窗主开关 - 车窗升降器电动机）。

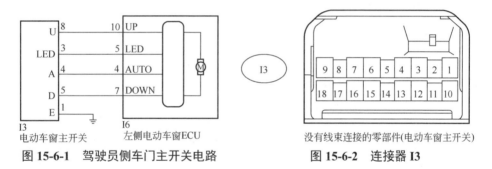

图15-6-1 驾驶员侧车门主开关电路　　图15-6-2 连接器I3

表15-6-3 I3的标准电阻

检测仪连接	条件	规定状态/Ω
8(U)—1(E)—4(A)	自动上升	小于1
8(U)—1(E)	手动上升	小于1
5(D)—1(E)	手动下降	小于1
4(A)—5(D)—1(E)	自动下降	小于1

第2步，检查线束和连接器（电动车窗主开关 - 车窗升降器电动机）。断开连接器I3和I6，根据图15-6-3和表15-6-4中的值测量电阻。如果电阻异常，则维修或更换线束或连接器；如果正常，则更换前排驾驶员侧电动车窗升降器电动机。

表15-6-4 I3和I6的标准电阻

检测仪连接	条件	规定状态
I3-8(U)—I6-10(UP)	始终	小于1Ω
I3-3(LED)—I6-5(LED)	始终	小于1Ω

续表

检测仪连接	条件	规定状态
I3-4（A）—I6-4（AUTO）	始终	小于1Ω
I3-5（D）—I6-7（DOWN）	始终	小于1Ω
I3-8（U）—车身搭铁	始终	10kΩ 或更大
I3-3（LED）—车身搭铁	始终	10kΩ 或更大
I3-4（A）—车身搭铁	始终	10kΩ 或更大
I3-5（D）—车身搭铁	始终	10kΩ 或更大

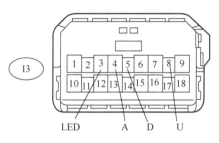
(a) 线束连接器前视图(至电动车窗主开关)

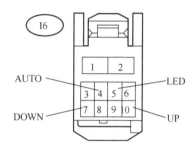
(b) 线束连接器前视图(至电动车窗ECU)

图 15-6-3　连接器 I3 和 I6

15.6.3　车窗玻璃升降器故障

车窗玻璃升降器故障分析见表 15-6-5。

表 15-6-5　车窗玻璃升降器故障分析

故障现象	升降车窗玻璃没有反应，能听到升降电动机在工作
故障原因	❶车窗玻璃升降器与玻璃固定卡扣松脱 ❷车窗玻璃升降器钢丝绳断
故障诊断	升降电动机能够正常工作，说明开关、线路和升降电动机都不存在故障 拆开门板，检查车窗玻璃升降器钢丝绳是否断了，如果断了则更换车窗玻璃升降器总成

15.6.4　车窗玻璃升降器工作时发卡、阻力大故障

车窗玻璃升降器工作时发卡、阻力大故障分析见表 15-6-6。

表 15-6-6　车窗玻璃升降器工作时发卡、阻力大故障分析

故障现象	❶车窗玻璃升降器工作时发卡、阻力大 ❷带防夹功能的车窗，关闭过程中会自动打开
故障原因	❶车窗导轨内有异物 ❷车窗导轨损坏或变形
故障诊断	清除车窗导轨内的异物 如果车窗导轨损坏或变形，则需要更换导轨

15.7 电动座椅故障

电动座椅无调整动作或某个方向不能调整故障分析见表 15-7-1。

表 15-7-1 电动座椅无调整动作或某个方向不能调整故障分析

故障现象	调整座椅时,电动机没有动作或某个方向不能调整
故障原因	❶开关故障 ❷电动机故障 ❸搭铁连接不良 ❹控制电路连接不良 ❺电路断电器故障
故障诊断	❶开关接触不良: 电动座椅的开关接触不良,会造成电动座椅调整失效或不灵。检测时若发现导通状态不符合标准,则应修理或更换电动座椅的开关 ❷电动机故障: 电动座椅的电动机失灵,如电刷磨损及转子和定子断路、短路等,均会使电动机不能正常工作。若电动机有故障,则应修理或更换 ❸控制电路故障、搭铁不良: 可根据电路图仔细检查电动座椅的控制电路,若有断路或短路现象,均会使电流不能通过电动机,使电动座椅调整失效,修复线路,故障即可排除 检查搭铁点是否有松动、断路或短路

15.8 电动刮水器、洗涤器故障

15.8.1 电动刮水器不工作故障

电动刮水器不工作故障分析见表 15-8-1。

表 15-8-1 电动刮水器不工作故障分析

故障现象	接通刮水器控制开关电源后,刮水器电动机不能运转
故障原因	❶电动机转子断线,电线电刷磨损,电动机轴弯曲,电动机内部短路 ❷刮水器外电路短路,接线柱松或断路,接地不良 ❸开关接触不良 ❹拉杆式摆杆卡住,拉杆脱落,摆杆脱落或锈死
故障诊断	❶接通开关,用手触摸电动机外壳,若电动机微微振动或发热,则可能是刮水片、传动杆件、减速机构或电动机转子卡住 ❷用万用表检查电源电路,发现短路或断路,应予以排除 ❸目测使用情况,必要时更换电动机

15.8.2 电动刮水器雨刷不能自动复位故障

电动刮水器雨刷不能自动复位故障分析见表 15-8-2。

表 15-8-2 电动刮水器雨刷不能自动复位故障分析

故障现象	刮水开关关闭后，刮水器雨刷不能自动回位
故障原因	❶刮水器联动杆与电动机轴松动 ❷电动机故障，回位控制线断路或自动回位器触点与滑片接触不良 ❸线路故障，刮水开关至回位控制线断路 ❹刮水器控制开关故障，引线断路或接触不良
故障诊断	控制开关至关闭挡。用电线将刮水器电动机回位控制线与低速控制线短接，如果雨刷不回位，说明刮水器电动机的回位引线断路或自动回位器触点与滑片接触不良。如果雨刷回位，再用电线将控制开关回位控制线与低速线短接，此时如果雨刷不回位，说明控制开关至刮水器电动机回位控制线断路，要检修电线束；如果雨刷回位，说明是控制开关损坏，要检修或更换控制开关

15.8.3 电动刮水器电动机不能停止运转故障

电动刮水器电动机不能停止运转故障分析见表 15-8-3。

表 15-8-3 电动刮水器电动机不能停止运转故障分析

故障现象	电源总开关接通后，刮水器雨刷间歇地动作，其刮水开关不能将其关闭
故障原因	❶刮水开关断裂或引线断路 ❷电动机内低速控制线、高速控制线或电刷搭铁 ❸刮水器电动机高速或低速控制线至刮水开关搭铁
故障诊断	拔下组合开关与上线束的插接器，电动机停转，说明控制开关手柄拨叉损坏，或引线断路，要检修或更换控制开关

15.8.4 刮水开关电源接通后熔丝随即熔断故障

刮水开关电源接通后熔丝随即熔断故障分析见表 15-8-4。

表 15-8-4 刮水开关电源接通后熔丝随即熔断故障分析

故障现象	刮水开关接通后，雨刷不动，熔丝随即熔断
故障原因	❶电动机内电源线与控制引线短路或电枢绕组短路 ❷刮水器联动杆变形卡死，或雨刷输出轴与铜套间隙过紧
故障诊断	拆下刮水器电动机输出轴与联动杆固定螺母，使其完全分离，将控制开关旋至高速或低速挡位置，如果电动机运转，说明刮水器有机械故障：联动杆变形卡死或雨刷输出轴与铜套间隙过小等，要检修联动杆或更换雨刷输出轴；如果熔丝烧断，说明是电动机故障：电动机内电源线与控制引线短路或电枢绕组短路，要检修电动机

15.8.5 刮水器动作迟缓故障

刮水器动作迟缓故障分析见表 15-8-5。

表 15-8-5　刮水器动作迟缓故障分析

故障现象	刮水开关拨至高速或低速挡时，电动机运转无力，雨刷动作迟缓
故障原因	❶电压过低或刮水开关接触不良 ❷刮片和玻璃的接触面脏污 ❸电动机轴承和减速器齿轮润滑不良 ❹电刷接触不良或弹簧过软
故障诊断	❶用导线将刮水器电动机高速或低速控制线直接搭铁，观察电动机运转情况，如果电动机运转无力，说明是电动机故障；如电刷弹簧失效，电刷磨损严重，要检修电动机 ❷如电动机转速正常，说明是控制开关故障：触点接触不良或触点氧化，要检修或更换控制开关

15.8.6 刮水电动机运转时噪声过大故障

刮水电动机运转时噪声过大故障分析见表 15-8-6。

表 15-8-6　刮水电动机运转时噪声过大故障分析

故障现象	刮水器工作时，无论高速或低速，电动机杂音均严重
故障原因	❶电动机故障，电刷磨损严重，换向器烧结，转子磨损 ❷电动机减速器故障，螺杆调节螺栓松动，连杆机构扭曲，接头磨损
故障诊断	拆开刮水器电动机输出轴与联动杆间的固定螺母，使其完全分离，接通控制开关电源，观察电动机运转情况 ❶如果电动机噪声消除，说明是电动机减速器故障，螺杆调节螺栓松动；当电动机负载运转时，产生抖动，蜗杆颈部定位钢球脱落掉入减速器齿轮中，或是润滑油失效等。此时要检修并调整电动机减速器，加注润滑脂 ❷如果电动机噪声未消除，说明是电动机故障：电刷磨损严重，换向器烧结，转子磨损，要检修电动机

15.9　CAN 通信系统故障

15.9.1 气囊灯点亮故障

气囊灯点亮故障分析见表 15-9-1。

表 15-9-1　气囊灯点亮故障分析

故障现象	启动车辆后，气囊灯长亮
故障原因	故障码内容：中央气囊传感器通信终止模式 可能的原因： ❶中央气囊传感器电源电路故障 ❷中央气囊传感器支线或连接器故障 ❸中央气囊传感器总成故障

故障诊断	❶使用诊断仪读取故障码,确定故障的范围 ❷根据故障码内容对中央气囊传感器电源电路进行检查,如果正常,则更换中央气囊传感器总成;如果异常,则检查中央气囊传感器总成相关的线路 小心: ❶测量 CAN 总线主线和 CAN 总线支线的电阻前,请将点火开关置于 OFF 位置 ❷将点火开关置于 OFF 位置后,检查并确认钥匙提醒警告系统和车灯提醒警告系统未处于工作状态 ❸开始测量电阻前,使车辆保持原来状态至少 1min,不要操作点火开关和任何其他开关或车门。如果需要打开任何车门以检测连接器,则打开该车门并让它保持打开 提示:操作点火开关、任何其他开关或车门会触发相关 ECU 和传感器进行 CAN 通信。该通信将导致电阻值发生变化

气囊灯电路分析见图 15-9-1。

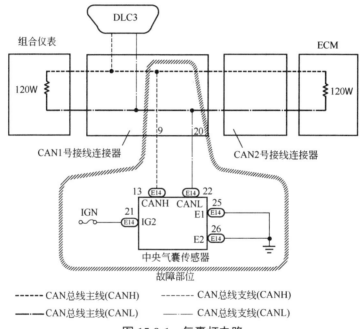

图 15-9-1 气囊灯电路

气囊灯点亮维修检查操作步骤如下。

第 1 步,检查 CAN 总线是否断路(中央气囊传感器支线)。将点火开关置于 OFF 位置;断开中央气囊传感器总成连接器;根据图 15-9-2 和表 15-9-2 中的值测量电阻。如果电阻异常,则维修或更换 CAN 总线支线或连接器(中央气囊传感器总成支线);如果正常,则检查线束和连接器(IG2、E1、E2)。

表 15-9-2 E14 的标准电阻(1)

检测仪连接	条件	规定状态/Ω
E14-13(CANH)—E14-22(CANL)	点火开关置于 OFF 位置	54~69

第 2 步，检查线束和连接器（IG2、E1、E2）。断开中央气囊传感器总成连接器，根据图 15-9-3 和表 15-9-3 中的值测量电阻。

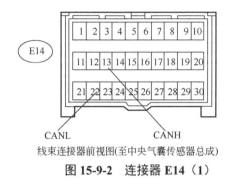

图 15-9-2 连接器 E14（1）

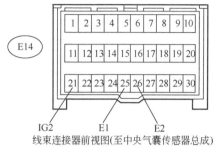

图 15-9-3 连接器 E14（2）

表 15-9-3 E14 的标准电阻（2）

检测仪连接	条件	规定状态/Ω
E14-25（E1）—车身搭铁	始终	小于 1
E14-26（E2）—车身搭铁	始终	小于 1

根据图 15-9-2 和表 15-9-4 中的值测量电压。如果电阻或电压异常，则维修或更换线束或连接器；如果正常，则更换中央气囊传感器总成。

表 15-9-4 E14 的标准电压

检测仪连接	条件	规定状态/V
E14-21（IG2）—车身搭铁	点火开关置于 ON（IG）位置	10～14

15.9.2 CAN 总线主线断路故障

CAN 总线主线断路故障分析见表 15-9-5。

表 15-9-5 CAN 总线主线断路故障分析

故障现象	车辆无法启动
故障原因	故障码内容：CAN 总线主线断路 可能的原因： ❶CAN 总线主线或连接器故障 ❷CAN 1 号接线连接器故障 ❸CAN 2 号接线连接器故障 ❹ECM 故障 ❺组合仪表故障
故障诊断	诊断接头的端子 6（CANH）和 14（CANL）之间的电阻为 69Ω 或更大时，CAN 总线主线和/或诊断接头支线可能断路 小心： ❶测量 CAN 总线主线和 CAN 总线支线之间的电阻前，将点火开关置于 OFF 位置

故障诊断	❷将点火开关置于OFF位置后,检查并确认钥匙提醒警告系统和车灯提醒警告系统未处于工作状态 ❸开始测量电阻前,使车辆保持原来状态至少1min,不要操作点火开关和任何其他开关或车门。如果需要打开车门以检查连接器,则打开该车门并让它保持打开 提示:操作点火开关、任何其他开关或车门会触发相关ECU和传感器进行CAN通信。该通信将导致电阻值发生变化

CAN总线主线电路分析见图15-9-4。

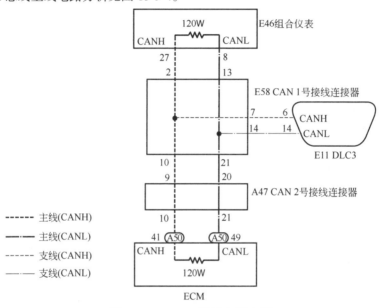

图15-9-4 CAN总线主线电路

CAN总线主线断路维修检查操作步骤如下。

第1步,检查诊断接头DLC3。将点火开关置于OFF位置,根据图15-9-5和表15-9-6中的值测量电阻。如果电阻异常,则维修或更换连接至DLC3的CAN支线;如果正常,则检查CAN总线主线是否断路(CAN 2号接线连接器)。

表15-9-6 E11的标准电阻(1)

检测仪连接	条件	规定状态/Ω
E11-6(CANH)—E11-14(CANL)	点火开关置于OFF位置	108~132

第2步,检查CAN总线主线是否断路(CAN 2号接线连接器)。将点火开关置于OFF位置;断开CAN 2号接线连接器;根据图15-9-6和表15-9-7中的值测量电阻。如果电阻异常,则检查CAN总线主线是否断路(组合仪表)(第5~7步检查);如果正常,则检查CAN总线主线是否断路。

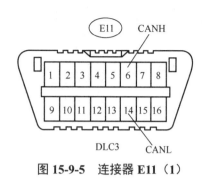

图 15-9-5　连接器 E11（1）

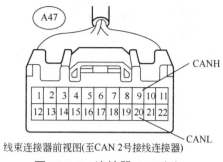

图 15-9-6　连接器 A47（1）

表 15-9-7　A47 的标准电阻（1）

检测仪连接	条件	规定状态/Ω
A47-9（CANH）—A47-20（CANL）	点火开关置于 OFF 位置	108～132

第 3 步，检查 CAN 总线主线是否断路。将点火开关置于 OFF 位置；重新连接 CAN 2 号接线连接器；断开 ECM 连接器；根据图 15-9-7 和表 15-9-8 中的值测量电阻。如果电阻异常，则更换 ECM；如果正常，则检查 CAN 总线主线是否断路（CAN 2 号接线连接器）。

表 15-9-8　A50 的标准电阻

检测仪连接	条件	规定状态/Ω
A50-41（CANH）—A50-49（CANL）	点火开关置于 OFF 位置	108～132

第 4 步，检查 CAN 总线主线是否断路（CAN 2 号接线连接器）。重新连接 ECM 连接器；将点火开关置于 OFF 位置；断开 CAN 2 号接线连接器；根据图 15-9-8 和表 15-9-9 中的值测量电阻。如果电阻异常，则维修或更换 CAN 总线主线或连接器（CAN 2 号接线连接器 -ECM）；如果正常，则更换 CAN 2 号接线连接器。

表 15-9-9　A47 的标准电阻（2）

检测仪连接	条件	规定状态/Ω
A47-10（CANH）—A47-21（CANL）	点火开关置于 OFF 位置	108～132

第 5 步，检查 CAN 总线主线是否断路（组合仪表）。重新连接 CAN 2 号接线连接器；将点火开关置于 OFF 位置；断开组合仪表连接器；根据图 15-9-9 和表 15-9-10 中的值测量电阻。如果电阻异常，则更换组合仪表总成；如果正常，则检查 CAN 总线主线是否断路（CAN 1 号接线连接器 - 组合仪表）。

表 15-9-10　A46 的标准电阻

检测仪连接	条件	规定状态/Ω
E46-27（CANH）—E46-28（CANL）	点火开关置于 OFF 位置	108～132

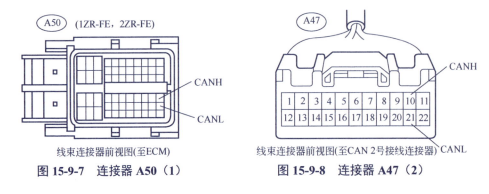

图 15-9-7　连接器 A50（1）　　　图 15-9-8　连接器 A47（2）

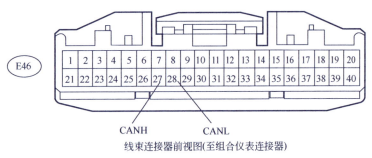

图 15-9-9　连接器 E46

第 6 步，检查 CAN 总线主线是否断路（CAN 1 号接线连接器 - 组合仪表）。重新连接组合仪表连接器；将点火开关置于 OFF 位置；断开 CAN 1 号接线连接器；根据图 15-9-10 和表 15-9-11 中的值测量电阻。如果电阻异常，则维修或更换 CAN 总线主线或连接器（组合仪表 -CAN 1 号接线连接器）；如果正常，则检查 CAN 总线主线是否断路（CAN 1 号接线连接器 -CAN 2 号接线连接器）。

表 15-9-11　E58 的标准电阻（1）

检测仪连接	条件	规定状态 /Ω
E58-2（CANH）—E58-13（CANL）	点火开关置于 OFF 位置	108～132

第 7 步，检查 CAN 总线主线是否断路（CAN 1 号接线连接器 -CAN 2 号接线连接器）。将点火开关置于 OFF 位置；断开 CAN 1 号接线连接器；根据图 15-9-11 和表 15-9-12 中的值测量电阻。如果电阻异常，则维修或更换 CAN 总线主线或连接器（CAN 1 号接线连接器 -CAN 2 号接线连接器）；如果正常，则更换 CAN 1 号接线连接器。

表 15-9-12　E58 的标准电阻（2）

检测仪连接	条件	规定状态 /Ω
E58-10（CANH）—E58-21（CANL）	点火开关置于 OFF 位置	108～132

第15章 车身电气系统常见故障　335

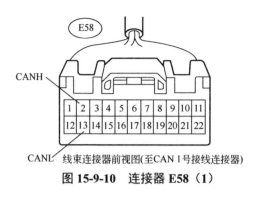

图 15-9-10　连接器 E58（1）

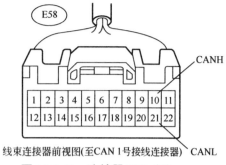

图 15-9-11　连接器 E58（2）

15.9.3　检查 CAN 总线

按图 15-9-12 检查 CAN 总线。

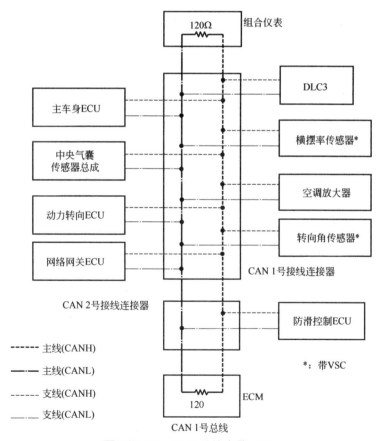

图 15-9-12　CAN 总线电路（1）

说明：CAN 通信系统未输出任何 DTC 时，首先测量 DLC3 端子间的电阻以确定故障部位，检查并确认 CAN 线路和 +B 或 GND 没有短路。

小心：

① 测量 CAN 总线主线和 CAN 总线支线之间的电阻前，将点火开关置于 OFF 位置。

② 将点火开关置于 OFF 位置后，检查并确认钥匙提醒警告系统和车灯提醒警告系统未处于工作状态。

③ 开始测量电阻前，使车辆保持原来状态至少 1min，不要操作点火开关和任何其他开关或车门。如果需要打开车门以检查连接器，则打开该车门并让它保持打开。

提示：操作点火开关、任何其他开关或车门会触发相关 ECU 和传感器进行 CAN 通信。该通信将导致电阻值发生变化。

CAN 总线维修检查操作步骤如下。

第 1 步，检查 CAN 总线（主线是否断路、CAN 总线是否短路）。将点火开关置于 OFF 位置，根据图 15-9-13 和表 15-9-13 中的值测量电阻。

表 15-9-13　E11 的标准电阻（2）

检测仪连接	条件	结果/Ω	转至
E11-6（CANH）—E11-14（CANL）	点火开关置于 OFF 位置	54～69	❶
		69 或更大	❷
		小于 54	❸

❶检查 CAN 总线是否对 B+ 短路。

❷检查 CAN 总线主线是否断路。

❸检查 CAN 总线是否短路。

第 2 步，检查 CAN 总线是否对 B+ 短路。根据图 15-9-14 和表 15-9-14 中的值测量电阻。如果电阻异常，则检查 CAN 总线是否对 +B 短路；如果正常，则检查 CAN 总线是否对搭铁短路。

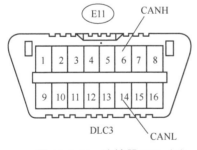

图 15-9-13　连接器 E11（2）

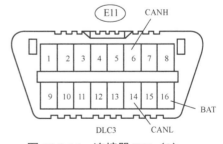

图 15-9-14　连接器 E11（3）

表 15-9-14　E11 的标准电阻（3）

检测仪连接	条件	规定状态/kΩ
E11-6（CANH）—E11-16（BAT）	断开蓄电池负极端子	6 或更大
E11-14（CANL）—E11-16（BAT）	断开蓄电池负极端子	6 或更大

第 3 步，检查 CAN 总线是否对搭铁短路。根据图 15-9-15 和表 15-9-15 中的值测量电阻。如果电阻异常，则检查 CAN 总线是否对搭铁短路；如果正常，则系统正常。

表 15-9-15 E11 的标准电阻（4）

检测仪连接	条件	规定状态/Ω
E11-6（CANH）—E11-4（CG）	点火开关置于 OFF 位置	200 或更大
E11-14（CANL）—E11-4（CG）	点火开关置于 OFF 位置	200 或更大

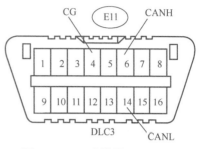

图 15-9-15 连接器 E11（4）

15.9.4 CAN 总线短路故障

CAN 总线短路故障分析见表 15-9-16。

表 15-9-16 CAN 总线短路故障分析

故障现象	车辆无法启动
故障原因	诊断仪故障码：CAN 总线主线短路 可能的原因： ❶CAN 总线短路故障 ❷防滑控制 ECU 故障 ❸动力转向 ECU 故障 ❹转向角传感器（带 VSC）故障 ❺横摆率传感器（带 VSC）故障 ❻ECM 故障 ❼中央气囊传感器总成故障 ❽空调放大器故障 ❾组合仪表故障 ❿主车身 ECU 故障 ⓫网络网关 ECU 故障 ⓬CAN 1 号接线连接器故障 ⓭CAN 2 号接线连接器故障
故障诊断	当诊断接头 DLC3 的端子 6（CANH）和 14（CANL）之间的电阻小于 54Ω 时，CAN 总线主线和/或 CAN 总线支线可能短路 小心： ❶测量 CAN 总线主线和 CAN 总线支线之间的电阻前，将点火开关置于 OFF 位置 ❷将点火开关置于 OFF 位置后，检查并确认钥匙提醒警告系统和车灯提醒警告系统未处于工作状态 ❸开始测量电阻前，使车辆保持原来状态至少 1min，不要操作点火开关和任何其他开关或车门。如果需要打开车门以检查连接器，则打开该车门并让它保持打开 提示：操作点火开关、任何其他开关或车门会触发相关 ECU 和传感器进行 CAN 通信。该通信将导致电阻值发生变化

CAN 总线电路分析见图 15-9-16 和图 15-9-17。

*1：带智能上车和启动系统或自动灯控
*2：除*1外
*3：手动空调
*4：自动空调
*5：带驻车辅助监视系统

X：可疑部位

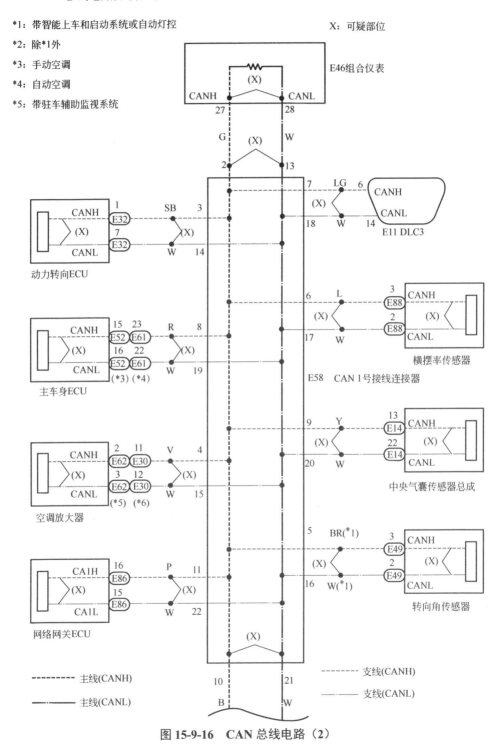

图 15-9-16　CAN 总线电路（2）

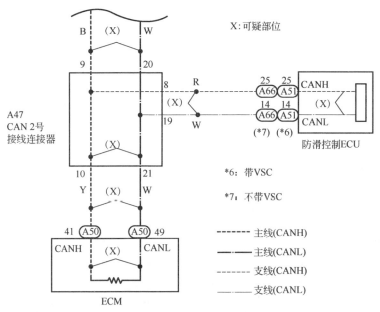

图 15-9-17 CAN 总线电路（3）

CAN 总线短路维修检查操作步骤如下。

第 1 步，检查 CAN 总线是否短路（DLC3 支线）。将点火开关置于 OFF 位置，断开 CAN 1 号接线连接器（图 15-9-18）。

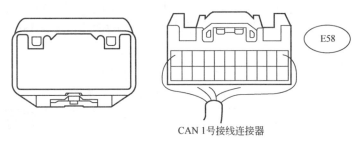

图 15-9-18 连接器 E58（3）

根据图 15-9-19 和表 15-9-17 中的值测量电阻。如果电阻异常，则维修或更换连接至 DLC3 的 CAN 支线；如果正常，则检查 CAN 总线是否短路（CAN 2 号接线连接器）。

表 15-9-17 E11 的标准电阻（5）

检测仪连接	条件	规定状态 /MΩ
E11-6（CANH）— E11-14（CANL）	点火开关置于 OFF 位置	1 或更大

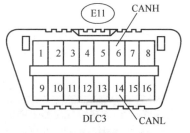

图 15-9-19 连接器 E11（5）

第 2 步，检查 CAN 总线是否短路（CAN 2 号接线连接器）。重新连接 CAN 1 号接线连接器，断开 CAN 2 号接线连接器（图 15-9-20）。

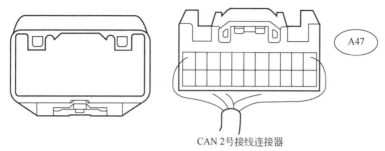

CAN 2号接线连接器

图 15-9-20　连接器 A47（3）

根据图 15-9-20 和表 15-9-18 中的值测量电阻。如果电阻异常，则检查 CAN 总线是否短路（CAN 1 号接线连接器 -CAN 2 号接线连接器）（第 6 步）；如果正常，则检查 CAN 总线是否短路（CAN 2 号接线连接器）。

表 15-9-18　E11 的标准电阻（6）

检测仪连接	条件	规定状态 /Ω
E11-6（CANH）—E11-14（CANL）	点火开关置于 OFF 位置	108～132

第 3 步，检查 CAN 总线是否短路（CAN 2 号接线连接器）。根据图 15-9-21 和表 15-9-19 中的值测量电阻。如果电阻异常，则检查 CAN 总线是否短路（ECM 主线）（第 5 步）；如果正常，则检查 CAN 总线是否短路（CAN 2 号接线连接器 - 防滑控制 ECU）。

提示：断开 CAN 2 号接线连接器之后，必须测量电阻。

表 15-9-19　A47 的标准电阻（3）

检测仪连接	条件	规定状态 /Ω
A47-10（CANH）—A47-21（CANL）	点火开关置于 OFF 位置	108～132

第 4 步，检查 CAN 总线是否短路（CAN 2 号接线连接器 - 防滑控制 ECU）。根据图 15-9-22 和表 15-9-20 中的值测量电阻。如果电阻异常，则检查 CAN 总线是否短路（防滑控制 ECU 支线）（第 22 步）；如果正常，则维修或更换 CAN 总线主线或连接器（CAN 1 号接线连接器 -CAN 2 号接线连接器）。

提示：断开 CAN 2 号接线连接器之后，必须测量电阻。

表 15-9-20　A47 的标准电阻（4）

检测仪连接	条件	规定状态 /MΩ
A47-8（CANH）—A47-19（CANL）	点火开关置于 OFF 位置	1 或更大

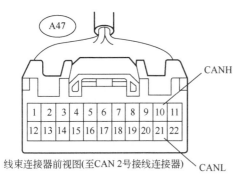

图 15-9-21 连接器 A47（4）　　　图 15-9-22 连接器 A47（5）

第 5 步，检查 CAN 总线是否短路（ECM 主线）。断开 ECM 连接器（图 15-9-23），根据图 15-9-23 和表 15-9-21 中的值测量电阻。如果电阻异常，则维修或更换 CAN 总线主线或连接器（ECM 主线）；如果正常，则更换 ECM。

提示：断开 CAN 2 号接线连接器之后，必须测量电阻。

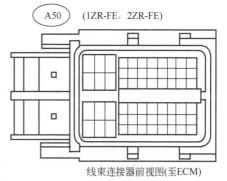

图 15-9-23 连接器 A50（2）

表 15-9-21　A47 的标准电阻（5）

检测仪连接	条件	规定状态 /MΩ
A47-10（CANH）—A47-21（CANL）	点火开关置于 OFF 位置	1 或更大

第 6 步，检查 CAN 总线是否短路（CAN1 号接线连接器 -CAN2 号接线连接器）。将点火开关置于 OFF 位置；断开 CAN1 号接线连接器；根据图 15-9-24 和表 15-9-22 中的值测量电阻。如果电阻异常，则维修或更换 CAN 总线主线或连接器（CAN1 号接线连接器 -CAN2 号接线连接器）；如果正常，则检查 CAN 总线是否短路（CAN1 号接线连接器 - 动力转向 ECU）。

提示：断开 CAN2 号接线连接器之后，必须测量电阻。

表 15-9-22　E58 标准电阻（3）

检测仪连接	条件	规定状态 /MΩ
E58-10（CANH）—E58-21（CANL）	点火开关置于 OFF 位置	1 或更大

第 7 步，检查 CAN 总线是否短路（CAN1 号接线连接器 - 动力转向 ECU）。重新连接 CAN2 号接线连接器，根据图 15-9-25 和表 15-9-23 中的值测量电阻。如果电阻异常，则检查 CAN 总线是否短路（动力转向 ECU 支线）（第 15 步）；如果正常，则

检查 CAN 总线是否短路（CAN1 号接线连接器 - 转向角传感器）。

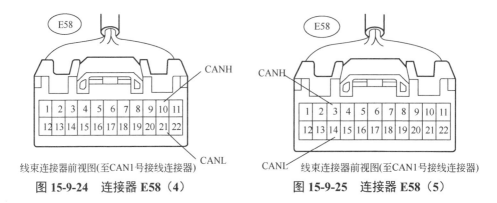

图 15-9-24　连接器 E58（4）　　　　　图 15-9-25　连接器 E58（5）

提示：断开 CAN1 号接线连接器之后，必须测量电阻。

表 15-9-23　E58 的标准电阻（4）

检测仪连接	条件	规定状态 /MΩ
E58-3（CANH）—E58-14（CANL）	点火开关置于 OFF 位置	1 或更大

第 8 步，检查 CAN 总线是否短路（CAN1 号接线连接器 - 转向角传感器）。根据图 15-9-26 和表 15-9-24 中的值测量电阻。如果电阻异常，则检查 CAN 总线是否短路（转向角传感器支线）（第 16 步）；如果正常，则检查 CAN 总线是否短路（CAN1 号接线连接器 - 横摆率传感器）。

提示：断开 CAN1 号接线连接器之后，必须测量电阻。

表 15-9-24　E58 的标准电阻（5）

检测仪连接	条件	规定状态 /MΩ
E58-5（CANH）—E58-16（CANL）	点火开关置于 OFF 位置	1 或更大

第 9 步，检查 CAN 总线是否短路（CAN1 号接线连接器 - 横摆率传感器）。根据图 15-9-27 和表 15-9-25 中的值测量电阻。如果电阻异常，则检查 CAN 总线是否短路（横摆率传感器支线）（第 17 步）；如果正常，则检查 CAN 总线是否短路（CAN1 号接线连接器 - 主车身 ECU）。

提示：断开 CAN1 号接线连接器之后，必须测量电阻。

表 15-9-25　E58 的标准电阻（6）

检测仪连接	条件	规定状态 /MΩ
E58-6（CANH）—E58-17（CANL）	点火开关置于 OFF 位置	1 或更大

第 10 步，检查 CAN 总线是否短路（CAN1 号接线连接器 - 主车身 ECU）。根据图 15-9-28 和表 15-9-26 中的值测量电阻。如果电阻异常，则检查 CAN 总线是否短路（主

车身 ECU 支线）（第 18 步）；如果正常，则检查 CAN 总线是否短路（CAN1 号接线连接器 - 空调放大器）。

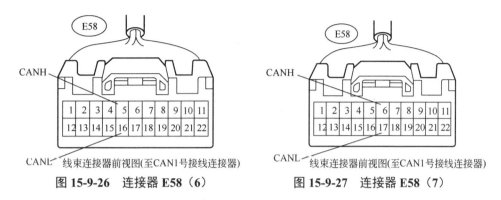

图 15-9-26　连接器 E58（6）　　　　图 15-9-27　连接器 E58（7）

提示：断开 CAN1 号接线连接器之后，必须测量电阻。

表 15-9-26　E58 的标准电阻（7）

检测仪连接	条件	规定状态 /MΩ
E58-8（CANH）—E58-19（CANL）	点火开关置于 OFF 位置	1 或更大

第 11 步，检查 CAN 总线是否短路（CAN1 号接线连接器 - 空调放大器）。根据图 15-9-29 和表 15-9-27 中的值测量电阻。如果电阻异常，则检查 CAN 总线是否短路（空调放大器支线）（第 19 步）；如果正常，则检查 CAN 总线是否短路（CAN1 号接线连接器 - 中央气囊传感器总成）。

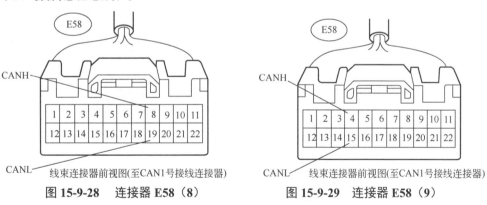

图 15-9-28　连接器 E58（8）　　　　图 15-9-29　连接器 E58（9）

提示：断开 CAN1 号接线连接器之后，必须测量电阻。

表 15-9-27　E58 的标准电阻（8）

检测仪连接	条件	规定状态 /MΩ
E58-4（CANH）—E58-15（CANL）	点火开关置于 OFF 位置	1 或更大

第12步，检查CAN总线是否短路（CAN1号接线连接器-中央气囊传感器总成）。根据图15-9-30和表15-9-28中的值测量电阻。如果电阻异常，则检查CAN总线是否短路（中央气囊传感器总成支线）（第20步）；如果正常，则检查CAN总线是否短路（CAN1号接线连接器-组合仪表）。

提示：断开CAN1号接线连接器之后，必须测量电阻。

表15-9-28 E58的标准电阻（9）

检测仪连接	条件	规定状态/MΩ
E58-9（CANH）—E58-20（CANL）	点火开关置于OFF位置	1或更大

第13步，检查CAN总线是否短路（CAN1号接线连接器-组合仪表）。根据图15-9-31和表15-9-29中的值测量电阻。如果电阻异常，则检查CAN总线是否短路（组合仪表ECU主线）（第21步）；如果正常，则检查CAN总线是否短路（CAN1号接线连接器-网络网关ECU）。

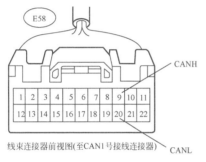
图15-9-30 连接器E58（10）

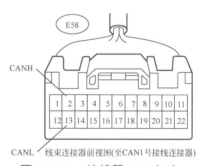
图15-9-31 连接器E58（11）

提示：断开CAN1号接线连接器之后，必须测量电阻。

表15-9-29 E58的标准电阻（10）

检测仪连接	条件	规定状态/Ω
E58-2（CANH）—E58-13（CANL）	点火开关置于OFF位置	108～132

第14步，检查CAN总线是否短路（CAN1号接线连接器-网络网关ECU）。根据图15-9-32和表15-9-30中的值测量电阻。如果电阻异常，则检查CAN总线是否短路（网络网关ECU）（第23步）；如果正常，则更换CAN1号接线连接器。

提示：断开CAN1号接线连接器之后，必须测量电阻。

表15-9-30 E58的标准电阻（11）

检测仪连接	条件	规定状态/MΩ
E58-11（CANH）—E58-22（CANL）	点火开关置于OFF位置	1或更大

第 15 步，检查 CAN 总线是否短路（动力转向 ECU 支线）。断开动力转向 ECU 连接器；根据图 15-9-33 和表 15-9-31 中的值测量电阻。如果电阻异常，则维修或更换 CAN 总线支线或连接器（动力转向 ECU 支线）；如果正常，则更换动力转向 ECU。

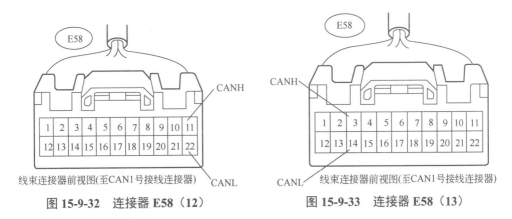

图 15-9-32　连接器 E58（12）　　　　图 15-9-33　连接器 E58（13）

提示：断开 CAN1 号接线连接器之后，必须测量电阻。

表 15-9-31　E58 的标准电阻（12）

检测仪连接	条件	规定状态 /MΩ
E58-3（CANH）—E58-14（CANL）	点火开关置于 OFF 位置	1 或更大

第 16 步，检查 CAN 总线是否短路（转向角传感器支线）。断开转向角传感器连接器；根据图 15-9-34 和表 15-9-32 中的值测量电阻。如果电阻异常，则维修或更换 CAN 总线支线或连接器（转向角传感器支线）；如果正常，则更换转向角传感器。

提示：断开 CAN1 号接线连接器之后，必须测量电阻。

表 15-9-32　E58 的标准电阻 (13)

检测仪连接	条件	规定状态 /MΩ
E58-5（CANH）—E58-16（CANL）	点火开关置于 OFF 位置	1 或更大

第 17 步，检查 CAN 总线是否短路（横摆率传感器支线）。断开横摆率传感器连接器；根据图 15-9-35 和表 15-9-33 中的值测量电阻。如果电阻异常，则维修或更换 CAN 总线支线或连接器（横摆率传感器支线）；如果正常，则更换横摆率传感器。

提示：断开 CAN1 号接线连接器之后，必须测量电阻。

表 15-9-33　E58 的标准电阻（14）

检测仪连接	条件	规定状态 /MΩ
E58-6（CANH）—E58-17（CANL）	点火开关置于 OFF 位置	1 或更大

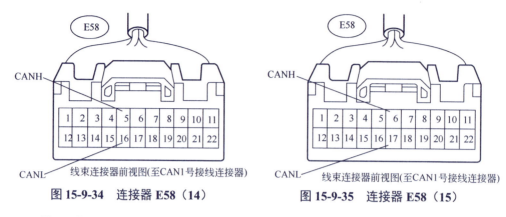

图 15-9-34　连接器 E58（14）　　　　图 15-9-35　连接器 E58（15）

第 18 步，检查 CAN 总线是否短路（主车身 ECU 支线）。断开主车身 ECU 连接器；根据图 15-9-36 和表 15-9-34 中的值测量电阻。如果电阻异常，则维修或更换 CAN 总线支线或连接器（主车身 ECU 支线）；如果正常，则更换主车身 ECU。

提示：断开 CAN1 号接线连接器之后，必须测量电阻。

表 15-9-34　E58 的标准电阻（15）

检测仪连接	条件	规定状态 /MΩ
E58-8（CANH）—E58-19（CANL）	点火开关置于 OFF 位置	1 或更大

第 19 步，检查 CAN 总线是否短路（空调放大器支线）。断开空调放大器连接器；根据图 15-9-37 和表 15-9-35 中的值测量电阻。如果电阻异常，则维修或更换 CAN 总线支线或连接器（空调放大器支线）；如果正常，则更换空调放大器。

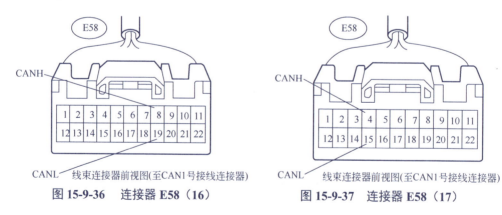

图 15-9-36　连接器 E58（16）　　　　图 15-9-37　连接器 E58（17）

提示：断开 CAN1 号接线连接器之后，必须测量电阻。

表 15-9-35　E58 的标准电阻（16）

检测仪连接	条件	规定状态 /MΩ
E58-4（CANH）—E58-15（CANL）	点火开关置于 OFF 位置	1 或更大

第 20 步，检查 CAN 总线是否短路（中央气囊传感器总成支线）。断开中央气囊传感器总成连接器；根据图 15-9-38 和表 15-9-36 中的值测量电阻。如果电阻异常，则维修或更换 CAN 总线支线或连接器（中央气囊传感器总成）；如果正常，则更换中央气囊传感器总成。

提示：断开 CAN1 号接线连接器之后，必须测量电阻。

表 15-9-36　E58 的标准电阻（17）

检测仪连接	条件	规定状态 /MΩ
E58-9（CANH）—E58-20（CANL）	点火开关置于 OFF 位置	1 或更大

第 21 步，检查 CAN 总线是否短路（组合仪表 ECU 主线）。断开组合仪表 ECU 连接器；根据图 15-9-39 和表 15-9-37 中的值测量电阻。如果电阻异常，则维修或更换 CAN 总线主线或连接器（组合仪表主线）；如果正常，则更换组合仪表。

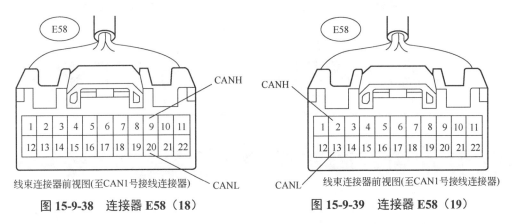

图 15-9-38　连接器 E58（18）　　　　图 15-9-39　连接器 E58（19）

提示：断开 CAN1 号接线连接器之后，必须测量电阻。

表 15-9-37　E58 的标准电阻（18）

检测仪连接	条件	规定状态 /MΩ
E58-2（CANH）—E58-13（CANL）	点火开关置于 OFF 位置	1 或更大

第 22 步，检查 CAN 总线是否短路（防滑控制 ECU 支线）。断开防滑控制 ECU 连接器；根据图 15-9-40 和表 15-9-38 中的值测量电阻。如果电阻异常，则维修或更换 CAN 总线支线或连接器（防滑控制 ECU 支线）；如果正常，则更换制动器执行器总成。

提示：断开 CAN2 号接线连接器之后，必须测量电阻。

表 15-9-38　A47 的标准电阻（6）

检测仪连接	条件	规定状态 /MΩ
A47-8（CANH）—A47-19（CANL）	点火开关置于 OFF 位置	1 或更大

第23步，检查CAN总线是否短路（网络网关ECU）。断开网络网关ECU连接器；根据图15-9-41和表15-9-39中的值测量电阻。如果电阻异常，则维修或更换CAN总线支线或连接器（网络网关ECU支线）；如果正常，则更换网络网关ECU。

提示：断开CAN1号接线连接器之后，必须测量电阻。

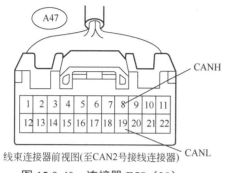

图 15-9-40　连接器 E58（20）

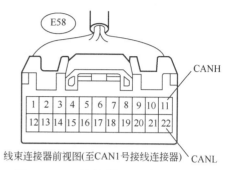

图 15-9-41　连接器 E58（21）

表 15-9-39　E58 的标准电阻（19）

检测仪连接	条件	规定状态 /MΩ
E58-11（CANH）—E58-22（CANL）	点火开关置于 OFF 位置	1 或更大

15.10　智能辅助系统故障

15.10.1　泊车辅助系统故障

（1）车辆信息　车型：大众 ID4 纯电动汽车。里程：22109km。

（2）故障现象　泊车辅助遇到障碍物声音异常。

（3）故障诊断　泊车雷达画面能正常显示，雷达距离正常，360 环视影像正常，前部 A 柱高音有声音；使用诊断仪读取"76—泊车辅助系统故障"，具体故障码如下。

BIAE2F0——驾驶辅助系统声音输出，信息娱乐系统信号不可信。

U112300——数据总线接收到的故障值。

5F 控制单元故障码如下。

B13A001——扬声器通道 1，电气故障。

B134101——扬声器道道 2，电气故障。

BI3A101——扬声器通道 2，电气故障。

B13A201——扬声器通道 3，电气故障。

B13A201——扬声器道道 3，电气故障。

B13A301——扬声器通道 4，电气故障。

在线对 J446/J794 进行软件配置，故障依旧。

扫码获取
☆操作视频讲解
☆车间真实案例

由于 EVO 平台 /MEB 平台雷达没有独立的蜂鸣器，因此声音是由车载音响来输出的。查看线路图（图 15-10-1）。

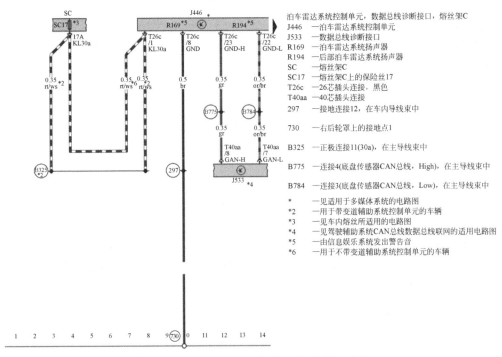

图 15-10-1　大众 ID4 纯电动汽车电路图（3）

电路图显示声音输出是 J446 通过底盘 CAN 总线传递给 J533，进行信息交换后 J533 再通过信息娱乐 CAN 总线传递给 J794，进行泊车雷达声音输出。

电路图上显示前部雷达声音由前门及 A 柱音响喇叭输出，后部雷达声音是由后车门音响喇叭输出。再次进行故障测试，挂 R 挡遇到障碍物时没有声音，MIB 显示屏可以正常显示雷达距离。挂 D 挡遇到障碍物时声音很小，只有 A 柱喇叭声音输出。至此问题点已可以锁定在车门喇叭上，再次询问客户得知在外加装了音响系统。

拆卸门皮，恢复原车音响插头，泊车雷达声音正常，再次进行验证 76 控制单元故障，单独拔掉左后门喇叭插头泊车辅助系统报"驾驶辅助系统声音输出，信息娱乐系统信号不可信"。在以后维修中，对于 EVO/MEB 平台车型，如遇到此故障码，要首先检查是否有加装 / 改装。EVO/MEB 平台与以往 PQ/MQB 平台泊车系统最大区别是，PQ/MQB 平台雷达扬声器损坏会直接导致泊车系统不可用。EVO/MEB 平台雷达扬声器损坏只是没有声音输出 / 画面正常显示。

15.10.2　半自动驾驶功能失效

（1）车辆信息　车型：大众 ID6 纯电动汽车。

（2）故障现象　仪表提示半自动驾驶辅助系统当前不可用，该车软件版本为

4.5.3.1C（图15-10-2）。

图 15-10-2　仪表报故障（5）

（3）故障诊断　半自动驾驶系统，为L2级驾驶辅助功能。同时在车辆的横向运动及纵向运动上辅助驾驶员的驾驶行为。需要稳定的系统感知、车辆控制及整车数据通信，涉及较多复杂部件，基于功能安全的要求，只有相关零件全部满足正常的工作条件时，系统才被允许使用。可能的故障部位如下：

① 核心控制器为多功能摄像头、前雷达控制器、后角雷达传感器、超声波传感器、方向盘转角传感器、电容式方向盘。

② 执行器主要包括电子稳定系统、驱动系统、组合仪表、制动系统。

③ 信息及设置相关：网关ICAS1、车机ICAS3等。

使用诊断仪检查车辆电控单元，有故障码：B10FCF0——前部泊车雷达系统传感器，环境影响导致功能受限。

其他控制单元无明显相关故障，都是76报故障后影响到的报出数据总线接收到故障值故障码（图15-10-3）。

图 15-10-3　故障码（8）

根据图15-10-3分析故障的可能原因：

① 雷达控制器内部电器元件损坏；

② 前雷达控制器线束异常、接触不良；

③ 雷达传感器位置错误/活动/进行了不正规标定；

④ 前雷达传感器外部脏污变形或有遮蔽物导致接收信号错误。

清除故障码，在线做软件配置和标定后试车，故障依旧；根据维修手册和电路图检查线路和插接器，检查前保险杠内衬，雷达是否被线束或其他异物遮挡，未发现异常；检查前保险杠未发现有变形或松动的迹象。

在检查保险杠的时候发现保险杠上面有贴膜，和客户沟通后把膜去除，清理干净表面后试车，故障排除。原因是前雷达传感器前方保险杠上面贴膜导致信号接收受到干扰。

15.10.3 车辆出现 SOS 报警灯

（1）车辆信息　车型：大众 ID4 纯电动汽车。里程：1164km。

（2）故障现象　客户反映行驶中仪表突然出现 SOS 紧急报警，显示：紧急呼叫功能，请去维修站（图 15-10-4）。同时车棚上 SOS 红色指示灯点亮。车联网其他功能显示正常。

（3）故障诊断　初步分析为紧急呼叫控制单元 J949 的 OCU 软件故障导致棚处 SOS 灯亮红色，正常情况 SOS 指示灯为绿色，紧急情况时按下 E276 开关，接通大众呼叫中心寻求救援帮助服务。当仪表出现 SOS 报警时，棚模块 WX3 处的 SOS 红灯也会点亮，此时紧急呼叫功能失效，如果不能用 OCU 小程序工具清故障，就要排查是紧急呼叫控制单元 J949 故障还是线路、话筒或指示灯等的故障。

图 15-10-4　仪表报警

使用诊断仪检测，发现多个控制单元报故障，其中"75—车联网模块"报有如下故障码。

U14FE00——安全车载通信签名检查失败。

B20004B——控制单元损坏。该故障码为主动态，无法删除。

利用 OCU 小程序"报控制单元损坏删除方法"进行了故障删除，进入"75—车联网控制单元"，利用引导性功能进行激活，按 MIB 电源重启，车辆休眠 10min 后打开点火开关，棚处 SOS 指示灯变为绿色，MIB 屏幕上 4G 小地球和二维码正常加载。车联网使用正常。

OCU 故障清除工具操作指导方法为：解压 OCU_Secure.rar 压缩包，打开 ocu.exe 小程序（确认无弹窗，如果无法打开，建议关闭杀毒软件防火墙，重启电脑后再次打开小程序），进入设置界面，点击启动（图 15-10-5）。

图 15-10-5　OCU 操作成功

此时车辆恢复正常，试车后，故障再次出现。再次使用诊断仪读取故障码：

B20004B——控制单元损坏。

查看"75—车联网软件"版本为 0502，且该车没有 91H5 服务行动，软件为 4.5.3.1.C 最新版本。5F 控制单元软件是最新版本 1498。出现 SOS 红色指示灯后，按棚处紧急按键开关 E276 没有反应，由于已经使用 0CU 小程序工具清除了故障，再次出现故障的时候说明无法通过简单删除方法排除故障，正常情况下当 SOS 紧急呼叫工作正常的时候，顶棚模块 WX3 处紧急呼叫指示灯应该亮绿色，出现后紧急呼叫 SOS 指示灯显示红色，按下紧急呼叫按键 E276，话筒和麦克风不能正常工作，无法接通大众呼叫中心。

此时紧急呼叫功能出现故障后，分析故障可能为：话筒和按键指示灯故障、线路故障，紧急呼叫控制单元 J949 故障，先用诊断仪进入"75—紧急呼叫控制单元"读取测量值，故障车和正常车的操作功能显示正常，未按下按键开关 E276 的时候数据显示未操作，按下按键开关后数据显示已经按下，说明按键开关功能正常（图 15-10-6）。

图 15-10-6　未按下按键开关

进一步检查紧急呼叫话筒状态，正常车和故障车数据流显示正常（图 15-10-7）。

图 15-10-7　检查紧急呼叫话筒状态

正常车和故障车话筒模块电气功能正常，但是故障车 SOS 指示灯显示故障。当紧急呼叫功能出现故障后，SOS 指示灯会点亮红色（图 15-10-8）。

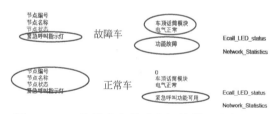

图 15-10-8　正常车和故障车话筒模块电气功能

由于顶棚模块 WX3 的话筒和紧急呼叫按键直通 J949 紧急呼叫控制单元，当话筒和紧急按键开关均无法使用时，排除线路故障（图 15-10-9）。

根据故障检测计划结果指示更换 J949 紧急呼叫控制单元 OCU 模块，因此需要更换 OCU 模块（图 15-10-10）。

由于 J949 紧急呼叫模块和通信单元控制单元 OCU 损坏，导致不能向前顶棚模块 WX3 处的话筒和紧急按键传递数据通信，激发 SOS 红色指示灯点亮，同时仪表紧急呼叫功能报警。

更换 J949 紧急呼叫模块和通信单元控制单元 J949 的 OCU 排除故障，更换时走引导功能流程，然后重新匹配防盗和钥匙，进行 VKMS 学习后，清除故障码，整车休眠 10min，同时钥匙远离该车 10m 距离，最后再次清除故障码，故障排除。

第 15 章　车身电气系统常见故障

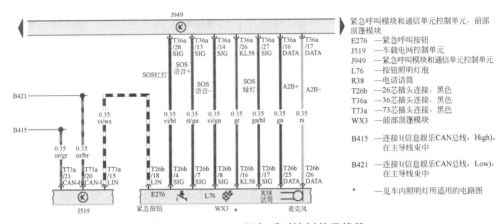

图 15-10-9　J949 紧急呼叫控制单元线路

图 15-10-10　检测计划

15.10.4　Wi-Fi 热点无法连接

（1）车辆信息　车型：比亚迪宋 DM 插电式油电混动汽车。里程：10684km。

（2）故障现象　手机 Wi-Fi 热点连接不上。

（3）故障诊断　导致故障的原因：多媒体故障；软件故障；其他故障。

尝试使用多个手机均无法连接，排除手机问题；对多媒体进行升级，升级至最新版本，检查故障依旧；倒换多媒体进行测试，故障依旧，将该车多媒体装在别的车上，别的车辆是正常的。

分析是干扰导致，检查整车的加装和改装情况，最后发现在车辆中央扶手箱底下隐藏一个 4G Wi-Fi 模块一直在充电；拔掉 4G Wi-Fi 模块以后，故障排除。

15.10.5　定速巡航无法使用

（1）车辆信息　车型：比亚迪宋 DM 插电式油电混动汽车。里程：68149km。

（2）故障现象　定速巡航功能无法使用，定速巡航开关可以打开，但无法定速。
（3）故障诊断　导致故障的原因有：
① 定速巡航开关故障；
② 线路及插接件故障；
③ 定速巡航设置所需信号故障。
使用诊断仪读取系统故障码，系统无故障码。
试车时发现开启定速巡航时，仪表显示定速巡航功能已打开，在设置巡航车速时车速无法设置。
根据定速巡航的满足条件逐步排查，测量线束及定速巡航开关，正常，排除线路及开关故障。使用诊断仪读取整车控制器故障码，系统无故障，读取数据流时发现在不踩制动踏板时制动深度为3%，正常情况应该为不踩制动踏板时为0，其余各项数据流正常。根据电路图分析为制动深度传感器及线路故障，测量线束，导通正常。在检查深度传感器时发现，反复踩下制动踏板时，有时制动深度信号会偶然恢复为0。试调整制动开关后故障无法排除，检查制动深度传感器与制动踏板连接处发现为回位不好，需更换。
更换制动踏板总成后，故障排除。

15.10.6　驻车辅助功能不可用

（1）车辆信息　车型：大众 ID4 纯电动汽车。里程：22187km。
（2）故障现象
① 四门拉手微动开关无法解锁，需机械开启方式才能打开车门。
② 无定速巡航。
③ 无驻车辅助功能。
（3）故障诊断　使用诊断仪读取故障码：
B132E29——内部车门把手开关信号不可信，主动/静态；
B132F29——外部车门把手开关信号不可信，主动/静态。
读取数据流，如图 15-10-11 所示。
通过故障码检测及数据流观察，由于未对车门把手做任何动作，因此数据流中都显示外把手"已操作"。由于在试车过程中还发现"无定速巡航及驻车辅助功能"故障，因此为了验证此故障是否也与车门外拉手故障有关，将车门外拉手连接插头直接断开试车，定速巡航及驻车辅助都能正常工作。由此判断车辆出现的故障基本与车门外把手有关。
车门外把手微动开关无法解锁故障可能存在以下几个方面。
① 进入许可控制单元 J965 故障；
② 车门控制单元本身故障；
③ 车门及 J965 控制单元供电或接地故障；
④ 线路故障；
⑤ 车门把手故障。
J965 及车门控制单元能正常读取数据，判断供电、接地、线路及通信正常，排除控制单元输入信号；参照电路图对车门外把进行诊断（由于四门拉手控制方式相同，以左前门电路图为例检测），如图 15-10-12～图 15-10-16 所示。

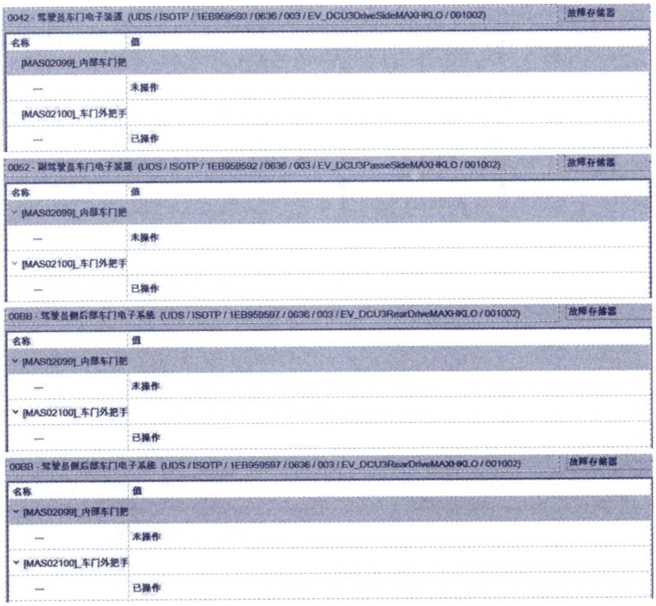

图 15-10-11　车门电子系统数据流

车窗升降器操作单元，驾驶员侧车门控制单元，左后车门控制单元，数字式声音处理系统控制单元，左侧尾灯，熔丝架C

EX31 —车窗升降器操作单元
J386 —驾驶员侧车门控制单元
J388 —左后车门控制单元
J525 —数字式声音处理系统控制单元
MX3 —左侧尾灯
SC —熔丝架C
SC9 —熔丝架C上的保险丝9
SC10 —熔丝架C上的保险丝10
SC14 —熔丝架C上的保险丝14
T4bj —4芯插头连接
T8g —8芯插头连接，棕色
T20ad —20芯插头连接
T20af —20芯插头连接
T27a —27芯插头连接，黑色
T27c —27芯插头连接，黑色
T38a —38芯插头连接，黑色
T46c —46芯插头连接
T46f —46芯插头连接
TTHL —后左车门连接位置
TTVL —左前车门连接位置
B315 —正极连接1(30a)，在主导线束中
B318 —正极连接4(30a)，在主导线束中

* —见驾驶员侧车门控制单元所适用的电路图
*2 —见尾灯所适用的电路图
*3 —见音响系统所适用的电路图

图 15-10-12　驾驶员侧车门控制单元（电源）

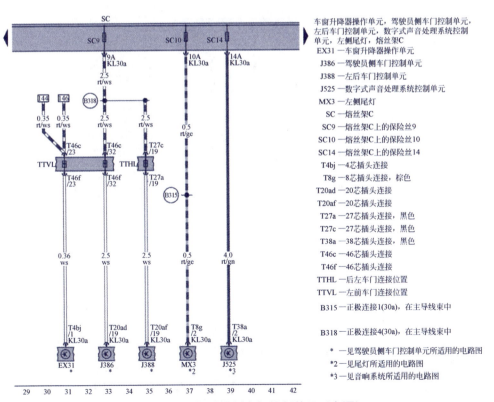

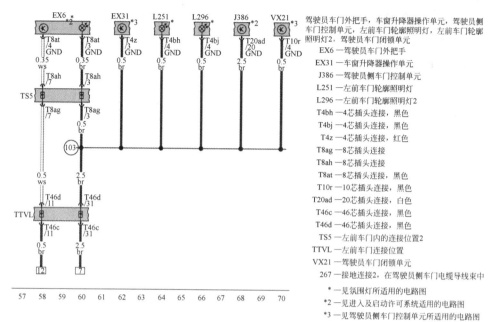

图 15-10-13 驾驶员侧车门控制单元（接地）

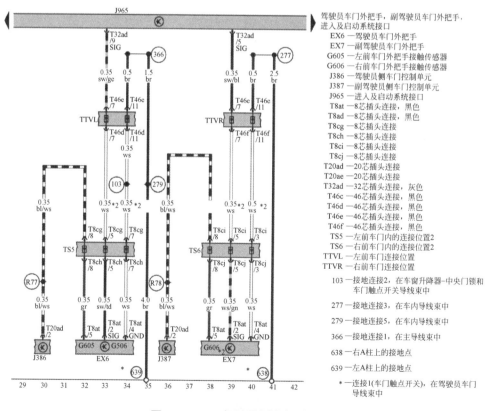

图 15-10-14 驾驶员侧车门外把手

第15章　车身电气系统常见故障　357

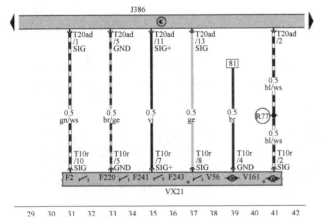

图 15-10-15　驾驶员侧门锁电机线路

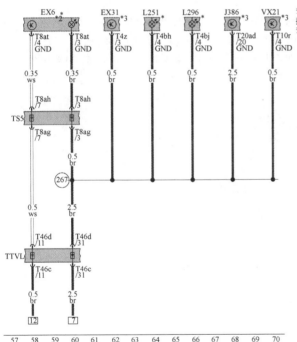

图 15-10-16　驾驶员侧门锁电机接地

分别测量外把手 EX6 针脚 T8at/5 与驾驶员侧车门外把手（EX6）T8at/4，车门锁 VX21 针脚 T10r/2 与驾驶员侧车门外把手（EX6）T8at/4，车门控制单元 J386 针脚 T20ad/2 与驾驶员侧车门外把手（EX6）T8at/4 的信号电压，为 0.75V。参照无故障车辆，电压波形不正常，此电压波形应该是操作把手时的电压，而测试时是未操作把手（图 15-10-17）。

断开车门外把手 EX6 插头，再次分别测量外把手 EX6 针脚 T8at/5 与 T8at/4，车门锁 VX21 针脚 T10r/2 与驾驶员侧车门外把手（EX6）T8at/4，车门控制单元 J386 针脚

T20ad/2 与驾驶员侧车门外把手（EX6）T8at/4 的信号电压，为 3.5V，参考无故障车辆电压，判断此信号电压及线路正常（图 15-10-18）。

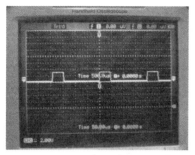

图 15-10-17　电压波形不正常
（操作门把手时才有的信号波形）

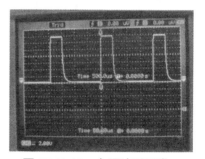

图 15-10-18　电压波形正常
（未操作门把手时才有的信号波形）

判断几个控制单元及线路无故障后，对车门外把手 EX6 针脚 T8at/5 与 T8at/4 进行电阻测试，为 270Ω。参照维修资料，把手电阻应该是两个状态，一个状态是 270Ω，一个状态是 ∞。而该车门把手目前就一个状态电阻，由此判断故障点在车门把手（图 15-10-19）。

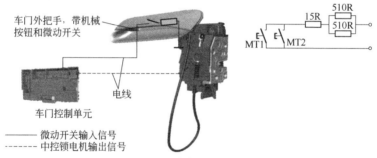

图 15-10-19　车门把手为故障点

更换四个车门把手后，故障排除。

15.10.7　车道偏离系统故障

（1）车辆信息　车型：雷克萨斯 ES300h 混合动力汽车。里程：77198km。

（2）故障现象　车道偏离报警系统（LDA）有故障，主警告灯异常点亮，LDA 指示灯异常闪烁。

（3）故障诊断　使用诊断仪检查故障码：ClA74——转向振动器系统故障。
读取数据流："LDA Control"（车道偏离报警系统控制）为 "Prohibit"（禁用控制），异常，正常应为 "Permit"（允许控制）；"Left Lane Indicator"（左侧车道标识识别状态）和 "Right Lane Indicator"（右侧车道标识识别状态）均为 "Nothing"（未激活），异常，正常情况应均为 "Thin"（未检测到车道）（表 15-10-1）。

表 15-10-1　C1A74 转向振动器系统数据流

参数	值
Load system	LAD
LDA Control	Prohibit
Turn Signal Switch（Right）	OFF
Turn Signal Switch（Left）	OFF
Destination Information	CHINA
Left Lane Indicator	Nothing
Right Lane Indicator	Nothing
Skid Control Buzzer Demand	OFF
Vehicle Information（2WD/4WD）	4WD
Vehicle Information（Conv/HV）	-No Data-
The Number of DTCs	1

导致故障的原因有：前向识别摄像机故障；转向振动 ECU（方向盘总成）故障；安全气囊螺旋线束故障；相关线路及导线连接器故障。

检查电路：查阅电路图，断开安全气囊螺旋线束导线连接器 Z19，接通点火开关，测量导线连接器 Z19 端子 4 与搭铁间的电压，为 12V，正常；测量端子 1 与搭铁间的电阻，为 0.2Ω，正常；在方向盘转角偏大时，端子 1 电阻偶尔为 ∞，原因是安全气囊螺旋线束内部线路在方向盘转角偏大时偶尔会出现断路（图 15-10-20）。

更换安全气囊螺旋线束，试车，故障排除。

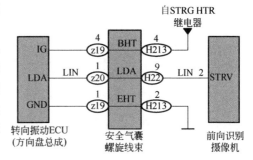

图 15-10-20　转向振动 ECU 控制电路

15.10.8　超声波传感器失效

（1）车辆信息　车型：雷克萨斯 ES300h 混合动力汽车。里程：33451km。

（2）故障现象　车辆组合仪表提示"检查驻车声呐系统"，且所有超声波传感器均无法工作。

（3）故障诊断　使用诊断仪检查驻车声呐系统故障码：C1AE3——右前中间传感器故障。导致故障的原因有：

① 右前中间超声波传感器及其线路故障；

② 驻车声呐 ECU 故障。

检查右前中间超声波传感器，外观无损坏、无污物；使用万用表测量电阻，为 29kΩ，正常。与左前中间超声波传感器对调后试车，故障依旧，说明不是传感器本身问题。

检查相关线路，发现前部超声波传感器线束有折断，重新将其全部修复后试车，故障排除。

参考文献

[1] 周晓飞.汽车维修从入门到精通[M].北京：化学工业出版社，2024.

[2] 罗健章.汽车诊断仪检测故障从入门到精通[M].北京：化学工业出版社，2024.

[3] 郭建英.新能源汽车零部件识别与故障处理大全[M].北京：化学工业出版社，2024.

[4] 曹晶.新能源汽车整车故障诊断教程[M].北京：化学工业出版社，2023.

[5] 刘世斌.汽车故障诊断快速入门一本通[M].北京：化学工业出版社，2023.

[6] 余飞.汽车数据流与波形 分析·识别·诊断·维修·案例[M].北京：化学工业出版社，2022.

[7] 李彦.汽车电脑板维修从入门到精通[M].北京：化学工业出版社，2022.

[8] 曹晶，顾惠烽.汽车故障诊断手册[M].北京：化学工业出版社，2020.

[9] 周晓飞.图解新能源汽车 原理·构造·诊断·维修[M].北京：化学工业出版社，2023.